U0828470

● 高等院校应用型专业心理学系列教材

家庭心理疗法

FAMILY THERAPY

主　编　吴　波

西南大学出版社
SWUP 国家一级出版社 全国百佳图书出版单位

图书在版编目(CIP)数据

家庭心理疗法/吴波主编.—重庆:西南师范大学出版社,2013.8

ISBN 978-7-5621-6457-9

Ⅰ.①家… Ⅱ.①吴… Ⅲ.①家庭—社会心理学—高等学校—教材②精神疗法—高等学校—教材 Ⅳ.①C913.11②R749.055

中国版本图书馆 CIP 数据核字(2013)第 207165 号

家庭心理疗法

JIATING XINLI LIAOFA

吴　波　主编

责任编辑: 任志林

封面设计: 尚品视觉 周　娟　钟　琛

排　　版: 夏　洁

出版发行: 西南大学出版社（原西南师范大学出版社）

地址：重庆市北碚区天生路 1 号

邮编：400715　市场营销部电话：023-68868624

http：//www.xdcbs.com

经　　销: 新华书店

印　　刷: 重庆新生代彩印技术有限公司

幅面尺寸: 180mm×230mm

印　　张: 20.25

字　　数: 385 千字

版　　次: 2013 年 9 月　第 1 版

印　　次: 2022 年 8 月　第 3 次印刷

书　　号: ISBN 978-7-5621-6457-9

定　　价: 49.80 元

前 言

长期以来，围绕人类个体天性与养育(nature and nurture)两大因素开展的讨论和研究从没停止过，无数临床、实证研究的结果都不断证明，家庭通过影响个体的先天特质和后天教养而在人们的毕生发展地图上留下了不可磨灭的印迹。家庭有着如此明显的重要性，然而或许正因为这种重要性太过于不言自明，因而在心理咨询与治疗行业的发展历程中，家庭因素反而一直受到忽视或者低估。家庭成为临床关注的热点是20世纪五六十年代之后的事情。半个多世纪以来，家庭治疗以系统的观点、循环因果的认识论为基本特征，在实践与研究方面积累了丰富的临床经验和疗效证据，逐渐发展成为心理咨询与治疗的主要理论取向之一，大量与家庭治疗相关的概念已深入人心，对助人行业产生了深远影响。而随着人类历史发展创新的时期，家庭治疗并没有停止前进，经由与其他新兴的心理咨询与治疗理论、方法体系的进一步整合和相互借鉴，以及在治疗哲学上汲取后现代哲学思想的养分，家庭治疗以更为浓厚的人文关怀、更为生态化的视角以及更加强调合作、资源取向的新的立场和姿态在助人行业中焕发出更大的活力。

本书既是一本咨询与治疗理论、方法的教科书，同时也是一本普及家庭心理相关知识的读本。编著这本书的根本目的在于为学习者提供一份对家庭治疗基本理论观点和技术体系进行较为系统、全面介绍的资料。除此之外，编著者也希望通过对家庭治疗理论的阐释，使读者对家庭影响个体发展的途径和方式有所了解，对家庭动力中常见的家庭情感、家庭沟通、家庭冲突等现象的本质有所认识，并从众多纷繁的治疗技术和理念背后洞察其中所蕴含的思想、价值观和基本假设，从而增进对家庭治疗基本过程的理解。本书适合于从事心理健康服务工作、社会工作等助人行业的专业人员，以及对心理咨询与治疗相关知识感兴趣的读者，也适合于关注家庭关系和心理健康主题的读者。

本书由十一章组成，第一、二章提供相关的背景信息和概述，介绍与家庭心理、家庭治疗相关的概念以及家庭治疗的发展历程。第三、四、五、六、七章介绍家庭治疗经典流派的理论观点以及技术体系。第八章则介绍家庭治疗的新的发展，包括对三种新的家庭治疗模式的介绍。第九章从操作的层面对家庭治疗的基本流程加以介绍，并根据干预技术的功用对各种流派中的技术进行整合阐述，以增进读者对治疗技术运用的了解。第十章着眼于家庭治疗在中国文化中的运用，阐释家庭治疗与中国文化的结合点，并论述家庭治疗的两个重要运用领域——亲子关系和夫妻关系中的常见问题及家庭治疗在这些问题中的运用。第十一章与家庭治疗师的职业发展有关，包括治疗师的基本条件、职业道德以及职业需求的相关内容。

本书的编著者均为受过专业培训的家庭治疗师，各章编著者包括：第一、九、十、十一章由吴波编著；第二章由吴波、程蕾编著；第三章由杨蓉、吴波编著；第四章由袁宏、吴波编著；第五章由赖杞丰、陈殷宜编著；第六章由罗曼楠、吴波编著；第七章由张静秋、吴波编著；第八章由吴明霞、吴波、杨浩、廖红梅、朱芹编著。在成书过程中，邓凤、李佩两位同学在校对工作上提供了帮助，在此表示感谢，另外还要感谢西南师范大学出版社任志林老师的支持，也要感谢我的母亲、丈夫和儿子给我的无私帮助和鼓励。

总体而言，本书希望做到理论与实践兼顾、专业与普及两全。编著者在全面研读家庭治疗相关书籍、研究文献的基础之上，也结合了自身在家庭治疗临床实践中的经验与心得，力求使本书既科学严谨，又易读有趣。但囿于编著者的水平、经验和时间等限制性因素，书中难免有不妥或者错漏之处，敬请各位读者和专家不吝赐教，以帮助我们今后进一步完善和修订本书。

吴波

2013年7月10日

目　录

第一章　家庭心理

家庭是个人生长的摇篮，也是其人际关系的起点和奠基石。家庭治疗大师卡尔·韦特克(Carl Whitaker)曾说:“我们都被家庭编了程序”，唯有认识到家庭对我们自身以及我们的来访者产生了何种影响，我们带着哪些家庭编好的“程序”行进于人生之旅，我们才能找到来访者问题之症结，才能成为真正的家庭治愈者(healer)。本章着重学习家庭心理的基础概念，了解何为家庭，家庭有何功能，家庭生命周期如何发展，以及家庭系统、家庭规则和角色、心理健康家庭所具有的特点。

第一节 家 庭

一、家庭的概念

我们都生长于家庭之中,经过家庭的养育长大,经历过家庭生活,因此我们都了解家庭生活的体验,也明白家庭对个人成长的重要性。从社会学的研究角度,家庭作为社会的基本单位,具有其特定的含义。美国社会学家伯格斯(Ernest Brugess)和洛克(Harvey J. Locke)在1953年的著作《家庭》一书中,为家庭所下的定义是:家庭是被婚姻、血缘或养育等纽带联系起来的人之群体,各个成员都以家庭作为其父母、夫妻或兄弟姐妹相互作用和交往的基础,从而创造出属于他们的共同的文化。这一概念反映出两个层面的含义,第一层含义即家庭的本质是由彼此之间的交流互动所建立和保持的人际关系;第二层含义则是家庭所具有的文化特点,意味着家庭中的个人不可避免地受其家庭文化的影响,打上家庭的烙印。这两层含义对于我们从心理学层面来了解个人与家庭的关系非常重要。

心理学者们从不同的研究角度和理论基础对家庭进行探讨。社会心理学家关注家庭中人们相互交往的方式、个人的心理过程及心理活动在家庭交往中的作用,以及个人受到家庭中他人影响的方式;临床心理学家则关注家庭在个人的心理障碍形成和发展过程中可能存在的影响。即使在心理咨询与治疗的各种流派中,对家庭与个人之间关系的看法也存在着差异。存在主义心理学者们强调个人自我实现的力量,认为个人的存在及其对周围世界所赋予的意义至关重要。而深受系统论影响的婚姻与家庭治疗者们认为个人的存在受其所处的更大系统的影响,并认为这种影响有时起着决定性的作用。然而无论关注的焦点是个人还是家庭,我们都不能否认,我们来自于家庭,并在家庭生活中被不断塑造和影响,同时也对家庭中的其他成员施加影响。

家庭作为一个经由婚姻开始,通过生育而成长壮大的特殊生活群体,在心理层面上存在着这样一些特点:首先是家庭关系的"先天性",除了婚姻之外,我们不能挑选自己的父母、子女或兄弟姐妹,不管你是否喜欢你的家庭成员,血缘或养育决定了这种关系,你只能适应和接纳。了解这一点对于学习家庭治疗很重要,因为有不少来访者在个人成长以及人际关系方面出现的问题与他/她对自己家人的期待没得到满足有密切关系。家庭的第二个心理层面的特点是家庭成员之间的情感往往是矛盾的,一方面在常年的共同生活中彼此依恋、相依为命,相互之间的爱和关怀很深厚,有强烈的情感认同;而另一方面,在相处过程中又时常会体验到对彼此的失望,还可能有相互之间的控制、权力争夺等等现象,这些又会导致家人之间有不满甚至怨恨的情感。家庭的这种爱恨交织的特点有时也会体现在个人的心理问题上，因而应该引起关注。家庭的第三个心理层面的特点是家庭的“人际反应性”，即家庭中每个人的行为，都可能引起其他家庭成员的反应，而这些反应会再次作用于个人，激发新的行为，如此反复，家庭中一系列的行为和反应最终形成整体的结果。因此，在了解家庭中成员的行为时，要关注这种行为—反应链，才能真正了解家庭中发生的事情。

家庭根据组成成员和关系的差异而分为不同的结构和类型。一般而言，家庭由丈夫、妻子、子女等家庭成员构成，这是一种常见的家庭结构，但也存在着一些其他形式和结构的家庭，例如，根据家庭的代际数量和亲属关系的特征，可以将家庭分为以下几种不同类型。

(1)配偶家庭 指只有夫妻两人组成的家庭，包括夫妻自愿不育的丁克家庭、子女不在身边的空巢家庭及尚未生育的夫妻组成的家庭。

(2)核心家庭 由父母及未婚子女组成的家庭。

(3)扩展家庭 指由核心家庭中的夫妻的姻亲关系所延伸出来的，由两对或多对夫妻及其未婚子女组成的家庭。扩展家庭包括主干家庭和联合家庭两种。主干家庭指由两代或两代以上夫妻组成，每代最多不超过一对夫妻且中间无断代的家庭，如父母和已婚子女及孙子女组成的三代同堂家庭；联合家庭指家庭中有任何一代含有两对或两对以上夫妻的家庭，如我国传统社会中常见的兄弟结婚后不分家的大家庭。

(4)其他家庭类型 包括单亲家庭、隔代家庭、同居家庭、同性恋家庭等。

我国传统文化中非常重视家庭的观念，强调“子孙满堂”“人丁兴旺”以及“家和万事兴”，大家庭乃至大家族同住的现象很普遍。现代社会中，随着西方文化影响的加深，以及计划生育政策的实施、人口迁徙等，一对夫妻一个孩子的小家庭成为最为常见的中国家庭结构，核心家庭类型的主导地位明显。

二、家庭的功能

家庭的功能指家庭在人类生活和社会发展中所发挥的作用。从不同的角度出发，家庭具有不同的功能。总体而言，家庭功能可分为生物功能、心理功能和社会功能三个类别。

1. 家庭的生物功能

家庭的生物功能主要包括家庭的生育功能和抚养功能。生育功能是家庭的主要功能之一，这一功能满足夫妻繁衍后代与性欲的需求。婚姻为男女两性关系及生育子女提供法律的认可和保障，经由婚姻所实现的家庭的生育功能除了具有法律意义外，也具有心理意义和社会意义。婚外或非婚两性关系以及非婚生育的子女由于缺乏婚姻这一法律形式的认可，往往会在社会人际关系与个人发展中遇到困难，继而可能出现心理问题或引发一些社会问题。家庭的抚养功能指家庭中的一些成员依靠另一些成员的抚养而维持正常生活的功能。其中包括父母为其子女所提供的教养和哺育，也包括子女为其年迈的父母提供的赡养，以及健康成员为患病成员提供的照顾。人类的后代需要经历较长时期的教养才能成熟独立，家庭不仅需要在生理上为其后代提供充足的衣食住行等“养”的基本生存条件，还需要在心理上完成对子女的“育”的工作，对其行为、心智进行适当的引导教育，保证和促进其心理的发展和成熟。在我国，赡养老人，扶助无法自立的家庭成员是家庭传统功能的一部分，这也是我们了解中国的家庭生活及家庭心理所需要特别关注的一个方面。

2. 家庭的心理功能

家庭的心理功能即满足家人的心理需要。首先是满足家庭成员作为一个整体的情感认同需要，建立起“一家人”的归属感和身份认同感。其次是建立彼此的依恋关系，相互支持和依靠，满足个人情感上对温暖关怀以及安全的需要。第三则是家人之间的分享，在困难的时刻分担痛苦、提供帮助、获得安慰和同情，在快乐的时刻分享喜悦。同时，父母、祖父母根据自己的生活经验对子女、孙子女提供意见和指导，而年轻人也为父母、祖父母带来社会生活、科技发展甚至时尚流行的新鲜信息。对于有兄弟姐妹的家庭而言，手足之间的交往也为彼此提供了学习和练习同伴交往技能的机会，在这个过程中学会如何表达自己的观点、如何分享、竞争以及合作。

3. 家庭的社会功能

家庭作为社会的基本组成单位，同样具有社会功能。首先，家庭为个人提供了社会位置，家庭出身成为个人来到这个世界上的第一个身份和烙印。其次，家庭通过社会化教育的方式协助家庭成员成为“社会人”，父母教给子女恰当的、为社会所赞同和接纳的行为表现，传递价值观、人生观、文化传统。除了社会化教育功能之外，家庭还有经济功能，包括家庭的生产功能和消费功能。家庭的生产功能表现为家庭具有在一定条件下组织生产、经营的能力，例如以往常见的一些家庭作坊，随着城市化发展以及生产专业化、集中化的发展，这个功能目前呈消退趋势。家庭的消费功能则表现为家庭在任何条件下所具有的维持生存所需的消费功能，即家庭为维持日常运转所必需的开支。此外，家庭的社会功能还包括家庭为家庭成员提供娱乐的功能以及传递宗教信仰的功能等等。

三、家庭的生命周期

如同个人的生命有一个从生到死的周期一样，家庭也有一个从开始到结束的生命周期。家庭的生命周期也被称为家庭的发展阶段，指核心家庭所经历的从产生、发展到消亡的过程。通常情况下，一个典型的完整家庭的生命周期往往始于婚姻关系的缔结，而终结于婚姻中的一方年老死亡，整个发展历程与个人的生命进程大致平行。在了解家庭生命周期之前，我们需要关注几个问题：首先，家庭生命周期最重要的本质在于它是一个几代人之间持续的相互影响过程，也就是说，在家庭发展的每个阶段，可能交叠存在着众多的代与代之间的相互影响。比如当祖父母辈面临衰老问题时，父母辈要应对的是孩子离家独立的现实，而子女辈则正忙着发展自己独立的事业或建立恋爱关系。几代人的发展和需求之间会出现相互影响。同样，孩子离开幼儿园进入小学，不单只有孩子需要学习适应新的环境，整个家庭都必须重新调整。另一个需要关注的问题是，家庭生命周期中的一些发展任务是所有家庭普遍需要完成的，例如对新生婴儿的照顾。但也有一些任务是由特定的社会文化决定的，例如中国文化中对孝道价值观以及对子女教育的强调使得中国家庭认为这个方面的发展任务尤为重要。第三个需要关注的问题是，在现实生活中，从家庭生命周期的一个阶段向下一个阶段的转变很少如同下面的图表那样可以清楚划分，大多数转变不是很快完成的，而是需要经过很多年，比如子女进入青少年期时父母的适应任务可能就要几年的时间才能完成。此外，各个发展阶段往往会互相融合。因此，家庭可能需要在同一段时间内应对各种问题，也可能需要在几个阶段内应对相同的挑战。正如格森(Gerson，1995)所指出的，每一次转变都要求家庭有所改变，重新确定需要优先解决的问题，组织力量以迎接新的家庭生命周期的挑战。

以下的图表摘录自卡特(Carter)和麦克戈德里克(McGoldrick)的《扩展家庭生活周期：个人、家庭、社会视角》，他们在社会学家杜瓦尔(Duvall)和希尔(Hill)的家庭发展结构图中加入了多代际的观点，使之更为丰富。

表 1-1　家庭生命周期

家庭生命周期	情感过程的变化：关键原则	继续发展所需完成的家庭二次改变
年轻成人离开家庭	情感和经济自立的责任	a. 从原生家庭(注)中分离出来 b. 发展亲密的同伴关系 c. 在工作和经济独立中建立自我
结婚组成新家庭	致力于新的家庭系统	a. 建立婚姻系统 b. 重新定位与大家庭、朋友的关系，并将之融入夫妻关系中
孩子出生	接纳新成员进入系统	a. 为容纳新生的孩子调整婚姻系统 b. 参与照顾子女、经济和家务等任务中 c. 重新定位与大家庭的关系，将之融入父母和祖父母的角色中
孩子进入青少年期	增加家庭的弹性以适应孩子的独立和祖父母的衰老	a. 改变亲子关系，允许青少年自由出入家庭系统 b. 重新关注中年期的婚姻与事业 c. 开始转向照顾老一代

续表

家庭生命周期	情感过程的变化:关键原则	继续发展所需完成的家庭二次改变
孩子长大后离家	接受其他人进入家庭系统或孩子离开家庭系统	a.重新回到两个人的婚姻系统 b.与成年的孩子发展成人与成人的关系 c.重新调整关系并纳入子女的配偶及孙子女 d.应对父母(祖父母)的衰老和死亡
步入老年	接受代际间角色的改变	a.面对身体机能的衰退,保持自身和夫妻双方的功能和兴趣;拓展新的家庭和社会角色 b.支持中间一代人的中心角色 c.接纳老一辈人的经验和智慧,支持老一辈人,不忽视其功能 d.应对配偶、兄弟姐妹和其他朋友的死亡,为自己的死亡做准备

注:原生家庭指个人出生和成长的家庭。 (采自 Carter & McGoldrick, 1988)

这个表反映了一个完整家庭的发展序列,以及在发展的不同阶段个人和家庭所面临的挑战。

1. 成年阶段

个人长大成人,离开父母的家,依靠自己的收入独立生活。这一阶段的任务主要是从原生家庭中获得独立,实现较好的自我分化,从经济上和情感上实现"断乳",承担作为成年人的社会责任。同时与家庭系统外的其他人发展亲密的同伴关系。但这并不表示切断与家庭的联系,而是在实现独立的同时也保持与原生家庭的联系。

2. 成立家庭

这个阶段即新家庭生命周期的开始阶段。在这个阶段中,个人经由婚姻与另一个人形成基本的社会单位——家庭,个人的角色发生了变化,由原生家庭中的儿子或女儿成为新家庭中的丈夫或妻子。新家庭的形成带来两个原生家庭系统的变化。人际关系网络也经由两个家庭的联姻而扩大了。这个阶段的首要发展任务是形成婚姻系统,这意味着新婚夫妻双方必须学会如何做丈夫(妻子),将对方放在考虑的首要位置,彼此忠诚,对原生家庭的忠诚则退居其次。这一点对于夫妻双方顺利从原生家庭中分离出来,并建立新的有凝聚力的婚姻系统非常关键。常有些丈夫或妻子在结婚后无法完成角色转化,仍然将原生家庭置于自己的新家庭之上,将在原生家庭中的儿子/女儿的角色放在自己新的丈夫/妻子的角色之前,结果导致婚姻出现问题。在这个阶段,夫妻需要学习适应家庭生活和新的社会关系,在布鲁斯·威利斯和米雪儿·茜弗主演的影片《我们的故事》中,婚姻咨询师语重心长地对这对夫妻说:"在你们的婚床上,躺的不是两个人,而是六个人,你(丈夫)和你的父母,还有你(妻子)和你的父母。"幽默形象地表达出了从原生家庭中养成的习惯、形成的观念会深深影响夫妻的相处。新家庭成立伊始，大到家庭财政谁来管，小到几点睡觉都需要协调磨合。为了维持自我感，双方原来的生活方式仍需保留，但为了共同的生活，双方的方式也必须进行协调。如果双方在原生家庭中所形成的观念和生活习惯差异太大而又不愿彼此迁就的话，争吵和矛盾就在所难免了。经过协调阶段，夫妻双方形成新的生活模式并持续下来，这样就产生了新家庭的文化。在人际关系方面，新家庭还需要协调与原生家庭的距离和亲密程度。夫妻都需要得到对方原生家庭的认可，还需要处理与对方朋友的关系。因此，他们的交际圈会重叠，只是有的夫妻重叠很多，共同参与的社会交往较多，而有的夫妻则重叠很少。

3. 孩子出生

孩子出生带来家庭的扩张，也为夫妻带来挑战。在新婚阶段，生活变化不会太大，夫妻拥有的选择空间和自由相对较多，而在孩子出生之后，家庭的时间安排、经济支出、娱乐和休闲活动以及亲戚朋友的交往都要围绕着新生儿重新进行协调。此阶段面临的主要发展任务与各种角色关系的调整有关。首先是婚姻中的双方除了夫妻的角色外又增加了父母的角色，以往两人的家庭系统现在成为三个人的系统，因此产生了父亲与孩子以及母亲与孩子两种新的交流互动，而这两种互动又会产生交互影响，使得家庭互动方式更为复杂。在这个阶段夫妻双方需要把对配偶的关注转移一部分到孩子身上，这往往也会令另一方产生被忽略的感受。此外，这一阶段的家务分工也可能成为夫妻产生矛盾的原因。谁该在半夜起来冲泡奶粉，谁去洗尿布，以及与养育孩子相关的各项支出常常让新手父母头痛。很多婚姻满意度的研究表明，孩子出生后，夫妻的婚姻满意度会出现下滑。这一方面源于彼此关注点的转移，另一方面源于夫妻忙于应对新出生孩子的各种需要而较少有精力和时间来经营双方关系。因此，在这个阶段，夫妻必须找到新的生活方式来维持和滋养彼此的关系，包括协商分担责任，调整情绪，忍受可自由支配的时间减少，以及在家庭与工作中寻找平衡等。在与原生家庭的关系方面，希恩(Hines, 1999)发现，各种种族和社会阶层的新手父母们都会想要与原生家庭和扩展家庭增加联系，这可能因为他们希望大家庭的其他成员能偶尔帮助照顾孩子，也希望能获得经济、情感和育儿经验方面的支持。在我国以及其他一些注重家庭关系的文化中，祖(外祖)父母和大家庭里的其他亲戚通常会为新手父母们提供帮助，并传授给他们大量的育儿经验。这对新手父母适应这个阶段的家庭变化是有好处的，但是也可能会出现孩子由祖(外祖)父母全权照顾，而父母却放弃了教养职责的情况，或者因为祖(外祖)父母的过分介入，而与儿媳或女婿发生矛盾的情况。

4. 孩子进入青少年期

当孩子进入青少年期(通常从十岁开始)，家庭面临新的挑战。这个阶段的青少年在身心方面发生着巨大变化，埃里克森(Erikson)在其个人心理发展的八阶段理论中，指出青少年阶段个人面临的主要发展任务是建立自我同一性，即获得独立感、作为成人的身份感以及由此带来的自信。当代中国的独生子女政策、改革开放、经济发展以及全球信息化发展等因素均使得我国当今的亲子关系与传统亲子关系相比发生了很大变化。一方面青少年孩子的自主要求和表达自我的要求很高；另一方面，他们为自己负责、自我约束的能力和独立性又往往不足。这使得父母觉得很难减少对孩子的监控和管理，但父母的监管又使得孩子更没有机会学习独立，这样的循环会给青少年孩子与其父母的相处带来困难。此外，这个阶段的青少年孩子对交朋友的兴趣和投入度高于儿童期，他们渴望与同伴亲近，被同伴团体所接纳和认同。这种离开家庭系统到同伴中寻求认同的行为也可能会引起父母的抵触，他们认为孩子不亲近自己或担心孩子的交友影响学习，继而增加对孩子交友的约束和控制，因而加剧亲子之间的矛盾。这个阶段父母必须在教养方式上作出调整，首先需要意识到对于青少年孩子而言，想要自己做主、与父母保持距离或出现叛逆的行为是正常的，家庭有必要改变规则，允许青少年获得一定自主权。另外父母需要减少对孩子的控制与命令，表现对孩子的尊重，多倾听，少评判或教训，这样孩子才会愿意和父母交流自己的想法，父母也才能及时掌握孩子在学校或同伴群体中的情况，防止孩子出现问题。除了要应对日益长大的孩子寻求自我身份认同的需要外，夫妻面对的挑战是多重的，中年夫妻常会在此时回头对自己在职业、婚姻、生活方式等方面做的各种选择加以审视，也常常由此产生怀疑和不安，也就是人们常说的“中年危机”。另外他们还需要面对进入中年后自身生理机能的变化、婚姻关系的日益平淡以及工作方面的要求和压力，以及自己父母的衰老和照顾问题，真正可谓是“多事之秋”。

5. 孩子成年离家

在我国，这一阶段被称为“空巢期”，即子女成年离开家庭，夫妻又回到二人世界。这种两人生活的再适应对一些夫妻来说会比较困难，尤其是子女离家与父母退休差不多同时发生的家庭更是如此。夫妻既要面对因为退休而出现的收入减少、失去职业后身份地位和社会角色变化所产生的失落感，还要面对二人相处时间的大量增加。常有妻子抱怨退休后无所适从的丈夫在家里管东管西发脾气，因此孩子离家后，夫妻需要重新评估彼此的关系。有的夫妻会将这个变化作为重新出发，完成生命中未完成之事的机会，他们通过一起培养新的兴趣爱好增强彼此的情感纽带。而有的夫妻则因为孩子的离开而不得不面对早已同床异梦的现实，失去了养育孩子这一共同话题，婚姻冲突加剧。还有的丈夫或妻子可能转向孩子寻求更多情感安慰或支持，而过多介入孩子的生活。大量对退休老年人健康状况的研究表明，在退休之后承担一定的社会责任，努力与家庭、朋友保持关系的人，其适应情况更好。在与孩子的关系方面，父母需要适应与孩子之间的成人一成人关系，接受孩子的独立角色，在孩子需要时用自己的经验为之提供参考，同时要迎接子女的配偶、姻亲和新生的孙子女。这个阶段的夫妻不但将开始面对自己的衰老，更需要应对自己父母的疾病和死亡的问题。

6. 步入老年

此阶段需要应对的核心挑战是如何在衰老体弱的情况下尽可能实现生活上的自

立，并维持一定的社会交际功能。此时不可避免地会发生亲人、朋友甚至是配偶去世的情况，而带来的心理适应和生活适应也是巨大的挑战，需要应对失去亲人朋友的伤痛，还需要重新调整失去成员的家庭系统。在这个阶段，个人还需要为自己的死亡作准备，对自己的人生进行回顾，有的老年人会重新回到童年生活过的地方，为人生作总结。此时老年人与子女的角色往往发生转换，以往一直提供支持的角色现在成为需要照顾和支持的角色，而子女则成为支持提供者。

四、离婚家庭的生命周期

以上介绍的是典型的完整家庭的生命周期，它反映了大多数家庭所经历的发展历程和各个阶段顺利发展所需完成的各种适应任务。当今社会发展日益多元化的趋势也反映在家庭之中，从家庭的类型划分上反映出存在着多种多样的家庭组织形式，如单亲家庭、离婚重组家庭、同性伴侣家庭、不要孩子的丁克家庭等等，其发展历程在有些阶段上会有所不同。目前我国社会的离婚再婚现象很普遍，根据上海社科院徐安琪的研究结果，自 1970 年以来，我国离婚率逐年上升，2009 年全国离婚人口总量达到 250 万对。这类数据反映出离婚家庭和再婚家庭已成为我国常见的家庭类型，因此对这两类家庭的发展阶段加以了解是有必要的。

1. 离婚家庭

离婚的过程及后果对家庭中的所有成员都有巨大影响。典型的离婚过程要经历一系列的阶段，包括：决定离婚阶段、向家庭成员宣布即将离婚阶段、实施离婚阶段、系统的调整和重组阶段、新系统的形成阶段。这些阶段往往伴随着离婚者及其家人很深的痛苦、焦虑和自我怀疑，尤其是离婚家庭中有未成年的子女更是如此，离婚对父母和子女都是很大的创伤经历。

离婚以后，如果原配偶之间能维持父母角色这一个层面的交往的话，家庭就能较顺利地完成过渡，走过恢复期，而家庭成员尤其是子女也能较好地适应这一变故。因而对于离婚后拥有监护权的父母而言，这一阶段的发展任务除了处理自己因为离婚而带来的挫败感和痛苦，重建自己的社交圈之外，还需要理智地维持与原配偶在子女教养方面的往来，支持子女与前配偶之间的亲子关系及日常联系，并且在子女教养上与原配偶合作。而没有监护权的父母要完成的发展任务同样包括处理自己的伤痛和重建社交圈，在子女教养方面也需要与监护方合作，支持监护方对孩子的教养，并在现有条件下与孩子建立有效的教养关系。

离婚后的家庭如果拥有子女监护权的一方没有再婚，就会成为单亲家庭。研究表明，对于单亲家庭而言，拥有广泛的支持对亲子双方的心理健康和适应至关重要。离婚夫妻如果能理性地合作，放下对彼此的成见和怨恨，根据自己的能力和愿望来共同决定有关孩子的抚养问题，同时各自的大家庭中的成员也可以继续提供支持和帮助的话，单亲家庭的适应会更为容易。当然这需要离婚夫妻双方都具有同情心和责任感，并能将夫妻的角色和父母的角色区分开，以孩子的利益作为根本出发点。

离婚家庭成员还需要应对一些其他问题，对于父母而言包括：(1)无监护权一方与孩子的亲子关系可能因为长期不在一起生活而逐渐淡薄；(2)离婚使得家庭成员的日常生活习惯被打破；(3)监护方家长的生活安排和另一方的探访安排可能发生冲突；(4)如何面对失败婚姻带来的孤单和自责。对于孩子来说，需要面对的问题包括：(1)由父母离婚引起的羞耻感、愤怒以及被遗弃感；(2)可能与无监护权一方父母关系逐渐疏离；(3)内心该忠于父亲还是母亲的冲突；(4)需要适应有时要与无监护权父母一起住等等。

2. 再婚家庭

再婚家庭除了要经历离婚家庭所经历的各个阶段之外，还需要经历额外的一些阶段。

首先是进入新的婚姻关系的阶段，在这个阶段中离婚者逐渐从前一次婚姻失败中恢复过来，其发展主题是离婚者需要再次致力于组成新家庭，并且做好准备，应对未来家庭生活的复杂需求。

第二个阶段是重新调整，为新的婚姻和家庭作准备的阶段。新家庭中的每一个成员对于再婚和新形成的家庭都会有一些恐惧心理，因为每个人都可能需要适应多重的新角色，例如原来的独子现在需要学习成为大哥，照顾弟妹。此外原来家庭中的界限也会被打破，家庭成员所拥有的独立空间、与自己亲生父母或子女相处的时间会受影响。还有情感问题，子女对亲生父母和继父母的忠诚问题，父母的内疚感等问题。在这个阶段，再婚夫妻需要完成的发展任务包括：努力对彼此坦诚，认识到这个阶段的各种不安是正常的；继续与原配偶保持教养上的合作；帮助孩子应对恐惧和忠诚冲突；帮助孩子适应两个家庭合二为一之后形成的新的成员关系；以及帮助孩子保持与前配偶的大家庭的联系。

第三个阶段是重建家庭阶段。此阶段需要完成的任务包括重建家庭，接纳新的配偶；适应新家庭中所有的子女与其无监护权亲生父母的关系；以及促进新的家庭的融合。

生活中的心理学

案例：爸爸妈妈分开了

丁丁是个8岁的男孩，正上小学3年级，虽然平时不太爱说话，有些腼腆害羞，但最近班主任张老师发现，丁丁比以往更不爱说话了，下课时也不跟同学们一起玩耍，独自坐在座位上发呆。张老师把丁丁带到办公室，询问之下张老师才明白，丁丁是因为难以接受爸爸妈妈分开了的事实，才出现了退缩、自责的行为。

面对父母的离异，孩子会因为无法接受父母离异而出现一些问题。

最常见的问题是孩子常常会幻想父母复合，并且投注很多心力到这个幻想里，甚至做一些尝试，想让父母复合。父母和咨询师必须不断让孩子认清事实，让他们停止这种幻想和努力。此时，父母的态度应该是温和而坚定的，必须坚定地告诉孩子，爸爸妈妈不会再在一起了，但我们仍然爱你。

第二类问题是自责。父母必须告诉孩子，离婚不是他/她的错，离婚是大人之间相处出了问题，是大人要面对和解决的事情。

第三类问题是恐惧和不安感。孩子会觉得他“失去”了父母其中之一，他会害怕再失去另一个。因此孩子会变得很依赖和依恋父母，甚至出现尿床或夜哭、怕黑等行为。父母需要一再向孩子保证自己不会离开。父母应该告诉孩子：虽然爸爸妈妈不再住在一起了，但你仍然是我们的孩子，你仍然拥有爸爸和妈妈，我们都不会离开你的。

复习巩固

1. 请举例说明扩展家庭的不同类型。
2. 什么是家庭的心理功能？
3. 什么是家庭的生命周期？

第二节　家庭心理

一、家庭系统

将家庭称为系统是一种比喻，是系统理论在临床心理学实践和研究中的应用，将家庭比喻成系统的目的在于将以往从个人角度看待心理障碍的视角扩大到整个家庭环境中。事实上，家庭也确实具有一个社会系统的各种特点：家庭有自己的财产，发展和形成了一套规则；家庭成员们各有角色分工，有自己的组织结构，在系统中存在着隐藏或明显的交流方式；成员之间为了保证各种生活或发展任务有效完成，以及解决面临的问题而进行互动和沟通协调。家庭除了本身自成系统之外，还以一种双向的方式与家庭之外更大的系统相联系，这类更大的系统包括种族、文化传统、社会阶层、物理环境、国家经济发展环境、主流价值系统等等。在了解家庭系统的运作时，必须关注到的影响因素除了家庭作为社会系统的整体特征以及家庭外部大系统之外，家庭系统内部的因素也不容忽视，其中包括家庭成员的身心健康状况、受教育程度、家庭经济条件、家庭的价值观念等系统。此外，家庭成员相互之间还有着强有力的、长久的、相互的情感依恋和忠诚，这些都维系和影响着家庭生命的全程。家庭中任何一个成员的变化都不可避免地与家庭中其他成员的变化相联系，所有这些都在影响着家庭的适应、发展及家庭功能的执行和实现。所以家庭既是一个社会系统，也是一个心理系统。

作为一个心理社会系统，家庭系统的首要特征是其整体性。家庭系统围绕着家庭关系而组织，而家庭关系由家庭成员之间的一系列稳定的关系构成，在这些稳定的关系基础之上就形成了各种子系统（也称亚系统）。家庭中有很多共存的子系统，丈夫和妻子形成夫妻子系统，当他们在发挥对子女的教养作用时，又成为父母子系统；母亲和孩子形成母子（或母女）子系统、父亲和孩子形成父子（或父女）子系统，孩子们形成兄弟姐妹子系统。米纽庆（Minuchin，1974）认为，子系统可由代际（如母子、父子等）、性别（如母女或父子）、兴趣（如逍遥派或爱读书的）、功能（如父母或夫妻）等不同的组合形成。每一个成员同时属于不同的子系统，并与其他成员形成不同的关系，例如家里的大儿子，在父子子系统、母子子系统、兄弟姐妹子系统中分别有不同的关系和角色。这些子系统构成了家庭系统整体，但由于彼此之间互动的复杂性以及交互影响，这个整体不能被简单地看做部分之和。在系统中，每个成员的活动都会影响到整体。

家庭系统的另一个特征是其一致性。家庭系统一旦形成，每个成员的角色固定下来，固定的角色使成员的行为以及其他人对该成员的期待也变得固定、一致。家庭系统的运转变得自动化，成员们知道何时该起床，谁来做早饭，谁决定买哪个牌子的冰箱，父母中更应该服从谁，如何表达不满等等。家庭成员之间的交互作用模式重复不变，每个成员的行为反应及其后果都可以预测。

家庭系统的第三个特点是其开放性。作为心理社会系统，家庭系统内部的各个子系统之间，家庭系统与其外部更大系统之间都存在着界限或边界。例如，幼年的孩子与父母两人的夫妻亚系统之间的界限比较模糊，幼儿可以在任何时候随意出入父母的房间或和父母住在一个房间里，而青少年子女与父母的夫妻亚系统之间的界限则会比较清晰，在进入父母房间前会先敲门，父母进入其房间前也会先敲门，这就是从家人行为中反映出来的系统内部的界限。开放系统意味着与外部世界之间存在着双向的信息交流和相互影响，因此家庭不仅仅是简单地适应外部世界，同时也能主动与外部环境发生交流，产生影响。家庭系统越是开放，就越能不断吸收新的经验，越能适应变化，也越具有灵活性。例如前面谈到孩子进入青少年期的家庭发展阶段，具有高开放性的家庭更能允许和鼓励孩子与家庭系统外的学校系统和同伴系统的交往，更能接纳孩子成长带来的新的变化，因而也能更好地完成其发展任务。

二、家庭规则与角色

家庭规则在家庭角色的互动中形成，规则的形成又进一步塑造了家庭成员的角色。从控制论的角度而言，家庭是一个由规则管理着的系统，家庭规则使得家庭成员之间的互动遵循着家庭中已经形成的行为模式。这些模式使家庭成员明白，在家庭中哪些行为是被允许或被要求的，而哪些又是不被允许的。比如“放学回家后先做完作业才可以看电视”“不可以跟父母顶嘴”等等。杰克逊(Jackson, 1965)是最初观察到家庭成员的交流遵循家庭规则这一现象的人，作为家庭治疗的先行者之一，他发现夫妻在婚姻生活中要共同面对很多问题，包括家务分工、家庭收入、社交、性爱以及子女教养等等。在夫妻关系形成的初期，他们就开始相互交流彼此的观点，并表达自己对对方的期待，而这些期待也往往反映出社会所认同的性别角色，例如传统的男性赚钱养家、女性操持家务等等。在此后的家庭生活中，他们经过不断调整、适应，形成比较固定、人人遵守的行为模式，即家庭规则。

家庭规则可以是有形的，规定性的，比如“放学回家后先做完作业才可以看电视”。家庭规则也可以是无形的、隐蔽的，比如“跟妈妈要钱会比跟爸爸要容易，虽然她会唠叨，但最后都会给”。子女们都了解并遵循着这些规则。对于家庭而言，家庭规则可谓有利有弊，一方面，家庭规则给家庭生活带来秩序，一个严格的家庭往往有很多规则，而一个混乱的家庭则规则较少。家庭规则让成员们明白在家庭交往和互动中如何做出反应去得到想要的或避免麻烦。规则使家庭生活得以正常持续地进行。但另一方面，家庭规则也往往导致家庭成员角色僵化，因为家庭规则意味着家庭以重复性的行为方式互动，也就是说，在处理相互之间的关系时，家庭成员只会做出有限的反应，因而当出现问题时，能采取的应对措施也是单一有限的，这就导致家庭失去了更多可能的选择和灵活应对的能力，也更容易陷入恶性循环之中。例如一个由父母和儿子组成的三口之家，父亲的精力主要放在工作中，而母亲则关注家务和儿子的教育，儿子不认真学习或有不良行为时，母亲通过批评、许诺、恐吓的方式加以管束。十多年的家庭生活使得他们的角色日益固定，儿子进入青春期后，迷上了电脑游戏，一开始是不按时睡觉，继而不写作业，最后出现逃学的行为，母亲仍用以往的方式应对，当不起作用时，母亲加剧了唠叨、指责和哄骗等行为的强度，但仍然没有太大效果。父亲对母亲的教育方式不以为然，但多年形成的“只挣钱不管闲事”的“家庭隐士”角色以及躲清静的想法使得他躲到了自己的工作中。母亲觉得自己孤立无援，操碎了心却无人理解；儿子觉得自己被唠叨的母亲逼得快疯了；而父亲则觉得儿子不听话，妻子太唠叨，在家里太压抑。这个例子反映出，当问题出现的时候，太过僵化的家庭规则往往使家庭成员一味重复失效的行为而无法做出更多选择。儿子、母亲和父亲分别困在他们“坐牢者”“狱卒”和“家庭隐士”的角色中无法脱身。

维吉妮亚·萨提亚(Satir, 1976)对家庭规则在家庭治疗中的作用也有深刻见解。作为家庭治疗的先驱者甚至是形象代言人之一，萨提亚非常看重隐藏在家庭沟通模式中的无形的家庭规则。她在治疗过程中，特别强调帮助家庭找出那些从没被家人明确表达过，但在家庭中人尽皆知的隐秘规则，尤其是那些引起家人焦虑、怀疑、痛苦情绪的隐蔽规则。例如家人都知道但被禁止谈论的话题(位高权重的父亲与孩子的姨妈之间的婚外情;母亲酗酒的问题),或者不允许公开表达愤怒和消极情绪的规则(不可以在全家聚会时愁眉苦脸;不许哭),另外还有强调家庭成员之间的相互依赖或纠缠关系的规则(世界上只有父母才是可以信任的人;自家的事关起门来解决)。萨提亚认为功能失调的家庭规则会对个人的成长和成熟造成阻碍。在萨提亚的治疗模式中,她鼓励人们去发现自己原生家庭中那些不恰当的家庭规则,去修正或抛弃那些过时的、不再适用的规则。例如关于说谎的规则,如果一个人来自于一个对孩子说谎严格禁止并严厉惩罚的家庭,这个规则可能在孩子成年之后仍对他/她具有非常大的影响力,甚至可能导致他/她在社交上有困难或者有更严重的内心冲突。那么对于此人而言,修正或抛弃这条"无论何时何地,绝对不可以说谎"的家庭规则显然是十分必要的。

三、家庭心理的维度

1. 家庭沟通

家庭沟通指的是在家庭中,成员之间如何彼此交谈、表达意见、交换信息以及沟通情感的过程。家庭沟通可以从沟通的数量以及质量来加以评价。沟通的数量指家庭成员之间交流是否频繁。有的家庭成员之间很少交流,不了解对方正在经历的事情以及当前的处境,更谈不上给予必要的支持和安慰。这种情况的产生可能源自于成员彼此之间缺乏温情,例如有的夫妻随着结婚时间的增长,相互的关注减小,而失望增加,同时也不注重两人关系的滋养维系,继而变得互相漠不关心,不再沟通交流。或者有的父母将主要精力投入工作中,在工作上消耗了大量心理、情感能量,回到家里后没有心情和耐心去关心和过问孩子的生活,继而与子女之间关系日渐淡漠。缺乏沟通的情况也可能源自于夫妻在自己的原生家庭中形成的习惯,例如在其原生家庭中有众多兄弟姐妹,而父母忙于生计,家庭的情感氛围很冷淡,大家各顾各的,在这样家庭中长大的人在自己的核心家庭中,也很有可能延续这种冷淡、少沟通的情感氛围。家庭沟通的质量由沟通的内容和效果决定。家人之间是否可以谈论自己的情绪、感受,可以相互透露自己的秘密;还是交流的内容仅限于孩子的学业、家庭的日常开支和人情往来一类生活上的常规事务。在沟通质量高的家庭中,成员之间往往彼此比较坦诚、直接,能够分享生活中的积极或消极的情绪感受,也愿意去了解对方的感受。对于沟通的效果而言,能够触及人们的感受、情绪、观念等内容的沟通更具深度,也更能增进成员之间的情感联系,促进问题的解决。有的父母尽管工作很忙,但仍能保持与子女和伴侣之间有高质量的沟通,其原因一方面在于他们关注沟通的内容,强调对深层次的情绪感受的交流,比如经常询问孩子在学校里有什么高兴或烦恼的事情,以及和同伴交往的情况,遇到困难愿意耐心倾听而不是马上告诉孩子该如何去做。另一方面则因为他们重视沟通的效果,他们的沟通是双向的,而非简单地发号施令,这类家长往往也很注重创造愉快轻松的沟通氛围，抓住一切可以进行沟通的机会，如一起吃晚饭的时间，或上学、放学接送孩子的时间。

2. 家庭情感氛围

家庭的情感氛围指由家庭成员彼此之间的情感反应和情感卷入所形成的家庭的情绪环境。在情感氛围温暖的家庭中，家庭成员之间会通过言语和表情、身体动作等非言语的信息来表达彼此的关心和爱，而接受到这些信息的成员也会给予相应的情感上的回应。父母不只关心子女的学习成绩和在学校中的表现，更会关注子女在自己的学习和生活中所做的每一分努力，并对此加以肯定。在接纳温暖的情感氛围中，家庭成员可以获得安全感，可以自由地表达自己的消极感受，也能得到其他成员的接纳和关心。此类家庭往往也有较高的情感卷入，也就是家庭成员彼此之间能感同身受，家庭成员很团结并从中获得支持，每一个人的困难都会成为其他人的困难。当然过高的情感卷入也会带来一些问题，例如家庭成员之间的关系往往过度纠缠，牵一发而动全身，成员的自主性会受到影响，同时情感卷入过高的家庭也可能存在与外界互动困难的情况，当子女成年结婚之后，情感卷入过高的亲子关系可能会使得子女无法将对自己核心家庭及对自己配偶的忠诚放于首要位置，从而对其婚姻生活造成影响。

3 家庭的问题解决和适应

如果说家庭沟通与家庭情感氛围关注的是家庭内部的心理维度，那么家庭的问题解决与适应关注的则更多是家庭的整体功能和与外部环境保持平衡协调关系的能力。可以把家庭类比为人体，那么家庭在日常生活中解决问题、面对困难及挑战的过程就类似人体适应外部环境、保持免疫活性或者在生病后获得迅速复原的过程。在面对外部环境的变化或者挑战时，家庭成员能否同心协力，共同应对；还是各行其是，互相指责，或干脆逃避；又或者是权威专制的家长一个人说了算。小到计划一次周末的家庭活动，大到应对家人重病、失业的情况，家庭心理的这个维度在很大程度上决定着家庭成员的心理健康状况。具有较高灵活性和复原力的家庭，在解决问题和适应方面往往能灵活应变，他们不会固守着各自在家庭中的角色，而是整合家庭资源共同应对。例如在丈夫失业后，有较高适应能力的家庭会调整夫妻的职责分工，积极从社区、亲戚朋友、大众媒体、相关机构等方面获取可以提供帮助的信息，同时寻求扩展家庭或家庭外系统的支持，包括在感情上给予的支持理解和从经济、时间方面给予的支持帮助，通过各种方式解决困难。此外，解决问题和适应能力强的家庭往往更具有开放性，家庭成员能从各个角度对所面临的困难或挑战提出意见。这类家庭同时也比较善于总结经验，在不断应对环境挑战的过程中获得学习和成长。

四、心理健康家庭的特点

列夫·托尔斯泰在《安娜·卡列妮娜》中写下“幸福的家庭是相似的，而不幸的家庭则各有各的不幸。”从家庭情感体验的角度反映了家庭生活的共通性和特异性。一个幸福的家庭必然是一个心理健康的家庭，康斯坦丁(Constanntine，1986)称这样的家庭为“有能力”的家庭，他认为这样的家庭与“无能力”的家庭，即心理健康水平不佳的家庭相比，更能够成功平衡家庭的需要和家庭成员的个人利益，这类家庭内部的家庭规则更具有弹性，能包容家庭成员之间彼此冲突的利益需求。那么心理健康的家庭还具有哪些共同特点呢？

心理健康家庭的首要特征是家庭成员对家庭的认同感，即家庭成员在情感上、心理上承认和接纳自己是家庭一员的身份(identity)，并能将家庭的利益和自身的利益相结合，愿意为家庭投入和付出。家庭认同感的具体表现主要是家庭成员的团结一致，家人之间有一个对家庭的心理共识，在感情上相依相属，感受到对家庭的忠诚，为自己的家庭而骄傲，家庭成员之间相互信任和尊重，拥有相似的价值观和信念。在其他成员遇到困难时能加以合作、协助，在面对外部挑战时能团结起来，共同应对。家庭认同感还表现为对家庭的牺牲付出，比如我们常常在影视剧中看到家里的母亲为了丈夫和儿女忍饥挨饿带病工作的情节，或者父亲为了更多地与妻儿相处，而推掉了需要频繁出差的升迁机会，这些都是具有家庭认同感的个人为家庭幸福牺牲付出的例子。

心理健康家庭的另一个重要特征是能在家人的独立自主需要与家人的依恋关系之间保持平衡。在心理健康的家庭中，家庭成员之间既是团结的，同时又能保持自己的独立性。在夫妻之间，既有共同相处的时间和可以共享的休闲娱乐，同时也有各自的朋友，拥有独立发展自己个人的职业或娱乐的机会。在亲子之间，父母不会为了追求子女在观念和行为方式上必须与自己一致而过分控制和干预家庭中子女的言行。子女可以拥有不受打扰的空间，能与自己的朋友交往，能对外面的世界进行探索而非时时被置于父母的监控之下。此外，随着子女的成长，他们对自主性的需求增长，而父母也能相应地给子女自己作决定的空间。

心理健康家庭的特征还包括清晰、直接、开放地沟通和建设性地解决冲突。家庭成员能清楚直接地表达自己的观点和感受，也能自在地表达对其他家庭成员的期待，而不需要用迂回暗示的方式。父母之间的矛盾和不满在夫妻子系统中得到交流和解决，而不必借由训斥孩子指桑骂槐的方式或拉拢孩子反抗对方的方式来加以表达。此外心理健康家庭成员在沟通中很少指责别人，在冲突发生时，家庭成员比较能为自己的感受负责，也愿意承担自己在冲突中应该承担的责任，如果其他成员的行为令他们失望或愤怒，他们会对这类过失行为提出批评和忠告，清楚具体地表达自己的观点，而不会指责、侮辱或全盘否定对方。而且，心理健康家庭的成员在家庭冲突中善于相互妥协，寻求折中的解决之道。也就是说，心理健康的家庭中，成员之间沟通的基础是彼此尊重。

心理健康的家庭往往具有较高灵活性，这体现在三个方面：第一是心理健康家庭在容纳和满足家庭成员的需要方面具有灵活性，能针对家庭中不同年龄、性别的成员的不同需要和能力做出调整，使得成员们能够和平相处。家庭的规则中即包含全家人共同遵循的习惯和要求，也能按老年人的需要、生病成员的需要和小孩的需要加以调整。第二是心理健康家庭在家庭各个发展变化的时期能灵活应对，加以适应。如孩子出生后，夫妻需要开始学习和实践照顾、教养子女的父母职责；孩子进入青少年期后，父母学习应对青少年更多的自主性需求，同时也注意维持和促进夫妻关系的质量；而在孩子成人离家之后，父母适应退休的生活并准备接纳家庭中新的成员，即子女的伴侣。心理健康家庭在各种变化中也会遇到困难和挣扎，但经过彼此的良好沟通和相互尊重、信任而顺利实现过渡。心理健康家庭的灵活性还体现在平衡与家庭外部环境的关系方面，心理健康的家庭会根据不同时期家庭的不同需要灵活地拓展或限制与外部环境的关系，例如家庭中的父亲生病了，心理健康的家庭就会更多寻求扩展家庭中祖父母或其他亲友的帮助来渡过难关。而当与外部环境的过多联系影响到家庭的正常功能时，例如丈夫每周有四个晚上与牌友们打牌，而忽略了妻子和孩子时，妻子会告诉丈夫自己受到忽视和孤单的感受，以及自己希望他每周只出去一个晚上的期望。瓦尔舍（Walsh，1998）在其《增强家庭弹性》一书中指出，家庭灵活性有三个关键性要素，第一个要素是家庭中有一套自成体系的积极的观念系统，这套观念系统为家庭成员提供了共同的态度、信念和价值观，这样他们就可以据此来理解和解释所面临的问题，并对未来的行为做打算；第二个要素是家庭的组织过程，即家庭如何有效地组织资源，使用资源，这是家庭在面临压力和困难时的“减震器”；第三个要素是家人之间有一套清晰、连贯（而非随兴而为、朝令夕改）、恰当的交流过程，为家庭成员建立一种相互信任和坦然表达的氛围。

扩展阅读

同性恋家庭

典型的家庭由一对结婚的异性夫妇和他们亲生的孩子组成。但现在的家庭类型日益多元化，单亲家庭、再婚家庭以及同性恋家庭类型的比率也有所增加。研究者对由男（或女）同性恋者抚养的儿童开展研究，试图弄清这种家庭类型对于儿童的发展有何独特影响。帕特森（Patterson，1992）在他的综述中回顾了大量相关研究，得出的结论是，同性恋家长抚养的儿童在性别认同、性别角色行为以及性别偏好等方面并没有特异的变化，同伴关系也有较高满意度。其他一些研究也得到了类似的结论，在哥隆波克（Golombok，1997）对英国的一些六岁左右的儿童开展的研究中，发现在没有父亲的家庭中（无论母亲是同性恋还是异性恋），孩子与母亲的相互影响更强烈，但其依恋类型并未受母亲性取向的影响，虽然儿童在自尊方面的发展水平并不是很高，但其依恋类型仍是安全型的。而在另一项对接受捐精后生育的80名7岁左右的儿童中开展的研究发现(Smith, Cowie & Blades, 2006),这些儿童的适应状况与家庭中家长的数量(单亲或双亲)以及家长的性取向(同性恋或异性恋)无关,而与家长的生活压力和争吵有关,在各种类型的家庭中研究均呈现这一结果。迄今为止,研究并没有发现同性恋家长养育的孩子在各方面的发展和异性恋家庭中的孩子有明显的差异,事实上,家长的教养方式、家庭中的冲突和争吵对于儿童的发展产生更显著的影响。

复习巩固

1. 家庭规则与家庭成员的角色有什么样的关系?
2. 什么样的沟通效果更好?
3. 什么是家庭认同感?

本章要点小结

家庭

1. 家庭是被婚姻、血缘或养育等纽带联系起来的人之群体,各个成员都以家庭作为其父母、夫妻或兄弟姐妹相互作用和交往的基础,从而创造出属于他们的共同的文化。

2. 家庭功能可分为生物功能、心理功能和社会功能三个类别。

3. 家庭如同个人一样也有一个从开始到结束的生命周期。家庭的生命周期也被称为家庭的发展阶段,指核心家庭所经历的从产生、发展到消亡的过程。

家庭心理

1. 家庭既是一个社会系统,也是一个心理系统。

2. 家庭系统的特征包括整体性、一致性和开放性。

3. 家庭规则经由家庭生活中成员的角色互动形成,而规则又进一步塑造了家庭成员的角色。

4. 家庭规则可以是有形的,也可以是无形的。

5. 心理健康家庭的特征包括家庭成员对家庭的认同感、在独立自主需要与依恋关系之间的平衡、清晰、开放的沟通以及灵活性。

关键术语表

家庭　家庭功能　家庭生命周期　家庭系统　家庭规则　家庭认同感

选择题

1. 家庭既是一个____系统，又是一个____系统。（　　）

a. 生物；心理　　b. 社会；心理　　c. 物理；心理　　d. 社会；生理

2. 家庭在心理层面的特点包括（　　）。

a. 先天性　　b. 矛盾情感　　c. 人际反应性　　d. 约束性

3. 由父母及未婚子女组成的家庭被称为（　　）。

a. 配偶家庭　　b. 核心家庭　　c. 扩展家庭　　d. 隔代家庭

4. 家庭的三大主要功能包括（　　）。

a. 生物功能　　b. 心理功能　　c. 社会功能　　d. 文化功能

5. 新婚期阶段家庭的发展任务有（　　）。

a. 在工作和经济独立中建立自我　　b. 建立婚姻系统

c. 重新定位与大家庭、朋友的关系　　d. 调整婚姻系统准备生育

6. 子女进入青少年期，家庭需要面对的挑战包括（　　）。

a. 改变亲子关系，允许青少年自由出入家庭系统

b. 重新关注中年的婚姻与事业

c. 重新定位与朋友的关系

d. 开始转向照顾老一代

7. 在有新生儿的家庭中，可能出现的问题有（　　）。

a. 夫妻因为家务分工发生争吵　　b. 夫妻可自由支配的时间减少

c. 夫妻婚姻满意度下降　　d. 因为育儿观念出现婆媳矛盾

8. 对于离婚家庭而言，以下哪些因素对其子女的适应有利（　　）。

a. 父母与前配偶保持子女教养方面的往来

b. 父母避免见面，以免勾起以往的创伤情绪

c. 扩展家庭继续提供支持和帮助

d. 父母将夫妻角色和父母角色分开

9. 再婚夫妻需要完成的发展任务有（　　）。

a. 彼此坦诚相对

b. 继续与原配偶合作教养子女

c. 帮助孩子应对新的家庭生活

d. 帮助孩子与亲生父/母亲及其扩展家庭保持联系

10. 心理健康家庭的首要特征是家庭成员的（　　）。

a. 保持平衡　　b. 有能力　　c. 家庭认同感　　d. 牺牲付出

第二章　家庭治疗概述

对来访者所处的家庭环境加以关注的做法在心理治疗实践中由来已久。弗洛伊德就曾在小汉斯的案例中指导汉斯的父亲，又在治疗弗洛琳·伊丽莎白时去拜访患者的母亲，甚至帮助患者家庭解决财务纠纷，他称自己的这些努力是“对患者当前环境的亲切关注”。他的治疗显示出，在心理咨询与治疗行业发展的早期阶段，专业人士就已将家庭环境纳入考虑范围，并试着做一些工作。作为一个有着独特理论观点和治疗技术的心理治疗派别，家庭治疗独具魅力，其整个发展历程承载着无数先行者从自身成长和专业工作中获取的经验和智慧。本章将从家庭治疗的理论溯源、发展历程等角度入手，对家庭治疗的来龙去脉加以梳理。

第一节　家庭治疗的概念

一、家庭治疗的概念

家庭治疗常被认为是一种以整个家庭作为治疗对象的心理治疗的形式。这样的理解并没有错，至少从治疗形式上来看，这是家庭治疗与个体心理治疗最大的区别。但如果深入对家庭治疗的理论观点加以剖析，就会发现家庭治疗从认识论基础到实践技术体系，都与其他心理疗法有很大差异，它包含了认识人类行为的全新视角，即人类行为基本上是由人与人之间的交往构成的。

家庭治疗和精神分析、认知疗法等其他治疗理论和模式一样，同样由一类治疗理论和干预模式构成，这类治疗理论和干预模式由心理咨询与治疗的临床实践者们在临床经验和观察中总结得来，又在相应的临床工作和科学研究中加以论证，用于解释心理问题的形成的原因并建构和实施干预。家庭治疗认为，咨询师或治疗师要了解个体心理问题的形成以及该问题如何持续下来，就需要在一个比个体更大的系统中，即家庭系统中对这一心理问题加以观察和诠释。也就是说，家庭治疗是一类以系统论为基础的治疗理论和干预模式。家庭治疗将家庭作为一个整体，以系统、动态的视角看待家庭成员的心理问题，并通过相应的干预技术，矫正家庭中可能存在的结构、沟通、角色、情感等方面的问题，从而治疗症状、改善家庭功能。

家庭治疗扎根于系统论，因而家庭治疗对心理问题的理解包含三层含义。第一，当家庭中有某个成员因出现心理症状而感觉痛苦时，其他家庭成员也会感受到痛苦。因为家庭是一个单位和整体，正如第一节中提到的，家庭的实质是成员之间的人际关系，成员的症状不只影响他/她一个人，同样牵动和影响着家庭中的其他成员。第二，家庭治疗师们将出现症状的成员称为“被确认的患者”(identified patient)或“症状承受者”(symptom bearer)，而非通常说的“病人”。因为家庭治疗师们相信，这个个体只是整个家庭系统较薄弱的部分，家庭内部的压力和痛苦在其症状中得以表现，而这个症状对于整个家庭系统的功能而言是有意义的，它可能起到维持家庭平衡的作用。第三，既然症状的形成源于家庭系统中的某些功能不良，那么调整和改变系统，使之获得新的良性平衡，症状就会失去意义而消失。也就是说，要改变家庭中某个成员的症状，就必须努力改变整个家庭的互动方式。然而经常出现的情况却是家庭成员们要求出现症状的成员改变。这样一来，“改变家庭”的重担就仅成为症状承受者一个人的事情，而非整个家庭共同承担；而症状承受者越是努力试图去改变自己与家人的互动方式，越会受到家庭中其他成员的批评，使其不堪重负，症状加剧。

从家庭治疗的定义可以看出，家庭治疗作为心理咨询与治疗的“第四种势力”，在对症状形成原因的诠释以及采取的干预措施等方面，与其他心理咨询和治疗的理论模式有明显差异。首先在诠释症状的形成原因方面，家庭治疗强调家庭系统中成员的交往模式对症状形成的影响，而精神分析理论更关注童年创伤和无意识冲突在症状形成中的作用，行为疗法认为症状是由于不恰当的学习和强化而形成的，认知疗法则认为症状源自于认知图式的偏差。其次在干预的方法方面，家庭治疗主张通过调整家庭系统的内部结构、改善家庭成员的沟通和情感表达以及撤销症状对家庭系统平衡的保持作用等方法来进行干预，而精神分析通过对症状成因的“诠释”“修通”消除症状，行为疗法强调通过与习得程序相反的矫正程序来使已习得的症状消退，认知疗法则采用认知辩论、认知预演的方法来改变症状。另外，在治疗的形式上也有一些差异，通常情况下，家庭治疗师会要求会见整个家庭，尤其是在治疗的开始阶段，这对于治疗师评估症状的意义，以及了解和评价家庭系统的功能是有必要的，而精神分析、认知疗法以及行为疗法一般采用个体咨询与治疗的形式，较少要求整个家庭参与。

二、家庭治疗的特点

通过把家庭治疗与其他心理咨询与治疗的取向、方法进行细致对比，不难发现，家庭治疗具有一些鲜明的特点，正是这些特点使其在众多心理治疗方法中大放异彩。总结起来，家庭治疗的特点体现在七个方面。

首先，从认识论基础来看，家庭治疗与其他心理治疗取向和方法存在差异，其中最明显的差异反映在对人类行为的理解方式上。在治疗理论中体现为系统观与个体观的差异，以及循环因果和直线因果的差异。家庭治疗深受系统论影响，可以说，在家庭治疗出现之前，个体的心理问题被看做是来访者一个人的事情，个体治疗焦点集中，对内部心理事件、心理组织和内心冲突的强调使得治疗方法以内省、回忆为主，而对来访者症状的直线因果观也使得治疗师们相信通过揭示和重建来访者的过去经验，可以使来访者获得新的认识和顿悟，从而改变其行为和症状。尽管个体治疗师也认为家庭生活对于个体个性形成具有重要作用，但他们认为这种影响已在个性形成的过程中完成了其作用，实现了内化，而内化以后的心理动力才是控制个体行为的主要力量，因此，治疗应该指向个体及其内在心理冲突。而家庭治疗则深受系统论影响，作为一种以更为广阔的系统化视角看待症状并施加干预的治疗理念，家庭治疗并不否认个体内部体验和动力对个体行为的重大意义，但同时也强调个体行为产生的家庭背景，即家庭中的人际互动。家庭治疗师认为人们生活中的主要影响力量来自于家庭，个体行为只是行为反应链中的一个环节，这个行为反应链产生于人与人之间行为的相互激发，因而是循环、互为因果的，并且没有明显的开始和结束，而是环形的行为序列。尽管个体治疗师们也同意来访者的改变可以引起其家庭成员关系的变化，却低估了家庭互动在催生或维持个体行为方面的巨大力量，这也正是一些个体治疗的来访者在重返家庭后出现症状复发的原因所在。家庭治疗在认识论上的另一个特点还体现在对代际过程的关注上，基于对家庭人际环境的重视和相关的临床观察与研究，家庭发展史也被纳入到家庭治疗理论架构中，精神病理行为或功能失调行为不再是由这个人、这个家庭制造出来的问题，还可能是家族一代代传递下来的焦虑和发展障碍累积之后的一次爆发。在认识论上，除了从个体观走向了人际观、代际观外，家庭治疗还日益趋于生态化，对环境的关注不再局限于家庭之中，在整合历程系统观(integrative process systems perspective)的认识论指导下，更广阔的环境干预被纳入研究和临床实践中，例如汉格勒(Henggeler，2009)及其同事发展形成的多重系统治疗。打开任何一本家庭心理学专业期刊，都一定能找到几篇研究论文，其关注点是家庭—学校合作、家庭—职业联系或家庭—社会环境关系等，这些研究趋势反映出家庭治疗系统化、生态化视角的扩展。

家庭治疗的特点之二体现在其文化属性上。作为同样以人为服务对象的心理治疗取向，对文化的考量并非家庭治疗所特有。但与其他心理咨询与治疗的理论取向和方法相比，家庭治疗无疑受文化因素的影响更大，也更重视服务对象的文化特性。家庭治疗在实践中强调文化因素的原因在于，家庭作为社会的最小单位，一个家族一代代发展传承的历史往往是该社会文化发展变化的缩影，正如许多文学家在其作品中以一个家族的兴衰变化来反映一个历史文化时期的社会变迁一样，家族代际发展历史本身就是一部小的文化史，而家庭的整体性特征使得家庭成员的个人成长和发展、成员之间的互动交流无不深受家族所传承的文化传统的影响，这在上一章对家庭心理的描述中有所论及，也可参看第十章对中国文化与家庭治疗关系的论述。因此可以说，从个体心理到家庭人际关系均受到文化色彩的渲染，这也就是家庭治疗师越来越重视治疗中的文化因素的原因所在，也是越来越多的研究者关注家庭治疗与实施背景的文化契合性的原因所在。

家庭治疗的第三个特点是其适用范围。尽管从广义的角度来说，许多个体的心理问题都可以用家庭治疗进行干预，家庭治疗的适用范围很广，但相比之下，家庭治疗更适合用于下列几类情况：第一类是家庭的整体结构和功能存在问题的情况，例如某些单亲家庭，或在一些父母一方有吸毒酗酒问题的家庭中，家庭的教养功能受到影响，这样的情况除了要运用行为干预的方法对成瘾者进行戒毒戒酒治疗外，还需运用家庭治疗辅助治疗，一方面帮助成瘾者，另一方面运用一些替代性的选择，来帮助其他家庭成员。这种情况还包括家庭中有长期患病(包括生理和心理疾病)成员的情况，慢性精神疾病或生理疾病对家庭功能的维持存在巨大的潜在威胁，对其他家庭成员也造成很大的身心压力，家庭治疗（尤其是其中的心理教育模式）在这种情况下可以通过教给家庭成员相关的疾病知识、训练家庭成员沟通技巧和应对压力生活事件的技巧以及问题解决的技巧，来减轻这些长期疾病对家庭功能的冲击和影响。第二类适用家庭治疗的情况与家庭内部亚系统出现问题有关，通常是夫妻亚系统问题和亲子亚系统问题。最为常见的情况包括夫妻冲突导致的家庭危机、一方或双方婚外情、孩子介入父母之间形成三角关系、亲子出现严重的言语/身体冲突或长期疏离等等。一般而言，家庭治疗在处理亲子三角关系、子女教育问题和亲子代沟问题时有独特的优势。此外，与家庭发展周期阶段任务的完成情况有关的问题也特别适合运用家庭治疗，例如在新家庭建立之初或此后，新家庭与扩展家庭之间的界限问题（婆媳关系、翁婿关系、隔代抚养等）、孩子出生后的夫妻调适问题、多子女家庭中新生儿出生后其他子女的适应问题、孩子进入不同成长阶段（尤其是青春期）亲子关系的调适问题、离婚或丧偶等创伤生活事件之后的再适应问题等。第四类适用家庭治疗是个体心理问题与家庭有关或家庭对个体心理问题的解决存在阻碍作用，导致个体治疗效果不好的情况。事实上，第四类情况细究下来，一般也都可以归入前三类情况中。个体心理问题的发生往往与家庭的整体结构、功能、亚系统问题或家庭发展阶段的一些关键期有关，因而治疗师需要对这些问题保持敏感，一旦发现其中的联系，最好尽早采用家庭治疗。

家庭治疗的第四个特点与其治疗形式有关。家庭治疗最为人们所熟知的就是它以整个家庭作为治疗对象，这一点确实是它与个体治疗的一大差异。除此之外，家庭治疗的治疗形式还有些特别的创新尝试，例如米兰模式中的多个不同性别治疗师联合治疗，以及现在运用的让来访家庭观察治疗师群体对其案例的现场讨论，从而获取不同视角的做法等，这些治疗形式的革新也反映出了家庭治疗的灵活性、开放性和包容力。家庭治疗的包容力还反映在家庭治疗与各种个体治疗理论取向的结合之中，尽管有些治疗理论流派也逐步融入其他理论流派的方法和技术，例如艾利斯的合理情绪疗法在加入了行为干预技术之后，改称为“合理情绪行为疗法”，但相比之下，家庭治疗整合其他治疗理论的潜力更大，家庭治疗本身可以独立作为一个整合其他理论的基础和框架，当与心理动力学理论的技术和方法结合时，即形成家庭治疗的心理动力学模式；而当与认知行为治疗技术结合时，则形成家庭治疗的认知行为模式。家庭治疗之所以有这样的包容力和嫁接其他理论方法的能力，原因在于它以系统论作为认识论基础。家庭治疗提供给治疗师一种分析症状形成原因的理论和立场，治疗师基于这种分析而形成有针对性的干预目标，至于干预的技术手段，则可以殊途同归。

正由于家庭治疗在治疗形式上以整个家庭作为对象，参加会谈的人数较多，尤其是早期阶段的会谈，因此家庭治疗在咨访关系上也有自己的特点，一对多的治疗形式使得家庭治疗师必须兼顾个体和全局，而家庭治疗不同模式的理论对治疗师在治疗中的角色也有不同的要求。有的模式认为治疗师应深入家庭中去，给予家庭成员情感体验的理解和支持（萨提亚模式、结构模式等）；有的模式则认为治疗师应非常中立客观，如同教练一般，以避免卷入家庭的三角关系中（代际模式）。虽然团体治疗的治疗形式同样是一对多，但与家庭治疗差异很大，团体中的成员之间是平等的关系，参加治疗之前往往也并无接触，只是因为相同的困扰而相聚于同一个团体中，而家庭成员之间存在家庭的权力等级结构，关系并非平等，共同的家庭生活形成了独特的家庭动力和文化，可以说，家庭治疗师要面对的情况比团体治疗师更为复杂。因此，在家庭治疗中，咨访关系的建立有独特的要求，治疗师需要在中立和投入之间保持微妙的平衡，更要尊重家庭既定的等级结构和家庭文化。

家庭治疗的另外两个特点体现在其评估和干预技术上。家庭治疗师在对家庭进行评估时（包括接诊评估和贯穿整个治疗过程的评估），不仅关注来访者症状的产生、发展和变化过程，更关注来访者家庭的发展变化历程（需要的话，也包括多代发展史），即对家庭史和病史都很重视，这与个体治疗中更重视对来访者病史的评估有明显差异。在评估工具的选用方面，尽管家庭治疗和个体治疗一样会在评估中使用一些工具，如问卷和量表等，但家庭治疗的评估工具以测查家庭情感氛围、家庭成员依恋、互动模式的居多，行为的评估也更看重对家庭成员之间行为反应循环的评估。此外，家庭治疗在评估方面还具有一大特点，即资源取向特点。家庭治疗师们相信每个家庭本身就具有解决问题的能力和资源，因而从接诊评估开始，治疗师就在着手寻找那些被家庭成员忽略或未发现的资源，这与多数心理咨询和治疗方法的缺陷取向（或病理取向）不一样，缺陷取向将症状视做障碍和病理性的，是由过去创伤体验直接导致的，是个人化的，此取向认为对症状或问题的原因有确定、正确的解释，并认为治疗中的阻抗来自于意识或无意识的防御。而资源取向则强调症状的功能意义，关注来访家庭本身所具有的疗愈能力，不认为症状或问题的原因是确定的，而相信问题的解决之道就是找到更优的替代性选择，同时认为阻抗是家庭为保持系统的原有平衡而产生的正常反应。

在干预技术上，家庭治疗的特点也很明显，这从许多独创性的干预技术中体现出来，例如家庭治疗对提问技术的使用就颇具特色，在循环因果观的指导下，家庭治疗强调运用提问的方式来揭示家庭成员之间隐藏的交互影响和各种事件之间的相互联系，以此将家庭看待症状的方式从个体向关系扩展。除了揭示交互作用的提问方式之外，家庭治疗还运用一些技巧性的提问方式，例如“奇迹问题”，通过暗示或假设来访家庭其他行为选择的可能性，来促进来访者思考和改变。家庭治疗很有特色的干预技术还包括“悖论处方”技术，故意要求有症状的来访者表现出更多症状来，破坏其原来通过症状获得的对他人的权力和控制，原理是运用治疗性的双重束缚，把隐藏在症状之后的权力争斗公开化、明显化，从而消除症状。另一技术“家庭雕塑”有多种变式，治疗师甚至可以运用房间里的杯子、笔或本子来进行雕塑，这个技术通过将家庭中的动力冲突和成员间的互动关系视觉化、影像化，对来访家庭产生巨大的心理冲击，从而激发更深的情感体验和认知领悟，打开行为选择新的思路和可能性。

三、家庭治疗的目标

家庭治疗的最终目标是帮助家庭成长为健康且更富有功能性、适应良好的系统。这不仅意味着家庭中现有的症状和问题得到了解决，也意味着家庭的“免疫力”得到提升，家庭再遇到问题时可以自己有效地解决。

根据家庭中存在问题的性质、家庭功能出现障碍的严重程度，家庭治疗干预需从家庭的不同角度入手，如家庭结构、成员角色、家庭中可运用的资源等，因此针对干预的不同方面，有具体的目标，这些具体目标形成一个目标体系。有的家庭需要在这个目标体系中完成几个目标，而有的家庭可能只需要注重其中一两个方面即可。但家庭的系统性和整体性特征使得每个目标的达成都可以促进其他目标的完成，继而推进最终目标的实现。家庭治疗的具体干预目标体系可以从家庭结构、家庭情感、家庭沟通以及家庭发展四个方面来加以阐释。

对家庭结构的干预意味着要去协助来访家庭调整和建立健全、恰当的家庭结构，以保证家庭功能的正常执行。健全、恰当的家庭结构包括家庭系统的外部界限、内部亚系统界限、家庭规则和成员角色三个方面的内容。一个健康的家庭意味着家庭对外有明晰的界限，家庭成员对家庭有归属感、认同感，既能与扩展家庭或家庭外系统保持通畅的互动，又不会让外部系统过多涉入影响家庭系统的正常运作；在家庭内部，各亚系统之间同样界限明晰，既不疏离也不纠缠，如双亲家庭中有清晰的夫妻亚系统，执行其夫妻亚系统的功能，彼此提供支持与信赖，满足情感依恋需求，同时对其子女而言，又能很好地扮演父母的亲职角色，父母亚系统与子女亚系统之间也有清晰界限，父母能形成坚强的教养同盟，共同应对子女的教养任务，彼此支持。父子/女、母子/女亚系统彼此独立，子女不介入夫妻亚系统中，没有跨代结盟，也没有兄弟姐妹结盟反对父母的情况。在家庭权威等级上，既能保证家长的权威，也能尊重家庭成员的需要，多听取家庭成员的意见。在家庭规则和成员角色方面，健全、恰当的家庭结构意味着家庭中每个成员扮演好自己的角色，恰当地执行其功能，家庭中有大家共同遵行的家庭仪式和礼节，用来约束家庭成员行为的家庭规则是灵活有弹性的。家庭结构的干预目标可以通过一系列具体目标实现，包括：(1)重设家庭系统与家庭外部系统之间的界限。当家庭系统与外部系统的互动导致家庭界限模糊、家庭结构松散时，治疗师就需要帮助家庭明确、增强界限，如要求被双方父母过度涉入的一对新婚夫妻，两个人不管发生多大的争吵，都不要把事情告诉自己的父母，以此来增强婚姻系统界限。反之，如果家庭系统与外部系统的互动太过僵硬导致得到的社会支持不足，则帮助家庭增加与外部系统的交流，如治疗师提供给一对从不寻求社会帮助的夫妻一些机构的信息，这些机构免费提供患病儿童康复训练。(2)重设家庭内部亚系统的界限。与家庭的外部界限一样，家庭内部亚系统的界限有时需要增强，有时则需放松。如在一个母子结盟反对父亲的家庭中，治疗师需要加强夫妻亚系统的界限，让父亲回到夫妻亚系统中，让儿子离开，同时在母子之间要增强两人界限，以促进儿子的分化和独立，同时又需帮助父子两人弱化彼此的界限，促进父子沟通和关系修复。(3)观察并发掘家庭中隐藏的家庭规则，评估其功能并对适应不良的规则加以转化。通过观察家庭成员反复出现的行为互动，家庭治疗师可以发现家庭中潜藏的规则，有些家庭规则过于僵化，对家庭成员的成长和发展不利，家庭治疗师就需要帮助家庭成员改变这些规则。如孩子五岁前曾犯过哮喘病，结果父母紧张过度，多年来一直担心复发，全家人围绕着孩子五岁前的哮喘形成了很多规则，如严格消毒控制过敏原、父母对孩子严密监控等等，事实上孩子已经多年未再犯病，这些规则对已长成青少年的孩子而言就形成了发展的桎梏，需要加以改变。当然，也有一些家庭的问题在于缺乏恰当的家庭规则，家庭中没有共同遵循的生活规律和价值观，这样一盘散沙的家庭就如同没有文化和传统的社会一样，治疗师需要帮助这样的家庭建立起规范，形成向心力。

对家庭情感的干预目标同样可以包含一系列具体目标，包括：(1)解决家庭冲突并改善家庭成员的冲突管理能力。家庭中常见的冲突包括夫妻婚姻冲突和亲子冲突，冲突解决不当会导致家庭成员之间误解加剧、情感疏离，并产生孤独、抑郁的情绪体验或身心症状，也可能导致家庭成员离开家庭系统(如婚外情或离家出走)。家庭生活中出现一些冲突在所难免，家庭治疗师在干预中需要达成的目标是帮助家庭成员实现建设性的冲突管理，这意味着，要帮助家庭成员意识到自己在冲突中所扮演的角色，并承担起自己该承担的那部分责任。治疗师需要教给家庭成员以恰当的方式来表达自己的不同观点，而减少采用指责、讲大道理或压抑的方式。在冲突管理中，还需要教给家庭成员如何相互妥协，例如轮流让步，或一人退一步等。(2)增强家庭成员的彼此共情，促进家庭成员团结协作，提升家庭成员的归属感。大量研究显示，家庭情感氛围对于个体身心健康影响很大，正常健康的家庭如同避风港，在家庭成员遇到困难或挫折时为家庭成员提供支持和温暖。对于彼此支持不足、疏离的家庭，家庭治疗师在治疗中可以通过自己对来访家庭成员的共情反应向来访家庭示范，展示给他们共情的技巧，包括对家庭成员所遇到的事情表示感兴趣和关切，鼓励对方诉说并不断给予回应和鼓励等。通过增强家庭成员彼此之间的共情和表达，来增进其情感联结。(3)提高自我分化水平，发展成熟的依恋关系。对于情感上过于纠缠、粘连的家庭，治疗师的目标则是提高家庭成员的自我分化水平，通过帮助各个成员之间建立一对一的关系，运用自我的立场(I position)，表达自己的观点、感受，让家庭成员为自己的行为、感受、观点负起责任，而不再归咎于他人或让他人为自己代言。

家庭沟通方面的具体干预目标包括：(1)帮助家庭成员接受彼此差异，促进沟通和表达。家庭中出现沟通困难的原因往往由于家庭成员之间无法接受彼此差异，开放性不够，谁也说服不了谁，因而为避免冲突而不愿相互沟通，此时家庭治疗师的目标就在于帮助家庭成员放松其僵化的观念体系，可以用行为实验、扩展视角的方式使家庭成员更具开放性，同时帮助家庭成员发现彼此隐藏在谈话内容后面的脆弱、期待和需要。这些深层情感的发掘和沟通可以降低成员之间的防御和指责，从而促进彼此的情感表达，增加积极的体验。(2)改善家庭成员的沟通技能。这个目标意味着治疗师需要向家庭示范不指责的、较少威胁性的沟通方式，例如，如何通过言语和非言语的信息向家人表达自己的积极关注，在对方讲述时如何耐心倾听、不打断，如何清楚、简明地表达自己的观点等。治疗师尤其要鼓励家庭成员之间对深层次的情感、想法、期待和价值观的沟通。

与家庭发展相关的干预目标包括：(1)帮助家庭完成与其发展周期所处阶段相对应的发展任务。不同发展阶段的关键期对于家庭而言往往是多事之秋，家庭治疗师需要教给家庭相关的知识，使他们认识到在这个阶段遇到这样的问题实属正常，并采取积极的调适策略；对于一些应对模式僵化的家庭，例如总是采取积极主动、问题导向应对模式的家庭在面对青少年孩子日益增长的自主需要时更可能增加控制的力度而导致亲子冲突加剧(这样的家庭也更可能去寻求心理治疗的帮助)，治疗师需要帮助这样的家庭增加应对的灵活性。此外，治疗师还需帮助家庭预测可能在新的发展阶段遇到的挑战主题，并做好准备去接受和适应这些挑战，实现家庭的顺利发展过渡。(2)帮助家庭改善问题解决技能，顺利应对家庭生活中的某些特殊要求。某些生活中的突发事件，如某位成员患上慢性病、家庭经济出现大的变化、父母一方失业等等对家庭造成巨大的挑战和冲击，家庭治疗师需要从几个方面帮助家庭，包括给家庭提供相关的知识和可以获得的资源，如与疾病发生、发展、治疗有关的信息或可以从中获得社会支持的机构信息等；治疗师还可针对家庭现阶段的实际需要提供一些指导，帮助家庭寻找一些替代方法或形成一些预备方案；治疗师还需要关注家庭中有特殊需要的成员，如年幼的孩子或需要长期照顾病人的家属等，为他们提供一些技能训练，能帮助他们应对压力。

从以上的描述可以看出，家庭治疗的目标体系十分庞杂，针对来访家庭各种各样的问题，这些干预目标中可能会有不同的组合形式。事实上，一个更大的问题在于，当家庭进入治疗室时，很可能每个成员对治疗目标的认识并不一致，对于治疗可能有着完全不同的期待。妈妈来这里是为了让儿子回到学校去上学，爸爸则希望妻子和儿子别再一天到晚来烦自己，而儿子则希望父母别再唠叨、管自己，让自己一个人待着。因此，家庭治疗师的第一个治疗目标，应该是澄清家庭成员之间在治疗目标上的差异，使其统一，也澄清自己在治疗中的角色，使家庭将完成治疗目标的责任从治疗师身上转移到自己身上。

生活中的心理学

人们如何处理对亲密关系的不满

一般而言，亲密关系（如婚姻关系）在经历一个美满期后，关系质量几乎一定会或多或少呈现出某种下降。莱文杰（Levinger，1980）用交换理论加以解释，认为在关系早期形成和后期衰落阶段，双方对在关系中的投入与产出特别计较，尤其在乎自己为了对方放弃了其他可能的配偶所产生的机会成本，因而都希望这段关系是“值得”这些牺牲的。恶化了的亲密关系是否真会终止，主要取决于是否有可供选择的合适替代人选。没有更好的替代者的话，人们往往会维持不满意的亲密关系。人们很少愿意忍受孤独，放弃不美满的婚姻。一般情况下，亲密关系质量的下降导致四种反应：(1)忠诚（loyalty）：等待和期盼关系改善；(2)倾诉（voice）：探讨解决问题的出路，寻求外部帮助，力图改善关系；(3)退出（exit）：即正式脱离这个关系；(4)忽视（neglect）：无视对方和问题，一味挑剔对方，把事情弄坏（Rusbult，Zambrodt & Gunn，1982）。前两者算是建设性的应对方式，后两者则是破坏性的。选择哪一种反应主要取决于3个因素：(1)问题出现之前人们对关系的满意程度；(2)在关系中投入的资源（包括时间、财产等）；(3)有没有可替代对方的优秀人选。以往对关系满意度越高、对关系的投入越多的人现在越有可能采取倾诉和忍耐的反应方式；而选择退出或忽视方式的人则往往与有可替代的人选有关。

复习巩固

1. 什么是家庭治疗？
2. 家庭治疗与其他心理疗法在认识论基础上最明显的差异是什么？
3. 家庭治疗师在治疗开始阶段的第一个目标是什么？

第二节　家庭治疗的理论来源

一、精神分析

称精神分析理论为心理治疗领域的奠基石并不为过，因为绝大多数心理咨询与治疗流派的发展初期都与精神分析有渊源，家庭治疗也是如此。从第三节对家庭治疗的发展回顾中可以看到，弗洛伊德在对儿童早期心理创伤的描述中很强调亲子关系，尤其是母子关系对症状形成的影响，尽管他的阐述更关注个体内部的心理冲突，但这些冲突的根源仍来自于关系，而考察家庭互动与症状的关系正是家庭治疗的基本观点之一。事实上，家庭治疗早期的开拓者们几乎都受过精神分析的训练并做过精神分析师，他们中有的人因为在精神分析的临床实践中遇到障碍而转向关注家庭关系，如帕拉苏利(Palazzoli, 1978)就是在运用精神分析治疗饮食障碍受挫后转向家庭治疗并开创了米兰小组模式；也有的把精神分析与家庭治疗结合起来，如阿克曼(Ackerman, 1958)用精神分析的概念来理解家庭，强调以看待个体内部心理动力的方式来看待家庭成员间的互动，既关注家庭，也关注家庭中的个体。还有德国的史特尔林(Stierlin, 1974)，他从20世纪60年代开始尝试将精神分析与家庭治疗进行整合。无论家庭治疗师们选择借鉴精神分析的观点，还是完全摈弃精神分析，在家庭治疗各种模式的理论观点和干预技术中，常常能看到精神分析的影子。例如在策略模式的观点中，治疗师对来访者的症状背后所隐藏的无意识动机加以诠释，把症状反映的心理冲突公开化，以及利用悖论处方(故意让来访者做出更多他/她想消除的行为)绕过来访者的阻抗，这些技术和支持它们的理论观点就深受精神分析心理防御机制理论的影响。又如在萨提亚(Satir,1967)的经验模式中，对个体内部心理结构的描述以及据此形成的冰山图，也有弗洛伊德的人格结构理论的影子。而心理动力模式的家庭治疗更是以精神分析作为理论依据。此外，由于家庭治疗常受到“只见森林不见树木”的批评，同时家庭治疗的研究者和实践者们也在临床实践中体会到深度心理学对了解个体和家庭的重要性，因而越来越多治疗师开始增加对个体心理的关注，精神分析对家庭治疗的影响再次凸现出来。

二、系统论

1. 系统论释义

系统论产生于20世纪40年代，系统论学者们发现可以将许多不同的东西，从机械到人脑，都看做是一个系统。也就是说，它们都是将各部分进行有组织地整合之后而形成的一个复杂的整体。根据系统论的原理，有机体或生命系统的主要特征就是整体性，这种特性由整体拥有，任何一个部分都无法单独拥有该特征。这种整体性和整体的功能是由各个部分之间的关系产生的。当系统消失时，这种整体的特征和功能也就消亡了，只剩下独立的元素。总结而言，就是总体大于各部分之和。奥地利生物学家路德维格·贝塔朗菲通过将生物学与系统论观点结合，扩展了系统论的观点，并将之最终延伸发展成包括生命系统和社会系统在内的通用系统论。贝塔朗菲认为每个系统都是更大系统中的亚系统，社会团体也是如此，他同时也把社会团体类比为和有机体一样的可以与外界进行互动的开放系统。

(二)系统论对家庭治疗的启示

贝特森、杰克逊(Bateson, Jackson & Haley, 1956)等人是将系统论与家庭治疗相结合的领军人物。他们发现，可以运用系统论来对家庭进行很好的描述，将家庭功能描述为一个有机的整体而不仅仅是个体的集合。因此，当治疗师想要帮助一个有困难的孩子，想要理解这个孩子的行为时，如果只会见他本人，而不会见与他生活在一起的其他家庭成员的话，那干预措施将会是没有意义的。

系统论帮助家庭治疗者从关注个体转变到将家庭看做一个整体，这意味着要把关注的重点转移到人际交往的模式中来。例如，在一个家庭中有一个不服管教的儿子，母亲批评他的行为，父亲也批评儿子的行为，看上去你无法理解为什么儿子在父母的双重管理下仍然为所欲为，如果你开始深入去探索父亲和母亲之间的关系，你会发现，他们对儿子的管教是互相抵触的，他们彼此都不同意对方的教养方式，男孩子生活在父母分歧的夹缝中，渐渐就学会了利用母亲击败父亲，或利用父亲反对母亲。当把他的行为放到整个家庭人际交往的大背景下时，你可以理解到他的行为与父母关系紧张之间的联系。

除了整体性的概念之外，系统论中还有两个重要概念影响着家庭治疗，一个是黑盒子概念，另一个是动态平衡的概念。黑盒子概念在电子硬件方面受到广泛应用，运用黑盒子概念主要是由于现在的电子设备太复杂，所以有时可以忽略内部结构而只关注研究特殊的输入—输出关系，也就是只关心进入黑盒子的内容和从黑盒子中出来的内容。这个概念，如果应用于心理学和心理治疗，是有启发意义的，因为这样就不需要对内心活动提出种种假设(这些假设往往难以得到证实)。通过减少对内部想法的推测,只关注人们的输入与输出(即人们的沟通内容和行动),可以简化治疗的过程,提高治疗的效率。例如,在一对夫妻的家庭治疗中,比起过去几次面谈,夫妻关系有了改善,丈夫回家的时间提前了,对妻子的逃避行为减少了,但妻子却不断地对丈夫改变的动机做出种种猜测和臆断,结果她的唠叨使得丈夫沉默相对,事态又开始朝向消极的方向发展。在这个例子中,妻子对丈夫行为的猜测和解释产生了破坏性的后果,治疗师此时可以运用黑盒子概念来对这种改变进行解释,也可以鼓励这对夫妻更多地关注彼此行为和沟通中的变化。动态平衡的概念是指系统具有自我调节以保持原有平衡状态的能力。一些治疗师,例如杰克逊认为,家庭的动态平衡使得功能不良的家庭总是抵制变化,家庭成员更愿意解释问题产生的原因以及谁该为这个问题负责任,而不愿意花力气为改变做出努力。在家庭治疗发展的早期,这种观点是一个新的发现,对于家庭治疗中存在的阻抗可以进行很好的解释,但是在使用这一观点时要小心,以避免过分夸大了家庭保守的一面而低估了他们改变的潜力。

帕翠西亚·米纽庆(Minuchin, 1988)曾经指出家庭系统运作的六大特征是家庭系统理论的核心内容,点明了家庭系统理论的特色,也更具体地描绘出在家庭成员互动过程中系统的运作机制。这六大特征分别是:

(1)家庭是个组织化的整体,系统内部的元素彼此依存。

(2)系统的运作模式是循环而非线性的。

(3)系统有衡定(homeostasis)的特性,以维持系统运作的稳定模式。

(4)演化与改变只在开放的系统才能发生。

(5)复杂的系统是由亚/子系统所组成的。

(6)亚/子系统间存在界限,彼此的互动由隐藏的规则来决定。

系统论作为家庭治疗的主要认识论基础之一,在家庭治疗的产生和发展过程中影响深远,家庭治疗甚至被称为家庭系统治疗,然而随着家庭治疗的理论与实践的发展,将家庭视为系统的经典观点也受到了批评,认为这种做法忽略了家庭中的个体,是“只见树木而不见森林”,也有一些学者认为将机械系统的观点用来描述人际系统,无法反映出人际互动的复杂性。

三、控制论

1. 控制论释义

控制论是描述家庭运转原理的最有影响力的模型之一,控制论要解决的是系统在面对外部或内部的压力时如何做出反馈，以保持系统稳定性的问题。控制论的核心概念是反馈循环，分为负反馈和正反馈。负反馈意味着系统感受到了压力的威胁，因而要努力对抗这种压力，以保持自身原来的平衡状态；而正反馈则意味着系统在压力的作用之下发生了改变，做出调整，从而达到一种新的平衡状态。简而言之，负反馈指系统在压力下努力保持旧有状态，而正反馈则指系统为适应压力而改变和更新。

控制论由麻省理工学院的数学家韦纳在1948年提出，最初用来解决防空大炮的瞄准问题。贝特森在出席会议时与韦纳进行了深入的交谈，这使得控制论被运用到了一个完全不同的领域——家庭治疗中。

2. 控制论对家庭治疗的启示

杰克逊认为控制论很好地描述了家庭如何保持其稳定性。有时家庭需要保持稳定，例如当家庭面临天灾人祸这样的重大压力事件时，家庭的稳定会使得它的功能继续保持高度的凝聚力与一致性。也就是说，在这种情况下，负反馈对家庭是有帮助的。但有的时候，拒绝改变并非好事。例如家庭当中的儿童成长到了青少年时期，需要更多空间发展其自主性的时候，如果家庭不能适应这个成员的成长，面对这种需求所产生的压力无法放手，运用各种手段阻止孩子为自主所做的反抗的话，这样的负反馈将对家庭和孩子造成很大的伤害。

和负反馈一样，正反馈也会产生或好或坏的结果。例如一个年轻女性与父母不喜欢的男性恋爱并结婚了，她的原生家庭系统可能出现两种正反馈，其中一种就是她的父母开始调整与女儿女婿的关系以适应新的小家庭的形成，并接纳女儿的丈夫，这是一种积极的正反馈。父母也可能会选择一种消极的正反馈方式，他们可能拒绝和女儿沟通，并把她赶了出去。为了保持稳定性与灵活性，家庭需要对外界压力和内部压力适时选择作出正、负反馈。

控制论应用于家庭时，意味着有一些现象需要特别关注。如要关注家庭中用来控制家庭成员行为的家庭规则，规则既有有形的，也有无形的。家庭规则使得家庭秩序得以保持；还需关注家庭中的负反馈机制，即家庭中用来强化规则的手段，例如故意说一些让成员产生内疚感或羞愧感的话（“你一点也不关心你妈妈的感受”）、施加惩罚，还包括症状（无意识的负反馈，如女儿要出嫁了，妈妈突然出现没有任何原因的腰痛）。关注点还包括围绕问题而出现的人际互动序列，它体现出家庭系统在面对问题时，各个家庭成员所做出的反应，以及家庭系统在负反馈无效后启动的正反馈，也就是当运用各种规则和惩罚的手段也无法使系统恢复原状时，家庭成员开始寻求最终的改变。

控制论关注家庭内部的反馈循环，这种反馈循环往往反映出家庭成员之间沟通的模式，而且当反馈无法适应压力的要求时，就会导致家庭功能紊乱。家庭治疗理论流派中受控制论影响最深的是沟通学派，以贝特森等人为代表，沟通学派认为错误或不清晰的沟通会导致不正确或不完全的反馈，这样系统就不能完成自我调整（改变它的规则），也就无法对压力做出恰当的反应。

四、依恋理论

1.依恋理论释义

在影响家庭治疗发展的众多理论中，依恋理论被当做描述亲密关系深层心理背景的主要工具。以往研究者们更关注婴儿的依恋，但现在研究者和治疗师把越来越多的注意力放在成人之间的依恋关系上，他们相信，通过关注人们之间的依恋，可以在更深层面上解决亲密关系中存在的问题。如今，依恋和自主成为研究和治疗领域的两个重要议题。

对依恋的研究开始于鲍尔贝和安斯沃斯的早期研究。在此之前，洛伦兹 1935 年的小鹅试验和哈洛 1958 年的小猴实验都表明，幼小的动物会依恋喂养它们以及为它们带来舒适感的“母亲”。安斯沃斯运用“陌生情境”实验，将儿童的依恋类型划分为安全型和非安全型两大类，非安全型中又区分出焦虑－矛盾型和回避型两种。

安斯沃斯认为，安全型依恋的婴儿把他们的依恋对象（通常是母亲）当做安全基地，并放心地出发去探索外部世界。当婴儿感到受到威胁，他/她就会回到看护者那里寻求保护与舒适。但在“回避”型的婴儿身上，他们抑制依恋行为，不信任母亲可以提供安全保障；而焦虑性的儿童则靠紧母亲不愿去探索。

依恋关系的安全程度体现出婴儿对依恋对象的信赖程度，他/她相信依恋对象会为自己提供舒适与保护。当危险增加，安全型的婴儿会对看护者直接表现出“依恋行为”（靠近、哭、求助），并在他们的安抚中放松。安全依恋的婴儿对看护者很有信心，因此，他们在与外界交往的过程中也很自信。相比之下，非安全型依恋的婴儿就不那么自信。他们寻求看护者关注的请求可能被看护者忽视或拒绝，因而婴儿产生不信赖感。鲍尔贝认为，因为依恋关系会继而形成自我的一部分，所以这些早期经验会影响到个体在以后的生活中对友情、亲情和爱情等人际关系的基本看法，以及对亲人、友人和爱人的行为期待。

众多与依恋相关的研究表明，婴儿期的依恋对其此后人际关系、社交能力以及自我效能感产生着影响。成人依恋的研究者们也越来越倾向于认为，儿童时期的依恋与成年人亲密关系中的依恋类型具有相关性。就像玩笑话里说的，恋爱中的人会退化到三岁前的母子关系和父女关系。一般而言，在婴儿期形成安全型依恋的个体会有比较健康的亲密关系，这样的人能安抚自己的情绪，在伴侣需要时可以给伴侣独处的空间，也比较能接受对方的愤怒、生气等消极情绪。

2.依恋理论对家庭治疗的启示

依恋理论对夫妻治疗很有启发性，它帮助人们理解为什么成年人也需要互相依恋，需要亲密感。依恋理论为夫妻双方理解对方的行为提供了一种更具建设性的模式，过去人们认为夫妻的冲突是其中一方批评、抱怨，同时另一方防御、放弃。而依恋理论认为批评和抱怨是对两人之间依恋纽带的一种保护——也就是说，唠叨的一方可能是出于不安全感而唠叨，试图保护彼此间的依恋关系不受到破坏，这种不同的解读增进了夫妻双方对两人之间差异的容忍度，也使得两人能产生更深的理解，发现恐惧和愤怒背后隐藏着的脆弱和不安。通过这种方式，依恋理论帮助治疗师把来访者家庭中的恐惧、愤怒以及症状表现与他们之间依恋关系的问题联系在一起，除了帮助夫妻之外，也可以帮助家长理解儿童的哪些行为是由于他们对父母的不安全依恋引起的。

除了为家庭提供一种看待其困难的新视角之外，依恋理论还有其他贡献。鲍尔贝曾做过总结，他认为治疗师们应该完成与依恋有关的5种任务，包括：(1)为来访者提供安全的治疗地点，让来访者感觉到在治疗中探索他们的内心冲突是安全的，治疗师可以有效地控制治疗中发生的一切状况；(2)帮助来访者探索其当前的人际关系；(3)帮助来访者探索来访者与治疗师的关系；(4)向来访者指出其当前的人际关系如何反映出其过去的生活经历；(5)帮助来访者重新认识其在过去的人际关系中的反应，看它是否仍然适用于当前的人际关系。

五、社会建构主义

1.社会建构主义释义

建构主义来源于传统哲学，可以追溯到18世纪的康德，康德认为我们的思想如同主观的滤镜，我们思想本身的特点或色彩贯穿于我们对这个世界加工、分类和解释的全过程。建构主义认为，我们不需要关注行为，而只需要观察我们对经验的知觉、解释和建构方式，以及这些认知过程如何影响我们的生活。建构主义认为：看待事物的方式不止一种，就像你用的镜片不同就会看到不同的景象一样，很难决定孰是孰非。世上的任何真理都是相对的。重要的是，哪一种认知的方式更具建设性，更为有效。社会建构主义除了强调我们对世界的看法来自于我们对经验的解释、建构之外，也非常关注社会文化如何影响这种建构风格的形成。

2.社会建构主义对家庭治疗的启示

建构主义首次进入心理治疗领域是在凯利(Kelly，1963)的个人建构理论中。凯利认为，我们通过创建自己对环境的独特认知结构来感知这个世界。我们先对各种事件进行解释和组织，然后在这些结构的基础上提出能够指导我们行为的种种假设。例如，一个来自于重男轻女家庭的女孩，她在成长过程中的心理需求常常被漠视或被认为不重要，因而她形成了“我的需要不重要”“男人的需要比女人的需要重要”甚至“有需求就有被拒绝的危险”这样的认知建构，在她的婚姻中，当丈夫的需要和她的需要(如果她还能意识到自己的需要的话)冲突时，她会将之解释为自己不应该有这样的需要，或者自己的需要不重要，因而作出让步，同时表现得似乎很开心。心理治疗的工作就是一个修正旧建构，发展新建构的过程——就像尝试使用不同的眼镜片，让个体发现采用哪种方式看世界才能最满意。

建构主义运用于家庭治疗中的第一个例子就是再定义技术——也就是对家庭成员的行为进行重新诠释，从而改变其他家庭成员对该行为的反应。例如，父母对已经成年的女儿的生活诸多干涉、包办，代替她做决定，把女儿保护得非常好。他们认为自己的行为是爱女儿，通过把他们认为的“爱”和“保护”定义为“培养依赖和不负责任”，父母的这些行为就会产生变化。把好动的孩子看做是“过分活跃”而不是父母以前所认为的“挑战权威、不服管教”的话，来访家庭的反应就会非常不同。运用再定义技巧并不意味着某一种定义从本质上比别的定义更好，重点在于无论家庭怎样定义他们的问题，只要这个定义无法引发出有效的应对策略，那么就可以使用一个新定义来尝试改变他们的观点，并产生一个更有效的反应。

建构主义引发了家庭治疗中治疗重点的根本改变。不同于系统论对行为和人际交往的关注，建构主义更强调认知和个人理解。这使得治疗重点开始转移到探索来访者对自己的问题的看法上来，并在此基础上形成了叙事疗法等新的治疗模式。建构主义的观点使得治疗者们开始在与来访者的谈话中帮助来访者寻找意义。治疗目标也从解释有问题的行为模式转变为通过开放的对话，帮助来访者找到看待生活的新观点。在此框架下，家庭治疗师不再扮演专家的角色，不再盯住问题不放，而是作为帮助者，让来访者看到更多的可能性，打开发现生活新观点的大门。

复习巩固

1. 控制论的负反馈概念是什么？
2. 依恋类型有哪些类别？
3. 建构主义对家庭治疗的重点有何影响？

第三节　家庭治疗的发展

家庭治疗的历史如同心理学的历史，虽然短暂，却有着漫长的过去。二战结束后，人们由于战争直接或间接引发的心理问题对心理咨询与治疗领域提出了挑战，也带来了发展的契机。席卷世界的战争对社会基本单元——家庭造成的冲击和破坏是巨大的。在战争中分崩离析的家庭在战后重新团聚，有的家庭成员已经去世，有的出现了生理或心理的伤残，退役回家后老兵的适应，战争导致的单亲家庭、晚婚，以及战后婴儿潮等现象的涌现让婚姻家庭以及儿童发展问题成为社会关注的新热点。人们需要解决这些问题的良方，大量心理治疗师、临床心理学家、精神病学家、社会工作者、牧师，甚至生物学家们都加入这个领域的研究和实践中来，正是在这样一种社会背景下，为满足社会需要而出现了各种理论、观点的大融合以及在实践应用方面的不断尝试，家庭治疗得以形成。

从时间上来看，家庭治疗的发展大致经历了三个阶段，萌芽阶段大致从 20 世纪 30 年代末到 20 世纪 50 年代末；20 世纪 20 世纪 60 年代到 80 年代则是家庭治疗最辉煌的蓬勃发展与分化阶段；第三个阶段则是 90 年代以后的融合阶段。

一、家庭治疗的萌芽阶段

在家庭治疗真正出现之前，同这个世界上所有新鲜事物一样，家庭治疗经历了漫长的酝酿、争论、尝试、积累的过程。如今看来，将看待个体问题的视角从个体身上转移到更大的系统——家庭之中，这看似很小的一步却走得并不轻松，先驱们所做的无数努力累加在一起，挑战传统、提出新的观点、寻找新的视角、创造新的干预体系，正是对真相的好奇心和惊人的创造力使得大量绝妙的方法得以被运用和推广，形成了今天的治疗体系。对家庭环境与个体心理问题的关注开始于严重精神分裂症患者家庭的研究，之后扩展到婚姻咨询、儿童指导以及社会工作这些助人领域的方方面面。

1. 精神分裂症患者的家庭研究

二战后，人们开始对家庭环境对精神分裂症患者的影响感兴趣。在对精神分裂症患者的养育过程和家庭生活的研究中，有人提出母亲对孩子的行为和发展负有主要责任。弗洛姆—瑞齐曼（Fromm-Reichmann，1948）甚至提出了备受争议的“精神分裂症源性母亲”这个概念，她认为当一个家庭的母亲呈现出自私、冷酷、拒绝、占有以及善于制造负罪感等特征，而父亲是被动的、不关心、无效能的，那么会使孩子感到困惑，最终导致精神分裂症的产生。也有的治疗师认为父亲在精神分裂症病人的产生中更具破坏性的作用，甚至认为与其让孩子跟冷漠、无力提供健康生活模式的父亲生活在一起，不如让孩子在没有父亲的环境中长大更好。指责父母在精神分裂症病人产生中的作用，这种趋势虽然是错误的，但为家庭治疗的发展铺平了道路。

之后人们开始将注意力转移到考察婚姻和家庭关系上，并将精神分裂症视做由人际关系导致和引发，在病态的家庭沟通模式中容易出现。格里高利·贝特森(Bateson，1956)提出了广受关注的"双重束缚"概念。所谓"双重束缚"，是指个体接收到一个重要他人在不同层面(如口头言语和身体语言)上相互矛盾的指令，而无论个体按哪种层面的指令做，都会遭受批评或拒绝，但个体又必须对指令做出反应，不可以逃避。当个体多次在这种让人困惑的情境中不能逃脱时，就会陷入不安、惊慌和愤怒。这是一个双重束缚的著名例子：一个住院的年轻精神分裂症患者的病情好转，他的母亲来看他。他非常高兴，抱住了母亲的肩膀，母亲的身体顿时变得僵直起来。但当他撤回手时，母亲问："你不再爱我了吗?"听了母亲的话，病人的脸变红了。母亲说："宝贝，你不要这么容易就感到窘迫不安，不要害怕表达你的情绪。"在这个案例中，我们看到，母亲僵直的身体所表达的信息是"不要碰我"，但口头上的语言却是对年轻患者撤回手臂的不满，这两个相互矛盾的信息让他不知所措，而母亲又鼓励他做出反应。这使得他彻底陷入僵局，变得烦躁，并在当晚攻击了护理人员。

来看看另一个双重束缚的例子：父亲试图采用民主型教养方式，于是鼓励孩子在家中畅所欲言，但是当孩子对父亲的要求或命令提出问题或意见时，父亲却变得很不耐烦。这种相互矛盾的态度会使得孩子倾向于不对父亲的话提出任何异议，这时父亲又开始批评孩子没有自己的主见，当孩子在左右不是的情况下选择回避与父亲的接触或沉默时，父亲要求他/她必须做出回应。根据贝特森等人1956年对双重束缚进行的界定，事实上，我们每个人都会或多或少受到双重束缚的影响，但如果个体经常受困于双重束缚，他可能会变得焦虑、困惑，怀疑一切，或采取防御措施，以扭曲的态度面对所有的关系，从而失去与他人真诚沟通的能力。双重束缚概念的提出让人们意识到家庭沟通方法的重要性。

莱曼·温尼(Wynne，1958)怀着对精神疾病患者深深的同情，对其家庭进行了深入研究，他将精神分裂症的特点界定为一种在沟通之中传递思维障碍的病症，强调了沟通的互动特征，认为是互动的问题或模式导致家庭中出现精神分裂症患者。他在对这些患者家庭的研究中发现这些紊乱的家庭中都存在着一种不真实的、相互矛盾的情绪。比如有的家庭似乎很容易在沟通中达成一致，但实际上，他们虽然彼此同意，背后的理由却相差甚远。于是，表面上的和谐掩盖了真实的内在冲突，这类家庭的成员彼此之间的互动并不深入，也不会彼此表露自己真实的感受和想法，看似一团和气，实则同床异梦，然而深究下来又缺乏真正的独立性，温尼称之为“假亲密”。在这种家庭成长的孩子容易缺乏自我认同感，无法与外界产生深入的人际关系。与此相对的概念是“假敌意”，即用一种表面的分裂来掩盖背后隐藏的家庭成员之间的结盟、成员之间的情感依恋以及成员间压抑的愤怒和敌对情绪，这种伪装方式同样也会破坏家庭成员对互动关系的真实理解和理性认知。温尼的另一个重要概念是“弹性界限”，也被称为“橡皮篱笆”，这种家庭界限缺乏灵活性和渗透性，使得家庭成员不能真正走出家庭与外界环境产生联系，当家庭外的人或机构试图介入家庭中时就会被挡在门外，结果家庭自身形成一个小社会（往往是病态的），而与整个外部社会脱节。总之，温尼认为家庭成员之间的沟通问题是导致精神分裂症的原因。他对超过 600 个家庭的研究发现，沟通失常是此类家庭最显著的特点。

莫瑞·鲍文（Bowen, 1960）作为一位专门研究精神分裂症的精神病医生，深受系统论的影响，对家庭中母子之间的共生关系很感兴趣，提出“精神分裂症是未解决的母子联结导致的结果”这一假设，他发现母亲和其精神分裂症子女之间往往有紧密的情感联结，他称为“共生”，这种共生的核心是“依恋焦虑”，孩子成为母亲的“情感囚徒”，乐母亲所乐，痛母亲所痛，丧失了个体自主性。鲍文本人出生于一个情感关系纠缠的农村家庭，是五个孩子中的老大，成人后他努力与父母及其他家人保持距离，试图独立，但在后来自己的家庭生活中意识到原生家庭的强大影响，因而他再次回到自己父母的家中居住了一段时间，通过观察自己如何被父母拉入他们之间的冲突之中，也通过自己努力从父母的关系中解脱出来，他发展形成了重要的三角关系的理论。除了三角关系概念之外，鲍文还有其他重要的理论贡献，可以说，鲍文是家庭治疗先行者群体中最强调理论作用的一位。

鲍文通过自己的临床实践以及他在 NIMH（National Institute of Mental health，美国国家精神卫生研究所）的研究工作，他对母子共生关系的兴趣开始扩展，最终父亲也成为他考察的对象。鲍文认为当父母之间出现冲突或问题时，往往会将孩子拉入夫妻关系中，形成三角关系，以转移夫妻之间隐藏的冲突或焦虑，而要摆脱这种三角关系，就必须完成自我分化的过程，获得自主性。鲍文在离开 NIMH 后，在乔治敦大学为普通家庭提供治疗，结果他发现三角关系同样也存在于一般家庭中，因而他认为，从正常家庭到精神病家庭之间的变化是连续的。如同顺藤摸瓜，鲍文通过对家庭中三角关系、家庭情绪系统的维系和传递的观察，发展出了一系列相互关联的理论概念和模型，家庭中的三角关系往往会导致子女的自我分化能力低，无法独立自主，而这种低自我分化水平的个体常常与同样低自我分化水平的个体结婚，将三角关系的沟通模式以及自己的低自我分化水平通过家庭投射过程传递到下一代，这种传递甚至是多代际的。除了对家庭的观察和理论发展外，鲍文在临床工作中尝试将整个家庭召集到一起来进行会谈，结果发现家庭会谈中大量涌现的情感反应使治疗师的中立立场受到极大挑战，鲍文于是在其理论中强调如何在治疗中将注意力集中于过程而非内容，以此来保持中立态度，避免被家庭成员拉入三角关系中。

鲍文把对精神分裂症家庭的关注点从核心家庭引导向扩展家庭以及代际传递过程,更具开创性和全局观,他的理论贡献使他本人成为家庭治疗运动的知名领导者。

西奥多·利兹(Lidz, 1966)是一位接受过精神分析训练的精神病学家,他在大学中对精神分裂症儿童家庭开展研究,与当时流行的将母亲的拒绝当做精神分裂症致病原因的观点不同,利兹认为父亲也可能是问题产生的原因,并总结了病态父亲的五种模式,包括专横的极权暴君型父亲;嫉妒孩子,与孩子争夺妻子关注的对手型父亲;冷漠夸张的妄想狂型父亲;毫无影响力、无足轻重的家庭隐士型父亲;被动顺从的孩子型父亲。利兹认为这五类父亲破坏性很大,还不如没有父亲。利兹通过对精神分裂症家庭的纵向追踪研究,认为精神分裂症家庭中父母的角色缺少互补性和相互支持功能,父母因为没有很好地执行传统的父母角色功能而导致失职,出现了婚姻问题,并引起了后代的精神分裂症。

利兹还提出精神分裂症家庭中的两种婚姻不和模式,一种是"婚姻分裂",父母之间是竞争的关系,彼此不珍惜、尊重和关心对方,贬低对方的价值,把孩子的忠诚当成争夺的对象。婚姻不和是公开的,充满了"热冲突",最终母亲往往拉拢孩子而排斥父亲,利兹认为女性精神分裂症患者的家庭常常如此。另一种是"婚姻扭曲",这种不和谐婚姻中通常有一个过于强大、对孩子干扰操纵的母亲和一个软弱依赖的父亲,婚姻不和是隐藏的,同时父母竭力向孩子暗示这样的家庭是正常的。利兹等人认为男性精神分裂症患者常出自这样的家庭。

利兹的研究及理论受到性别敏感的治疗师和研究者们的诟病,但必须承认,利兹的研究反映出混乱冲突的家庭对子女心理健康的损害以及损害途径,在家庭治疗实践中,我们确实看到这样家庭的子女为父母未解决的婚姻冲突而倍感分裂性忠诚的压力。

总体而言,早期对精神分裂症患者家庭开展的研究都基于一个基本的假设,即家庭关系问题是心理问题的主要原因,某种特别的家庭动力模式可能引发特异的心理疾病。当时此领域的研究者们都试图收集这种特异性联系的证据,但正如有研究者指出的那样,这些研究开展的时候,被研究的家庭往往已经受精神分裂症干扰多年,很难建立起特定家庭关系与精神分裂症之间的因果关系。尽管如此,这些临床观察、研究以及理论的建构仍然为家庭治疗的出现奠定了基础,1957 年,一批研究精神分析症与家庭的研究者们完成了名为"强化家庭治疗"的报告(Boszormenyi-Nagy & Framo, 1965),对这些相辅相成的研究进行了总结。

2. 婚姻咨询和儿童指导

如果把婚姻咨询看做是婚前给予意见或者对婚姻中遇到的问题提供劝告的话,那么非正式的婚姻咨询很早之前就已经开始了。从婚姻制度出现的那天起,人们就通过各种途径获得非正式的婚姻咨询，咨询提供者包括妇产科医生、律师、牧师等等。由专业人员开展的正式的专业婚姻咨询形成于 20 世纪上半叶的美国，1929 年，纽约出现了第一个婚姻咨询中心，主办者是两名医生，此后，生物学家、家庭教育工作者、社会工作者等群体都加入了提供婚前指导、婚姻咨询的行列中。1941 年，美国婚姻咨询协会（American Association of Marriage Counseling，AAMC）成立，第一任主席格罗维斯则在波士顿大学开发出了第一个婚姻干预项目，然而直到 20 世纪 50 年代，婚姻咨询一直局限于对婚姻关系相关知识的教育，很少有实践者对婚姻中的关系议题加以关注。20 世纪代后，系统论的影响日益升温，治疗师也开始对夫妻进行协同或联合治疗。因为他们逐渐意识到，婚姻的本质就是长时间的人际联系和不同寻常的亲密关系，那么每个已婚人士的症状难免与他们的婚姻状况密切相连。因此，将双方都纳入治疗，从两人的关系着手进行咨询是一种有效且必不可少的手段。贝拉·米托曼作为首位发表同步婚姻治疗报告的精神分析师，对这一治疗形式的改革功不可没，米托曼指出“由于婚姻具有持续性和亲密性的特点，婚姻中一方出现神经衰弱症与婚姻关系密切相关，应对双方进行治疗。”在其临床实践基础上，米托曼提出了有问题的互补婚姻模式，包括攻击/顺从型和独立/苛求型，认为这类角色互补是婚姻失调的原因，米托曼还指出，夫妇双方对对方的反应受到自身与父母关系的影响，其婚姻受无意识动机的支配。除了米托曼之外，唐·杰克逊和杰·海利在贝特森的影响下，从沟通分析的角度对婚姻治疗进行的阐述，也对此时期的婚姻咨询造成广泛影响，婚姻咨询与家庭治疗的融合日益加深。

儿童指导运动发生于 20 世纪早期。弗洛伊德最早指出心理障碍是儿童期未解决的问题发展的结果。认同这一观点的人们认为，如果成人的情绪问题确实可以追溯到童年时期，那么在儿童早期进行治疗和辅导就可以阻止以后的问题。阿尔弗莱德·阿德勒最先建立了儿童指导诊所，对儿童、家庭和老师进行咨询。他所采用的方法是在乐观和信任的氛围中为病人提供鼓励和支持，这样的方法对缓解儿童自卑感、建立健康生活方式都有帮助。阿德勒的弟子在移居美国后将儿童指导中心引入家庭咨询中心。但对家庭治疗作出重大贡献的儿童指导工作还应算是对青少年犯罪的系列研究。1909 年，精神病学家威廉·海力在芝加哥成立青少年精神病理研究所，开展对青少年犯罪的矫治和预防，通过其临床实践和研究推动对犯罪青少年的家庭的探讨。艾克曼在 20 世纪 30 年代不断强调处理家庭中任何成员的问题时必须将家庭看做一个整体，并积极建议采用家庭的形式进行治疗。尽管约翰·鲍尔贝在治疗儿童时曾有过将其父母一起纳入会谈中的尝试，也认为这样做有其必要性，但艾克曼可算是旗帜鲜明地主张在儿童指导工作中采用家庭治疗的先驱。

可以说，在家庭治疗的萌芽阶段，婚姻咨询和儿童指导运动从研究、临床实践以及理论形成等各个角度不断给家庭治疗升温，进一步加深了人们对家庭关系影响个体的认知，推动了家庭治疗的产生。

3. 团体治疗

杰出的社会学家莫雷诺作为心理剧这一治疗形式的开创者之一，他让患者将自己的重大生活事件在观众面前表演出来，而治疗师则成为心理剧的导演，在某些时候让患者和其他某个参与者互换角色来增进体验和理解。心理剧给了莫雷诺灵感，提出了团体治疗的概念。即同时将10名左右的具有相同或不同问题的成员组织到一起，由治疗师主持治疗，这种形式也被称为小组治疗。在治疗中，成员就大家所关心的问题进行讨论，观察和分析自己以及他人的心理和行为反应，体验情感和人际关系，从而使自己得到改善。

对团体动力的研究对家庭治疗具有启发意义，因为团体动力与家庭动力之间有着明显的相似性，如同家庭动力一样，团体也是一个整体大于部分之和的集合体，个体的个别特征与集体的团体特征之间有着复杂的关系，团体成员之间的互动同样有与家庭相似之处，这极可能是由于团体成员在团体互动中无意识重复了自己在家庭中的互动模式。如约翰·贝尔等人就认为家庭治疗是团体治疗的一个特例，这位克拉克大学的心理学家在访问时听说了鲍尔贝会见家庭的事情之后，激发起把团体治疗用于问题行为儿童治疗的兴趣，并在回到美国后将定期接见整个家庭的想法付诸行动，尽管他对此案例的论文直到十年之后才被人们广泛讨论，但这一尝试被认为是家庭治疗实践的奠基石。

从麦独孤1920年的《团体智慧》一书，到勒温在1951年提出的场理论概念以及比安(Bion，2004)对团体动力的观察，团体动力的研究对家庭治疗的启示包括：(1)家庭成员们都带着固有的规则和习惯进入治疗，治疗开始需要“解冻”；(2)如同团体一样，家庭成员往往脱离了自己的发展目标而将力量用于对抗、依赖和结盟；(3)团体的内容/过程的观点同样适用于家庭；(4)互动中形成的角色以及对与之相匹配的行为期待的重要作用。尽管团体治疗与家庭治疗存在着很大差异，但这些启示对家庭治疗的萌芽起到了作用。

4. 社会工作

社会工作根源于19世纪晚期在英国和美国发起的慈善运动，目的在于提高穷人的生存条件。社会工作与家庭治疗的渊源很深，原因之一在于早在社会工作这个职业创立之初，社会工作者就在关注家庭，并将之看成关键的社会单元以及干预的中心。实际上，社会工作者早在系统论出现之前就已经在实践中强调将个体放在家庭环境中进行治疗。这些观点和实践经验促进了家庭治疗的形成。

在社会工作这个领域对家庭治疗作出贡献的先驱人物很多，早在1917年，玛丽·里奇曼德写了经典的教科书《社会诊断》，在其中描述了对“整个家庭”的治疗，她认为家庭并不是孤立的，而是存在于特定的社会环境之中，她描述了个体、家庭乃至家庭外系统(社会)的关系，并考察对家庭进行的治疗干预如何在各个系统水平上产生影响。她还提出了对后世影响很深的"家庭凝聚力"概念,里奇曼德很强调家庭成员之间的情感联结。其他在家庭治疗的发展史上留下光辉印记的人物还包括弗吉尼亚·萨提亚,她在其社工工作中积累的经验和她开创性的工作使得她与韦特克一起作为家庭治疗经验模式的创始人而被人们记住;此外还有佩吉·帕普、迈克·怀特、贝蒂·卡特和麦克戈德瑞克等人,在深入地了解和学习家庭治疗的各种治疗模式之后,很难不为他们的勇敢探索精神、创新思维以及在家庭治疗领域所取得的成就而感叹折服。

二、家庭治疗的发展与分化阶段

经过漫长的早期酝酿与尝试,家庭治疗渐具雏形,越来越多的研究者和实践者发展出各具特色的理论和方法,并在临床实践中积累起家庭治疗的效果证据。事实上,在这个领域,从来没有过一位先驱被认为是家庭治疗的真正创始人,因为家庭治疗的产生事实上是百家争鸣的结果,许多人为家庭治疗的理论和实践添砖加瓦,也为随后众多治疗模式的百花齐放打下了基础。在这些人中,贝特森、杰克逊、海利、萨提亚、威克兰德(John Weakland)、沃兹拉维克、鲍丁以及费雪等人于1959年在加州帕拉奥托(Palo Alto)创立了心理研究所(Mental Research Institute, MRI),一年之后阿克曼在纽约成立家庭研究所(1971年阿克曼去世后更名为阿克曼家庭治疗研究所),这两个机构分别位于美国东西海岸,成为家庭治疗发展史上的两个重要代表性研究机构。

MRI关注对家庭沟通的分析,杰克逊作为核心人物之一,贡献颇丰。他曾有专著《人类沟通的模式》论述家庭沟通问题。杰克逊最先提出了家庭具有保持原有平衡惯性的观点,成为早期家庭治疗的重要观点理论。他还曾通过对精神分裂症患者家庭如何长期维持患者症状进行观察和描述,他认为症状保护着家庭中因为不良互动形成的固有平衡,较早提出了家庭动力与症状之间存在联系的观点。杰克逊引用了贝特森关于沟通中互补和对称关系的概念,形成家庭规则的假设,通过观察,发现家庭单元中固定的行为模式,并指出这些固定模式导致家庭丧失采取其他恰当行动的可能性,也就是家庭治疗可以介入的契机。值得一提的是,杰克逊与阿克曼1962年合作创办了《家庭过程》(Family Process)杂志,这本杂志成为家庭治疗领域的重要专业刊物,至今仍在出版,推动了家庭治疗的专业发展和探索。除了杰克逊外,MRI的其他成员在家庭治疗发展史上也都赫赫有名,不少人开创了各自风格的治疗模式,并在后世得到传承和发展。其中最著名的当数萨提亚和海利两人。萨提亚作为家庭治疗早期先行者中为数极少的女性之一,她有丰富的社会工作经验,以情感细腻、人性的治疗风格著称,她1964年出版的《联合家庭治疗》以及后来的《家庭如何塑造人》被翻译成各种语言,成为通行于全世界的家庭治疗教科书。萨提亚将情感表达、自尊等因素引入家庭沟通中,对家庭的沟通模式和角色进行详细描述和分类。她具有惊人的创造性，开创了“家庭雕塑”的治疗技巧，通过对家庭互动模式的形象化展现，给家庭成员带来心理冲击和领悟。她被美国著名的《人类行为》杂志誉为“每个人的家庭治疗大师”。尽管她 1988 年就病逝，但“萨提亚模式”一直作为家庭治疗的重要流派被其弟子在全世界广泛教授和传播。海利曾担任过《家庭过程》杂志的第一编辑，他对家庭治疗策略模式贡献很大，他和曼德尼斯（Madanes）被认为是策略模式的开创者，他们在 1976 年于华盛顿创立家庭治疗研究院，海利深受米尔顿·艾瑞克森的影响，在“策略模式”的治疗技术中，随处可见艾瑞克森式的隐喻技术和以解决方案为中心的治疗理念。海利在 1963 年出版了《心理治疗的策略》一书，阐述如何使用治疗性的双重束缚或悖论技术来改变家庭规则和关系模型。在策略模式一章中对海利的理论及治疗技术有详细介绍。曼德尼斯以“假装”技术的形式应用悖论原则，以减少来访家庭的阻抗。她对与家庭等级相应的家庭成员的行为反应尤其感兴趣。她成功发展了一个 16 步的性虐待治疗模型，让治疗师同时治疗施虐者与受害者。之后海利与曼德尼斯的策略模式由詹姆斯·凯姆发扬光大。尽管后来海利等人都离开了 MRI，但他们的工作影响了 MRI 的发展，MRI 在策略模式中发展出了简快治疗计划，并成为其标志。事实上，MRI 的影响还远不止于此，帕拉苏利同样深受贝特森沟通理论的影响，帕拉苏利是一名著名的意大利精神分析师，专长于饮食障碍的治疗，帕拉苏利吸收了贝特森、海利和沃兹拉维克的观点，于 1967 年在米兰成立了米兰家庭研究中心，领导一个由精神分析师组成的小组，开创了策略派的另一个模式——米兰小组模式。无论是 MRI 简快治疗模式、海利的策略模式，还是米兰小组模式，在策略模式的发展、形成过程中，处处可见沟通理论、控制理论以及系统论的影响，强调家庭中的权力斗争和界限问题，尤其注重治疗师在治疗中采取策略将家庭引向期待的改变，当然这也是策略模式长期被诟病，认为“过于操纵”的原因所在。

萨尔瓦多·米纽庆作为家庭治疗领域的重量级人物，这一时期也在专业领域中崭露头角。米纽庆是阿根廷人，作为军医接受过医学方面的训练，在二战后到美国接受儿童精神病学方面的训练。在以色列为二战幸存儿童和犹太人提供服务之后，米纽庆再次来到美国，成为费城儿童指导中心的主任，在他的带领下，费城儿童指导中心成为颇具社会影响力的儿童指导诊所。米纽庆在美国的主要研究兴趣是男性青少年犯罪者，这个群体当时主要是纽约的移民青少年，他们处于社会底层、贫穷、四处游荡，通常来自于没有父亲的家庭。米纽庆发展出了适宜于这个群体的临床技术，他称之为结构式家庭治疗，并出版了《贫民窟的家庭》一书。有趣的是，如同 MRI 一样，费城儿童指导中心也曾集中了不少家庭治疗的先行者，例如孟塔佛（Braulio Montalvo）、罗斯曼（Bernice Rosman）以及海利，米纽庆邀请他们加入，就这样，费城儿童指导中心成为颇具特色的以家庭干预为导向的治疗与训练中心，这个机构后面被“费城儿童和家庭指导培训中心”取代，仍然是家庭治疗结构模式的重要培训机构之一。

与MRI遥相呼应的纽约的家庭研究所在这个时期也在家庭治疗领域做了很多探索，其领导者阿克曼是一位儿童精神病医生，与其他家庭治疗者不同，他以精神分析的观点看待家庭，把家庭看成个体心理的放大版本，以看待个体内部心理动力的方式来看待家庭成员间的互动，这种对家庭组织的视角颇具新意。阿克曼还是最早把家庭当成基本治疗单位的开创者之一。阿克曼同时关注家庭与个体，对系统中个体保持洞察，强调对感情、期待等个体内部动力的分析。他的家庭治疗模式更类似于个体精神分析模式，他把治疗的重点放在激发家庭内部的动力，并将家庭中的冲突和问题公开化，用挑战、对质和开诚布公的治疗风格帮助家庭。阿克曼对家庭治疗的心理动力学模式的形成和发展起到了开拓性的作用，在他的启发下，运用精神分析理论为家庭提供心理治疗的治疗师越来越关注家庭中人际互动与个体经验之间的关系，包括将客体关系理论运用到家庭中的萨夫夫妇(Scharff & Scharff, 1987)、弗拉莫(Framo, 1992)等都认为儿童大量的心理能量主要被用于与母亲的关系和自我的早期构建中。这种对早期人际关系(主要是母子/女关系)的重视在精神分析和家庭治疗之间搭起了桥梁。

有人将家庭治疗的各种模式分为:情感派(包括韦特克和萨提亚)、理智派(包括鲍文、弗拉莫、纳吉和史特尔林等)以及行动派(包括海利、MRI、米兰小组、米纽庆及认知行为模式)。这种分类法有一定道理。卡尔·韦特克(Whitaker, 1981)与萨提亚的治疗模式常被并列称为家庭治疗的经验模式，原因在于他与萨提亚一样，强调家庭互动中情感的体验、表达和诠释。韦特克成长在纽约北部的一个牧场，乡村生活的闭塞使他有些内向，但也使他较少受社会传统的约束。他的治疗风格独特大胆，尽管与萨提亚一样关注家庭的情感，但与萨提亚细腻人性的风格不同，韦特克以其“直率无礼”著称，在他的治疗中常常运用到对质，他认为给家庭制造紧张可以促进改变，有趣的是，这常常奏效。韦特克很具有开拓精神，他不但是第一批对整个家庭提供治疗的先行者之一，同样也是最初倡导联合治疗(即除一位治疗师之外还有另一位治疗师作为治疗伙伴)的人，他认为联合治疗有助于预防反移情。他还是最早运用单向玻璃对治疗进行观察的人。韦特克的工作并没有明显的结构化，但其干预的主题始终在于提升家庭功能的灵活性，促使家庭开放以产生更多选择的可能性，帮助家庭成员表达自我并彼此联结。他的著作有《热锅上的家庭》等，他在1965年成为威斯康星大学的精神科专家，直到1982年退休，退休后主要致力于家庭治疗的教学，在会议和工作坊中传播他的智慧和经验。韦特克于1995年逝世。

这个时期家庭治疗模式如同雨后春笋般蓬勃发展，鲍文的代际模式已经形成，1978年，他出版了《临床实践中的家庭治疗》一书，详述了其理论观点和治疗技术。代际模式强调个体从家庭三角关系中分化出来，以及个体内部情绪系统与理智系统的分化成长，并将关注点扩展到代际之间而不局限于核心家庭内部，这为家庭治疗的研究和发展提供了广阔的视角，因而吸引到了大量的学习者。从1965年开始，由乔治城大学资助、鲍文进行培训指导的家庭治疗年度论坛规模迅速扩大，影响日盛。除代际模式外，以对家庭成员开展认知行为干预为主旨的家庭治疗认知行为模式也形成和发展起来，这个模式对家庭治疗的贡献主要体现在对家庭的评估和开展的相关研究方面。

尽管并非每位先驱都最终建立起了自己的治疗模式，但他们中的每一位确实都为这个领域贡献了自己的智慧和经验。除了以上这些先行者，还有一些家庭治疗的开创者在这个时期提出了自己在研究和实践中总结的观点。波斯佐梅尼一纳吉以其对家庭忠诚的描述而为后人称道。纳吉是匈牙利裔，20世纪50年代移居美国，与其他家庭治疗先驱们一样，他也曾是精神分析师，纳吉同鲍文一样关注家庭中的代际过程，他在东宾夕法尼亚精神病研究所创办了最早的家庭治疗中心。纳吉将道德的概念引入家庭治疗中，在家庭治疗中强调家庭成员彼此付出的“道德”的重要性。他的治疗理论认为，家庭是一个传递传统的连续体，传统(heritage)的传承影响着人际关系和个人的内心世界，因此治疗师必须从情境中关注个人，人的选择由传承的环境决定。在他与斯巴克(Boszomenyi-Nagy & Spark, 1973)合作的《无形忠诚》一书中，纳吉认为，夫妻组建家庭时，把过去家族的传统带到了新家庭中，并对此忠诚，即“无形忠诚”，代代相传的无形忠诚对个体是一种束缚，使家庭成员可选择的行为和互动模式受到限制。纳吉也强调家庭中的互惠关系，他认为家庭中存在“家庭伦理总账”，即在家庭生活中付出与得到的心理纪录。平衡的总账才能让人们不必受无形忠诚的约束。纳吉认为，关系必须公平，每个人都有权要求自己的福利被考虑和被尊重。如果一对新夫妻在他们的原生家庭中体验到了足够的公平，他们带到新家庭中的账就是收支平衡的。纳吉认为，家庭中常见的问题是父母中的一方要求孩子对自己的忠诚超过对另一方的忠诚，他称为“分裂的孝顺性忠诚”，而孩子这时候可能会采取“我不关心”的态度来平衡忠诚。这种态度又会变成孩子长大后的遗产，带到自己的家庭中。孝顺性忠诚是一种隐形遗产，是关系动力的核心。纳吉指出，试图反抗家庭遗产的人实际上是被大量的无意识遗产所束缚。反抗引发焦虑和内疚，因而家庭模式在代际间得以传递，不良功能被保持下来。基于以上的理论，纳吉认为，功能良好家庭应该平等、灵活，考虑每个成员的福利，不平衡的时候能够进行协商，家庭总账平衡，忠诚能有适当程度的改变，并能意识到家庭的生命循环等等。

总体而言，经历早期的积累与酝酿阶段，家庭治疗在20世纪60年代到80年代这二三十年间，实现了蓬勃发展，并在大量理论观点的相互碰撞启发和实践经验的不断累积中，形成了各种特色鲜明的治疗模式，并拥有了各自的拥护者，家庭治疗技术得到空前发展。到20世纪70年代，家庭治疗技术已遥遥领先于其理论发展和相关研究。尤其是20世纪80年代，可谓是家庭治疗发展的黄金时期，这一领域的专业刊物到20世纪80年代末时已从《家庭过程》一本发展到 20 余种，而仅美国就有 300 多个独立的家庭治疗机构。美国婚姻与家庭治疗协会(American Association of Marriage and Family Therapy，AAMFT)的会员增至 16 000 余人，此外还成立了美国家庭治疗协会、国际婚姻与家庭咨询师协会、美国心理学协会的家庭心理学分支，以及国际家庭治疗协会等等机构，这些机构的会员有的以美国本土为主，有的遍布全世界，以各种会议、研修团体、刊物作为传播手段，在全世界范围内推动着家庭治疗的国际化发展热潮。这一时期也是家庭治疗受到女性主义批评的时期，女性主义者们认为家庭治疗反映出典型的男性价值观偏向，并贬低了与女性相关的抚养和关系方面的价值；同时也认为家庭治疗的很多模式在无意中强化了男性和女性的刻板模式，对家庭关系中的权力角色差异认识不足。这些批评对家庭治疗的发展不无裨益，至少推动了治疗师们的性别意识和文化差异意识，也督促治疗师们开始检视自身的价值观和信念对实践的影响。

三、家庭治疗的融合阶段

经历家庭治疗非凡发展的高潮阶段之后，20 世纪 90 年代充斥着家庭治疗师们对如何了解家庭的本质以及如何开展最好的治疗所展开的讨论和反思，尽管观点各异，但在各个流派之间已不那么相互排斥了，将各种家庭治疗方法整合起来形成综合家庭治疗模式的趋势开始出现，这个趋势根据米纽庆的观察，事实上早在 20 世纪 80 年代便已经开始。治疗师仍然会从不同的角度来观察家庭，但他们不再局限于某一种治疗方法，而是纵观整个家庭治疗的领域，选取综合的方法对家庭进行干预，米纽庆承认自己越来越关注情感的作用，而海利所使用的策略中有着浓厚的结构模式的色彩。越来越少的治疗师声称自己只用某一模式或流派的技术，很少有治疗师只关注与动机、依恋有关的心理动力概念，只强调自我成长、自我决断，或只关心家庭中的交互作用、界限等系统概念，又或者只将认知行为训练作为治疗的唯一手段。取而代之的是折中主义、选择性借鉴以及模式整合。

建构主义者的批评也是迫使家庭治疗师重新审视自己认识论基础的重要原因之一。建构主义强调人们对事件的看法受其自身的心理因素和生理因素的影响，不同经验、成长背景的个体有不同的主观建构，家庭中的事件往往并没有所谓的“真相”，真正对个体心理产生影响的是个体对事件的主观建构以及其中包含的意义。建构主义者认为家庭治疗师所赖以支撑实践的理论确定性并不存在，治疗师在治疗过程中并无客观性可言，治疗师不可能独立于治疗之外而对家庭系统毫无影响，治疗师本身作为一个变量，与家庭在性别、文化、道德、社会地位和经验背景等方面的差异必然影响到治疗师对家庭成员主观建构的理解。基于这样的理论观点，建构主义认为治疗师不能也不必去改变家庭结构或家庭成员，而需要着眼于让家庭对存在的问题展开对话，通过改变期待、信念系统来改变自身。建构主义在家庭治疗中的成功应用催生了叙事家庭治疗这样一些后现代主义的家庭治疗新模式。

家庭治疗在这个阶段的实践还与经济因素有关，医疗保险管理公司(managed care)要求治疗师提升治疗效率，让治疗更为结构化，以便增加赔付依据的可靠性，在更短的时间内完成更多的事情，并且还要面对保险公司在临床实践上的诸多限制，使得治疗师们寻求更简单快捷的治疗技术，MRI 简快家庭治疗和密尔沃基的短期治疗中心成为发展短期家庭治疗程序的主要代表。问题解决中心家庭治疗模式以其实用主义、易于传授的特点，在这样的专业背景下也获得了广泛接受。

循证(evidence-based)实践的发展同样对家庭治疗发展产生了巨大影响，为了提升干预效率，节约治疗资源而对疗法在不同条件下应用于不同群体的干预效果开展随机对比研究，积累研究依据，并根据疗效证据开发相应的结构化干预方案，这一直是广大心理健康服务从业者为了提升服务效率和质量而努力的方向，家庭治疗的心理教育模式正是建立在循证实践的基础之上，在家庭治疗发展的这一阶段，治疗师们根据研究结果，结合了系统理论、认知行为模式、教育心理学、结构模式、代际模式等等理论概念和方法。开发了针对父母的亲子教育、青少年干预以及婚姻教育等内容的家庭治疗干预项目。

扩展阅读

米尔顿·艾瑞克森(Milton H. Erickson)

米尔顿·埃里克森1902年出生于美国内华达州的一个农场。他从小时患有诵读困难症、色盲症,还有辨别声音的困难,17岁时他不幸患上脊髓灰质炎(小儿麻痹症),医生们断言他活不长,即使活下去也将终生瘫痪,艾瑞克森却奇迹般地活了下来,并且站了起来。但疾病后遗症跟随了艾瑞克森一辈子,数次严重复发,他还患有痛风和肺气肿。

终其一生,病痛都紧紧跟随着艾瑞克森,但他总是享受已拥有的资源,而不将注意力放在欠缺上。他的这种风格也体现在临床工作中,他从不和个案的症状对抗,在治疗中,他着力于个案已拥有的资源。

一次,艾瑞克森治疗一个有被迫害妄想的精神分裂症患者。他进入病房时,患者正在窗户上钉钉子,他认为这样就可以防止敌人攻击他。艾瑞克森和他一起钉钉子,而且比他还认真。钉子钉好后,艾瑞克森建议把地板中的缝隙也补起来,那样敌人就彻底没机会了。接着,艾瑞克森建议他和医院的医生护士一起加强医院的防范工作,不断扩大他的安全范围。患者一一接纳了他的建议,随着这个工作的不断进展,他的防备范围——同时也是活动范围不断扩大,而他也逐渐从与世隔绝的孤独中走出来。

在艾瑞克森50年的治疗实践中,他治疗了近3万名患者。艾瑞克森1980年过世,他的太太总结说:"他活到78岁,比他自己预期的久得多,直到过世前一周,他还是过着积极不懈的生活。"

复习巩固

1. 美国东西两岸在家庭治疗的发展与分化阶段时期起到重要作用的两个家庭研究和治疗机构分别是什么?

2. 纳吉"无形的忠诚"概念是什么意思?对家庭有什么影响?

3. 建构主义对传统家庭治疗模式的批评有哪些?

本章要点小结

家庭治疗的概念

1. 家庭治疗是一类以系统论为基础的治疗理论和干预模式，家庭治疗将家庭作为一个整体，以系统、动态的视角看待家庭成员的心理问题，并通过相应的干预技术，矫正家庭中可能存在的结构、沟通、角色、情感等方面的问题，从而治疗症状，改善家庭功能。

2. 家庭治疗在认识论基础上与其他心理治疗取向和方法存在差异，其中最明显的差异反映在对人类行为的理解方式上，在治疗理论中体现为系统观与个体观的差异，以及循环因果和直线因果的差异。

3. 家庭治疗中咨访关系的建立需要治疗师在中立和投入之间保持微妙的平衡，更要尊重家庭既定的等级结构和家庭文化。

4. 家庭治疗的最终目标是帮助家庭成长发展为健康且更富有功能性、适应良好的系统。

家庭治疗的理论来源

1. 精神分析通过影响家庭治疗早期开创者的受训背景、理论发展以及临床实践对家庭治疗理论的产生施加影响。

2. 系统论帮助家庭治疗者从关注个体转变到将家庭看做一个整体来关注家庭中人际交往的模式。

3. 系统论在家庭治疗的产生和发展过程中影响深远，然而将家庭视为系统的经典观点也受到越来越多批评，认为系统观点忽略了家庭中的个体，以及机械系统的观点无法反映人际互动的复杂性。

4. 依恋理论帮助治疗师理解成人所需要的依恋和亲密感。依恋理论为夫妻双方理解对方的行为提供了一种更具建设性的模式。

5. 建构主义引发了家庭治疗中治疗焦点的根本改变。建构主义强调个人对现象的诠释，重视个体对自己的问题的看法，并在此基础上形成了叙事疗法等治疗模式。

家庭治疗的发展

1. 家庭治疗萌芽阶段受到精神分裂症家庭研究、婚姻咨询与儿童指导、社会工作、团体治疗等实践的影响。

2. 家庭治疗领域并没有一位公认的创始人，许多早期的实践者为家庭治疗的完善和发展作出贡献，他们中包括贝特森、杰克逊、海利、米纽庆、萨提亚等。

3. 在家庭治疗的融合阶段，治疗师仍然从不同的角度来观察和解释家庭中的问题，但他们不再局限于某一个治疗模式，而是纵观整个家庭治疗的领域，综合选取各种技巧和方法对家庭进行干预。

关键术语表

家庭治疗的概念　家庭治疗的特点　家庭治疗的目标　家庭结构　家庭发展　家庭治疗的发展　系统论　控制论　依恋理论　社会建构主义

选择题

1. 家庭治疗对心理问题的理解包含哪些含义？(　　)

a. 一位成员症状引起的痛苦也会引起其他家庭成员的痛苦

b. 症状有维持家庭平衡的功能意义

c. 改变和调整家庭系统可以消除症状

d. 症状来自于家庭成员个人的内心冲突

2. 家庭治疗比较适用于下列哪些情况的治疗？(　　)

a. 家庭整体结构和功能存在问题的情况

b. 家庭内部亚系统存在问题的情况

c. 与家庭发展周期阶段任务未完成的问题

d. 与家庭有关的个体心理问题

3. 家庭治疗在评估方面的特点表现为(　　)。

a. 家史与病史并重　　b. 评估工具以测量家庭互动为主

c. 资源取向　　d. 缺陷取向

4. 家庭治疗的具体干预目标体系包含哪些方面？(　　)

a. 家庭结构　　b. 家庭情感　　c. 家庭沟通　　d. 家庭发展

5. 以下哪些理论观点与研究成果成为家庭治疗理论基础的源泉？(　　)

a. 精神分析理论　　b. 系统理论　　c. 控制理论　　d. 依恋理论

6. 系统论观点对家庭治疗的影响体现在哪些方面？(　　)

a. 更好地理解家庭中孩子的行为

b. 从关注个体到关注家庭中的人际互动

c. 关注人们行为的输入与输出而减少对内部想法的臆测

d. 理解功能不良家庭对治疗的阻抗

7. 控制论对家庭治疗的影响包括(　　)。

a. 了解家庭如何保持稳定　　b. 关注家庭规则

c. 了解家庭如何强化规则　　d. 关注家庭中的反馈循环

8. 根据鲍尔贝的观点，家庭治疗师在治疗中需完成的与依恋相关的任务包括(　　)。

a. 为来访者提供安全的治疗地点　　b. 帮助来访者探索当前的人际关系

c. 帮助来访者探索与治疗师的关系

d. 向来访者指出当前人际关系与过去生活经历的相关性

e. 帮助来访者重新认识过去人际关系中的反应是否仍适用于当前关系

9. 在家庭治疗的萌芽阶段哪些心理健康服务的研究和实践工作对家庭治疗的产生有影响？(　　)

a. 精神分裂症患者家庭研究　　b. 婚姻咨询和儿童指导

c. 社会工作　　d. 团体治疗

10. 在家庭治疗发展阶段，美国东西海岸的两个家庭治疗的发展中心分别是(　　)。

a. MRI　　b. 纽约的家庭研究所

c. 米兰小组　　d. 费城儿童指导中心

第三章　家庭治疗的心理动力学模式和代际模式

心理动力学关注个体的内心冲突、人格和童年经历等，家庭治疗关注家庭关系和互动模式对个体的影响，心理动力学模式家庭治疗将心理动力学和家庭治疗整合在一起，其中集大成者是今天的客体关系家庭治疗。而深受心理动力学理论影响的代际模式家庭治疗，不仅关注家庭的现在对个体症状的影响，还关注上下几代的家庭模式，从历史的视角寻找原因和解决对策。本章着重学习经典精神分析取向家庭治疗、客体关系家庭治疗、代际模式家庭治疗。

第一节　心理动力学框架下的家庭治疗

一、主要代表人物和基本理论观点

心理动力学之所以为世人所知，是因为它既是一种心理治疗理论，也是一套临床实践体系。心理动力学在心理治疗的发展史上占据着十分重要的地位，在其一百多年的发展历程中，产生了多种范式。心理动力学的核心概念如移情、治疗关系、投射性认同等虽然都是人际相互作用的产物，但其主要的工作点还是在个体心理内部。早期动力学虽强调父母对子女的影响，但坚决反对和父母一起进行工作。其实，正如阿克曼的学生桑代尔(Sander，1962)指出的那样，当精神分析师开始关注个体的人格发展时，他就已经在关注该个体与其家庭的相互关系了。

心理动力学与家庭治疗随着各自的发展经历了从对立到融合的历史变革，最终形成了今天的家庭治疗心理动力学模式。家庭治疗正式兴起于 20 世纪 50 年代。早期家庭治疗师，如结构学派的米纽庆、策略学派的海利，他们都在职业生涯早期接受过精神分析的完整培训。在逐渐背离精神分析创立自己的家庭治疗流派时，他们主要以系统论为理论基础，并极力与心理动力学划清界限。20 世纪的最后 10 年，家庭治疗领域发生了巨大变化。首先，家庭治疗在心理治疗中的地位得到承认，成为继心理动力学、行为主义、人本主义之后的“第四势力”，家庭治疗能够更开放地面对其他流派了。其次，随着家庭治疗的深入发展，治疗师发现运用系统理论已不能圆满地指导日益复杂的临床工作。第三，后现代思潮对家庭治疗的发展产生影响。第二控制论关于“观察者不能独立于被观察的系统之外”的观点，以及社会建构主义关于“人际、社会的相互作用建构了家庭”的观点强烈地冲击着家庭治疗的传统观点。于是，后期家庭治疗师开始向心理动力学回归，开始关注个体内在的感受和体会，关注治疗关系、潜意识的交流、移情与反移情、依恋等现象。家庭治疗心理动力学模式的实质是揭露和解释在家庭成员的互动过程中隐藏的潜意识冲动，以及家庭成员对这些冲动所采取的防御机制。它并非将分析个体的方法直接套用来分析家庭交往模式，而是以关系为基础和前提，在关注个体的同时也关注家庭及其成员的交往模式。治疗目的同样是改善失调的家庭功能，使其恢复到正常的状态。

家庭治疗心理动力学模式在发展阶段上主要经历了以阿克曼为代表的家庭动力学治疗、以弗洛默为代表的原生家庭治疗、以萨夫为代表的客体关系家庭治疗几个阶段。毋庸置疑，当今家庭治疗心理动力学模式在很大程度上是建立在客体关系理论基础之上的，这是因为心理动力学关注的焦点已从早期的性本能与攻击本能转向了今天的依恋关系。

(一)经典精神分析与家庭治疗

1.基本理论

精神分析是关于个体行为的心理动力观，主要包括潜意识论、本能论、驱力理论及心理防御理论，而最核心的观点是驱力理论。弗洛伊德特别关注个体内部相互冲突的驱力，并把它作为理解个体动机、冲突和症状的基础。也就是说，驱力是通过躯体需求的方式来寻求满足的。一部分驱力通过具体行为直接得以满足，如享受美食和性；未能满足的剩余部分则转化为无意识的愿望和冲动，如梦和幻想。当个体了解到直接表达强烈的无意识冲动不能被现实世界所允许时，心理冲突便产生了，随即体验到不愉快的情绪，最常见的是焦虑和抑郁。如果长期饱受不愉快情绪的折磨，冲突就可能恶化，出现各种心理症状。平衡冲突的方法有两种：通过加强防御更有力地抑制住冲动或者灵活地绕过防御以满足冲动。

阿克曼将精神分析理论与当时流行的系统论观点整合起来。他认为家庭是一个交互作用的系统，家庭功能的发挥依赖于家庭中每一个成员角色的互补。阿克曼认为要理解家庭功能必须掌握以下几个方面的信息：家庭成员的个性特征、成员角色之间的矛盾与冲突、家庭成员的角色与职责、家庭的集体行为。家庭治疗师可以从个体和家庭两个层面去理解症状。在个体层面上，症状的形成反映了个体运用防御机制对抗内心冲突所引起的焦虑，其结果就是导致了神经症。在家庭层面上，症状被看做是家庭成员通过潜意识的交流，集体发展出的一种用于维持家庭平衡的家庭互动模式。总之，就家庭而言，个体症状变成了一个反映家庭共有的冲突(焦虑和防御)的工具。阿克曼把症状用这种方式概念化，从而在精神分析和系统论之间架起了一座沟通和理解的桥梁。

2.代表人物

(1)弗洛伊德对家庭治疗的影响

众所周知，弗洛伊德(Freud)对于家庭治疗最有名的尝试是对小汉斯案例的处理。正如布洛奇和拉·佩里尔(Bloch& La Perriere，1973)指出，小汉斯可算是儿童分析和家庭治疗历史上的第一个案例。这个5岁的男孩由于害怕马可能会咬他而拒绝走出家门到大街上去，弗洛伊德的解释是汉斯以此转移了他关于俄狄浦斯情结的焦虑。汉斯曾经目睹了一匹马摔倒在街上，弗洛伊德解释说他把这个场景和他的父亲联系起来了。因为汉斯无意识中想独占母亲的爱与关注，因此他也想让他的父亲受伤。弗洛伊德指导汉斯的父亲(一位内科医生)去治疗他的儿子。最终，汉斯的恐惧症状消失了。

弗洛伊德深刻地认识到家庭关系对于个体性格的形成，以及对症状行为的影响。他曾经强调精神分析师"必须更多地关注……我们病人的纯粹人文和社会情境，如同关注躯体和失调症状一样。首先，我们应该把兴趣指向他们的家庭环境"。然而在治疗实践中，弗洛伊德更愿意治疗个人，他的理论和技术着重于解决个体内心冲突而不是重建家庭内部的人际关系或交互作用。

(2)阿德勒和沙利文：做出贡献的先驱

阿尔弗莱德·阿德勒1902年加入维也纳精神分析协会，成为了弗洛伊德早期的跟随者；他于1914年建立了个体心理学协会，也成为了背离弗洛伊德的早期代表之一。阿德勒强调社会因素(包括家庭)对个体人格形成的重要性，较少关注无意识动机，这与弗洛伊德的精神分析理论背道而驰。阿德勒认为只有理解了环境或社会背景，特别是个体行为产生并展现于其中的家庭，我们才能完全理解个体。阿德勒的一些理论概念，诸如同胞竞争、家庭排行和生活方式，体现了他的观点，即家庭经验在影响成人行为方面起着重要作用。他关于人是不可分割的整体的基本观点，仍然影响着今天家庭治疗师的系统观。

另一个重要的理论家是美国精神病学家沙利文，他曾经受过精神分析训练，但也深受社会学和社会心理学的影响。从20世纪20年代后期开始，沙利文在职业生涯中始终强调家庭内外的人际关系对人格发展的影响。他认为人在本质上是社会交互作用的产物，要理解人是如何发挥作用的，就需要研究他"经常出现的人际情景中相对稳定的模式"。沙利文(Sullivan，1972)十分强调早期母子分化的重要性，认为这些经验将影响个体以后把自我看做是好我、坏我还是非我。这种观点与后来的客体关系理论是一致的，而沙利文描述的让患者参与扮演"联合观察者"的治疗方式，与几十年后盛行的后现代主义理论中"观察者不能独立于被观察的系统之外"的观点也是一致的。

(3)纳森·阿克曼：家庭治疗的先驱

纳森·阿克曼是一位精神分析家和儿童精神病学家，他被公认为是致力于将精神分析的方法运用于家庭研究中的先驱。在阿克曼职业生涯的初期，即20世纪30年代，他进行个体治疗的同时也尝试以整个家庭为工作对象，将家庭作为一个整体单元。20世纪50年代他明确地转向，开展家庭治疗。1960年，他在纽约开设了家庭治疗研究所，该研究所不久就成为了东海岸家庭治疗训练和治疗的核心机构。1962年，他和杰克逊一起创办了《家庭过程》，这是家庭治疗领域的第一本专业杂志，至今依然在家庭治疗领域发挥着重要的影响力。

阿克曼是一位勇于创新的治疗师，他打破常规的“不同的分析师分别治疗不同的家庭成员”的做法，同时会见家庭所有成员，甚至让治疗师去拜访来访家庭。在相当长一段时间里，阿克曼同时做精神分析和家庭治疗。他认为两者并不是竞争和排他的关系，家庭治疗既可以单独进行，也可以是个体治疗前的准备，或是与个体治疗平行进行。阿克曼(Ackerman，1966)认为家庭治疗师的主要工作类似于催化剂，通过进入家庭的“生活空间”，扰动他们的交互作用，帮助家庭进行一种更有意义的深度情感交流，同时培养和鼓励家庭成员通过与治疗师的接触更好地理解自己。阿克曼的主要观点和贡献都收录在《家庭治疗的力量》一书中。

阿克曼的家庭动力学治疗的核心概念包括“互补的失败”和“家庭角色”。阿克曼认为家庭中个体的症状反映了家庭成员共同的冲突和家庭共有的病理性防御。他不仅关注每个家庭成员的感受、幻想、潜意识冲突，同时也关注家庭的结构、家庭成员的角色、言语和非言语的交流模式。他使用术语“互补的失败”来描述家庭成员所扮演的家庭角色之间不匹配的情况。如控制欲都很强的夫妻在家庭事务中都要求对方听自己的，只有“领导者”没有“顺从者”，只有“固执己见者”没有“妥协者”。当家庭出现角色互补失败时，就会导致家庭内部的人际冲突，并最终导致一个或多个家庭成员的内心冲突，出现“连锁病态”。传统精神分析模式单独会见患者，然而阿克曼认为，由于患者症状对于其家庭关系有维持功能，因此患者的“进步”可能招致其他成员的潜意识破坏。例如，当一个患者的情况有所改善时，他或她的婚姻却失败了。因为治疗之前患者婚姻是借由患者的症状来维持平衡和稳定的，不想面对婚姻破裂的配偶就可能潜意识破坏这个患者个体治疗的进步。如果采用联合家庭治疗，将所有家庭成员带入治疗中，这种情况就会有所改变。

阿克曼也十分关注家人投射给其他成员的特定社会角色，即家庭角色是怎样影响个体人格发展的。所谓投射，是指个体将内在价值观与情绪感受(主要是被否认的或被自己所厌恶、排斥的)“驱赶”出来，“投掷”到外在人、事、物上的心理现象。如妈妈对儿子的恶作剧很愤怒，却告诉儿子爸爸很讨厌他的恶作剧，要求他必须改正。阿克曼总是感兴趣于人们如何定义自己的角色(“作为一个父亲对你来说意味什么?”)以及期待其他家庭成员做出何种反应(“你希望你的女儿如何对待这种情况?”)。阿克曼坚持认为，当所有家庭成员能够清晰地描述自己的角色时，家庭交互过程就会更加顺利，成员们能够重新调整合作，形成新的家庭交互模式，并且提升角色互补能力。

(二)客体关系家庭治疗

1. 基本理论

精神分析主要研究个体内在深层的驱力，而家庭治疗关注家庭内部的关系，客体关系理论在二者之间架起了桥梁。客体关系理论于20世纪50年代在英国形成，之后迅速发展，影响了世界范围内的精神分析理论和临床实践。与传统精神分析不同的是，客体关系学派的理论家始终将客体及客体关系作为理论和临床实践的基础，并将客体关系视为人类经验和行为的重要决定因素。客体是与主体(subject)相对应的，指个体的愿望、情感或行为所指向的人。因此，客体关系是指个体当前的人际关系，以及内心保留的与当前人际互动模式相关联的既往人际关系的印痕。客体关系理论家认为人类精神的本质是关系，人类行为被关系所驱动，心灵的构成多与关系的内化有关，而与本能冲动和精神能量没有多大关系。如史蒂芬·米切尔(Mitchell，1983)和奥托·科恩伯格(Kernberg，1995)都认为"关系模型将关系构建为存在的基础，所有人类的行为和体验……都是关系的衍生物"。

客体关系理论认为，婴儿通过与母亲(最初客体)的互动形成其内在表象(inner images)和心理结构，并以此为基础逐步建立起对自己和他人的心理图像。在成长过程中，这种早期的内在心理表象会体现在个体当前的人际关系中，并塑造个体对现实和当前人际关系的感知。如有一个母亲怨恨孩子来得不是时候，改变了自己的人生，因而在照顾孩子时对孩子没有温情，只有埋怨和不耐烦。尽管母亲给了孩子很好的物质生活环境，但孩子长大后很自卑，内心总觉苦涩，觉得别人比自己优越。所以，与人相处总容易退缩。个体处理冲突和失败的能力与其内在客体关系的深度和成熟度密切相关。而个体对他人的反应也主要取决于对方与个体内化的过去客体的相似度，而非对方真实的言行。如一个女孩遇到一个个子不高的男孩，对他很有好感，相信他一定聪明能干，可事实上她刚认识这个男孩，并无深入接触，她产生这样的印象只是因为男孩与女孩那个子不高但很能干的父亲有几分相似而已。在临床治疗中，治疗师通过对来访者早期客体关系的了解来解释其现实问题及治疗中的移情反应。与此同时，治疗师会注重与来访者建立良好的治疗关系，无条件地接纳和尊重来访者，支持、鼓励来访者。这种被包容的感觉会被来访者内化，继而改善其日后的人际关系。

大卫·萨夫和吉尔·萨夫夫妇(Scharff & Scharff，1987)致力于将客体关系理论与家庭治疗联系起来。由于在认识论基础上，前者本质上是线性因果，而后者是循环因果，技术上容易整合，但理论整合并不容易。虽然萨夫夫妇目前尚未实现两者的深度整合，但已是迄今为止在此领域最杰出的代表了。成果可见他们的著作《客体关系入门》《性与家庭的客体关系观点》及《客体关系家庭治疗》等。在萨夫夫妇的治疗方法中，他们将配偶关系看成是家庭系统的核心，帮助配偶克服阻抗，意识到那些被压抑的冲动。他们重视梦和幻想所表达出的无意识主题，探索当前家庭关系背后的家庭历史，探索移情与反移情，并对家庭进行解释，继而促进来访家庭成员的领悟及自我成长。

客体关系家庭治疗深受克莱茵、费尔贝恩、温尼科特、比昂等人理论观点的影响。在今天的家庭治疗中，我们仍运用他们创立的相关概念和术语来解释和理解家庭现象。克莱茵创立的过渡性客体关系理论被视为客体关系理论创建的标志。克莱茵(Klein，1997)运用分裂(splitting)和死本能两个核心概念，解释婴儿出生后第一年里的母婴关系。婴儿将一个客体分为不同特性分别进行感知：能满足其哺食需要的乳房被感知为“好的”，此时的母亲是“好客体”；缺乏奶水的乳房为“坏的”，此时的母亲便是“坏客体”。所有他感知到的“坏”和自我不能接受、处理的部分被分裂出来，投射到另一个客体身上。生活于爱尔兰的费尔贝恩(Fairbaim，1952)稍晚于克莱茵发展出了一套全新的客体关系理论。他也关注母婴间早期的互动，但他强调婴儿内化的是与客体之间的关系。客体(早期主要照料者)对婴儿需求的满足程度、现实刺激的强度、自我对其认同的程度都将影响个体在日后是否产生精神病症及病症的严重程度。比昂于1970年在美国建立了“克莱茵取向的分析者”(Klein-orientated analysts)小组，在北美产生重要影响。比昂(Bion，1984)发展了“投射性认同”的概念，并设想婴儿的精神世界充满了困扰，但他没有能力进行组织和控制。此时他就会将这些无法组织的精神内容投射到母亲身上，好的母亲具有“容纳功能”(containing function)，会接纳、容忍这些内容，并进行理解和调整，重新组织并回应婴儿，婴儿就会觉得这些内容变得可以忍受，重新将这些已经调整的内容内化回精神世界。例如，“好母亲”及时清理了脏尿布，使婴儿重新获得舒适愉快感受，而将之整合入“我是好的”概念中；“坏母亲”则不能对婴儿的投射进行容纳和处理，婴儿就始终陷入内在混乱、焦虑和恐怖之中。而客体关系家庭治疗师工作的治疗情境正是建构于这一理论基础之上，在治疗中治疗师需要成为一个容器(container)，来容纳患者的那些混乱的精神情感片段。温尼科特是英国著名的儿科医生和精神分析学家。温尼科特的客体关系理论对家庭治疗的贡献可以概括为三个领域：母婴关系、真实自体与虚假自体，以及过渡现象。温尼科特认为与婴儿的需要相联系的母亲的护理功能是决定婴儿心理健康与否的最重要因素。他提出了“足够好的母亲”(good-enough mother)这一概念，这样的母亲能够在儿童发展的每一特殊阶段为其母子关系的发展而满足孩子的各种需要，即根据儿童不同时期的需求，随时调整和改变自身。所以温尼科特认为，“儿童的成长常常是与母亲自身独立性的重新分化相一致的”。在克莱茵所提出的内部世界和外部世界之间，温尼科特认为还存在过渡的空间。过渡的空间是经验的中间区域，存在于幻想和现实之间，婴儿及儿童的游戏、创造力、幻想、想象和错觉就属于这个范畴。儿童便是使用幻想、想象和错觉，通过游戏这一过渡的空间，逐渐发展出人际交往的能力。与“过渡空间”相对应，温尼科特(Winnicott，1992)提出了“过渡客体”的概念，指儿童将某些真实的物质客体视为母亲的延伸或替代，是儿童从完全的主观过渡到完全的客观时的中介。这样的过渡客体可能是一张柔软的被毯、一片尿布、一件旧衣服等等。温尼科特关于真实自体与虚假自体的理论是对母婴关系理论的延伸。母亲适应婴儿的需要，婴儿就发展出自发性的“真实自体”；母亲需要婴儿压抑需要来顺从自己，婴儿就发展出顺从性的“虚假自体”。

2.代表人物

(1)弗洛默及原生家庭治疗

弗洛默是早期家庭治疗师中少有的强调心理动力学理论的代表，在家庭治疗史上，他以强调配偶关系而著名。弗洛默认为家庭功能的失调源自夫妻双方从自己的原生家庭中带来的问题。丈夫或妻子内心未处理好的与原生家庭有关的冲突会不断地被当前家庭生活事件激起而重复出现，仍然遵循内心冲突及既往应对模式，以此来处理当前的人际关系，导致当前的家庭出现问题。如妻子指责丈夫不爱她了，因为他不舍得为她花钱买衣服，而丈夫认为那是纵容妻子疯狂的、不理智的消费。两人分歧冲突的背后是各自原生家庭中的创伤经历。妻子从小被父亲忽视和嫌弃，父亲认为在女孩子身上花钱不值，因为女孩是为别人家养的媳妇。而丈夫在原生家庭中常受到母亲的强迫与控制，母亲常常用指责的方式让他内疚，用负罪感让他顺从。因为治疗关注个体的人际问题和内心冲突及其与原生家庭的关联，所以弗洛默(Framo，1992)的理论又被称为“原生家庭治疗”。

弗洛默运用“分裂”和“投射性认同”两个核心概念解释婚姻问题，这两个概念在弗洛默的理论中的诠释不同于其他人的理论。当婴儿将父母的行为解读为拒绝、抛弃或迫害时，就会陷入“既爱又恨”的两难境地：既不能改变父母，又不能放弃对父母的依赖和被爱的渴望。这种矛盾的父母形象被婴儿内化，又对婴儿成年后的人际关系和择偶产生影响。如个体会无意识“希望其所选择的伴侣能够帮助其消除、复制、控制、承受或治疗其内心不能处理的东西”。因此，人们通常倾向于选择符合他们无意识需要，与自身内在心理问题相匹配的人做伴侣。如小时候被否定、压抑而自卑的女孩无法接受一个优秀男孩的追求，却会主动亲近很叛逆的“小混混”。因为优秀男孩的爱会让女孩惶恐、受宠若惊，觉得自己配不上而倍感压力；而“小混混”的叛逆、有个性刚好能满足女孩对于反抗和力量感的渴望，面对“不太优秀”的“小混混”，女孩觉得亲切、轻松，而非自卑。

弗洛默对家庭治疗技术的独特贡献在于，他将协同治疗、夫妻团体治疗、原生家庭会议整合起来分阶段进行。通过将个体带回到原生家庭，直接面对原生家庭中的问题和事件，及其在当前家庭中的体现，从而使个体从原来的家庭问题中解脱出来并重建他们现在的婚姻或家庭生活，也让父母和兄弟姐妹重新领悟旧有依恋关系中的不足，继而也能摆脱旧有关系的不良影响。

(2)萨夫夫妇及客体关系家庭治疗

大卫·萨夫和吉尔·萨夫夫妇提出的客体关系理论更加忠实于传统精神分析。萨夫夫妇关注人类对于依恋的基本需求,在克莱茵和费尔贝恩的客体关系理论基础上发展出客体关系家庭治疗的理论。这个理论的核心是把家庭看做是成员之间的关系系统,这个系统对整个家庭及单个家庭成员的成长都产生影响。配偶关系是家庭系统的核心,在配偶关系里充满着双向的投射性认同。问题婚姻中的成人都在试图寻找早期照顾者给予的依恋体验,并将这种期待投射到配偶身上,强迫配偶以极其刻板和指定的方式延续早期照顾者的做法。

在治疗方面,萨夫夫妇假设个体内部心理世界和外部人际关系是相互影响的,所以治疗需要解读个体和家庭内部的无意识及意识的关系系统,解读当前个体和家庭关系问题的历史,即帮助家庭成员逐渐清晰地意识到他们是如何把过去的客体内化,以及这些客体又是如何继续影响到当前关系的。萨夫夫妇在治疗上最突出的特点是,他们认为由治疗师做出解释,并努力促成领悟对于治疗至关重要。治疗中的关键因素主要包括:第一,创造支持性环境。他们采取一种中立的公平性态度,与来访家庭建立一种信任和关怀的治疗联盟,为每一个成员、成员之间及成员与治疗师之间的心理互动过程提供安全和支持的环境,让家庭成员在其中可以重新发现家庭和自己未被满足的那一部分需求。来访的夫妻被鼓励去觉察自己早期被养育或照顾的经历,以及这些经历如何影响当前的婚姻关系,又如何体现在自己对治疗师的态度上。第二,移情与反移情。萨夫夫妇在治疗中充分利用了移情,他们认为移情是治疗的关键部分。因为移情是对治疗师中立立场的回应,在治疗过程中它唤起了一种"客体渴望",即在原生家庭中与照顾者早期关系的重现。与此同时,治疗师在应对家庭的挣扎时会感受到反移情,也无意识地唤起治疗师自己对过去经验的内在反应。客体关系家庭治疗师正是用解释移情来增进对家庭的理解,并反馈给家庭。

治疗除了评估家庭的心理发展阶段及家庭所使用的各种防御机制,还需要评估家庭共有的客体关系。治疗师与家庭建立治疗关系的方法有很多,包括观察家庭的交互作用,鼓励家庭成员表达自己的观点并观察他人的立场,了解每一个成员内化客体的历史,鼓励成员给治疗师的观点提供反馈等。在这个治疗模式中,成功的治疗不是以病人症状的减轻来衡量,而是以家庭的领悟力或自我理解力的提升,以及家庭对压力的驾驭能力的改善来衡量。客体关系家庭治疗的根本目标是使家庭能更好地为每一个成员的依恋、个体分化和成长提供支持。客体关系家庭治疗并没有确定的时间限制,从45分钟到一个半小时,一周一次或者两次,持续时间视需要而定,平均是两年。客体关系家庭治疗的模式也很灵活,通常会根据家庭的实际情况和问题,在个体治疗、家庭治疗、夫妻治疗之间按需选择。

(三)自体心理学与家庭治疗

科胡特(Heinz Kohut)在维也纳出生成长,后来移居美国,成为一位精神病学家。科胡特的自体心理学是当今心理动力学领域最耀眼的新星(Kohut, 2009)。自体(self)不同于自我(ego)。自体是我们作为人的基本体验。自体可以被理解为一个组织,它包括自我在内的所有心理构成。自体心理学探索早期关系怎样影响自体和自体结构,即婴儿与母亲的关系如何影响其形成他/她是谁的概念,及在以后生活中如何建立和维持人际关系。婴儿最初并不是把他的父母看做是独立于自己之外的人或客体,而是以一种自恋的方式将父母看做是“自我客体”,即婴儿自我的延伸。经由这种延伸,婴儿认为自己是“无所不能”的。在治疗中,自体心理学强调患者的主观体验,尤其是患者怎样体验治疗师。早期关系对自体和自体结构的影响理论有助于理解家庭的功能。

二、基本操作技术

家庭治疗心理动力学模式的基本目标与其他流派家庭治疗有相似之处,也是试图创建一个功能更良好的家庭系统,减少持续的冲突和自我防御。不同之处则在于,心理动力学模式更强调治疗师应致力于促进家庭成员的个体化和内在心理的成熟。以下介绍家庭治疗心理动力学模式的主流——客体关系家庭治疗的基本技术。

1. 建构支持性环境

支持性环境是家庭治疗心理动力学模式的一个中心点,也是治疗过程得以实现的心理空间。支持性环境是指治疗师保持一种关注的、中立的公平性态度,为来访家庭建立一种安全和支持的环境。在治疗情境中,家庭成员可以自如地与治疗师进行沟通,表达他们的期望、幻想以及回忆。家庭成员也学会认同治疗师的观察和接纳功能,在治疗师提供的反馈信息中逐渐认识到自身早年发展中的问题及其在现实生活中的表现,逐渐修正对家庭事务及其他家庭成员的偏执看法,发展出更为客观、现实的认知。建构支持性环境是一个贯穿整个治疗过程的任务,治疗尤其要注意完成以下的工作。

建立治疗联盟:治疗联盟是指治疗过程中的合作或者协作关系,它既是来访家庭对治疗师的一种积极移情,也是双方建立的一种实际的治疗关系。在家庭治疗中,治疗联盟的形成和保持较困难。需要与每个家庭成员保持一对一合作的同时也与整个家庭合作。一旦一个或者几个家庭成员认为治疗师有所偏袒,或者治疗师被某些家庭成员的期待所左右，治疗联盟就可能瓦解。因此治疗师需要努力让自己处于一个中立、平衡的位置，对所有家庭成员意识层面和无意识层面的期待，以及家庭成员的移情保持警觉。

分析阻抗：阻抗是指治疗情境中那些阻碍治疗顺利进行的情绪或行为。阻抗可以是意识的、潜意识的或无意识的。阻抗的形式包括情感表达、态度、理念、冲动、思维、幻想或行动。阻抗的原因通常是患者不愿意去觉察或意识到痛苦的关系或回忆，害怕再次被拉回到一种压抑的坏客体关系中，体验与这种坏客体关系有关的童年期痛苦。在家庭治疗中，阻抗通常是家庭的共同行为，是用于处理家庭集体潜意识焦虑的一种方式，如家庭一起回避冲突性主题、寻找替罪羊、家庭某个成员抑郁加重从而避免表达愤怒、拒绝思考某个成员在功能不良互动中扮演的角色、保护一些秘密、放弃治疗或更换治疗师等。

2. 开始前的准备

治疗开始时，要关注家庭如何进入治疗室。当家庭进来时，关注他们坐在什么地方、确定座位的过程，以及他们带到房间里的基本情绪。治疗师关注的并不是表面上座位的顺序，而是它对家庭的意义。比如在有小孩或青少年的家庭里，孩子们争抢一个位置而不愿意尽快安顿下来可能是因为其中某个家庭成员不情愿前来参加治疗。此时，治疗师可以根据需要选择是否加以评论。如果要评论的话也应尽量以幽默的方式表达出自己的看法。

3. 扩展关注焦点

家庭治疗开始前仍需先思考几个相关话题：谁负责开场？怎样组织治疗？父母或孩子应该谁先发言？在每次治疗的开始几分钟，治疗师的工作就是为家庭营造放松的氛围，让治疗活跃起来，给家庭一个开始谈话的氛围。治疗师时而请某位成员多谈谈自己的想法，时而要求其他成员多听少说，时而在家庭成员争吵时加以干涉，或要求谈论别的话题等。治疗师在家庭治疗中需要比个体治疗展示更强的主动性，在家庭需要鼓励时给予鼓励，并“管理”好家庭这个治疗空间。在家庭治疗的某些时候，如发生了一个危机事件，或出现了对每个人而言都需要讨论的话题时，治疗师会希望有人主动来谈这个话题。如果没有人这么做，治疗师需要主动开始此话题。然而，大部分情况下，治疗师会让家庭来决定此次治疗关注什么话题。通常情况下，父母会在家庭治疗的早期决定要谈的话题，尤其是在孩子们明确表示不情愿治疗或孩子们还太小的情况下。原则上，每一位家庭成员都有权引入谈话主题。治疗中常常谈论在“治疗室内”正在发生的事情，比如父亲公开批评儿子仪容不整洁，母女俩在治疗室里的一次争吵，或是家庭在一起讨论事情时遇到的困难。

拓宽主题：当引入了此次家庭治疗的话题后，家庭治疗师就需要试着探究与这一主题相关的家庭互动情况，以拓宽治疗师和家庭对主题的分析和理解。治疗师可以用来拓宽主题的方式主要包括：直接询问与该话题相关的当事人对话题的看法，如"你妈妈觉得你每天洗手的次数太多了，不正常，你怎么看?"如果治疗师有经验确信直接询问不妥，可以转而询问其他家庭成员对此的看法，如"你妻子认为女儿每天洗手的次数多得不正常，作为父亲的你怎么看?"治疗师需要采取一系列有效的提问，让家庭成员都参与到当前情境中来，让家庭作为一个整体来给予出现症状的病人足够的支持和理解。家庭成员在思考治疗师所谈到的问题时，正是被引导着去觉察出现症状的病人所呈现出的问题与整个家庭的关联。当家庭不能延伸拓展或者分享，不能弄清楚家庭争端的来龙去脉时，治疗师需要适当解释自己对家庭争端的看法。解释又可以继续在家庭中激发出新的思考，进而不断深化对家庭内在结构和互动模式的理解和调整。

探询家庭历史：治疗师需要通过有技巧的提问来了解家庭的客体关系历史，比如在治疗出现僵局时询问一个家庭成员在原生家庭是否有相关经历，进而开启对家庭成员成长史的探索。家庭成员的个人发展经历是家庭治疗心理动力学模式治疗师手上非常有用的工具。例如一个父亲早年丧父，在成长过程中没有得到父亲的支持、爱和指导，因此尽管他十分疼爱自己的儿子，但依然常常在儿子需要他参与的活动中缺席。这样的过程在亲子关系和互动中十分常见。再如在一个女性幼年的家庭中，父亲经常大发脾气，并在发脾气后离家出走，让孩子们完全依赖母亲。这种早年的抚养模式会在她当前的家庭中重现。她也会接受、欢迎、甚至鼓励丈夫减少对子女的照顾，这样，她就可以持续地与子女保持紧密的联系，从而再现当年她母亲的家庭经验。

4.促进核心情感的交流

比选择话题更为重要的是治疗师透过话题了解家庭成员之间的核心情感，并推动家庭成员之间核心情感的交流和改变。所谓家庭成员之间的核心情感指家庭成员在日常生活与其他成员的互动沟通中，形成的对其他家人及家庭整体的情感体验。如家庭中儿子对妈妈的核心情感可能是爱恨交织，妈妈的关怀令儿子感到被爱和温暖，另一方面，妈妈的控制和操纵又令儿子厌恶。家庭在治疗师建立的支持性环境里进行治疗，这将促进移情的产生，也将带来对移情的探索。任何成功与失败都将影响家庭和治疗师之间，以及与治疗师提供的支持性环境之间的关系，因此，在治疗室里谈论来访家庭的情感事件时，尤其是触及成员间的核心情感时，治疗师需要考虑家庭成员的承受能力，需要大胆假设，小心求证，灵活地选择处理移情的方式，要么积极解释和暗示，要么积极关注但"按兵不动"。如果家庭成员出现身体姿势、距离的变化，或哭泣、生气、敌意这样一些情绪或状态时，治疗师需要抓住机会叫停，引导家庭觉察此时在治疗中出现的情绪体验，并询问大家对此的感受，以及这些感受与家庭日常生活的关联，进而拓宽家庭对“治疗室内”事情的理解。

治疗师还需要考虑来访家庭离开治疗室回家后，在多大程度上可以对家里发生的事情进行自由表达和谈论。在治疗室内讨论家庭回家以后在情感交流和沟通上的困难，是促进家庭核心情感交流和改变最直接的途径。这些能促进家庭核心情感交流的时刻对于家庭治疗心理动力学模式非常重要。唯有公开、清晰、直接、不批判地表达彼此的情绪感受，家庭成员才能彼此理解，家庭也会比任何其他时候都更亲密地与治疗师一起融入治疗。通过来回的“治疗室外”和“治疗室内”工作，一开始家庭会感到在彼此面前被治疗师理解，之后，他们感到彼此之间能更好地相互理解，并最终变得更加彼此接纳。这种外部客体的变化改变了内部客体，内部客体的转变改变了自我，继而又以一种新的方式影响着外部客体。于是，客体和自我在一个永不止息的循环里相互促进，家庭和成员也是在这个循环中相互促进，共同走向改善。

5. 干预

(1)解释

对大多数家庭来说，家庭治疗师能做的最具有支持性的事情就是在恰当的时刻对治疗进行恰当的解释，并使支持性环境得到改进。治疗师鼓励家庭成员探索怎样更好地相互理解、相互忍耐，就像母亲鼓励孩子在她的保护下探索世界，并逐渐成长为独立的个体。治疗师在进行解释时，需注意以下几点：第一，语言力求清晰、直接、简洁，最好在几分钟里简要地有的放矢，而不要长篇大论地演讲。第二，语言避免理论术语，而是运用通俗的语言，特别是与家庭体验接近的语言，使用他们的语气，借用家庭自己的术语，尤其是那些与他们的生活事件相关的词语。第三，解释时需要注意语气，保持一种包容的态度。第四，对重要事件进行解释之前，需要先做铺垫工作，直到家庭以开放的姿态做好接受新观念的准备。第五，有小孩在场的话，言语交流外也可以使用一些游戏的手段。

(2)移情与反移情

处理移情和反移情是家庭治疗心理动力学模式的特色，而客体关系和团体动力理论让治疗师对移情有了更深入的理解。

移情发生在家庭成员之间、家庭成员与治疗师之间以及整个家庭和治疗师之间。移情可能在任何时刻出现，治疗师需要随时加以留意和关注。家庭成员间的移情代表了家庭内部的早期互动所残留的影响。指向治疗师的移情是治疗中的重要工具，它能为治疗师提供共情和理解家庭的线索，也有助于解释家庭成员间移情的本质。最值得关注的是家庭对治疗师共有的团体移情，隐含于家庭与治疗师之间的关系之中。治疗师可以通过自己的反移情来觉察移情。家庭治疗中的反移情是指治疗师的潜意识感受，这种感受由家庭在治疗中言语和非言语的交流所引发。反移情对应于移情，是一种有价值的工具，有助于探索移情所表达的家庭互动模式。在吉尔·萨夫的一个案例中，来访家庭中的妻子预约了会谈，她的丈夫是名医生（与治疗师同为医生职业），在初次会谈中，太太因为治疗师与自己厌恶的丈夫同一职业而移情，对治疗师表现出攻击性和敌意。因为治疗是由妻子预约的，丈夫也出现了移情反应，对治疗师的专业能力提出质疑，而当了解到治疗师受训的医学背景后，丈夫再次移情，对治疗医生变得亲切。有趣的是，治疗师在此过程中体验到了反移情，一方面因为与丈夫同为医生而感到亲近，另一方面对妻子的敌意感到厌恶，觉得对方专横粗鲁，不像一位医生太太。治疗师在这一系列双方的移情和反移情反应中，敏锐地发现夫妻这些情感体验背后隐藏的焦虑，也觉察到了来访夫妇对治疗情境的不信任，并就这些情感反应与夫妇俩展开讨论。公开的表达和讨论使得来访夫妻得以调整，并愿意投入治疗中。

反移情有时是治疗师对家庭行为或情感的真实反映，有时则来源于治疗师自身情绪、观念或幻想的投射，如在上面的例子中，治疗师对妻子的反移情来自于对妻子敌意所引起的情绪反应，而对丈夫的反移情则与对自身职业的认同以及对丈夫要和粗鲁的妻子一起生活而产生的同情有关。治疗师还需要关注自身的一些无意识行为，极有可能是反移情的某种表现形式，例如与来访家庭保持距离、空话连篇、和某个家庭成员结盟、擅自将家庭治疗改为个体治疗、将问题简单化、有先入为主的观点、为患者感到羞耻或试图控制某个成员等等。

（3）对防御机制和焦虑的解释

对移情和反移情的诠释有助于治疗师了解家庭成员的防御机制和其后隐藏的基本焦虑，并帮助家庭成员认识到这些问题。萨夫夫妇提倡在针对防御、焦虑及投射的问题向家庭做解释时采用“因为从句”，以使家庭更能理解和接受。例如一个来访家庭的主要问题是夫妻关系紧张，两人在几乎每一件事情上争吵，各说各有理。妻子的成长经历很不愉快，她的母亲独断专制，妻子努力在各方面成为一个比母亲更成功的人，在家庭中里外包揽，超负荷承担了很多责任。她渴望丈夫的温情和回报，对丈夫的回避和离弃感到失望，因而也从婚姻关系中退缩了。丈夫则觉得妻子的“统治”太严苛，一直忍气吞声，终于开始反抗和挑战妻子。在谈话中，两人多次因为对孩子的教养观念不一致而争吵，治疗师发现两人利用孩子来掩饰他们在亲密关系上的防御。当妻子说出：“当事情（争吵）变糟的时候，我就离开，我不想这样。我母亲是个可怕的专制的人，我小时候很不开心。我凭着样样出色，终于成功地出人头地，我很高兴和自豪，我从那样的家庭中走出来了。我努力不让自己像她一样恶毒，但当阿伦（丈夫）说我心胸狭窄和恶毒时，我非常恐慌，我实在委屈，绝不能拿我跟我妈比！”在对话中，治疗师发现了夫妻关系中的投射认同和防御的问题，妻子对母亲的形象产生投射认同，将母亲当成全然的“坏客体”，并投射出来，认为丈夫是这样看待自己的，而妻子在家庭生活中努力做着与自己母亲截然相反的事情，以此来否定自己身上所内化的母亲的特质。治疗师运用了“因为从句”对夫妻进行反馈：“现在，我明白小林(妻子)避开阿伦(丈夫)是因为你希望维持你们曾经有过的关系，过去你们相处还算愉快。在过去的关系中，你们俩都在努力避免让你变得易怒、专制，像你妈妈那样可怕，像她那样把关系弄糟。”

心理动力学家庭治疗模式，尤其是客体关系的治疗非常强调通过对家庭关系中的防御机制和焦虑的解释，通过帮助家庭成员对家庭中存在的投射、移情、防御的清楚认识来增强家庭成员对关系的把握和包容能力，发展出一种支持性的相处模式来满足彼此之间依恋—自主的双重需要。

(4)修通

在治疗的修通过程中，治疗师会反复运用解释，直到家庭学会用治疗师的方式对家庭的问题加以理解。每个来访家庭都遭受着客体关系防御系统之苦，却又对改变这个系统有着阻抗。在家庭治疗心理动力学模式中，修通主要处理家庭的防御和阻抗。修通阶段治疗师会感到费力，有时还会因治疗进展停滞或退步而觉得沮丧和绝望。治疗师需要提醒自己的是，当修通看起来处于最无望的困境时，往往就是治疗最接近核心部分的时候。家庭治疗也有较个体治疗更显优势的部分，那就是家庭中一名成员的改变，会给其他成员施加需要调整的压力，继而可能导致整个系统发生强烈的、戏剧性的连锁效应，因而治疗师需要在这一阶段更有耐心，包容家庭在治疗中进展的反复，这对于家庭而言，同样是对如何应对生活中的高潮和低谷的最佳示范。

6. 结束

家庭治疗心理动力学模式在结束阶段有一些习惯性的工作方式，例如治疗师和家庭成员互相分享在治疗中的体会。一般来说，治疗工作的结束有一些标准可以遵循，当出现这些标准时，治疗师即应考虑与家庭协商结束治疗。治疗终结的标准包括：(1)家庭已经形成内在的治疗空间，表现为家庭成员之间有了合理安全的包容能力，家庭内部对成员行为、情感的包容能力提升了，家庭成员对家庭生活的未来发展阶段可能遇到的挑战有所准备；(2)家庭成员之间的一些重要的投射认同机制得到了解，将自己的恐惧、期待投射给别的家庭成员，让他们为自己的这些恐惧、期待以及情绪负起责任；(3)家庭中夫妻的联盟加强了，夫妻双方更具合作性，更能了解和满足彼此的需要，也更满意彼此的情感关系和性关系；(4)对于决定离婚的家庭而言，家庭成员接纳了婚姻的失败，了解到彼此的差异，接受随之而来的悲伤，也能为之后的相处和孩子的教养做好准备。

7. 辅助技术

家庭治疗心理动力学模式在自己的治疗框架中，也使用一些特殊辅助技术。主要包括在有小孩的家庭中使用游戏、绘画、手工等，在家庭评估和治疗中使用艺术创作和绘画，或者在家庭治疗过程中提供投射画面的梦和其他载体等等。尽管精通某些特别的技术非常有用，但这些载体的使用主要还依赖于家庭治疗心理动力学模式的主要工作方法和治疗目标。例如，当家庭呈现一个梦或一幅画时，治疗师需要根据这个梦或这幅画对家庭所具有的共同意义以及对每位家庭成员的意义分别进行探讨。

8. 协同治疗

两名治疗师对一个家庭进行工作是家庭治疗心理动力学模式中的传统习俗。萨夫认为，使用两名治疗师的好处在于，通过扩大支持性环境来扩大家庭互动及产生移情的心理空间，继而拓宽了治疗师工作的领域。在这样的安排下，两名治疗师可以交换他们的反应和观察来扩展他们对家庭的理解。协同治疗不仅对于治疗师的经验水平要求更高，而且对治疗师之间的配合及边界的把握有更高的要求。临床实践经验显示，协同治疗最好采用经验水平相近的两个治疗师，否则经验较少的那个治疗师会相形见绌。虽然使用两名治疗师可以拓宽观察范围并激发移情，为丰富对家庭的理解提供机会，但这要求两名治疗师在每一次治疗之后进行积极的讨论和整合。如果没有这个过程，家庭会无意识地区别对待两名治疗师，可能将两人一个投射为“好的”，一个投射为“坏的”，这将导致家庭内在的分裂，如此一来协同治疗不但没有发挥作用，反而会阻碍家庭内在的成长。

生活中的心理学

固着、退行及发展

上四年级的小平是个10岁的女孩，她因为偷拿了同学的50元钱，受到父母和老师的责骂，因为担心同学们会指责讽刺自己，一向高傲的小平不愿再去上学。她每天除了吃零食就是躺在床上哭，晚上睡觉也嚷着怕黑，要妈妈陪，不陪就一直哭闹。父母没有办法，只能小心陪着，再不敢训斥她。就这样，整个家庭一片愁云惨雾。

小平的情况用精神分析理论来解释属于退行现象，心理发展的过程并非一条直线，有时会出现“退行”和“固着”的现象。根据精神分析的观点，当个体受到心理刺激而无法应对时，就可能出现一时的“退行”，暂时放弃已学会的较成熟、复杂的适应方法，而用以往习惯的幼稚方式来应对困难，直到危机解除。小平在面对挫折时出现的行为反应就是心理和生理功能的退行反应。精神分析理论还认为，个体往往退行到婴幼儿发展的某个特定阶段并停滞于这个阶段，即"固着"现象。如小平遇到困难，就躲在家里，吃零食、哭泣，要妈妈陪着安慰照顾，好像回到了婴儿早期的"口欲期"一样。在精神分析的观点中，出现固着现象是由于个体没有完成该发展阶段的成长任务，陷在未解决的情结中，因而会退行回来重复这一阶段。对这样的情况，精神分析治疗强调要给予退行者一个支持、安全的治疗环境，帮助他们面对挫折，学习更成熟地面对挫折的方式。

复习巩固

1. 家庭治疗心理动力学模式在发展阶段上主要经历了哪些阶段？
2. 客体关系中的客体是指什么？
3. 使用协同治疗时治疗师要注意哪些问题？

第二节　家庭治疗的代际模式

一、代表人物和基本理论观点

家庭治疗代际模式关注家族跨越几代的关系模式的继承与传递，从历史的视角解释当前的家庭生活问题。与一些理论模式不主张追溯历史只关注当前家庭问题的立场相反，代际主义者相信当前不良的家庭互动模式来源于原生家庭中尚未解决的问题。这样的家庭问题甚至在上几代就已存在，但未得到彻底解决，因而代代相传，延续下来。

许多家庭治疗的先驱，如弗洛默、卡尔·韦特克都在自己的家庭治疗实践中纳入了代际观点。但对此模式贡献最大的当数莫瑞·鲍文(Murray Bowen)和伊万·波斯佐梅伊一纳吉(Ivan Boszormenyi-Nagy)。

(一)莫瑞·鲍文及家庭治疗代际模式

鲍文是家庭治疗代际模式的开创者，他是一位很具独创性的思想家和实践者。他的家庭系统理论为家庭系统治疗提供了理论指导。19 世纪 50 年代早期，鲍文首先在坎萨斯州托皮卡的梅宁格诊所开展研究，后来在国家心理健康研究所工作，1956 年转到乔治城医学院工作，开始开发家庭治疗的训练项目。在研究方面，鲍文首先对住院病人尤其是精神分裂症患者的家庭关系产生了兴趣，他尤其关注母子共生对于精神分裂症的形成和维持可能产生的代际影响。在梅宁格诊所，鲍文开创性地让精神分裂症患者的母亲陪同孩子住院几个月。后来，在国家精神卫生研究所（NIMH）工作时，鲍文又让精神分裂症患者的整个家庭陪同患者在病房里共同生活几个月。在这样深入、细致的观察研究中，鲍文发现，母子互动的情绪强度比他猜想的还要强烈。更为重要的是，不仅是母子之间，整个家庭互动的情绪强度都很高，父亲和同胞在家庭问题的形成和维持上也发挥了关键作用。家庭成员之间的相互影响是如此的强烈，以致鲍文选择用“家庭情绪系统”理论替代早期的母子共生观点，这也是其理论研究中的一个转折点。

鲍文借用生物学观点将人类家庭看做一种生命系统，将人类情绪系统看做是自然系统中的一个，与其他系统一样都遵循着自然界的普遍规律。他认为如同所有发展性的系统（蚁群、潮汐、太阳系）一样，人类家庭受到自然界普遍规律的支配，经历产生、发展和消亡的过程。家庭情绪系统指家庭中控制和影响家庭成员行为和情绪的主导系统，类似于家庭的情感氛围，鲍文认为家庭就是一个“成团的情绪体”，家庭内同时存在一分一合两股力量，即成员们一方面寻求成员间彼此情感归属，另一方面又寻求实现个体化，而理想状态的家庭关系则是这两股力量的平衡。鲍文探讨了适用于所有家庭（功能正常和功能失常）的家庭系统理论，并创建了与理论对应的治疗方法。鲍文的主要理论和临床实践方法收录在 1978 年出版的《临床实践中的家庭治疗》一书中（Bowen，1978）。

鲍文的家庭系统理论由八个相互关联的主要概念组成，这些概念同样是家庭实现健康适应功能的主要影响因素。这八个概念紧密结合在一起，鲍文用家庭在保持成员独立性与家庭整体感上遇到的困境以及伴随的焦虑将这些概念联系起来。这八个主要概念如下：

(1) 自我分化（self-differentiation）：自我分化是鲍文家庭系统理论的核心概念。鲍文的自我分化有两层含义，第一层含义指个体自己理性与情绪的分化，即个体能在多大程度上不因为情绪而做出即时反应，而是运用理性来对行为加以指导和控制，分化并不是指绝对的忽视情绪、绝对的客观或完全理智化，而是指在理性和情绪之间保持平衡，既能客观理智又能在需要时充分表达自己的情绪。分化也指人际间的分化，鲍文认为一个人在情绪上从父母那里分离出来是其分化成长的关键。自我分化程度低的个体往往是情绪不稳定、不成熟的人，他们的生活常常被周围人的情绪所左右，他们和其他人（一般是家人）在情绪上互相纠缠，“牵一发而动全身”。自我分化程度低的人在遇到压力和冲突时容易产生各种症状和问题，并且往往用努力取悦他人，支持他人的方式来满足寻求支持、依赖的需要。低自我分化水平的人一般都缺乏自主能力，回避冲突，无法独立选择和解决问题等等。但也有低自我分化水平的个体（常见于青少年），通过反叛、与父母/家人作对的方式体现自己的独立性，却又在情感上和生活上极端依赖父母。他们常常表现出未分化的“虚假自我”，他们以为自己很独立，其实不然。自我分化程度高的个体是情绪成熟的人，他们既有强烈的情感体验和主动性、自发性，又能够独立地思考、感觉和采取行动。他们有清晰的价值观和信念，以目标为导向，灵活，有安全感，较能忍受冲突和压力，也有良好稳固的自我感。每个人都有寻求个体分化的内在动力，同时又拥有与家庭保持情感联结的本能渴望。每个人的分化程度也是不同的，即使是来自同一家庭的孩子，其分化程度也可能迥异。

(2)三角关系(triangle relationship)：鲍文将三角关系定义为“最小、最稳定的关系系统”，鲍文认为在两人关系中存在不稳定性，尤其是融合与独立的微妙平衡在两人关系中极难维持，因而让两人关系趋于平衡的最直接的方法是形成三角关系，即拉进第三方以组成三个人的互动。于是，三角化就成为压力之下的两人系统释放焦虑、达到稳定的一种常见方式。家庭成员的分化水平越高，就越不需要形成三角关系来应对焦虑。鲍文认为家庭中往往是分化水平低的个体（通常是孩子）最容易被卷入三角关系，也最可能成为“认定的病人”(identified patient)。而如果原来关系中的焦虑过多，无法通过第三方的加入得到释放或缓解的话，则会有更多人加入进来，形成多个连锁三角关系。例如夫妻俩在退休后无法适应新的“两人世界”，妻子常常打电话向儿子抱怨老伴，儿媳很反感婆婆总向自己丈夫诉苦，转而跟自己的母亲抱怨，结果开始的夫妻矛盾很快扩展进了两个家庭之间的不满，多个三角关系形成了。

三角关系在家庭情绪系统中有很多作用。三角关系冲淡了两人关系中的焦虑，三角关系比两人关系更加稳定和灵活，也更能耐受压力，有时三角关系还能帮助维持成员间最佳水平的亲密一距离平衡。但是，三角关系的破坏也很大，首先它会使得焦虑的波及范围扩大，即产生连锁三角反应而拉入更多的人或社会机构。其次三角关系可能使焦虑程度加重，三角关系并不总是减少紧张，也会恶化焦虑。当父母介入两个孩子间，处理他们的冲突时，如果父母偏袒其中的一方，那孩子关系中的焦虑和冲突水平会更高。如果父母能控制他们自己的情绪反应并做到不偏袒任何一方，同时又保持与两个孩子的情感沟通，那么手足间的情绪压力才会减小。这就启发家庭治疗师（三角关系的第三者）需同时与夫妻双方保持联系又不偏袒任何一方，接受治疗的夫妻才可能学着把自己看做是独立的、分化的自我，又同时是一对夫妻。反之，如果治疗师偏袒了这对夫妻中的任何一方，他们都可能会离开治疗师去寻找另一个人形成三角关系，以消除关系中的焦虑。

(3)核心家庭情绪过程(nuclear family emotional process):鲍文(Bowen,1976)认为人们通常会选择和自己分化水平相当的人结婚。而分化水平较低的一对夫妻结合后将形成一个分化水平更低的家庭。由此而产生的核心家庭情绪过程将会更不稳定,焦虑和潜在的心理症状风险也就越大,家庭成员会无意识中寻求各种方法以试图减轻焦虑和维持稳定,如通过冲突、疏离、生病、讨好、结盟、过度担忧等等方式来解决问题。低分化水平的核心家庭用这些方式来应对焦虑,保持家庭成员之间情绪的纠缠和融合,而这些方法又会引发更高强度的焦虑,当焦虑程度达到足够高的水平时,就会发展形成某些心理症状,如孩子的情绪障碍或父母的婚外恋等。核心家庭情绪过程也会在代际之间传递,个体倾向于在婚姻选择和其他重要关系中重复他们在原生家庭中学到的相关模式,并把相似的模式传递给他们的孩子。解决问题的唯一途径是中断个体与原生家庭间不良的互动模式。当该个体改变后,与她/他有情绪关联的其他人也将会做出相应的改变,家庭就会开始朝着良性循环的轨迹发展。

(4)家庭投射过程(family projection process):鲍文认为,两个分化不佳的人结婚后,未分化程度越高,夫妻的依恋焦虑也越高,就越容易出现融合,夫妻关系中彼此所拥有的自我的部分越少,而对对方的需求越高,而且有孩子后也是一样,他们会把压力投射给孩子,这就是家庭投射过程。一对夫妻养育的子女,其分化水平各不相同。一般来说孩子在情绪上对父母依恋越多,越易受到父母情绪的影响和控制,也就是说他/她的分化力也越低,和家庭分离的困难也就越大,也就最有可能成为父母情绪投射的对象。

家庭投射过程中投射的焦虑的强度取决于两个因素:父母分化的程度以及家庭体验到的应激或焦虑水平。父母的未分化水平越高以及对投射过程的依赖(为了稳定系统)程度越高,就越有可能把孩子作为投射的对象,使他们都受到情绪上的伤害。如在代际治疗师常见的三角化情境中,焦虑的母亲对她所关注的孩子的问题变得过度紧张,过于保护孩子,这直接导致了孩子的幼稚与无能,另一方面,幼稚的孩子对母亲的焦虑也做出焦虑或行为失调的反应,这又进一步激发了母亲的焦虑感受。作为三角关系第三角的父亲,对妻子的焦虑感到无助,继而在妻子保护孩子的时候扮演了支持者的角色。结果父母通过围绕一个"问题"孩子稳定了他们的关系,将借此使家庭的三角关系永久化。同理,如果家庭治疗师没有从原生家庭中较好地分化出来,就可能不自觉地卷入来访家庭的冲突之中而形成三角关系,或许会过分认同一个家庭成员,或将自己未解决的问题投射到另一个家庭成员身上。那么,治疗联盟将被破坏,治疗将受到影响。

(5)情绪割离(emotional cut-off):也称为情绪截断,指那些卷入家庭投射过程较多的孩子从家庭中接受了太多的压力时,他们就会试图和家庭分离来躲开这些焦虑。

这种割离可以是保持现实的空间距离，也可以是内心的疏远，甚至是身体上避免与他人接触、交谈等。对于成年或接近成年的子女而言，往往是离开家到很远的地方去上大学、早早结婚或者干脆跑掉音讯全无。而对年幼儿童而言，则会在情绪上和家庭分离，和父母的接触很表面化，变得安静而疏离，自己玩自己的，很少谈论感受。鲍文认为这种单方的断绝和自由是一种情感割离，即为了摆脱与家人间的情绪纠缠而断绝与家人的情绪接触，实际上这只是保持了情绪距离而不是真的解脱。一般来说，家庭的焦虑水平越高，对情绪的依赖性越强，儿童越容易产生情绪割离。父母与孩子间的情感融合程度越高，孩子发生情绪割离的可能性就越大。所以，情绪割离常发生在存有高度焦虑和情感依赖的家庭里。另外，与自己父母存在情绪割离的个体，他们的子女与其发生这种割离的可能性也会增加。一个从小用情绪割离来解决对父母依恋焦虑的人也可能用割离来解决对配偶的依恋焦虑。因而鲍文主张成人都须先解决好自己与原生家庭的情绪依恋。

(6)多代传递过程(multigenerational transmission process)：鲍文用多代传递过程的概念，将严重的心理失调解释为低分化水平在代际间传递的结果。根据鲍文的理论，在家庭中分化水平低的个体会选择与自身分化水平相当的人结婚，他们的孩子中至少有一个由于家庭投射过程，而发展出更低的分化水平，这个孩子成年后又可能选择一个自我分化水平很低的人结婚，他们的婚姻又将更低的分化水平传递给下一代成员，如此代代相传，分化水平的持续降低使得每一代较上一代更易焦虑和出现情绪纠缠融合。经过多代传递后，低分化水平造成的损害最终会发展成为功能障碍，如精神分裂症、酗酒或其他严重的心理障碍。如果这个家族在代际传递过程中遭遇了严重的应激的话，那么功能障碍可能会出现得更早。反之，压力较少或顺利的环境则可能使这个家族出现心理障碍的时间推迟。另外，如果这个家族中有人与自我分化水平较高的人结婚，这个低自我分化水平的代际传递也可能得到改变，但一般而言，低自我分化水平的人只会选择与自己分化水平相当的人结婚。

(7)同胞手足排序(sibling position)：鲍文认为出生顺序也对核心家庭情绪系统有影响，夫妻间的互动模式可能与双方在原生家庭中的排行有关，因为出生顺序往往预示着个体日后在家庭情绪系统中必须承担的来自他人的角色期望和家庭责任。排行不同则家庭职责不同，在此“岗位”上培养起来的角色和个性也不同。如果老大与老幺结婚，老大顺利延续在原生家庭中的角色，主动承担责任，老幺则正好延续在原生家庭中被照顾和顺从的角色和姿态，这种婚姻可能会保持稳定。若两个老大结婚了，两人都想自己说了算，这种婚姻要么很快走到了尽头，要么充满了较量和冲突。而两个老幺结婚的话，则可能谁都不愿意主动承担责任，婚姻可能也难维持长久稳定。然而，值得注意的是，个人在家庭系统中的功能位置塑造了他们的角色和行为，而非实际的出生顺序。如老大体弱多病,老二处处出头并保护老大,那么,老二行使了老大的功能,而老大却位居了老二的功能位置。

(8)社会退行:鲍文在社会退行的概念中将其理论观点从家庭扩展到了社会,他认为社会是一个类似于家庭的系统,同样也包含了融合和分化两股相对立的发展力量。如家庭一样,既可能陷入未分化,也可能分化独立。如果一个社会面临压力,就更容易出现未分化。压力的例子有战争、叛乱、饥荒、人口增加和自然资源匮乏等,而社会领袖和政治家如同家长,在作决定时应该区分情绪和理智,以便做出更加理性和周全的长远决策,而不应该感情用事。鲍文也关注社会与家庭之间的相互影响。他认为家庭的社会经济地位、种族歧视等因素都可能导致家庭的退行行为。但如果个人和家庭有很好的自我分化能力的话,就能较好地抵制社会的负面影响。同理,在家庭治疗中,治疗师需要尊重来访家庭及每个成员的文化与价值观。

(二)伊万·波斯佐梅伊一纳吉(Iwan Boszormenyi-Nagy)及语境家庭治疗(Contextual family therapy)

纳吉是匈牙利人,1948年移居美国,1957年在费城的东宾夕法尼亚精神医学研究所建立家庭治疗机构。纳吉与同事在长期研究和治疗精神分裂症的实践中,整合客体关系理论、存在主义哲学和沙利文的人际精神病学理论创立了语境家庭治疗。

语境家庭治疗认为理解个体和家庭功能的关键是弄清楚代代相传的家庭内部的关系模式。尽管纳吉认同家庭是一个社会系统,但他认为只了解家庭成员之间的循环互动,无法全面理解家庭功能。他认为家庭中个体内部动力和代际动力同样重要,家庭成员对家中其他人在承担家庭权利和义务方面的主观感受需要特别关注。纳吉将伦理道德的概念引入家庭治疗中,在家庭治疗中强调家庭成员应彼此付出,并认为在健康的家庭中,成员之间保持着长期、动态的付出一得到的公平,每个人的幸福都在全家人的考虑范围之内。语境家庭治疗的核心概念包括关系伦理学、无形忠诚以及代际遗产等等,强调信任、忠诚、代际负债和权利以及家庭成员之间关系的公平性(Boszormenyi-Nagy,1986)。

纳吉的关系伦理学观点认为,家庭中有一本多代“家庭伦理总账”,账目中根据成员的付出和得到而有借有贷。功能正常的家庭中,家庭成员彼此信赖,彼此相信对方在付出一得到的关系中是忠诚和公平的。每个家庭成员都在伦理道德上约束自己的行为,对其他家人负责,并且学会平衡获得和付出。每当账目出现不公平时,付出方就会对以后得到报答抱有期望。但如果一直没有得到报答或得到的太少,不能满足需求的话,关系就会出现问题。从这个角度看,如果不了解问题的历史、家庭总账,并检查账目,那么许多问题行为就不能被充分理解。症状的发生可能代表了大量不公平感。

而这个收支账目的平衡不仅与个体主观心理感受有关，还与家庭系统的特征有关。例如夫妻要维持和发展他们的关系，就必须形成一种对等的付出一得到模式，平衡彼此的权利和责任，即使在需要发生冲突时，也能开放真诚协商，以维持整体的公平性。而在亲子关系中，由于角色的原因，账目将更倾向于父母付出而子女得到，此时公平被打破，子女成为负债者，而他们就通过长大后向自己的子女付出来确保整个家族伦理账目的平衡。健康的家庭考虑每个家庭成员的需要、忠诚、平等、互惠、关怀、责任，以这些为基础，决定家庭行动的方向。当一个家庭缺乏这些行动基准，缺少信任感和关怀时就会出现症状。例如，当父母付出一子女得到的模式被打破，酗酒的父亲指望十岁的孩子像成人那样照顾家庭或回报自己的养育之恩，或者孤独的母亲阻碍孩子的成长，不高兴孩子离开家交朋友，总要孩子陪着自己，利用孩子的忠诚来满足自己的需要时，就是滥用了自己的权力，而破坏了家庭总账的公平。

一对夫妻组建家庭时，他们并不是一块白板，而是把过去家族的传统带到了新家庭中，并对此忠诚。纳吉把这称为"无形的忠诚(invisible loyalty)"，反映出个体对其在原生家庭中继承的责任、义务以及家庭的传统和价值观的捍卫与坚持。而夫妻原生家庭里人际关系的本质也是建立在代代相传的无形忠诚的基础上的，无形的忠诚对夫妻及其原生家庭而言都是一种束缚。无形忠诚也用来指孩子无意识地向父母偿债的过程，这个过程对孩子来说往往具有伤害性(例如，妈妈的婚姻很不开心，所以我也不可以拥有幸福的婚姻)。当父母的婚姻冲突逼得孩子必须在对父母双方的忠诚之间二者择一时，或父母一方试图与孩子结盟反对另一方时，孩子就会出现"分裂性忠诚"(Boszormenyi-Nagy& Spark，1973)。

家庭遗产是一种心理遗产，指从上代传下来的期待，如家庭中对男孩和女孩的期望(如男孩要建功立业，女孩要温柔顺从)。由于个体的家庭忠诚，人们会在无意识中使自己的生活在某种程度上适应和实现这些期待。例如丈夫在成长过程中不断被父母教育要节俭，不能乱花一分钱。结婚后，每当妻子没有先得到他允许就去购物，他就会大发脾气，并认为妻子花钱大手大脚，尽管她并没有这样。夫妻双方从自己原生家庭中带来的家庭遗产共同影响着他们的生活。

纳吉认为一个功能良好的家庭具有以下特点：公平、有弹性、家庭成员彼此关爱、有能力协调不平衡。在治疗技术上，纳吉并没有提出太多特殊的观点，时间设置也较为灵活。治疗开始阶段比较温和，进入家庭，取得家庭信任之后，开始对家庭成员的家庭账目进行面质，多边结盟，促使家庭成员关注其他成员的立场和观点。

语境家庭治疗试图重建负责任的、可信赖的行为，同时重视所有成员的权利。它的目标是要帮助功能失调的家庭重新平衡"付出一得到"规则以及成员间的情绪账目，并在彼此互动中发展公正感、信任感和责任感。语境家庭治疗不关注症状行为和家庭病理，而是关注关系的资源，并视之为改变的力量。这促进了家庭治疗从经典精神分析的缺陷取向向资源取向的转变(Boszomenyi-Nagy，1997)。

二、基本操作技术

这一部分主要介绍鲍文的家庭系统治疗技术，家庭治疗代际模式的基本治疗程序是：首先对家庭进行评估，对病史、家庭史进行了解，目的在于发现家庭过去和现在的情绪系统，然后治疗师在中立立场上，通过运用去三角化、提问、训练等技巧对家庭进行干预，最终改变家庭的关系系统。家庭治疗代际模式的最终目标有两个，一个是降低家庭成员的焦虑水平，减轻症状的严重程度；另一个是帮助家庭成员提高自我分化水平，脱离纠缠的情绪三角关系。鲍文相信，治疗过程本质上是一个传递理念的过程，只要家庭成员中有人接受了症状与家庭情绪系统相关联的理念，并愿意努力从其原生家庭中实现自我分化，由于人际互动的交互影响，治疗就会在整个家庭中起作用。因而与其他家庭治疗模式不同，鲍文的家庭系统治疗并不特别强调所有家庭成员都要参与会谈。但家庭治疗代际模式十分注重治疗师的中立与分化，因而对治疗师有一些要求，首先治疗师必须致力于从自己的原生家庭中分化出来；第二，在家庭治疗中保持“教练”一样的客观中立的立场；第三，时刻谨防被卷入家庭问题中，如在争论中偏袒一方，过分同情某个成员，或讨厌另一个成员。鲍文强调治疗师在治疗中要“参与但不带入情绪反应、激励但不替代、教授思维方式而非特定的行为或解决方案”(Bowen，1993)。

1. 评估会谈

家庭评估会谈的参与者可以是任意一名或几名家庭成员，家庭治疗代际模式更看重会谈成员改变的动机，也相信一个人的改变在家庭中可以激起连锁反应。家庭评估会谈包括以下几方面内容：首先是对病史的评估，即当前症状的历史发展过程以及症状对“症状表现者”和家庭关系的影响。对病史的评估目的在于了解家庭中的情绪过程、分化水平、三角化的情况以及家庭功能障碍的严重程度。其次是对家庭史的评估，家庭治疗代际模式重视家庭的历史，这个部分的评估分为两个方面，一个方面是对当前家庭形成以来的历史进行评估，包括当前家庭在不同发展阶段遇到的挑战以及应对的情况；另一个方面是对更久远的家庭历史进行探索，对多代情绪传递的模式、当前家庭情绪系统与夫妻双方原生家庭情绪系统的相似性，以及夫妻双方与原生家庭的分化水平加以评估。在此阶段治疗师可运用“家谱图”探索家庭情绪系统发展形成的轨迹。

2. 干预技巧

(1)家谱图(genograms)

为了反映出多代互动模式及其传递过程对核心家庭功能的影响，鲍文创造了“家谱图”。家谱图是一张直观生动的家庭树的图像，一般至少扩展到配偶双方上下三代人，即两系三代。家谱图包括的信息主要有：成员名字、性别、年龄、排行、婚姻状况，有需要时还会增加一些信息，诸如宗教信仰、职业、种族、地理位置、社会经济地位、重大生活事件（同居、结婚、死亡、流产、离婚、分居等）、健康状况等等。家谱图不仅提供了有关核心家庭的简明图示，还可反映出原生家庭中存在的某些家庭情绪模式。以下是一个较为复杂的家谱图，从对该图的解读中，可以了解与此家庭的发展过程和情绪传递模式有关的信息。

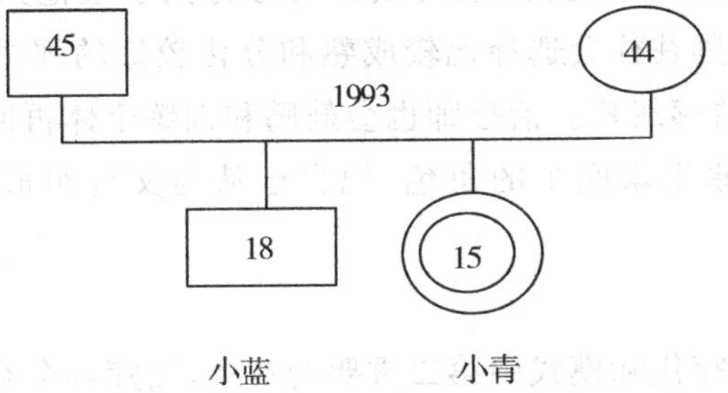

一个45岁的男性与一个44岁的女性于1993年结婚，生有两个孩子，男孩小蓝18岁，女孩小青15岁，目前是因女孩的问题前来接受家庭治疗。

图 3-1　代际图示例

家谱图还可以用线条来反映人与人之间的关系，三条平行线表示过于亲密的关系，点线表示感情疏远，断开的线则表示情绪割离，折线表示冲突。

图 3-2　家庭关系图示

(2)提过程性问题(asking process questions)

提过程性问题是家庭系统治疗中的核心技术，因为它既能触及来访者的问题，又能回避直接指导来访者的行为或承担替他们处理问题的责任。提过程性问题也能使治疗师对来访者保持客观性并促进来访者的分化，通过提出一系列过程性的问题，层层推进治疗的进程。常见的过程性问题包括询问症状对家人和关系的影响，个体为解决问题付出的努力和遇到的障碍，以及症状、症状表现者在家庭关系中扮演的角色等。例如：“你做法的哪些地方最让她生气？”“你觉得你做的什么事让你和他之间产生了隔阂？”“她开始哭，然后你会怎么做？”或者“在你们的关系中，谁是那个追的人？谁又是那个逃的人?"提过程性问题的主要目的是激发家庭成员思考家庭内部的情绪关系,促进成员的客观反应,进而解决情感纠缠问题,提高自我分化程度。

(3)去三角化(de-triangulation)

三角关系是家庭情感冲突的必然反应。有些家庭的三角关系一目了然,有些家庭的三角关系则需要费心地观察分析才能察觉出来。在治疗中去三角化是非常重要的任务,就是拆散相互纠缠的三人关系,各自从纠缠中分化独立出来。如果治疗师能在家庭的情感冲突中保持中立,将自己置身于家庭三角关系之外,并通过巧妙的提问,侧重处理父母组成的核心情绪系统及大家庭的问题,就能让核心家庭中的父母提高分化水平并对自己的行为增加觉察能力,最终减少父母将孩子或他人卷入三角关系的可能。家庭治疗代际模式师往往会选择比较成熟和分化较好的那个配偶来集中提升其分化能力,以打破旧有情感纠葛。治疗师也会鼓励和训练个体再回到自己的原生家庭中去,重新定义自己在原生家庭中的角色,把自己从与父母组成的三角关系中解脱出来。

(4)关系实验

关系实验是家庭治疗代际模式中第二重要的技巧,治疗师会给家庭成员布置一些行为任务或作业,以帮助家庭成员觉察家庭情绪系统的互动过程以及自己的行为改变对整个互动过程的影响,使之了解到当自己不再用以往受情绪驱动的方式采取行动时,会有何不同。常见的家庭作业包括打破"追—逃"关系和觉察并处理三角化关系。对于"追—逃"关系,治疗师会鼓励"追的人"停止对"逃的人"提出各种要求,不再试图去接近对方,以缓解彼此的情绪压力,同时鼓励"追的人"观察自己行为的改变对自己和双方关系产生了什么影响;同时治疗师也会鼓励情感的"逃避者"尝试开放自己,交流想法和感受,尝试对他人的要求做出有条件的让步。通过这些实验让家庭成员认清自己在家庭中的角色,进而改变家庭中失调的关系。

(5)我的立场(I-positions)

"我的立场"扎根于鲍文的自我分化理论,自我分化水平高的个体能为自己的观点、感受和情绪负责,而不纠缠在他人的情绪影响之中。"我的立场"就是训练来访者以第一人称,清晰简洁,不夹杂情绪地阐述自己的意见和观点,关注于自我(self-focus)。当家庭在讨论中陷入"情绪泥团"时,家庭成员的情绪没有了边界,相互影响、渗透,此时"我的立场"能帮助家庭成员从个人的情感纠缠中跳出来,以更理性、更稳定的方式进行沟通。这种以第一人称表达自己的观点和感受,不将别人牵扯进来的方式,可以有效地打破因情感冲突而互相激发升级的恶性循环。比如"我希望每晚可以按时吃晚饭"比起"你总是晚回家,让我们等你吃晚饭"更为客观,也更能引起对方的理性反应而不激起情感防御反应。治疗师要在治疗中运用"我的立场"作为示范。

(6)教练(coaching)

"教练"来自于鲍文对治疗师角色的定义,鲍文相信,由冲突的双方和公正客观的治疗师(也可能是其他人)可以形成稳定公平的三角关系,使冲突中的紧张和焦虑平息,同时使情绪融合的情况消逝。治疗师如同"教练",不向家庭投入情绪,也不接受家庭的情绪感染,而是冷静地帮助家庭成员,指导他们去倾听、思考,控制自己的情绪反应,学会用"我的立场"来进行表达,最终目的在于帮家庭成员运用理智而非情绪来理解家庭中的情绪系统以及情绪的传递过程,在获得理性的认识之后,主动为改变负起责任。

(7)替换故事(displacement stories)

代际模式的家庭治疗师还会利用书籍、电影里的故事为家庭成员提供信息和参考,即"替换故事"。治疗师所选择的故事的内容与家庭目前存在的情感过程及三角关系相似。通过讲故事的方式来表达,可以降低家庭成员的防御性,让成员从观察者的角度来看自己在家庭系统中的角色,更清晰、深刻地了解自己家庭的情感系统,继而改善家庭成员间的互动关系。

扩展阅读

鲍文自我分化概念的结构

为了对自我分化概念加以研究,鲍文最初根据家庭关系中的保持独立的个体化力量和保持亲密性的融合力量,将自我分化相应地分为个体化成分(个体内心层面)和亲密性成分(人际关系层面)两个维度来评估。

后来,鲍文又和科尔(Kerr)一起将这两个层面详细扩展为四个方面,分别是:属于人际关系层面的情感割离(emotional cutoff)和卷入融合(fusion with others);属于个体内心层面的情绪反应(emotional reactivity)和自我立场(I—position)。其中情感割离反映个体对亲密感的恐惧,以及在人际交往中回避他人的心理倾向;而卷入融合反映个体在与他人互动交往时受他人情绪影响而融入他人情绪情感之中的程度;情绪反应表示个体对周围环境做出的情绪化、不理智的反应;自我立场则反映自我的独立性,以及在困难情境下坚持自己信念的能力。

还有一些研究者针对自我分化的概念提出了自己的理论构想,如布瑞等人(Bray, Williamson & Malone)将自我分化划分为3个方面7个维度的结构。第一个方面关注个体受父母影响的程度,包括代际间个体化、代际间亲密性、个人权威和代际遵从;第二个方面考察个体与配偶或同伴的交往能力,包括亲密性和个体化两个维度;第三个方面考察个体与父母的融合程度,反映个体卷入父母的婚姻和冲突的程度,体现核心家庭的三角关系。

复习巩固

1. 什么是自我分化？
2. 代际模式家庭治疗的最终目标是什么？
3. 家庭评估会谈应该让什么人参加？

本章要点小结

心理动力学模式家庭治疗

1. 家庭治疗心理动力学模式的发展主要经历了以先驱纳森·阿克曼为代表的家庭动力学治疗、以弗洛默为代表的原生家庭治疗、以萨夫为代表的客体关系家庭治疗三个阶段。

2. 阿克曼的家庭动力学治疗的核心概念包括"互补的失败"和"家庭角色"。

3. 家庭治疗心理动力学模式的基本目标是创建一个功能更良好的家庭系统，减少持续的冲突和自我防御。心理动力学模式更强调促进家庭成员的个体化和心理的成熟。

代际模式家庭治疗

1. 家庭治疗代际模式关注家族跨越几代的关系模式的继承与传递，从历史的视角解释当前的家庭生活问题。

2. 代际模式家庭治疗的主要代表人物是鲍文和纳吉。

3. 鲍文的家庭情绪系统理论由自我分化等八个相互关联的概念组成。

4. 纳吉认为一个功能良好的家庭具有以下特点：公平、有弹性、家庭成员彼此关爱、有能力协调不平衡。

关键术语表

心理动力学　家庭治疗　心理动力学模式　客体　客体关系理论　自体　支持性环境　家庭治疗代际模式　自我分化　家谱图

选择题

1. 心理动力学为世人所知，因为它既是一种____也是一种____。

a. 技术；流派　b. 方法；流派　c. 理论；实践形式　d. 技术；理论基础

2. 弗洛伊德的理论和技术着重于（　　）。

a. 个体内心冲突　b. 家庭内部的人际关系或交互作用

c. 个体生活冲突 d. 个体的症状

3. 阿克曼认为家庭治疗师的主要工作类似于(　　)。

a. 教练 b. 老师 c. 催化剂 d. 润滑剂

4. 客体关系理论的发展和演变主要包括(　　)。

a. 早期客体关系理论 b. 客体关系理论的转向

c. 晚期客体关系理论 d. 自体心理学

5. 以下哪些东西属于客体关系理论中的客体(　　)。

a. 一件衣服 b. 一件艺术品 c. 父母 d. 老师

6. 客体关系家庭治疗深深地受到____等人理论观点的影响(　　)。

a. 克莱茵 b. 费尔贝恩 c. 温尼科特 d. 比昂

7. 弗洛默运用____和____两个核心概念理解婚姻问题(　　)。

a. 分裂 b. 投射性认同 c. 移情 d. 反移情

8. 自体心理学的代表人物是(　　)。

a. 阿克曼 b. 弗洛伊德 c. 大卫·萨夫 d. 科胡特

9. 纳吉与同事整合____创立了语境家庭治疗(　　)。

a. 客体关系理论 b. 存在主义哲学

c. 自体心理学 d. 沙利文的人际精神病学理论

10. 代际模式家庭治疗的主要贡献者包括(　　)。

a. 鲍文 b. 萨夫 c. 纳吉 d. 弗洛默

第四章 家庭治疗结构模式

家庭治疗结构模式自20世纪70年代起逐渐为家庭治疗师和其他心理健康服务行业的专业人士所认识和接纳，这个由米纽庆创立的家庭治疗模式以其清晰明确、组织化的理论体系和针对性强、精心设计的具体干预技术体系赢得了大量的支持者。研究者和治疗师在阐述家庭对个体心理发展的影响时，必然提到的一些基本概念，如家庭规则、角色、联盟、亚系统、界限等均来自于家庭治疗结构模式的理论贡献，足见结构模式对整个家庭治疗和研究领域深入人心的巨大影响。本章将了解米纽庆及其助手们如何发展形成家庭结构理论，并学习家庭治疗结构模式的基本理论观点和操作技术，并通过案例的介绍对该模式的实际运用加以展示。

第一节　代表人物和基本理论观点

由于理论阐释明确、干预技术实用有效，家庭治疗结构模式在20世纪70年代和80年代成长为家庭治疗界的主要流派之一，带动了家庭治疗和研究的发展。关于这一点，米纽庆也认为自己“从家庭治疗萌芽时便躬逢其时”(Minuchin & Nichols, 2000)。家庭治疗结构模式的创立基于对家庭动力和组织的理论构想，受到系统论和控制论的影响，还吸收借鉴了依恋理论和社会学的结构功能理论。米纽庆的个人魅力和他的技术大师身份对结构模式在家庭治疗界的盛行也起到了极大的促进作用。

一、代表人物

结构模式的开创者萨尔瓦多·米纽庆(Salvador Minuchin)出生于阿根廷，父母是有着犹太血统的俄罗斯移民。对于他自己的原生家庭，米纽庆认为父亲是慈祥、公正但有距离感的人，母亲则为一个保护、约束和始终陪伴着孩子们的人。家庭中有严谨的家庭规则和确定的家庭角色。父亲是家庭主要的经济来源，母亲则是主要的照顾者。父母亲分别统治着不同的世界，他们的相处之道在于彼此相互需要和支持。

由于米纽庆的母亲希望他成为一个医生，他接受了医学训练。之后开始从事儿科的临床实践。1948年，在使命感的感召下他远赴以色列做了18个月的军医。战争结束后，他在1950年到美国学习精神病学，跟随阿克曼接受精神分析取向的训练。1952年米纽庆移居以色列，为大屠杀幸存儿童和其他犹太移民提供心理治疗服务。1954年到1958年期间，米纽庆再次前往美国，在纽约心理分析中心接受系统的精神分析训练。此后，米纽庆服务于纽约郊区的一所男子学校，工作是为青少年罪犯提供治疗，在此过程中，他开始试着运用家庭治疗模式，原因是他发现他服务的对象多数来自于社会经济地位低下的群体，包括贫民窟或贫困的移民家庭，这些青少年需要更为积极主动的治疗形式，而精神分析的长疗程和非指向性干预显然无法满足这个需求。此外，青少年罪犯在离开治疗机构回家之后，其问题行为的高复发率也令米纽庆深思。1959年，米纽庆受到杰克逊文章的启发，开始把注意力转向问题儿童和青少年的家庭环境。结果发现这些家庭通常都有多重问题，家庭结构离散(家里往往没有父亲)，贫困的生活经历也影响到了家庭的功能。这些发现使得他的治疗取向逐渐发生变化，开始强调个体与他人之间的互动关系，而不再是个体的内在动力及病理。米纽庆就这样从个别心理治疗实践转向对家庭治疗的探索，并越来越关注文化和社会的议题。米纽庆和他的同事沃斯维德(Dick Auerswald)、蒙塔佛(Braulio Montalvo，后为米兰小组成员)和罗宾沃兹(Clara Rabinowitz)在治疗室里安装了单向玻璃，并开始会见整个家庭，观察家庭的互动与治疗的过程。米纽庆这个阶段进行的家庭治疗的尝试在临床上和理论上获得成功，并与蒙塔佛、古尔尼(Bernard G. Guerney，他开发了关系促进的心理教育模式项目)、罗斯曼(Bernice Rosman)等人合写了《贫民窟里的家庭》(Families of the Slums)一书，为他的家庭治疗结构模式理论奠定了基础，这本著作也给米纽庆带来了学术上的声望(Minuchin，Montalvo，Guerney，Rosman，& Schumer，1967)。

1965年，米纽庆担任费城儿童辅导中心主任，并兼任儿童医院精神科主任和宾州大学医学院儿童精神病学教授。在这里，米纽庆进一步拓展了自己的理论和实践，并召集了蒙塔佛、罗斯曼以及海利、曼德尼斯、费希曼等一大批家庭治疗史上的领军人物，他们对结构模式的形成都有所贡献。在米纽庆领导下，费城儿童中心很快发展成为颇具特色的以家庭干预为导向的治疗与训练中心，这一机构后来被“费城儿童和家庭指导培训中心”取代，至今仍然是家庭治疗结构模式的重要培训机构之一。1974年米纽庆对其在费城儿童指导中心十年的实践经验进行了总结，出版了家庭治疗史上最畅销的经典之作《家庭和家庭治疗》(Minuchin，1974)，该书详细阐述了家庭治疗结构模式的基本理论、概念和治疗方法，标志着家庭治疗结构模式发展成熟。结构模式简明、实用、颇具针对性的治疗理念很快被广泛接受和传播，成为影响最大、最流行的家庭治疗模式，米纽庆也成为家庭治疗领域的领军人物之一。

1981年，米纽庆离开费城，在纽约建立了自己的家庭治疗中心(后改名为米纽庆家庭治疗中心)。受后现代主义思潮中建构主义、女性主义和多元文化主义影响，他在家庭治疗结构模式中吸收了不少后现代主义的理论观点，进一步发展了结构模式的理论与技术体系。他总结自己的家庭研究和临床实践工作，出版了不少著作，包括与罗斯曼等合著的《身心症家庭》(Psychosomatic Families)、与费希曼合著的《家庭治疗技术》(Family Therapy Techniques)、与尼克尔斯(Michael P. Nichols)和李维榕(Wai—yung lee)合著的《评估家庭与夫妻：从症状到系统》(Assessing Families and Couples: From Symptom to System)等。米纽庆对自己的临床实践加以总结，提出了家庭与夫妻治疗的四步模式。

在米纽庆的众多弟子中，李维榕为结构式家庭治疗在亚洲的推广和传播起到了重要作用。她1993年开始在香港讲授家庭治疗结构模式，并担任香港大学家庭研究院负责人。从2000年起她在内地以系列培训项目的形式教授家庭治疗结构模式。2001年秋，在李维榕陪同下，米纽庆亲自到北京开办了家庭治疗结构模式工作坊。由李维榕负责教授的家庭治疗结构模式系列培训班为中国内地培养了一批家庭治疗结构模式的治疗师。由于家庭治疗结构模式的理念较符合中国文化传统下的家庭特点，家庭治疗结构模式在中国的影响日益扩大。

二、基本理论观点

结构模式认为，个体的症状是家庭组织内结构失调的副产品，治疗师只有从家庭互动模式的角度入手才能了解到家庭结构与个人问题之间的关系，只有完成了家庭结构的调整和改变，症状才会减轻或消失。因此，治疗性的改变包含了帮助家庭修正僵化的互动模式，以及重新组织家庭结构，这意味着重新定义关系和界限。以下从一系列与家庭组织结构相关的概念入手，对结构模式的基本理论加以阐释。

1. 家庭结构

家庭作为一个系统单位，它的整体功能运行如何，常常取决于其结构的正常或健康与否。因此，家庭结构是家庭治疗结构模式理论体系中的核心概念。家庭结构由一整套无形的或者隐蔽的家庭规则构成，家庭用这些规则来确保家庭生活的正常运行及实现家庭功能。这些规则界定了家庭成员彼此互动的方式(Minuchin, 1974)。所以家庭结构可以理解为一种家庭成员之间相互影响、相互作用的常规，家庭结构具有高度的稳定性，因而一经形成，就会在家庭里常年存在，表现为家庭成员之间一致的、重复出现的、长期存在的互动模式。结构模式正是着眼于揭示并分析这些模式，从而了解一个特定家庭组织如何维持自身的稳定性，以及如何适应一系列变化的环境要求。

2. 家庭亚系统

家庭亚系统是家庭结构的组成部分，也称家庭次系统或子系统，是由家庭中的个人、两人或更多人组成的家庭中的小集体。通常在家庭中，亚系统可以按照代际(父母、孩子)、性别(男、女)、兴趣(智力的、社交的)、功能(照顾父母、做家务)来划分，其中最重要的和最常见的亚系统包括：夫妻亚系统(在面对子女的教养时则是父母亚系统)、亲子亚系统、手足亚系统(兄弟姐妹亚系统)。家庭基本功能通过亚系统来分化、执行和实现，不同的亚系统执行不同的功能，不应该彼此混淆和相互侵犯。所有家庭都包含大量共存而又各自独立的亚系统。以下将详细介绍几种重要的家庭亚系统。

家庭中最为重要的是夫妻亚系统，它由家庭里有婚姻关系的丈夫和妻子组成(在同性恋婚姻中也可能同为丈夫或妻子)。夫妻亚系统是家庭存在和发展的基础和核心，这个亚系统的强度和持久性决定了家庭是否能稳定存在，因而是家庭系统中等级最高的亚系统，这个亚系统的任何功能失调都必然影响到整个家庭，尤其是子女的健康成长。通过观察父母的日常互动，孩子可以从中学习建立亲密关系的模式。夫妻亚系统的根本任务在于处理夫妻彼此的差异、满足彼此的需要。只有对差异进行协商调整，发展出有效、灵活的互动方式，既相互依恋，又有一定独立性，形成互补的角色和分工，并实现相互适应，夫妻亚系统才能实现其功能，即双方可以在许多方面彼此支持，获得归属感。功能良好的夫妻亚系统可以帮助个体应对外部压力，更好地实现社会功能。

随着第一个孩子的降生，家庭中形成了亲子亚系统，以满足养育孩子的需要。但夫妻亚系统是高于亲子亚系统的，父母需要继续致力于维持和加强自己的夫妻关系，这是家庭稳定和幸福的根基。亲子亚系统的基本功能是教育和养育孩子。亲子亚系统的发展任务包括：父母要协商调整双方在教养观念和方法上的差异，学习共同面对孩子;父母还需要协调和分担教养子女的责任;而在孩子这个方面,则要通过与父母亲的互动,形成被社会认可接纳的行为规范,学会服从权威的同时又能为自己做决定、为自己争取权力并维护自己的利益和观点。亲子亚系统中父母面对的最大挑战是抚养孩子的方式必须随着孩子的成长而灵活变化。尤其当孩子进入青春期后,对父母的认同感下降,父母对孩子的要求与孩子独立自主的需要容易发生冲突,因而需要父母根据孩子的表现调整抚养方式,以更成人化的方式来对待孩子。

兄弟姐妹亚系统指多子女家庭中的子女组成的亚系统,也叫手足亚系统。兄弟姐妹亚系统是儿童实践、练习同伴关系的第一个场所。个体在兄弟姐妹亚系统中获得与同辈交往的经验,学习怎样妥协、合作与竞争,并发展相互支持的人际技能。

一个家庭成员可以同时属于不同的亚系统,如家里的父亲同时属于夫妻亚系统、父母亚系统、父子亚系统或父女亚系统,而在他的扩展家庭中,他又属于另一些不同的亚系统。人们在不同的亚系统中扮演不同的角色,表现出不同的行为方式,拥有不同的权力和责任,并执行不同的功能。正如我国传统文化中用"君臣父子"来强调人们扮演好自身角色的重要性一样,米纽庆也认为适宜的家庭角色对亚系统功能,乃至整个家庭功能的正常发挥至为关键,例如在母子亚系统中,母亲应该表现得像个母亲,执行自己的教养功能,而儿子应该表现得像个儿子,如果母亲过度依赖于儿子满足自己的依恋需要,经常向儿子诉苦、抱怨丈夫、宣泄情绪、寻求陪伴,从儿子那里要求本应向丈夫要求的情感支持,那么儿子将承担超过其年龄和心理发展水平的情感负担,这个母子亚系统的教养功能就会受到破坏,也会影响到家庭整体功能的实现。

3. 家庭界限

家庭界限指将系统/亚系统与外部环境分开的无形的边界线,由一系列的家庭规则构成,是一种情感的屏障和距离。家庭的结构是由界限决定的,界限保护了家庭系统/亚系统的独立性和完整性,决定了家庭成员关系的亲疏远近,调节着亚系统之间的交流形式和联系程度,确保家庭系统/亚系统的功能执行。

界限还决定了亚系统的组成成员以及他们在执行亚系统功能时扮演的角色。界限把一些成员囊括在内,另一些成员则被排除在外,如夫妻亚系统中只有夫妻两人,孩子则被排除在外。界限保护亚系统的存在,同时决定了亚系统内的成员之间的互动规则不同于他们与亚系统之外的成员的互动规则(夫妻亚系统内的互动规则不同于夫/妻与子女的互动)。家庭界限有一定灵活性和渗透性,根据亚系统外成员是否能轻易渗透进亚系统内,可将界限分为松散/纠缠、清晰/正常和僵硬/疏离三种类型。僵化的界限会使家庭成员彼此间的人际距离增大,虽然成员可以独立活动,但缺乏相互依赖和必要时的彼此支持,成员之间关系疏离。松散的界限则使得亚系统很容易被侵入,家庭成员之间关系非常密切,彼此之间"痛着你的痛""牵一发而动全身",失去了独立性。清晰的界限则使家庭成员既有"我"的独立感,同时又有"我们"的归属感。它保护亚系统的成员不受到入侵干扰,实现亚系统的功能,又容许他们与外界互动。

界限松散的亚系统很容易侵入，而界限僵化的亚系统则很难融入，正常的、具有一定可渗透性的亚系统与外界的交流沟通最好。当一个亚系统的成员占据或侵犯到另一个不属于他的亚系统时，往往会造成家庭结构的困扰。例如，十几岁的孩子经常不敲门就进父母房间，还要跟妈妈一起睡，让爸爸去睡书房，他/她就侵犯到了夫妻亚系统。反过来，父母过多插手或动辄干扰子女之间的关系，或偏袒某一方时，同样也妨碍了手足亚系统的功能。界限在维持所有家庭亚系统可以相互依赖的同时，也有助于保证每个亚系统拥有相对独立的空间，是维系家庭中个体独立和集体完整性的重要条件。

4. 结盟、联盟和权力

结盟(alignment)的基础是结盟的家庭成员彼此间产生的情感或心理联结，结盟一般是暂时性的、功能性的，主要目的是为了获得做决定的权力，即在家庭活动中的影响力。例如，在决定周末到底是全家去逛街还是去爬山的时候，家庭里的男性们(爸爸和儿子们)结盟，提议去爬山，而女性们(妈妈和女儿们)也结盟，提议去逛街。但在决定暑假怎么安排时，可能就轮到家庭里的子女们结盟，要求去海边，而父母结盟，认为待在家里避暑更方便经济。联盟(coalition)则专指某些特定家庭成员联合起来对抗第三方，是一种稳定、持久、固定的对抗性结盟，最为常见的是父母一方与孩子结成反对另一方的联盟。米纽庆用“迂回联盟”的术语来指代某些特别的联盟，其中一种是指联盟双方都认为第三方家庭成员应该对他们的困难或冲突负责，这种迂回联盟现象在来访家庭中极为普遍，差不多所有的来访家庭都有一个针对症状表现者的迂回联盟，家庭中其他成员很容易将有症状的成员当成家庭不和、痛苦的根源而形成迂回联盟。迂回联盟还有另一种表现形式，即两个家庭成员之间看似和睦，没有正面的冲突，但当彼此不满或发生矛盾时，就通过指责或保护第三方家庭成员的方式来转移彼此的矛盾。例如，妻子讨厌丈夫吃饭时声音很大，因而在孩子喝汤发出声音时就斥责孩子没教养，以此发泄不满，即指桑骂槐。或者妻子因为孩子没完成作业训斥孩子时，丈夫跑出来找理由为孩子说话，以此来迂回对抗妻子。

有的结盟对于家庭功能而言可能是保护性的，例如，父母结盟共同养育子女；有的则可能是破坏性的，例如，父亲拉儿子结盟，反对母亲重新装修房子的计划。后一种情况被米纽庆称为“三角化”，其破坏性在于三角化损害代际之间的界限，本应该在夫妻之间解决的问题却卷入了孩子，孩子无论做何选择都必然得罪另一方父母，处于两难困境之中。结盟与权力有关，而联盟则主要与亚系统的界限有关。当亚系统(如夫妻亚系统)由于系统内部的矛盾、冲突或疏离而导致界限松散时，亚系统内某个成员(丈夫或妻子)就很容易与亚系统外的某个或某些成员(通常是子女，也可能是扩展家庭中的某些成员)形成联盟关系，这些亚系统外成员的入侵又进一步加剧了原有的冲突，对该亚系统的功能造成更大的损害。

关于结盟和联盟，结构模式认为，一个功能良好的家庭中，父母必须结盟以形成坚固的父母同盟。结构模式十分强调坚固的父母同盟的作用，认为这个同盟有很多好处。例如，坚固的父母同盟保证了代际之间的界限清晰明确，确保了父母一起行使家庭中的最高权力；这个同盟还使得父母可以共同面对孩子，在教育孩子时不会出现互相拆台的情况；此外，这个同盟保证了应该在夫妻亚系统中解决的事情不会被拿到系统外去解决，同盟形成的权力使得父母可以在意见不一致时，仍然将最终的决定权明确限定在彼此之间，而不是亚系统外的某人，也确保了解决措施的执行；最后，坚固的父母同盟还可以阻止扩展家庭成员对核心家庭的过度介入，也可防止孩子侵入夫妻亚系统中。

5. 家庭功能失调

家庭功能失调指家庭无法正常执行其功能，米纽庆将之定义为：当家庭面临压力情境和挑战时，由于家庭成员之间的互动模式以及家庭系统/亚系统的界限僵化，因而导致家庭无法灵活应对压力，也无法探索其他可能的选择。从这个定义可以看出，家庭功能失调与两类因素有关，一类是家庭面临的压力和挑战，这可能是指家庭进入一个新的发展周期，例如孩子诞生、孩子步入青春期或离家上大学、父母退休等等；也可能是指家庭所遭遇的外部应激源或压力事件，例如贫困、移民、父母失业或灾难等。另一类与家庭功能失调相关的因素存在于家庭内部，即家庭成员互动模式和界限存在的问题和缺陷，这些缺陷和问题导致家庭在面对压力时无法做出适当、充分的内部反应。典型的功能失调家庭类型包括纠缠型家庭、疏离型家庭和等级失调家庭。纠缠型的家庭彼此在情绪上互相感染、影响，行为上互相操纵，是典型的"痛你所痛，苦你所苦"的家庭，成员之间不强调彼此在观念、情感上的独立性，更追求亲密和相互依赖（也往往因为失望而相互指责），互相为对方负责任，也把自己的责任放在对方的身上。在纠缠型家庭中，有的是家庭内某些成员之间关系过于紧密纠缠，有的是所有家庭成员都没有足够的人际距离，互相纠缠。前一种情况较为常见，如亲子（多为母亲与孩子）之间的过度纠缠，父亲则疏离，甚至成为"家庭中的隐士"。全家纠缠型的家庭中，父母对孩子往往过于保护和操控，孩子也无法走出家庭，这样的家庭常常有很多矛盾和冲突，家人之间吵吵闹闹，其实谁也离不开谁，彼此牵制。与纠缠型家庭相反，疏离型家庭成员虽然同处一个家庭之中，却各行其是，相互之间没有深入的沟通和情感联结，这种家庭的父母往往也有着疏离的原生家庭背景，不懂得如何经营家庭的温暖氛围。这种家庭的子女一般有较好的独立性和生活自理能力，但在人际关系方面，由于从小缺乏安全温暖的依恋关系，因而对他人情绪的共情和回应能力较差，成员彼此之间也不会提供必要支持和依赖。一般而言，在功能正常的家庭中，父母亚系统在家庭系统中占据最高等级，行使领导权，各个亚系统在执行家庭系统的整体功能时有分工，也有合作。但在等级失调家庭中，孩子可能因为与某个父母的联盟关系而入侵了父母亚系统，使得这个等级被破坏，而孩子也背负上超过其心理发展水平所能承受的情感压力，可能罹患身心疾病（Minuchin，1975）。另外，有的家庭中父母有一方长年患病或外出谋生，使得家庭中的长子/长女(也可能是其他孩子)进入父母亚系统中来代尽父/母责,也会造成等级失调。还有的家庭中,尤其是现在的一些独生子女家庭中,孩子在父母那儿要求被拒绝之后,就转而向祖父/母或外祖父/母寻求支持,达到目的,这种跨代的联盟也会破坏家庭的等级结构。

6.功能良好家庭的特点

家庭治疗结构模式理论认为,一个功能良好的家庭应该具备以下几个特点。

(1)夫妻彼此适应良好,形成适当的界限,建立坚固的结盟关系。彼此适应包括在主要事情上达成一致,并协调日常生活习惯。形成界限包括协商夫妻之间的界限、与各自原生家庭的界限、与孩子的界限。在夫妻之间,也能相互妥协,既保证各自的独立性,又保证双方共享的时间和活动;父母亚系统形成坚固的同盟,在家庭里处于最高的等级,享有家庭领导权,共同面对孩子和原生家庭,共同负责全家的事务。特别是对于孩子的教养,要统一原则,步调一致,并建立明确的规则。

(2)家庭成员的角色清楚而且适当,没有对抗性的联盟和三角化现象,互相协助、配合。

(3)家庭有良好沟通和交流的功能,成员有机会自由表达意见,相互讨论,对家庭决策可以施加自己的影响。

(4)家庭成员能相互给予情感上的支持,对彼此的情感需求能给予回应,对家庭有归属感和身份认同感。

(5)当家庭发展到不同的生命周期时,能灵活地调整结构以适应新的任务要求,如孩子的降生、孩子不同年龄阶段的教养模式、子女离家和婚嫁、父母自己退休等。

生活中的心理学

学龄儿童的学校生活

学校一出现在孩子的世界中,就对他/她产生了至关重要的影响。如果孩子能在学校生活和家庭生活之间成功转变的话,将有助于孩子学业和社交上的成功。为了帮助孩子在两种环境中保持和谐平衡,父母可以采纳以下一些建议。

(1)鼓励孩子在家里谈论学校的生活。父母可以多问问"你今天在学校过得怎么样",或每周找个时间与孩子深入谈一下学校的情况。

(2)经常定期与孩子的老师聊聊孩子在学业上、行为上和社交上的问题。

(3)保持对孩子的课程、学校及学校体制的了解。尽量参加学校召开的会议和活动,从当地的刊物、网站上了解与孩子所在学校有关的情况,有助于你评估孩子是否在一个支持性的学习氛围内接受高品质的教育。

(4)帮助孩子养成做家庭作业的习惯,而不是代劳。帮助孩子安排固定的时间完成作业,并养成习惯。

(5)避免把分数与奖惩体系联系起来。让孩子学会把学业上的成功本身看成奖励,而不是你买玩具的条件。

(6)激发孩子对自己在学校所学的东西产生兴趣。寻找能把学校知识应用于家庭活动的机会,如认识钟表后让孩子定闹钟或负责到点叫家人吃饭等。

(7)在学校生活的一些时间点上,要尽力保持稳定、支持的家庭环境。如在孩子刚上学、每学期开始和结束,以及毕业等时刻,孩子容易紧张,此时家里应尽量避免重大的变化,有助于他/她处理学校生活的动荡变化。

复习巩固

1. 什么是家庭结构?
2. 家庭中最重要的亚系统有哪些?
3. 家庭界限有哪些作用?

第二节 基本操作技术

家庭治疗结构模式的基本治疗哲学,就是家庭结构的失调导致了家庭功能的失调。例如,针对母子关系亲密而父亲被边缘化的家庭,家庭治疗结构模式认为父母亚系统的界限过于松散才使得孩子介入父母亚系统中造成代际界限的破坏和夫妻亚系统功能失调。家庭治疗结构模式的干预目标是重构家庭,以改变不良的家庭功能。因而在此例中,治疗师的干预任务是要帮助家庭设置清晰的父母亚系统的界限,增进父母之间的结盟和沟通,让孩子离开夫妻亚系统。

结构模式是一个以此时此地为导向的治疗模式,强调行动先于理解,认为行为的改变将带来家庭成员认知的改变以及家庭结构和沟通模式的改变。对问题发展历史的探索只是为了找到问题形成和持续存在的原因,并揭示问题对家庭的意义和影响。这种"先改变再说"的观点使得结构模式的治疗师不同于其他一些强调中立地位的治疗师,结构模式治疗师有更强的指导性,扮演权威的领导者的角色,作为专家"加入"家庭中,将自身作为治疗的工具,用专业的知识和角度来指导和帮助家庭,他们设计和安排干预计划、影响家庭、引导家庭改变的方向,为家庭的改变承担责任。米纽庆称结构模式的治疗师为"和家庭同一条船上的舵手"。

家庭治疗结构模式的干预对象是家庭中的病理性结构，治疗师的工作就是重建结构，使之更具灵活性，并能正常执行功能。因此结构模式的治疗师通过直接主动地挑战当前家庭的互动模式，向家庭成员指出在家庭的各种沟通情境中重复出现的家人互动模式与症状之间的联系，促使家庭成员不再只关注症状表现者的问题及其带给家庭的困扰，而可以走开一些，从家庭全局的角度观察和思考自己与症状的关系，并在家庭结构的背景中理解症状表现者和其他成员的行为及其相互联系，获得新的体验和领悟。在此过程中，治疗师可以领导者的角色融入家庭，引导家庭以各种方式描述出当前家庭的组织结构，主动挑战和修正家庭中导致和维持问题的互动模式及家庭结构，积极地促进家庭结构重建。结构模式治疗师通过几种途径重建家庭的结构，途径之一是通过帮助家庭成员认识到自身行为与症状之间的关系，使其在认知上产生“家庭互动导致和维持问题”的根本性转变，从而自觉主动地在家庭互动中采取不同的立场和态度，表现不同的行为。另一个途径是调整各个亚系统之间的界限，保证界限的清晰和弹性。这包括把入侵亚系统的成员清理出去，修复松散、受损的亚系统界限（通常是夫妻亚系统），放松僵化的亚系统界限（如母子亚系统），增强适应性的同盟力量（如使父母同盟更为坚固），使家庭中的权力呈现适应性的等级结构等等工作。第三个重建家庭结构的途径是帮助家庭成员松动原本僵化固定的家庭角色，通过尝试新的行为方式，体验不同的立场和角色，使家庭成员摆脱以往被固定的互动模式固化下来的角色的束缚，而具有更多的选择和灵活性，带动整个结构的变化。

一、治疗程序

家庭治疗结构模式的治疗程序通常包括四个步骤：加入和顺应家庭、评估家庭结构、打破旧的系统平衡和家庭的重新建构。其中，在评估家庭结构这个部分，米纽庆和他的助手们又发展出了评估的四步模式，包括扩展主诉问题、关注维持目前问题的互动模式、探索重要家庭成员的过去经历对现在的影响以及探索新的互动方式。其流程及相互关系如图。

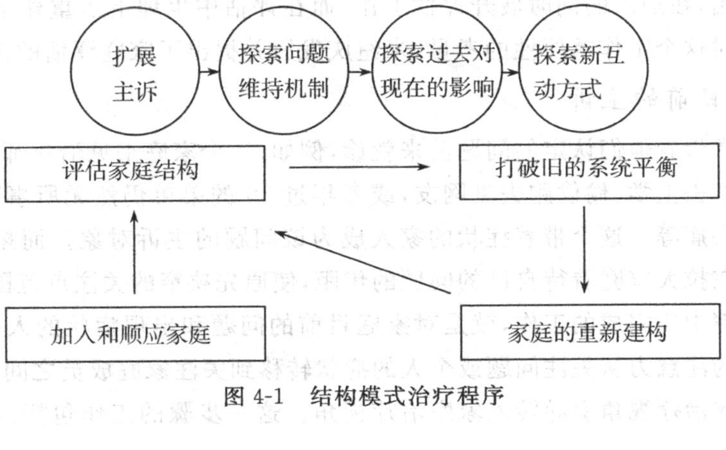

图 4-1　结构模式治疗程序

(一)加入和顺应(joining and accommodating)家庭

在诊断和治疗之初,治疗师需要"加入"来访家庭系统中,并以尊重的态度顺应家庭系统的情感风格、表达风格及互动风格等。这意味着治疗师与家庭中的成员接触,通过共情、理解,以及学习来访家庭的语言和行为方式等方法来接受和适应来访家庭,并赢得家庭成员的信任,得到家庭成员的支持,从而化解家庭对治疗以及改变的抵抗。这是家庭治疗的开始,更是家庭治疗的基础。事实上,这个"加入"的工作可能发生在治疗的任何阶段。在治疗开始的加入与顺应过程中,治疗师通过不断地与个别成员或亚系统接触,根据自身的情绪感受和观察到的互动模式,开始理解家庭面对的问题,共情家庭成员因为自身出现症状或其他成员出现症状而遭受的痛苦和困扰,发掘在哪些成员之间有更密切、开放的沟通,从而形成对来访家庭层级结构、亚系统界限、联盟等概念的基本假设。这个阶段治疗师可能用到的治疗技术包括支持、追踪和模仿。

(二)评估家庭结构

评估与加入和顺应家庭的过程常常是重叠进行的。在加入家庭的过程中,治疗师就已经开始了评估的工作,通过关注外部因素(家庭所处的社会环境、种族等)和内部因素(家庭的组织结构和持续的互动模式)及其交互作用,结构模式治疗师要回答的问题包括:该家庭的权力等级是怎样的?家庭中各个亚系统的功能能正常发挥吗?家庭中隐藏着怎样的结盟和联盟关系?各个亚系统的界限清晰吗?家庭在面对内部成员需求和外部环境压力时能灵活适应吗?家庭成员能否联合起来共同应对压力?在评估家庭结构的过程中,治疗师可能用到的各种治疗技术包括加入、倾听、表演、绘制家庭图、隐喻等。

米纽庆在《家庭与夫妻治疗:案例与分析》一书中,强调评估是一个整合的、持续进行的工作,是家庭治疗结构模式的核心和治疗过程的重点,事实上这个过程本身已经是干预的开始,在加入的同时展开评估工作,而在评估中也埋下了重建结构的种子和伏笔。基于对这个工作重要性的考量,米纽庆发展并提出了家庭评估的四步骤模式。

1.拓展目前的主诉

家庭通常带着他们认定的问题前来就诊,例如,一个家庭来见治疗师是因为15岁的儿子不愿意去上学,偷偷跑去见网友,或者年过30的弟弟仍然无所事事,让兄姐和年老的父母头痛等。这个带着症状的家人成为该问题的主诉对象。而拓展主诉的这个步骤如同在拉大家庭看待自己的问题的焦距,使原先狭窄的关注点范围扩大。治疗师在这个步骤中要完成的工作,就是对家庭目前的问题和出现症状的人去中心化,即把家庭成员的注意力从关注问题或个人的症状转移到关注家庭成员之间的人际关系,将目前的个体治疗视角引导转入家庭治疗视角。这一步骤的工作包括:(1)关注症状表现者的能力;(2)对家庭所认定的问题赋予不同的意义;(3)探索症状本身的表现方式,重点关注细节;(4)从不同的视角审视问题;(5)探索症状出现的背景;(6)探索家庭其他成员的困难与症状表现者是否类似;(7)鼓励症状表现者在家庭成员面前描述自己的症状、自己的家庭及其他方面。

2.探索维持目前问题的家庭互动模式

这一步骤的目的是探索家庭成员间的哪些互动导致了该问题的持续存在。治疗师要在不激起来访者抵触情绪的前提下,帮助家庭成员认识到他们的互动模式如何维持着家庭目前的问题。这种认识上的转变为各种干预方法的顺利施行提供了基础。治疗师需要在家庭成员的互动中找到隐藏的重复模式,并不断向家庭成员指出,治疗师还需要教给家庭成员循环因果的理念,帮助他们认识到交互作用的互补性,以及彼此行为的相互激发。在认识到了自身行为与家庭目前问题之间的联系之后,家庭成员才能更主动、自觉地改变自己与家人相处的模式。例如,治疗师会问:“你已经30岁,但是你仍像个3岁的孩子一样依赖别人帮你,是谁让你一直停在3岁的?”再比如治疗师对不断争执的夫妻说:“你们真厉害,你们有没有发现,自从进门到现在,你们在所有的事情上都可以争吵起来,你们一直这样互相不同意吗?”还有,治疗师也会这样问孩子:“你妈妈告诉我你在她难过时常常安慰她,你怎么安慰她的?”孩子回答:“有时我看妈妈打电话给爸爸,他不接,妈妈就心情不好,我就会去陪她一起看电视,故意讲很多好笑的事情,想让她高兴起来。”这样,家庭的互动模式会一步步清晰地呈现出来。

3.探索重要家庭成员的过去对现在的影响

如果父母不能认识到家庭中的一些不良互动模式是他们从过去的成长经历中带来的,那么要求他们改变现在家庭的互动模式是比较困难的。家庭治疗结构模式吸取了精神动力学派的思想,通过探索过去来理解现在。在这一步,针对家庭中的成年人,主要是对父母的过去进行简短、有重点的探索,会有助于帮助父母理解他们现在的互动风格是如何形成的,以促成必要的改变。如果这个步骤中孩子也能听到父母的成长故事的话,有助于孩子从人性的层面而非角色的层面去看待和理解父母。例如治疗师对由于父亲长年在外,因而从小就扮演男子汉角色的丈夫说:“你从小就学会要依靠自己,还要支持你的母亲,因此不能轻易相信别人,也不能把自己交给别人,这就是你常常要掌握控制权的原因是吗?”或“你和你父母的个性差异很大,所以常常被他们批评太活泼不稳重,你现在很难向丈夫坦露太多,也是因为害怕被批评吗?”表演技术常用于此阶段。

4.探索相关的改变方式

这个步骤是探索新的解决问题的方式。在前面三步的基础之上,形成对当前问题的新的看法,以此为出发点探索家庭改变的方向和可能性,治疗师帮助家庭协商如何用新的行为取代以往一直围绕症状的重复行为。如治疗师对症状表现者说:“你不需要一直在家里守着你的妈妈，保卫她不受你爸爸的伤害，她有自己的相处之道，你看到她很会应付你爸爸了，你为什么不把保护自己的责任还给她?”或者，治疗师对把所有精力都用来照顾家人的母亲说:“你为你的家人奉献了全部，可是太多了，让他们难以承受和回报，所以他们并不开心，可是你看，当你让自己开心起来，他们也就开心了，对他们来说，这比你每天早上做出五种早餐更重要。为了你们都能开心，你愿意做些什么吗?”这一步是将评估过程从凌驾于家庭之上的工作，转变为与家庭一起的工作。通过与治疗师一起讨论家庭里谁需要改变，如何改变，谁愿意改变或谁不愿意改变，帮家庭减少他们对这一过程的阻抗，使家庭更主动积极地承担改变的责任。

(三)打破旧的系统平衡

为了使家庭的结构发生有益的改变，治疗师必须首先打破家庭系统中旧有的失调行为模式的平衡状态。这一过程具有高度的指导性。治疗师在这个阶段通过改变家庭中的权力分配，选择支持某人或某个亚系统来扰乱家庭中旧有的稳定，不同于大多数治疗模式中治疗师要保持价值中立的立场，家庭治疗结构模式中治疗师常常需要与不同的个体、亚系统或同盟站在一边，经常是先支持处于劣势或边缘地位的家庭成员，然后再公平地支持其他成员。有时治疗师会兵行险着，故意站在一个地位强势的成员一边，使权力的差异对比突破了其他家庭成员所能忍受的限度而激发他们的挑战和反弹，激活动力。例如，女儿用厌食症隐秘地反抗父母的控制，治疗师让父母放弃苦口婆心的“劝化”，转而强势地命令她吃东西，当父母咒骂着让女儿吃东西时，女儿开始反抗，稳态被打破了，死水被搅起波澜，对抗的公开透明化使得女儿不再需要症状。还有时候，治疗师可能会加入某个家庭联盟来对抗一些家庭成员，以打破这些成员制造出来的隐藏的家庭迷思(myth)。例如，母亲联合了家庭里的孩子，透过她的批评，孩子们觉得父亲极度自私，不关心家庭，并且神经脆弱，所以不能跟他讲任何不好的事情。治疗师加入孩子的联盟中，挑战母亲制造的家庭迷思。打破家庭旧平衡的根本目的在于使原来的病理性结构出现危机，并放大其中潜藏的互动模式问题，迫使家庭必须面对长期被回避的问题。治疗师的所有干预策略都指向更为清晰的界限，更为灵活的应对模式和家庭角色以及更为透明化的沟通。在打破旧的系统平衡时，治疗师可能用到的治疗技术包括增加强度、表演、设置界限、隐喻等。

(四)家庭的重新建构

一旦家庭系统旧平衡被打破，治疗就进入了最后的改变阶段，即家庭结构的重建。这一阶段，治疗师的主要任务就是帮助家庭重建支配家庭互动的规则系统，以取代家庭中功能失效的交往模式。重建包括改变家庭规则、明晰界限、重新结盟以形成更具适应性的家庭权力等级。治疗师运用再定义的方法再次重申问题属于家庭而非属于个体，问题扎根于家庭的功能失调规则中。重建结构使得家庭成员从刻板僵化的立场中被解放出来，症状不再有用，因而可以丢弃了。在重新建构家庭过程中，治疗师可能用到的治疗技术包括增加强度、设置界限、再定义、隐喻等。

二、基本技术

（一）加入和顺应

结构模式治疗师在治疗中的角色是高度指导性的，因而对家庭系统的卷入和干预强度更高，这就意味着治疗师作为一个外来者，要完成其工作任务就必须处理好“加入”家庭的问题。治疗师这个外来者的“入侵”本来就会干扰到家庭原本的生活，可能引起家庭成员的不适感，同时由于来访家庭中存在的问题，家庭成员由于担心治疗师的指责，难免有戒备和防御心理。为了消除家庭成员的担心，治疗师首先需要参与到家庭并成为家庭系统的一部分，与家庭产生共鸣。用米纽庆的话来说，治疗师要像家庭的“一个远房亲戚”。

不只是治疗开始的阶段，事实上整个治疗过程中都需要用到加入和顺应技术。加入是主动性的过程，指治疗师直接主动与家庭成员或家庭系统建立关系的尝试。而顺应则指被动性的行为过程，发生于治疗师为了加入家庭而调整自身去适应和迎合家庭的时候。顺应是双向的，一方面治疗师顺应着去加入家庭，另一方面家庭也必然顺应并加入治疗师。治疗师成功加入家庭有一些标志，例如，如果治疗师成功加入家庭，那么家庭会把治疗师当做一位暂时的家庭成员，他们也相信治疗师关心他们的困难，愿意为了他们的需要与他们一起合作来解决困难；又如，家庭开始运用一些治疗师的术语来进行表达，或者开始引用一些治疗师说过的话，这也反映出家庭已经接纳了治疗师的加入。

加入和顺应要求治疗师在表达对家庭成员的接纳及尊重的基础上，接受这个家庭的组织与风格，并让自己投入其中，体验着家庭系统的压力，同时顺着家庭成员交流的路径前进，去探索家庭的互动模式；通过与每个成员建立理解的联盟来接纳家庭成员，降低他们的焦虑。如果加入的过程不太顺利，这种情况在与家庭中有权势的成员或愤怒的成员联结时更常遇到，治疗师应想办法找到突破点去联结他们，加入的过程要贯穿治疗的始终，治疗师隔一段时间要去重新检视和加强与家庭成员的联结。治疗师可以运用一些策略来实现加入和顺应，这些策略包括适应家庭的风格、问候家庭成员、支持策略、追踪策略和模仿策略。

适应家庭的情感风格往往是加入和顺应的第一步，治疗师需要观察家庭的情感风格，这是一个拘谨保守的家庭吗？每个人都很沉默，衣着发型一丝不苟，这样的家庭意味着治疗师也需要表现出严谨认真的态度，让他们觉得可靠。而面对一个表情夸张、嘻嘻哈哈的家庭，治疗师表现自己的轻松和幽默更让他们觉得可亲。适应家庭的风格还包括适应家庭的语言，治疗师学习用家庭成员熟悉的一些词汇或他们自己经常使用的一些表达方式来与家庭沟通，向家庭传递一个信息“我（治疗师）和你们有共通之处”。

问候是非常简单而又有效的和家庭成员建立联结的方式。首先了解来访家庭每个成员的名字，通过打招呼，或者问问他们姓名的含义（主要针对孩子），鼓励每个人都参与交流，但是不强求他们一定要做出相对的反应。可以允许某些成员沉默甚至阻抗。接纳和容许儿童沉默有助于让孩子放松下来，参与到治疗中来。面对沉默的孩子，治疗师可以说：“我发现你现在不想说什么，没有关系，你什么时候想说，我们都欢迎。”

加入时要注意尊重家庭的等级关系。让父母来介绍情况，首先询问孩子可能激起父母的防御，让他们觉得治疗师正在为家庭问题而责备他们。问候儿童应尽可能用简单和具体的问题与他们交谈，如：“你叫什么名字？你的名字很好听，也很有意思，是谁为你起的这么好听的名字？”问候青少年要避免客套和空洞，要有新意，可以跟他们聊一聊喜欢的漫画人物、感兴趣的事情等。避免在治疗之初询问孩子目前所面临的问题，因为孩子往往认定治疗师是父母的“同伙”，过早询问孩子的问题会让他们反感和防御。

支持即治疗师对家庭成员或家庭亚系统加以肯定。例如，对某家庭成员的长处或潜能给予肯定与支持。这种支持有多重作用，一方面有助于治疗师加入该成员，与该成员联结建立关系；另一方面也可以用于向其他成员示范一种积极正向的视角和诠释问题的风格，同时也令他们从另一个角度来看待家庭成员的行为，进而发现他们所忽略的资源或优势。例如，一个家庭因为 14 岁的儿子不上学，父母一筹莫展，恨铁不成钢，看到儿子就来气，家庭气氛很压抑，治疗师听到儿子曾独自离家去了趟外省，对他说：“所以你一直在尝试着要靠你自己，你只有 14 岁，却一个人出去这么远的地方，你其实是很有能力的。”治疗师支持的并非是家人认为很糟糕的出走行为，而是此行为中反映出来的少年的独立性和自立能力。有时支持针对的是家庭成员为问题的解决所做出的努力和尝试，例如治疗师对上例家庭中的父亲说：“我知道你和太太已经尽了全力，对你们来说，孩子的每一天都是无比珍贵的，你想尽了所有的办法，为了你的孩子，你在所不惜。”对父亲所做的尝试（无论有效或无效）给予支持，使得父亲不再是“谁痛苦谁知道”的态度，而是感受到被理解，相信治疗师真的懂得自己的不容易。有时支持策略可以用于双重目的，一方面在治疗之初用于建立联结，加入家庭，另一方面可用来为后面的再定义打下伏笔。例如，对一个情感纠缠的家庭，在治疗之初，治疗师对家庭说：“你们是一个彼此相爱的家庭，你们的家庭让人觉得很温暖，每个人都互相关心。”家庭成员听了很高兴，治疗师的欣赏让他们感到很受尊重。在治疗师加入之后，时机成熟时，治疗师可以说：“你们真的是很相爱的一家人，正因为太相爱了，所以相互之间就抱得很紧，彼此都喘不过气来了。”支持此刻就被转变成了再定义。支持还可以用于扶持某成员在家庭中的地位，例如当治疗师向父母提第一个问题时，或者治疗师暂时接受夫妻对“孩子是家庭里出问题的那个患者”的观点时，就是承认了夫妻在家庭中的权威地位。

支持策略不仅可以用于加入和顺应家庭，在打破家庭系统旧的平衡以及重建家庭结构的阶段也常常运用。当在处理家庭成员之间过于纠缠、紧密的情感关系时，运用支持策略可以调整家庭中的结构。例如为了增加父子情感联系，治疗师支持父亲和儿子多花一些时间相处，共享一些活动；为了重建坚固的父母同盟，让渗入夫妻亚系统中的孩子离开，治疗师支持夫妻每周独自外出，不告诉孩子，如果孩子问父母去了哪里，干了什么，父母要对其保密。治疗师还可以通过其他方式支持家庭亚系统界限，例如当父母开始争论时，孩子就插嘴或者弄出状况来转移父母的注意力，此时治疗师可以通过让他/她呆到另一个房间去，或限制他/她的参与来支持父母。治疗师可以说：“你的爸爸妈妈现在很需要互相说出真正想说的话，这可能会让你觉得像在吵架，让你害怕，但这其实是他们相爱的方式，说出自己想说的话，这样才能让另一个人明白自己。”支持在打破家庭原来的权力平衡中的运用更为广泛，治疗师可以通过支持弱势方来改变之前权力的对比，也可以故意支持强势方，夸大权力的对比以激发改变，还可以在几个亚系统之间或成员之间来来去去，通过支持不同的人或亚系统来搅动系统，激发家庭成员相处方式的改变。

追踪是另一种顺应策略。被米纽庆称为“通过追踪来领导”，指治疗师密切注意家庭成员沟通中透露出来的与家庭生活相关的信息，诸如价值观、重要的家庭事件等，并在会谈中有意识地运用这些信息。在家庭成员谈话时，治疗师运用追踪鼓励和提示他们说下去，表现自己对其话题的兴趣，可以不断用“嗯”等简单的回应来提示他们继续谈，也可以重复一位成员说过的话，以显示对某一段陈述的兴趣，还可以通过提问题来要求家庭成员对所讲的内容加以扩充，如“那后来呢，你有什么反应”等。

追踪策略通过获取信息来肯定家庭成员。治疗师的目的不是发起行动，而是通过跟随家庭成员来顺势引导他们，通过鼓励与接受家庭中的交流来使家庭成员感到被认可。

追踪技术也可以作为一种调整家庭结构的策略来应用。治疗师利布曼（Liebman，Minuchin &Baker，1974）在其案例中使用追踪技术在厌食症女孩和她父母之间创建起临时性的界限。这家人在吃午饭的时候和治疗师会面，父母不断催促孩子吃饭。治疗师有意运用追踪策略，让父母大谈特谈菜品制作方面的话题和父母在饮食方面的偏好。在这个过程中，摆脱了父母关注的女儿吃下了她的午饭。治疗师利用追踪策略吸引了父母的注意力，加强了父母与女儿之间的界限（Rosman，Minuchin &Liebman，1975）。

模仿是指治疗师通过模仿家庭的举止、沟通内容、情感风格来顺应家庭，以巩固治疗师与家庭的治疗结盟的过程。治疗师可以通过列举与家庭相同的经验来运用模仿策略，例如“我先生脾气也很急”“我女儿也是这个年龄”，以此增加亲密感。治疗师还可以模仿家庭成员的动作举止，如用手支腮，或在讲话时一只手捏起来等。也可以模仿家庭成员的一些表达方式，如模仿孩子说“我真服了你”等等。治疗师可以有意运用模仿策略（一般在模仿行为时），也可以是自发的模仿（一般在自我暴露相同经历时），用于增强与家庭成员的联结。

由于结构模式强调治疗师必须要加入和顺应家庭，在建立与家庭的咨访关系的同时深深地卷入家庭中扮演主动积极的领导者角色，因而结构模式的治疗师必须具有一定的专业能力与足够的自我觉察，以确保在此过程中不至于迷失而被家庭的问题裹挟而去。结构模式的治疗师在治疗中需要小心，避免落入治疗的陷阱中。最常见的治疗陷阱就是，治疗师经不起家庭的压力，结果以一种补充和维系家庭当前病理性结构的方式加入家庭。在这种情况下，治疗师丧失了自由，变成了父母或某个成员的帮手。例如，孩子不去上学，陷入此种陷阱中的治疗师可能自身也有推崇教育的价值观，因而帮着父母苦口婆心劝孩子上学，或帮助联系学校等，结果把自己真的变成了“远房的表亲”，帮助父母控制孩子。另一种陷阱是，治疗师的卷入过多，自己过度占据了核心地位。在治疗师的指挥与家庭的配合下，会谈的方向按照治疗师的假设或直觉进行，变成治疗师自导自演的一场戏，真实的家庭互动并没有被触及或揭示出来。这种情况也有可能以另一种方式发生，即会谈按照某个积极（主导）的家庭成员所设定的路线进行，通常是一个有着极强控制欲和操纵能力的父亲/母亲，他/她会运用自己的影响力，让治疗师按他/她认为恰当的方式来开展治疗。无论是哪一种，在这类陷阱中，会谈里呈现的情境与家庭真实互动的内容都是不同的。第三类陷阱则与治疗师分辨会谈“内容”与“过程”的能力不足有关，在这类陷阱中，整个会谈局限于家庭对自己的问题的描述，家庭成员提出一个又一个难题，讲了很多故事，治疗师也被这些故事和问题所困住，手忙脚乱帮着想办法，却没看到故事和问题后面隐藏着的真实的家庭互动模式，无法超越家庭成员语言的描述，而丧失了真正重要的家庭结构方面的信息。

（二）表演（Enactment）

表演技术是指治疗师积极地创造某种情境，使家庭成员把家庭里功能失调的交往模式在治疗会谈中实际表演出来的一种方式。通过表演技术，治疗师能比较客观地了解真实的家庭互动和冲突过程，据此规划家庭重构的方法。

由于受情绪和认知的影响，家庭成员在对问题进行描述时往往各自讲述着不同的故事，言语述说的局限性也使得治疗师很难从家庭成员的描述中推断家庭成员之间真实的互动模式和系统结构方面的信息，因此治疗师可以通过表演，将家庭成员的互动行为再现。表演可以是家庭自发性的表演，也可以是治疗师通过创设情境激发的表演。家庭自发的表演一般发生于家庭进入治疗之初，例如在米纽庆的一个案例中，来访家庭的主诉问题是年轻的妈妈无法管束五岁的大女儿，当家庭进入治疗室之后，五岁的女儿开始在治疗室里疯跑，摆弄治疗室里的各种物品，母亲则不断地劝阻，追在后面让她停下来，却毫无效果。在这个过程中，治疗师一直在观察母亲和女儿的互动，几分钟后，父亲走了进来，大女儿很快在父亲的要求下安静下来，父母开始跟治疗师说话，在这几分钟里，家庭已经自发地在治疗师面前把平日里的互动模式表现了一遍，女儿不服从管束，母亲不断发出失效的指令，父亲介入，事态得到控制。眼前的行为再现比家庭成员的口述更真实地传递了信息，治疗师借此了解到母亲在控制孩子行为方面存在的问题，以及家庭中的角色是如何分配的，对这个家庭的结构做出更准确的判断。表演也可以由治疗师激发产生。例如，治疗师要求家庭成员在治疗室里对假期的安排进行讨论，以此来观察家庭成员是如何相互协商解决问题的，家庭成员为了获得权力，采取了哪些结盟的方式，家庭成员能否清楚直接地表达自己的愿望，还是必须要借助他人的名义等等。在以上两种表演中，一种是家庭自发演出，一种是家庭根据治疗师设立的主题演出，此外还有一种表演，即治疗师设计剧本让家庭来演出，用新的互动模式来表演，以替代旧的互动。这种表演一般用在重建家庭结构的时候，治疗师通过界定表演的参加者、主题、规则来达到几个目的，包括设立清晰的界限、演练新的沟通规则和问题解决技巧以及形成新的生活安排等等，例如治疗师让一对夫妻协商每周安排一次共享活动，此时孩子认为不公平，要求自己也参加，治疗师告诉他这是他父母的二人时光，同时要求孩子在父母谈话过程中保持安静，治疗师安排的这个表演就囊括了以上几个目的。在表演过程中，治疗师常常不仅是导演，有时也是演出的参与者，并在这个过程中增进与家庭的接触。如在这对夫妻讨论的过程中，治疗师要在他们陷入旧有的“你输我赢”的冲突解决模式中时介入，提醒他们运用新的互动模式。

表演所呈现的内容，不仅能让治疗师看到，也能让家庭自己看到，其中让家庭自己看到的意义更为重大。成功的表演过程中，家庭已经在发生某些改变，因为表演实际上已打破了旧有的互动模式，为新模式的建立确立了可能。

（三）绘制家庭图

家庭治疗结构模式的治疗师在评估家庭结构时，会运用一套图示符号绘制家庭图，用这种方式来评价、诊断家庭成员间的交往模式、家庭结构的现状，以及家庭成员之间、家庭亚系统之间界限的清楚程度，据此分析问题产生的原因，帮助提出假设、检验假设，并确定治疗目标和设计治疗措施。

家庭结构图的基本符号如表 4-1 所示。

表 4-1　描绘人物的符号

符号	F	M	GF	GM	S	D	C	PC	IP	TH
含义	父亲	母亲	（外）祖父	（外）祖母	儿子	女儿	孩子	起父母作用的孩子	患者	治疗师

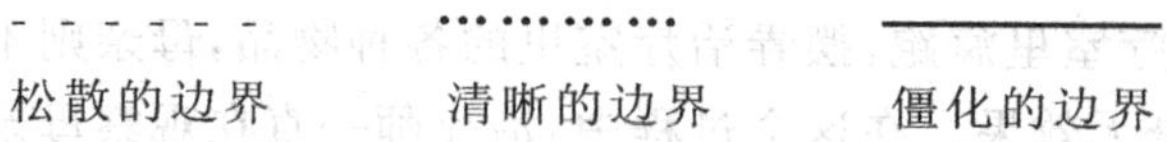

图 4-2 描绘界限符号图示

图 4-3 描绘交往关系的符号

图 4-4 描绘结盟关系的符号

家庭图实例

(1)母女联盟对抗父亲:孩子认为父亲不关心她,埋怨父亲没有参加过家长会,她生病也没有陪过她,母亲认为丈夫自私不顾家,自己承担了家里全部的事情。如图 4-5 所示。

(2)迂回转移:这对夫妻之间彼此都不满意,但不通过直接对抗的方式表达,而是都指责孩子,母亲骂孩子成绩差,赶不上班上别的孩子,父亲则责备孩子乱花钱,大手大脚,对孩子的指责反映出夫妻彼此的不满,但责备孩子可以转移夫妻亚系统的问题。如图 4-6 所示。

(3)奶奶在家庭中处于更高的等级,在这个家庭中,母亲在自己婆婆面前的权力和能力都不见了,而和孩子关系非常亲密。如图 4-7 所示。

图 4-5

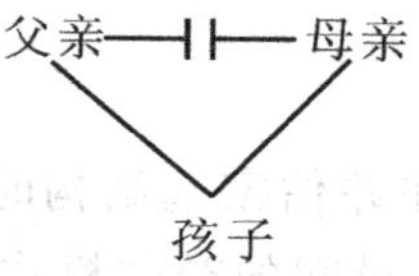

图 4-6

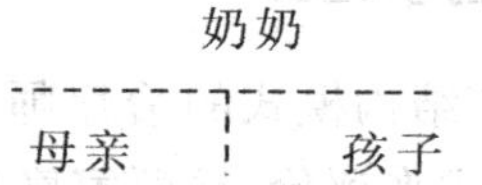

图 4-7

(四)设置界限

设置界限是治疗师在打破旧的系统平衡与重构新的结构时需要用到的技术,治疗师通过制定治疗系统中的规则来加强或松开界限,以确保家庭成员之间以及家庭亚系统之间有清晰明确的界限。在以纠缠—疏离为两极的连续体上,对偏向纠缠一端的家庭,治疗师要有意识地强化界限,增加界限的清晰程度,以促进家庭成员的个体化;对偏向疏离一端的家庭,治疗师需要降低界限的僵化程度,增进家庭成员的深度互动和联结，增加成员间的相互支持。

在增强界限、促进个体化时，治疗师可以设立一些加强界限的互动规则。例如，治疗师可以鼓励家庭成员站在自己的立场为自己说话，避免其他成员的干扰，也不替他人回答问题。针对要加强界限的亚系统（通常是夫妻亚系统），可以安排亚系统内的家庭成员独立谈话或独立活动，而不受其他家人的影响。治疗师也可以通过单独安排与某个成员或某个亚系统的成员会谈来加强该名成员的独立性或者该亚系统的界限。例如，给被父母亲过度保护的青少年安排个别会谈，以支持其独立性的发展；或给父子亚系统安排会谈，以淡化母子的纠缠关系，而加强父子亚系统中两人的联结。治疗师还可以通过设立其他一些规则来促进个体自主性和亚系统界限的形成。例如，治疗师可以运用支持的策略，治疗师带领家庭认真聆听某位家庭成员的谈话，并感谢他愿意表达自己的想法，用这样的方式来表达对其拥有自己观点的尊重和肯定；治疗师也可以规定家庭成员之间必须个别交谈，而不是互相谈论，妻子对丈夫有意见就去跟丈夫交谈，而不是找女儿谈论。

对于界限过于僵化的家庭，治疗师可以通过挑战回避冲突的行为来减少家庭成员间迂回的沟通，帮助家庭成员彼此直接面对，增加相互接触。在这一过程中，治疗师应鼓励成员之间直接表达，治疗师也可以运用支持的策略，在互动的成员之间制造失衡的状况，将冲突透明化。当互动中的成员试图回避时，治疗师要坚持让他们停留在冲突情境中，不回避矛盾和困难。例如，当一对夫妻在谈话中出现了争执，一向沉默的丈夫开始指责妻子，此时妻子开始哭起来，丈夫停止了指责，再度陷入沉默。治疗师问："这就是你们互相应对的模式吗？当他批评你时，他说出了真正想说的话，这让你很害怕，你的眼泪在告诉他，别这样，我会受不了的。然后他就停下了，你们又回到了谁也不说，谁也不开心的状态里。"疏离往往是一种逃避冲突的方式，通过挑战回避、直面冲突常常能使关系很疏离的亚系统成员重新联结，很多把愤怒和不满压抑下去、"闷骚"型的夫妻常常在经过一场较激烈的争吵后反而开始重新亲密起来。

（五）增加强度

增加强度技术指治疗师运用增加情感压力、重复要表达的信息以及运用坚持的策略，在家庭系统中制造压力，阻碍病理性的交互作用，促进改变。增加强度常常被用于打破平衡和重建结构的过程之中。

治疗师用来增加强度的策略有以下几种。

首先是增加情感的强度。增加情感强度的目的包括引起家庭成员的关注、激发家庭成员的思考、挑战家庭成员的观念、面质家庭成员对问题的回避以及施加改变的压力等等。针对不同的目的，治疗师可以借用讲话时的语调、音量、节奏以及措辞来提升情感表达的强度，传递自己想要传递的信息。比如对一个 30 岁仍不能自立、总是闯祸，让兄姐和年老的父母为其善后的男人，治疗师对他说："你真像一个三岁的小宝宝，我很好奇，你的哥哥姐姐和你的爸爸妈妈这么多年是怎么样让你一直像个三岁宝宝一样，他们是怎么做到的？"在另一个案例中，个体差异很大的一对夫妻在每一件事情上都要争执，谁也说服不了谁，在治疗室里他们又吵了起来。治疗师开始一直沉默地听着，后来忽然打断了他们，治疗师看着丈夫，说："你是对的！"妻子很生气，治疗师又转向妻子，说："你也是对的！"夫妻俩很诧异，望着治疗师，治疗师继续说："所以，为了保持自己的正确，你们选择继续过着这样悲惨的生活！"此处，治疗师通过直指问题的核心——个体差异并无对错之分，同时用"悲惨的生活"这样的措辞，来增强情感的强度，让这对夫妻看到这些争执的荒唐和无益。

在尼克尔斯的一个案例中，母亲和该名 29 岁患厌食症的女性患者关系缠结，而将父亲排除在外。在访谈中，父亲谈到他觉得女儿与他较疏远，并认为那是因为女儿害怕他发脾气。女儿表示同意，并说："那是他的错。"治疗师问妈妈怎么看，母亲回答道："那不是她父亲的错。"治疗师回应道："你说得很对！"但母亲紧接着开始回避冲突，否认自己的真实感受，说："那不是任何人的错。"此时，治疗师运用了增加情感强度的方法，说："不对，那是你的错！"家庭成员对冲突一直采取回避的态度，而这造成了家庭迷思（myth）和父女关系的疏离，治疗师通过增加强度，将冲突凸现出来，打破家庭中僵化的回避冲突的模式，使母女的破坏性联盟无法继续存在。

重复要传递的信息也是一种增加强度的方法，即治疗师在不同情境中重复同样的主题。例如，一个控制欲很强的父亲，因为青春期的儿子厌学而去看治疗师，在会谈过程中，他与儿子的互动过程中反映出，他无时无刻不在对儿子的行为举止进行审视、提出意见，该怎么坐，该怎么绕过桌子，该把杯子放在哪里等等。治疗师于是在他每次提出意见时就重复"控制与自主性发展"的主题，以施加压力，增加父亲对自己行为的自觉。

通过延长时间，使之超过惯常的反应时间也可以达到增加强度的效果。这种方法适用于几乎所有需要改变习惯性反应的情境，如控制洗手的冲动、控制暴食呕吐的冲动，以及控制愤怒等等。例如在应对以发脾气的方式来让父母妥协的孩子时，治疗师就要教会父母决不妥协屈服，当父母坚持的时间超过了以往妥协的时间后，孩子可能会有行为的反弹，发脾气的情况更加严重，但父母继续坚持下去，这个行为就会开始慢慢停止，父母学会通过延长不采取行为反应的持续时间来消除孩子的不良行为。

（六）再定义（reframing）

再定义指改变家庭以往对某些事件或情境的赋义和观念，将事件放在一个新的情境中，赋予不同的意义的治疗策略。再定义技术在家庭治疗的其他模式中也有很广泛的运用，如策略模式、叙事模式等架构中都有再定义的技术。与其他模式一样，结构模式中再定义技术的目的同样是对发生的事件重新贴标签，以提供一个更有建设性的观点，改变家庭成员看待该事件的方式。与其他模式不同的是，结构模式的再定义要贴的新标签一定是与家庭结构功能相关的，以此来将事件或情境与来访家庭的结构和功能联系在一起，同时新赋予的意义应该能激发家庭成员产生新的行为选择，改变其家庭互动模式。

再定义有两类。一类为积极再定义，即将家庭成员认为是消极的事件定义为积极的，或在消极事件中找到积极的成分并放大它。例如前面一例中，治疗师对十几岁的少年独自出远门所表现出的能力进行了积极再定义，就是从消极事件中找到积极的成分。治疗师也可能将丈夫的抑郁再定义为“因为爱护妻子和孩子，怕发脾气吓到她们，所以默默忍受着愤怒的煎熬”，而不是家人之前定义的“无病呻吟，逃避责任”。另一类再定义是消极再定义，即将家庭成员认为是积极的事件定义为消极的。例如对因母亲的过度保护而举止幼稚的青少年说：“你妈妈真厉害，她把你照顾得太好了，她帮你做了一切，让你一直停留在两岁而不需要长大”，以此来挑战家人旧的定义“孩子身体不好，爱她就要密切关注和照顾她”。

治疗师要综合考虑治疗的目标，将再定义后的新意义与家庭结构重建之间的联系来进行恰当、合乎逻辑的再定义，而不是天马行空、随便定义，重新赋予的意义应该具有与旧的意义同样的合理性，同样能解释事件。这个新意义越能合情合理地契合到情境中，就越容易被家庭所接受，也越能对家庭中障碍性的旧观念形成冲击，而引发行为模式的变化。再定义往往配合表演技术使用，在进行重新赋义后，趁热打铁，引发家庭成员在新意义的基础之上尝试新的互动方式。

（七）隐喻（metaphor）

或许除了行为模式的治疗师之外，其他模式的家庭治疗师即使不是讲故事的“好手”，也至少得会讲故事。纵观心理咨询与治疗的发展史，开创性的人物或宗师们几乎没有一个不擅长讲故事，这全是因为大师们深谙故事中蕴藏的治疗意义，而故事本身在经过修饰之后，比较容易绕过来访者的防御而直达内心。讲故事就是一种隐喻的技术。

隐喻也叫打比方，指治疗师借用概念、故事或意象，对家庭成员认知、行为中存在的问题或成员之间呈现的障碍性互动模式进行的间接表达或反馈。这些问题可能是家庭成员以往没有意识到或不愿面对的。在治疗中使用隐喻有很多好处，包括吸引家庭成员的注意，激发家庭的顿悟，使治疗师显得亲切并拉近双方的距离，体现治疗师的个人风格，以及使治疗师对家庭成员的挑战较不具威胁性。隐喻也帮助家庭成员在离开治疗室后比较容易回忆起治疗的内容。此外，隐喻还可以起到再定义的作用，即可以用比喻来改变家庭对事件赋予的含义。例如，治疗师称一对父母为“苹果”，而称与父母气质迥异因而相处困难的孩子为“番茄”，告诉父母亲：“你们是一对苹果夫妇，却生了一个番茄儿子，如果你用苹果的标准来看番茄的话，他当然不是一个合格的苹果，因为他根本就是不一样的。”以这样的隐喻来暗示这种根本的差异并无对错，以启发父母亲以“接纳甚至欣赏”而非“改变”的方式来与孩子相处。这个隐喻在因无法协商和接纳彼此差异的夫妻中同样适用。

米纽庆认为精心设计的隐喻能直接呈现出家庭的真实面貌。比如问孩子陷入父母冲突的家庭“你们家里谁是一把手？谁是二把手？谁是辩护律师？”由此勾勒出家庭的结构。米纽庆也常常用隐喻来挑战家庭互动模式和家庭成员的观念。例如他会问与配偶关系疏离而与孩子纠缠的父母：“你是什么时候与你的伴侣离婚，而跟孩子结婚的？”对过度操劳的母亲，治疗师会说：“女神有八只臂膀，你只有两只，而你却认为自己也有八只……你不知道如何去寻求帮助……”

尽管使用隐喻挑战家庭的障碍性结构和观念可以降低威胁性，但治疗师在运用时要注意措辞，避免使家庭成员感觉受到嘲讽。米纽庆提议采用“胡萝卜加大棒（a stroke and a kick）”的两步挑战方式，即先抑后扬或先扬后抑。例如“你很疼爱也很保护你的孩子，但你没发现你跟他说话的方式却伤害了他吗？”再如先表扬“你很聪明”，之后批评“但不够智慧”。或者“我感到很奇怪，在一个充满关爱的家庭里，为什么会使大家像盲人一样互相视而不见”等等。此外，治疗师在运用隐喻挑战家庭时，可以表现得很好奇，如说“我很想知道……”“我很好奇……”。也可以激起家庭成员对话题的好奇，如说“我注意到你们家庭中有件很有趣的事情……”以减弱防卫程度。

在结构模式中，米纽庆还发展出了一系列非言语的隐喻技巧，借用空间距离、高矮、行为、动作等形象方式来传递治疗的理念和建议。这种非言语隐喻有很多好处，一方面避免了治疗师空洞说教，另一方面使治疗过程更生动而意味深长，非言语隐喻还将治疗信息视觉化，无论成人或者儿童都容易领会，因而易被家庭接受。此外，非言语隐喻运用了家庭成员的身体姿势和动作，也使家庭的体验更为直接深刻。米纽庆强调在和孩子做治疗时，治疗的语言应该是行动的语言（Minuchin，1991）。

结构模式运用空间距离隐喻情感亲近程度，因而在会谈之初，治疗师会通过家庭成员之间的座位和空间距离来对他们彼此之间的亲密程度提出假设。治疗师也会通过改变座位等方式来调整家庭成员之间的亲密程度。例如，要求与母亲过度纠缠的女儿把她的椅子从父母中间移开，隐喻让其离开父母的夫妻亚系统；或要求夫妻坐得更近些，甚至要求他们握住对方的手。空间距离的变化本身提供了一个无言的建议，家庭成员可以对此赋予意义。

比高矮也是一种较常用的非言语隐喻技巧，常用于存在亲子冲突的青少年家庭中，治疗师让孩子站在父母旁边比身高。通过这一过程，父母望着和自己差不多高或高于自己的孩子时，容易领悟到自己应该改变与孩子相处的方式；而孩子也会意识到自己应该用更加成熟的方式而非反叛对抗的方式来表达自己。有时治疗师也用让孩子们比比谁的笑容更灿烂的方式来促进他们参与到治疗中来。

此外，治疗师还会运用一些身体动作的隐喻。例如，治疗师与某个家庭成员的握手，也能表达对这些成员的赞许和支持，或因为孩子的成功而用握手的方式祝贺父母（反之亦然），以强调积极的家庭联结。当某个成员做出一个有利于家庭朝良性方向改变的举动时，治疗师也可及时与他握手表达认同，达到强化的作用。

扩展阅读

塔尔科特·帕森斯(Talcott Parsons)的结构功能理论

结构功能理论由著名社会学家塔尔科特·帕森斯发展形成。帕森斯生于美国科罗拉多州一个中产阶级家庭,1927年获得德国海德堡大学哲学博士学位后,帕森斯在哈佛大学开始长达40余年的学术生涯。他在20世纪40年代提出结构功能主义,20世纪50年代至60年代,家庭治疗结构模式尚处于萌芽阶段,而此时结构功能主义在社会学领域独领风骚,对家庭治疗结构模式的理论建构也产生了影响。

帕森斯认为社会系统由"角色互动"形成,指"存在于一定的情境中的单个行动者相互作用的复数形式"。而在结构模式的概念中,家庭系统正是这种社会系统的一种,人们通过内化家庭的价值观和规则,学会"角色期望"并由此而成为家庭生活的参与者和建构者。在帕森斯的概念体系中,社会结构等值于社会制度,结构是制约着特定类型角色互动的抽象规范模式。家庭治疗结构模式中关于家庭结构由界限界定,界限又由家庭规则形成的观点正是由此而来。帕森斯对结构功能分析的观点也启发了米纽庆对家庭功能与结构之间联系的理论构想。帕森斯认为系统的制度化结构是由系统必须满足的功能需求决定的。他的适应功能和整合功能的概念与家庭系统中的适应、整体大于部分之和的概念相一致,而其中的模式维持概念则反映在家庭规则、家庭角色和界限这些概念中。

复习巩固

1. 家庭治疗结构模式的干预目标是什么?
2. 结构模式的治疗师在治疗中扮演什么角色?
3. 家庭治疗结构模式的治疗程序包括哪些步骤?

本章要点小结

代表人物和基本理论观点

1. 家庭结构由一整套无形的或者隐蔽的家庭规则构成,家庭用这些规则来确保家庭生活的正常运行,及实现家庭功能。这些规则界定了家庭成员彼此互动的方式。

2. 家庭亚系统是家庭结构的组成部分,也称家庭次系统或子系统,是由家庭中的个人、两人或更多人组成的家庭中的小集体。

3. 家庭界限指将系统/亚系统与外部环境分开的无形的边界线,由一系列的家庭规则构成，界限决定了亚系统的组成成员以及他们在执行亚系统功能时扮演的角色。

4. 结盟(alignment)的基础是结盟的家庭成员彼此间产生的情感或心理联结，结盟一般是暂时性的、功能性的，主要目的是为了获得做决定的权力，即在家庭活动中的影响力。

5. 联盟(coalition)专指某些特定家庭成员联合起来对抗第三方，是一种稳定、持久、固定的对抗性结盟。

基本操作技术

1. 家庭治疗结构模式的治疗程序通常包括四个步骤：加入和顺应家庭、评估家庭结构、打破旧的系统平衡和家庭的重新建构。

2. 评估家庭结构的四步模式包括扩展主诉问题、关注维持目前问题的互动模式、探索重要家庭成员的过去经历对现在的影响以及探索新的互动方式。

3. 加入技术指治疗师直接主动与家庭成员或家庭系统建立关系的行为尝试。而顺应则指为了加入家庭而调整自身去适应和迎合家庭。顺应是双向的，一方面治疗师顺应着去加入家庭，另一方面家庭也必然顺应并加入治疗师。

4. 表演技术是指治疗师积极地创造某种情境，使家庭成员把家庭里功能失调的交往模式在治疗会谈中实际表演出来的一种方式。通过表演技术，治疗师能比较客观地了解真实的家庭互动和冲突过程，据此规划家庭重构的方法。

5. 家庭治疗结构模式的治疗师在评估家庭结构时，会运用一套图示符号绘制家庭图，用这种方式来评价、诊断家庭成员间的交往模式、家庭结构的现状，以及家庭成员之间、家庭亚系统之间界限的清楚程度。

关键术语表

家庭结构　界限　亚系统　结盟　联盟　三角化　拓展主诉　加入　表演　打破平衡

选择题

1. 家庭中的亚系统包括(　　)。

a. 父母亚系统　　b. 夫妻亚系统　　c. 亲子亚系统　　d. 兄弟姐妹亚系统

2. 家庭中最重要的亚系统是(　　)。

a. 父子亚系统　　b. 母子亚系统　　c. 父母亚系统　　d. 夫妻亚系统

3. 家庭界限的功能有(　　)。

a. 保护亚系统的独立性和完整性　　b. 决定家庭成员关系的亲疏

c. 调节亚系统之间的交流　　d. 确保系统功能执行

4. 坚固的父母同盟的作用有(　　)。

a. 共同执行教养职责

b. 保护代际界限清晰

c. 保障家庭正常的权力等级

d. 防止系统外成员入侵

5. 典型的功能失调的家庭有(　　)。

a. 纠缠型家庭

b. 疏离型家庭

c. 权力分散型家庭

d. 等级失调型家庭

6. 以下哪些特点是功能良好的家庭应该具备的?(　　)

a. 夫妻亚系统界限清晰,有坚固的结盟关系

b. 家庭成员角色清楚适当,没有对抗性的联盟和三角化

c. 家庭成员沟通良好,彼此支持,有归属感和家庭认同感

d. 能灵活调整结构适应家庭的发展任务

7. 家庭治疗结构模式的治疗程序包括(　　)。

a. 加入和顺应家庭　b. 评估家庭结构　　c. 打破旧的系统平衡d. 重新建构家庭结构

8. 评估家庭结构的四步模式包括(　　)。

a. 扩展主诉问题

b. 探索问题维持机制

c. 探索过去对现在的影响

d. 探索新的互动方式

9. 设置界限的工作包括(　　)。

a. 强化僵化的界限

b. 强化模糊的界限

c. 放松僵化的界限

d. 放松模糊的界限

10. 增加强度的方式有(　　)。

a. 增加情感的强度

b. 重复要传递的信息

c. 延长坚持的时间

d. 施加改变的压力

第五章　家庭治疗的萨提亚模式

维吉妮亚·萨提亚(Virginia M. Satir)是家庭治疗史上杰出的女性奠基者之一。她发展出一套与传统心理治疗很不一样的方法来处理家庭问题,她注重的不是“心理疾患”,而是妨害成长与进步的人际关系,她相信在每个人内在的核心部分,是与生俱来的珍贵生命力,是人性的“钻石”。萨提亚的工作围绕着家庭中的人际沟通和组织,目的在于让个体与自己的内在“钻石”接近,发展更完满的人格和人生。20世纪70年代美国精神医学会将萨提亚列为最有影响力的21位治疗师的首位。本章从萨提亚治疗模式的形成、基本理念及技术,对萨提亚模式的治疗要素加以介绍,并配合案例进行分析。

第一节 萨提亚和萨提亚模式的基本理论

一、萨提亚其人

在人类关系研究领域中，维吉妮亚·萨提亚(Virginia M. Satir)以脚踏实地和富于启发性而闻名。早在20世纪70年代美国精神医学会发表的全美家庭治疗专题报告中，即将萨提亚列为最有影响力的治疗师。在所列出的21位具有影响力的治疗大师名单中，她高居首位，也是其中唯一的女性。

维吉妮亚·萨提亚1916年6月出生于美国威斯康星州内尔斯威尔的一个农场家庭。她从小天资聪颖，极富好奇心。作为几个孩子的老大，她很早就自学阅读，并决心要当一名侦探。她的母亲有抑郁症，维吉妮亚发现，爸爸妈妈吵架后，妈妈一个人在房间里哭泣，而到了晚上，她又会穿得漂漂亮亮，和爸爸去跳舞，他们看上去又很开心。幼小的维吉妮亚觉得很好奇，为什么人们的内心往往和他们想要表现出来的样子不一样呢？因此她想当一个侦探去一探究竟。萨提亚家后来搬到密尔沃基，维吉妮亚则就读于密尔沃基州的教师学院。她二十岁就成为一所小学的校长，教了六年书后她进入芝加哥大学社会科学管理学院拿到硕士学位，受训成为精神科社会工作人员，并在各种不同的临床环境中从事实践、顾问及教学工作，积累了丰富的经验。20世纪50年代前后，萨提亚在伊利诺伊州精神病研究所教授家庭动力学，几年后，她移居加利福尼亚，并加入杰克逊、瑞斯金等人，供职于心理研究所(Mental Research Institute, MRI)。在此期间，她与同事开发了第一个专门培训家庭治疗技巧的培训程序，她成为MRI的训练指导，并为全美的临床工作者提供培训。

20世纪80年代，萨提亚女士亲自来到亚洲，在台湾、香港等地开设工作坊，示范和传播萨提亚治疗模式，并鼓励有关机构设立训练中心，萨提亚治疗模式从此在亚洲开始生根发芽，并在20世纪90年代传入中国大陆。十余年来，在萨提亚的弟子玛丽亚·葛莱瑞(Maria Gomori)和约翰·班曼(John Banmen)等治疗师和培训者的努力下，萨提亚模式在中国大陆也日益发展壮大，以其人性、正向，着眼于成长和自尊的积极取向吸引了无数临床工作者投入对此模式的学习与实践中。

维吉妮亚·萨提亚在1988年因癌症过世。她的工作不仅对婚姻与家庭治疗深具意义，也对个体心理治疗、教育心理学、积极心理学等心理学的研究和实践工作有重要的启发作用。因为她的建树良多，她的两所母校威斯康星大学和芝加哥大学，曾分别向她颁授荣誉博士学位及“对人类杰出贡献”金质奖章。她被美国著名的《人类行为杂志》誉为“每个人的家庭治疗大师”，也被誉为“家庭治疗的哥伦布”。

萨提亚的著作影响非常广泛，她出版于1964年的《联合家庭治疗》，被誉为家庭治疗的“圣经”，至今仍是家庭治疗师专业训练的教科书。另外她的《家庭如何塑造人》《如何接触》《帮助家庭改变》等著作也是学习家庭治疗的必读书籍。

二、萨提亚模式的基本理念

一个学派的基本理念，其实就是它的治疗哲学。在说明萨提亚模式的工作方法前，必须先提及其基本理念。萨提亚模式既可以运用于教育、个体咨询、夫妻及家庭治疗，亦可透过团体方式进行个人成长探索，是兼具普遍性、教育性及治疗性的改变之法。萨提亚模式的基本理念包括以下方面。

(1)“改变”是有可能的。即使外在的改变有限，内在的改变仍是可能的。

(2)父母在任何时候都是竭尽所能而为的。

(3)我们都拥有内在资源以成功地应对和成长。

(4)我们有许多选择，特别是在面对压力时应该做出“恰当合适的反应”，而不是对情况做出“本能反应”。

(5)治疗需把重点放在健康与各种可能性上，而不是病态上。

(6)“希望”是“改变”的一大重要成分。

(7)人们因“相似”而联结，因“差异”而成长。

(8)治疗的主要目标是为自己做出选择。

(9)我们是同一生命力的展现。

(10)大部分人倾向于选择其所熟悉的反应方式，而非舒适自在的反应方式，特别是在承受压力之际。

(11)“问题”不是问题，如何“应对问题”才是问题。

(12)“感受”是属于我们的，我们拥有感受。

(13)人性本善。想与我们的自我价值感联结并予以实现，就必须去发掘自身的内在宝藏。

(14)父母往往重复他们成长过程中所熟悉的模式，即使知道这些模式是功能不良的。

(15)我们无法改变过去已发生的事件，只能改变事件对我们的影响。

(16)欣赏并接纳过去，可以增加我们管理现在的能力。

(17)迈向统整的目标之一，是接纳父母也是人，并且在人的层次上，而非只是在角色的层次上与他们互动。

(18)“应对方式”是我们的自我价值层次的展现；我们的自我价值愈高，应对方式就愈统一完整。

(19)人类的过程是普遍性的，因此人类的体验适用于不同的情况、文化和环境。

(20)“过程”是“改变”的途径；“内容”则形成了情境，改变在其中发生。

(21)“一致性”与“高自我价值感”是萨提亚模式的主要目标。

(22)健康的人际关系建立在平等的价值上。

三、萨提亚模式的理论体系

(一)自尊/自我价值

自尊/自我价值的概念是萨提亚模式的核心概念，指个体内心对自己的价值认同，即个体在多大程度上认为自己是可爱的、值得被爱的，以及是有价值、有资格的，高自尊/自我价值的个体更能欣赏和接纳自己与他人的独特性。

拥有高自尊/自我价值的个体在沟通时，较容易将对方视为与自己不一样的个体，各自有着不同的行为、想法、感受、期待、渴望。高自尊的个体可以用真正的自己来表达自己的感受，而不是依从着对方期待的方式，同时也能听到对方对他/她自己的陈述，而不会将别人的话诠释为对自己的评价。高自尊者在面对他人与自己的“差异”时，比较会欣赏这种差异，可以运用彼此的差异而学习成长。因为具有高的自尊，因此有较高的信任感，相信自己可以从对方学习和得到某些东西，即使要等待之后才可得到，也能有耐心的等待。高自尊者在给予时，也不会有被剥夺感，例如一对高自尊的夫妻中一方爱看棒球比赛，另一方则会在陪伴中学习到棒球的相关知识，也可以了解对方热爱棒球的原因，甚至体会其中的乐趣。之后双方也可以决定是要一起去看，或是单独去，然后再共同分享。高自尊的夫妻彼此能够学习何时给予、何时获得，并在不破坏、侵犯或是忽略对方的前提下，彼此肯定对方的想法、感受、希望和知识，能够容忍双方差异的存在，同时也愿意打破个人固有的生活节奏，而去商量在两人生活中要共同负起的责任。

下表展示了萨提亚模式中对不同自尊个体在沟通上表现差异的阐释。

表 5-1　不同自尊水平在沟通上的表现差异

自尊水平	低自尊	高自尊
渴望	我想要被爱	我被自己与他人所爱
应对姿态	不一致的应对姿态： 我会做每一件事情(讨好) 我要让你感到愧疚(指责) 我与现实疏离(超理智) 我否认现实(打岔)	一致的应对姿态： 我做适合的事 我尊重我们的差异 我将你和我涵括进来 我接纳情境

续表

自尊水平	低自尊	高自尊
行为	顽固的 批判的	确认的 有能力的 有自信的
压力反应	即时反应的(本能性的)	回应的
主动性	被家庭规条与“应该”引发动机(被动)	对选择与负责的觉察(主动)
对自己的看法	外在的界定 防卫 压抑感受 留在熟悉的模式里	接受自我与他人 信任 坦诚 接纳感受、整合与人性化 愿意做出冒险,尝试新改变
关注点	以过去为焦点 想维持现状	以现在为焦点 愿意改变

(采自 Satir, Banmen, Gerber&Gomari,1998)

萨提亚认为,要提升个体的自我价值感,有以下途径:(1)看见彼此差异,并将之作为成长的途径;(2)欣赏和接纳每一个人的独特性;(3)找出并欣赏每个人的能量和资源,并且激发这些资源让之活跃起来;(4)以适当的方式展现能量和资源;(5)基于现实情境作决定,而不是基于对方的权势的考虑;(6)与自己内在的资源时常保持联结。

(二)家庭三角关系

萨提亚认为人类关系最基本的单位是母亲、父亲与小孩三人的关系(Satir,1972),原生家庭是我们最早开始学习的地方。我们会将从小在家庭中学到的沟通应对方式运用到成人后的生活中,用相同的模式应对有压力的处境。在家庭中,我们学到价值观、归属感、家规、角色和沟通模式。而这些在每个家庭都会一代又一代的传递着,这种学习透过意识和无意识吸收,可以说发生在父母和孩子之间的三人关系是个体身份认同的基本单位,而个体自我价值感的高低,都由此关系中发展出来。三人关系是滋养的(爱、照顾、赞同),孩子就会发展高自我价值感,觉得自己是有价值的,长大后,就可以透过内在的方法维持自我的价值感,而不依赖别人的赞同,这是很重要的。孩子也在三人关系中学到如何应对,包括如何处理感受、如何与自我和他人互动。

在健康的三人关系中应该所有成员都受到重视、彼此联结,可以自由地沟通,同时也得到支持与温暖,学习到主动、信任的基本应对方式。在父母均为高自尊个体的功能良好的家庭三角关系中,夫妻二人对自己婚姻关系有信心,能够用没有威胁性的方法来处理孩子担心被排挤的害怕,母亲能让孩子拥有父子/女的关系,而父亲也能让孩子拥有母子/女的关系。并且夫妻二人很清楚地让孩子知道,在他们的配偶关系里,孩子是绝对不会被包括进去的。在这样的家庭中,孩子也将获得自信和安全,并在自己的应对方式中体现出来。

在不健康的三人关系中，往往出现两人联合排斥另一人的情况，在适应不良的家庭中，如果夫妻对于婚姻关系失望及失去信心，就指望孩子，期待孩子能替代他们去完成梦想。由于在三人关系中，常觉自己被对方排挤，于是子女将成为夫妻二人战争的人质，把子女当成配偶的替代品及联盟者，形成功能不良家庭的三角关系。孩子需要双亲滋养，却要面对内心必须忠诚于一方的冲突，或由于父母不一致的管教而导致的双重束缚，不论孩子如何做，结果多是挫折，因而造成子女的低自我价值，甚至出现症状。糟糕的夫妻关系常会令出现症状的孩子觉得自己在父母的婚姻中举足轻重，仰赖他来维持父母的婚姻关系，却又无法解决父母的痛苦，他担负了"为父母而活"的责任，周旋于全能与无助之间，他的需求未能被认同，对别人猜疑，却又极度依赖别人对他的看法，在成人后往往因为担心父母而无法真正离家自立，与未来的伴侣也难以维持满意的关系，同时对外界的适应度也较低。

（三）家庭规则

家庭规则也被称为家庭规条，萨提亚用来指在家庭系统中用以管理家庭成员的行为规范，有的规则是言语性的（吃饭前要洗手），有的则是非言语的（去找妈妈要零用钱比较容易），虽然非言语的规则没有被明确表达出来，但家庭中每位成员都清楚地知道这些规则，而非言语的规则对家庭成员的心理影响更大。萨提亚在探讨来访家庭的规则时，关注以下问题。

(1)这条规则是否合乎人性？例如规定家中不允许有负面情绪，如挫折、伤心，只准任何时间都要快乐，这就使家人生活在非人性中。

(2)这条规则是否与时俱进，具有发展性？父母会要求十九岁的大儿子遵守小他十岁的弟弟所要遵守的规则吗？

(3)规则是否尊重了个体差异？有些家庭不接受年龄、性别和个体成长历程的个别差异，只把提出异议者当做是找麻烦或予以忽略。

(4)家庭在分享信息上有哪些规则？有些家庭基于保护孩子的理由，某些事情只有父母知道，或某些成员把另一些成员排斥在外，对于某些家庭秘密的处理方式是怎样的？

(5)家中成员如何表达自己？他们的自我表达受什么规则支配？他们感受到的、听到的、看到的、体验到的可以告诉任何一个家人吗？还是父母会告诉他们"你没看到，你眼花了，看错了"？

(6)在家庭规则中，父母亲的情绪规则与孩子的一样吗？是不是也只允许正向情绪，而对负向情绪加以否认？

(7)对于表达爱与愤怒的家庭规则是怎样的？例如男子成年后，不再相互拥抱，父母不可以在孩子面前表达亲密，将愤怒视为危险，所以不允许表达等。

萨提亚认为，我们往往在成年离开家之后仍然终生保持着原生家庭规则对我们的约束力，而保有的规矩中的“应该”“永不”使得我们被控制，变得僵化，产生内心冲突。因此萨提亚提出，家庭规则需要被更新，我们内化了的、不合时宜的规条需要被转化成“生活指引”，生活指引更有弹性，也更人性化，允许我们有更多选择的自由。治疗师的角色就在规则过时、不清楚、不公平、不恰当时，协助家庭成员拒绝及改善造成家庭功能不良的规则。

(四)沟通姿态

萨提亚认为在沟通时，如果是正向、尊重及具有安全感的情境，人们在彼此分享时，就可以更加亲近，创造出亲密感。相反，如果身处在压力情境下，人们自觉脆弱或自我价值低落时，为了保护自己的自尊，就可能用不同的方法控制别人，而这些方法常是学自原生家庭，且代代相传。为了保护自己，采取防卫，彼此隐藏了自己的感受与期望，甚至将指责别人，与他人疏离，使得信任和分享变得困难。

萨提亚认为，完整的沟通包括了自己、他人、情境三个部分，他人是沟通的另一方，也是另一个自我，情境则是指沟通双方所处的关系与角色以及沟通发生的背景、沟通的目的等。萨提亚认为，健康和谐的沟通意味着沟通者在沟通过程中全面考虑了自我、他人和情境三个方面，既接纳自我和他人的感受、期待，也将情境的因素包容在内。萨提亚将健康的沟通称为一致型沟通，而不健康的沟通（不一致的沟通）则根据该沟通类型对三个要素的不同忽略情况而分为讨好型沟通（只考虑他人及情境，而忽略了自我的感受与需要）、指责型沟通（只考虑自我与情境，而忽略了他人）、超理智型沟通（只考虑了情境，而忽略了自我与他人）以及打岔型沟通（情境、自我和他人都被忽略了）。这五种沟通类型在萨提亚的理论中被称为沟通姿态（或应对姿态）。孩子在小时候，有时也许听见父母争吵而感到害怕、担心，但询问父母却被告知一切安好，父母是基于一番好意，然而类似经验累积后，孩子学到不去听自己听到的，否定自己原来感受到的，不敢要求自己想要的，也就产生了不一致的沟通方式。因为他学到这才是生存之道，但是这些被压抑的情绪，却可能造成心理上的忧郁、焦虑、退缩、冷漠或是暴怒，身体出现了心悸、胸闷、胃痛、疲倦、头痛等症状。在成人的关系中，遇到压力时，也会不自觉重复小时候学习到的应对方式，即不一致的沟通姿态：讨好、指责、超理智、打岔，以致在沟通的自我、他人、情境三个部分，未能兼顾，而各有压抑或忽视（Satir，1976）。

图 5-1　沟通中的三个要素

1. 讨好型沟通姿态（placating stance）

姿势：单脚跪下，一只手放在胸口或胃，一只手掌心朝上，眼睛往上看着对方，代表着“我将你捧在手心，我用心取悦你，甚至愿意贬低我自己，压抑自己的情绪与需求”，对方就像站在高高的椅子上。讨好型沟通姿态的个体内心觉得自己毫无价值，一无是处，自己的价值是由对方决定。而在沟通中的自我、他人与情境三个部分，这个姿态重视他人与情境，而忽略自我。讨好型沟通的个体拥有的内在资源是关心、敏锐，如果他自己可以将照顾别人的方式与心思，学习用在自己身上，就可以提升自身的价值和平等感。

表 5-2　讨好型沟通特征

项目	特征
行为	道歉、恳求的神情、哀求及请求宽恕、乞怜、依赖
言语	“这都是我的错。”“我不值得。”“没有了你，我就一文不值。”“你喜欢什么？”“没事，没事。”
主要的情感	受伤、悲伤、焦虑、不满、被压抑的愤怒
自我概念	低自我价值、缺乏自信、远离自我、把焦点放在对自己的期待上
资源和心理能量	关怀的、滋养的、灵敏的
常见的生理症状	消化道不适、偏头痛或其他头痛、心悸/心律不齐、皮肤病（粉刺、牛皮癣、湿疹、疹块）
常见的心理症状	忧郁的情绪、易被激怒、焦虑、恐慌、自杀意念

2. 指责型沟通姿态（blaming stance）

姿势：两脚以三七步站立，一手叉腰支撑背部，一手食指向外指向对方，紧绷脸部肌肉。为了要控制别人，使他人尊敬、认可、听从，采取吹毛求疵、批评、独裁、暴力，激发他人的恐惧，使别人变小，自己就变得强壮，以确保别人不敢离开自己。指责型的个体的内在觉得孤单、失败，自我价值低落，却用攻击的语调与姿势，使自己变得强而有力。在家庭雕塑中，指责型沟通的个体常站在高椅上，绷着脸指责他人。此类型个体拥有的资源是自我肯定，往往果断、有正义感、负责任、好打抱不平。而在沟通三个部分中忽略别人，重视自我与情境，指责型的个体如果能不带指责地做事，接纳自己的孤单，对自己肯定，并尊重与接纳他人，就可以创造出一致与平衡。

表 5-3　指责型沟通特征

项目	特征
行为	指责、咆哮呵斥、恐吓、批判、独裁、吹毛求疵、控制
言 语	“这都是你的错。”“你到底在搞什么？”“你从来都没做对过。”“要是你……那就……”“我完全没错。”
主要的情感	愤怒、挫折、不信任、不满、压抑受伤感、害怕失去控制、孤单

续表

项目	特征
自我概念	低自我价值、远离自我、缺乏控制/无助、把焦点放在对他人的期待上
内在资源和力量	自我争取、有领导才能、有能量
常见的生理症状	肌肉紧张、背痛、紧张性头痛、高血压/中风、心脏科疾病、气喘、易出事故
常见的心理症状	愤怒暴怒、易被激怒、反抗的、拒绝的、暴力

3. 超理智型沟通姿态(super-reasonable stance)

姿势：超理智型个体两手摆高交叉在胸前，眼睛的视角由高摆的手之上方看出去，目光所及是一片天空，他控制别人的方式，就是进入大脑，完全理性化，不让别人看见他的感受。这类人常常引用大量统计数字、研究报告，凡事理性、严肃、威严、疏离，不管他人与自己的感受，只在乎情境、原则、制度和合理。他们一丝不苟，试图保持自己在讨论中的主导权，超理智型沟通个体的资源是聪明、理性、冷静、善于分析，若能在保有这些资源的同时，也多觉察自己与他人的情感、感受及身体信号，并有所整合，就可以成为一致的人。

表 5-4 超理智型沟通特征

项目	特征
行为	僵硬而刻板的姿势、看起来很冷淡、严肃而高人一等的神情、操纵、喜欢提出建议、不带人性地客观、无聊的
言语	逻辑而客观的、引经据典、喜欢冗长的解释、避开有关个人的或情绪上的话题、喜欢用复杂的术语
主要的情感	仅显露少许情绪、内心极为敏感、孤单的、孤立感、空虚的、害怕失去控制、易显示脆弱的
自我概念	低自我价值、缺乏自信、感到缺乏控制、无法表露感受
内在资源	有知识的、注意细节、善于解决问题
常见的生理症状	癌症、皮肤病、淋巴系统疾病、背痛、心脏科疾病
常见的心理症状	忧郁、强迫心理、强迫行为、社交退缩、缺乏共情

4. 打岔型沟通姿态(irrelevant stance)

姿态：两脚内八字站立且踮起脚尖，向前弯腰，两手自然往下垂，在家庭重塑时，多简化为背转身站立姿势。在关系中，当让打岔型的个体觉得害怕、焦虑的话题出现时，他/她会主动改变话题或中断，或是讲些不相干的笑话，没必要的走动或离开现场。他认为只要将有威胁的话题转开，就可以安全。打岔型沟通的个体内心觉得没有人在乎他，拥有的内在资源是自发、幽默与创造力，在沟通中自我、他人与情境三个部分皆被忽略了，因此打岔型个体需要同时增加对这三个部分的重视，在适合的情境发挥弹性、创造力及开放。

表 5-5　打岔型沟通特征

项目	特征
行为	活力过多或没有活力、不安定的、看起来不灵敏的、寻求关注
言语	改变话题以分散注意力、不能专注于一件事上、避开有关个人的或情绪上的话题、讲笑话、打断话题
主要的情感	仅显露少许真正的情绪、内心极为敏感、孤单的、焦虑、悲伤、空虚的、害怕失去控制、易显示脆弱的、困惑的
自我概念	低自我价值、缺乏自信、感到缺乏控制、无法表露真实感受、没有归属感
资源	幽默、自发性、创造力、好玩、有弹性
常见的生理症状	神经系统疾病、消化系统疾病、糖尿病、偏头痛、晕眩、易出事故、平衡及协调方面的毛病
常见的心理症状	困惑的、不善于控制冲动、忧郁、缺乏同理心、学习无能

5. 一致型沟通(congruent stance)

一致性包括两个部分，一个是对自己的一致性，一个是与他人沟通时的一致性。

对自己一致指的是我们对自己的感受、想法、身体信号，以及对我们的体验保持觉察，对自己开放、好奇与接纳。处于一致性的状态中时，个体可以感受到自己脚踏实地，以自己双脚站立，给予自己支持，身体平衡、流动、具有活力与和谐。但对自己一致并不表示就一直是快乐的，而是能够在觉察到自己有情绪时，停下来了解和接纳这种情绪，即便是感受到沮丧或抑郁，也去接纳，同时觉察自己此时的想法、期待和渴望，以及周围的人际关系，同时决定是否要找人诉说或求助。如萨提亚曾描述高自我价值感的特征是："我觉得沮丧，我的声音听起来，我的外观看起来，就是沮丧，我承认沮丧，并与人分享，我也会决定要不要求助。"

要实现与他人的一致性沟通，则需要先专注于自己的身心，觉察自己身体的信息，平静呼吸，与自己的感受进行接触，并关注对方的身体语言，接纳、尊重和信任对方，发自内心地与对方分享，而不是防卫式的即时反应。葛莱瑞认为要与别人进行一致性沟通，就需要自我的觉察，当在与别人关系中觉得不舒服时，应该首先与自己联结，觉察自己真正的感受，然后可以自由地说出自己的焦虑，而不必指责对方。一致型沟通的人往往有高自我价值感，有勇气表达和分享自己的不安全感与恐惧而不需要加以遮掩，一致型沟通的人觉察并承认自己的不安与焦虑，但不把自己当成是受害者或软弱的人，而是接纳自己全面的人性感受，并有勇气与人分享。在一段双方都是一致型沟通的关系中，双方可以分享焦虑、恐惧、观点、梦想以及希望等等，双方不需要意见一致，但可以了解彼此的想法和感受而更加亲近。

表 5-6　一致型沟通特征

项目	特征
行为	有活力的、有创造力的、有生命力的、自信的、能干的、负责任的、接纳的、有爱心的、平衡的
言语	兼顾感受、观点、期待、愿望；开放而分享的；诚恳的；聆听他人；尊重自己、他人与情境三者
主要的情感	平和的、平静的、有爱心的、接纳自己与他人的、脚踏实地的
自我概念	高自我价值的、能干的、欣赏自己的独特性、接纳人与人在价值上的平等、与生命力联结
资源	自我觉察的、负责任的、开放的、关怀自己与他人、统整
常见的生理症状	健康的
常见的心理症状	健康的

萨提亚用夸大化的身体姿态来表现人们在压力下采取的四种不一致的沟通姿态：讨好、指责、超理智、打岔，她的这种方式很巧妙，这样做不像语言表达那么具有威胁性，却又让人们在摆出某种姿态时，可以从身体感觉上觉察有什么感受。当在做家庭雕塑或角色扮演时，主角及各家庭成员都可能发现，在这种姿态下如何看待他人、自我，以及对彼此的感受。需要澄清的一点是，萨提亚并不认为这四种姿态是不好的，她认为这是当年在原生家庭中，人们学到的求生存的姿态，每一种不一致的沟通姿态中同样隐藏着个体所具有的心理能量和资源，重要的是将之引导和运用于恰当的地方。对于一致型沟通，萨提亚特别强调，要做到一致，尤其是对自己一致，最重要的是保持觉察。因此当我们觉察到自己正在使用不一致的应对姿态，比如指责别人或讨好别人，而压抑了自己，或是自我价值低时，就需要为自己重新做选择，不走过去“即时反应”的老路，而是做出积极主动的选择和回应。另外，有时我们会有意识地采取不一致的沟通姿态，例如出于社交需要而赞美老板新剪的发型，即使内心觉得这个发型不好看，此时需要觉察到，是自己决定选择以讨好的姿态去赞美老板，因此对于自己而言，此时也是一致的。再如，当我觉察到在面对压力时我常用的沟通姿态是讨好，我在沟通的自我、他人、情境三个部分中忽略了自己，那么我就时常提醒自己，去联结自己的感受，同时增加对自己的照顾，以此方式也可以成为平衡与一致的。

(五)内在冰山隐喻

冰山隐喻是萨提亚发展出来的一个非常视觉化的隐喻，看上去与弗洛伊德的人格结构有些相似，但萨提亚的冰山更注重行为下面各个心理层次的内在过程，结合了行为、认知、人本及存在主义(Banmen,2002)。

萨提亚认为我们的内心世界如同一座浮于海面上的冰山，外显的部分只是冰山的一角，即我们的行为、言语、应对姿态的部分，而冰山的绝大部分藏于水面以下，无法从行为和言语部分直接看出，而这才是决定我们自尊、沟通姿态和对人生做选择的关键的部分。这个水面以下的部分具有不同的层次，反映我们内心体验不同的深度。

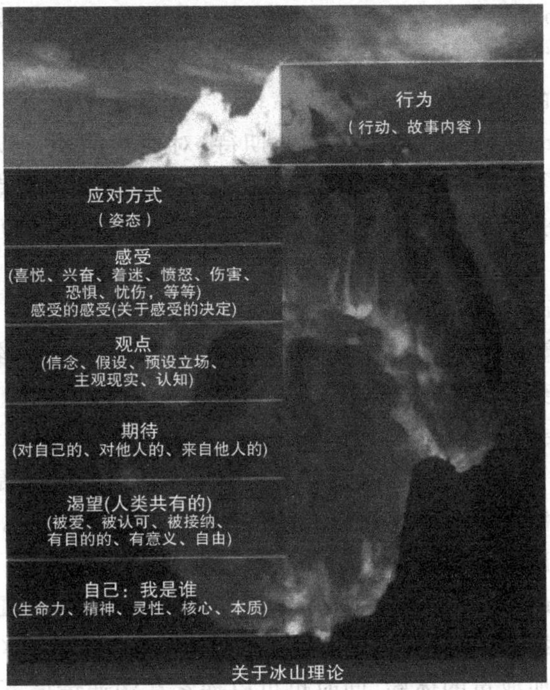

图 5-2　萨提亚模式的冰山图

冰山由上而下的各层次之间是相互影响的，分别是：

(1)行为(behavior)：个体的行为或是所讲述的故事内容。

(2)应对(coping)：指对人和事所采取的一致、讨好、指责、超理智、打岔等不同的应对姿态。

(3)感受(feeling)：指在内在感受到的情绪是喜乐、兴奋、着迷、愤怒、伤害、恐惧、悲伤、疼惜、嫉妒等。

(4)感受的感受(feelings about feelings)：即因为自己有了以上感受之后，而对此产生的新的感受或决定，这与个人的规则、信念有关。例如，停电的晚上，妻子期望丈夫早点回家陪伴自己，而丈夫却迟迟未归，妻子的感受是“受伤”“脆弱”和“害怕”，但妻子是个要强的人，她的人生规则和信念是“绝不输给别人”“我不需要任何人也能活下去”，因而妻子对自己的“受伤”“脆弱”的感受产生了“生气”的新感受，也就是说，她对自己需要丈夫关心的事实，以及因为没得到关心而伤心的事实感到很生气，因为这显得她是脆弱的、不够强大。感受的感受(生气)往往会导致个体压抑和否认最初的感受(受伤和脆弱)，而只体验到后一种感受(生气)，因此妻子可能体验到的是对丈夫不体贴的“生气”或因为自己需要丈夫而“生气”，这样在丈夫回家之后妻子可能会一直对丈夫板着脸。这个层次是萨提亚在探索内在心理过程中的一个很特别的方式与层次，也常是来访者内在情绪冲突与矛盾的重点。

(5)观点(perceptions)：个体对所发生之事的信念、假设、主观现实。如上一个例子中，妻子所抱有的"有需要就是软弱"的信念，以及"如果我不需要别人，就不会有被拒绝而失望的危险"的假设等。

(6)期待(expectations)：包括对自己的期待、对他人的期待以及来自于他人的期待。期待是具体化了的渴望，例如同样渴望被爱，但一个人的期待可能是对方为自己做饭洗衣服，觉得这是爱的表示，而另一个人可能觉得与对方有可供聊天的话题和共同爱好才是被爱。

(7)渴望(yearning)：是人类普世共有的，渴望包括渴望被爱、被接纳、被认同、被肯定、被重视，被人尊重而有尊严，渴望自己是可爱的、有价值的，渴望生命或所作所为是有意义的，渴望得到自由等。

(8)灵性自我(self)：这是冰山的核心，是自我的灵性的部分，常被称为生命力、精神、灵性、核心、本质等。它决定了我们与自己和世界的关系，萨提亚模式的各种探索方式，其目的就在于促进个体与灵性自我的联结，发现本然的自己，由期待、渴望人手，接触、接纳和重视自己，以此来感受和提升自我的价值感。

冰山图运用的方式灵活多变，例如家庭治疗师可以将冰山各画在一张纸上铺在地上，请家庭成员分别站在自己的冰山的不同层次，透过视觉及身体移动，在不同的层次进行对话，以此来增加成员的体验，同时也可以探索在沟通情境下，他人当时所处的冰山的不同层次，以加深了解，也为双方一致性的沟通铺路。冰山图运用的范围也很广，除用于家庭治疗外，也可运用于个别咨询，如果家庭成员对冰山隐喻足够熟悉的话，也可自己用于生活中增加对自己的觉察。冰山隐喻其实可以在萨提亚模式的各项工作方法中看到，包括家庭雕塑、自我环等，通常所有的工作都由家庭成员的期待与渴望切入，之后治疗师就如同在冰山图的各个层次上弹钢琴一般，在来访者的各个内在层次之间来回跳跃、穿梭，引领和帮助主角产生深入的觉察与转化。萨提亚冰山的运用可以自由地在上下各层次之间探索，因为在事件发生时，各层次也同时产生了变化，这些层次之间也存在着相互影响。

生活中的心理学

我和你的目标

——维吉妮亚·萨提亚

我想爱你而不去抓住你
欣赏你而不去批判你
参与你而不去侵犯你

邀请你而不去强求你
离开你而不必内疚
批评你但不去指责你
并且
帮助你而不去看低你
如果我也可以从你那里得到这些
我俩的相遇就是真诚的
而且能彼此滋养

复习巩固

1. 萨提亚模式的自尊/自我价值指的是什么?
2. 萨提亚的家庭三角关系与鲍文的三角关系概念有何差异?
3. 指责型沟通姿态的人有何资源?

第二节　萨提亚家庭治疗模式的操作技术

一、萨提亚模式的治疗目标

萨提亚在协助人们改变的过程中,主要关注如何帮助他们提升自我价值,让人觉得自己有价值,她教导人们用一致、和谐的沟通方式,帮助他们重新使用感官去接触自己及家人彼此真实的感受,开启人们选择的机会,也改变彼此的关系应对模式,并为新的沟通方式及新的生活而冒险。根据米歇尔·鲍德温(Satir & Baldwin, 1983)对于萨提亚的家庭治疗操作的观察,鲍德温认为萨提亚模式中有四类目标。

1. 四大目标

四大目标即是萨提亚模式希望帮助所有来访者达成的共同目标,萨提亚还是要帮助来访者去设定针对其个人情况的正向导向目标,但是这些皆涵盖在四大目标之下。四大治疗目标是要帮助来访者达到以下目的。

(1)增进个人的自我价值,成为统整、全面的人:她在家庭治疗中,就是要去整合每一个家庭成员的需求,在统整的家庭系统中独立自主地成长,也就是让求助的家庭能得到新的希望,帮助他们由旧梦中清醒,再创造新的梦。

(2)有能力作选择:使人们知道他们有能力做选择,小至彼此的互动,大至对生命方向做出重大决定。她主张人可以有一个以上的选择,因为一个选择意味着没有选择,两个选择常是趋一避冲突,三种选择就可以增加很多的可能性与弹性,也许我们必须承认在某些情境下选择真的很有限,但是人们仍然要记得自己是有能力作出选择的。因此她主张通过增进适应技巧,教导家庭成员新的观点与处理方式,就如同有新的选择一般,让家庭更新与人互动的能力,帮助人们去发现不同的适应体验和过程。

(3)帮助来访者负责任:负责任不仅意味着对行为、选择负责任。萨提亚还将感受纳入人们要负的责任之中,指出人们应该为自己的感受负责任,这正是大多数人变得抑郁愤怒的原因,因为人们将自己感受的责任放在别人身上时,认为"是你让我不开心"。萨提亚提醒人们,感受是属于我们的,因而我们驾驭我们的感受,并且透过我们的感受经历喜悦。

(4)帮助来访者表里一致:表里一致是萨提亚模式的重要概念,指的是同时接触到个人的感受、自我和人类的共通性,并接纳其存在。由于前来咨询的个人或家庭常带着他们的痛苦而来,症状常带有明显的个人色彩,然而萨提亚视症状为想要健康的一种企图,她认为个人身体的症状,就类似于车辆仪表的警示灯,当灯亮起时,说明车子的系统有某部分或几个部分损坏,以致整个系统被影响。因此找出家庭成员间的耗损、阻碍或伤害自己或对方的方式,在个体层面上,就是要去处理人们的自我评价、沟通,以及自我环的八个层面(生理的、理智的、情绪的、感官的、互动的、营养的、环境的、灵性的);在关系层面上,则是将僵化的家庭规条改变成"生活指引",保留规则中原有的善意,却更具有人性化、弹性及适合现状的变化。同时让家庭互动实现一致表达,彼此聆听、接纳,就可以走向健康,症状就不再需要。

2. 最终正向的治疗目标

这指的是来访者所期望的整个治疗过程的结果及"问题"的解决。治疗师处理来访者的内在经验(个人冰山)以及探索来访者深层的情感渴望,从而将来访者带入深刻的个人体验中,然后治疗师帮助来访者将问题转化为正向导向的目标(例如将"无法建立坦诚长久的两性关系"转化为"打开和放松我的心,可以接纳爱进来,也可以给出我的爱"),并取得做出改变的承诺。

3. 会谈的目标

每次治疗师在见来访者时,便要运用经验,事先设定该次会谈的正向导向目标。每次会谈的目标又服务于初次会谈所设定的最终正向导向目标。这些目标通常是聚焦在来访者的内在体验,以改变过去事件或情境的影响,正是这些影响造成了现在的不良即时反应、逃避、痛苦或放弃的模式。一旦目标设定,治疗师即帮助来访者承诺做出改变。

4. 逐步目标

这是每次会谈中的小目标,引导来访者做出达成会谈目标所需的改变。

二、萨提亚模式治疗会谈程序

在萨提亚模式中，治疗会谈基本上可以分为开始阶段、中间阶段和结束阶段(Satir，1987)。

表 5-7　萨提亚治疗会谈过程

	改变的阶段	治疗的过程
现状	开始阶段 为改变做准备	做出接触 认可、肯定 促进觉察
外在因素 混乱 新的选择	中间阶段 做出改变	邀请投入改变之中，并为自己负责 挑战来访者功能不良的应对模式 帮助来访者扩展新的选择
练习 整合	结束阶段 强化改变	导引练习 强调正向的改变

在开始阶段，治疗师要完成的工作有做出接触、共情、促进来访者的觉察等。

(1)从内心及外部环境两个方面做好准备。治疗师必须保持在场(be present)并全情投入，踏实地处于一致的沟通状态，也准备好适于治疗的外在环境。

(2)与来访者做出真正的接触并建立亲和感。

a. 初次会谈可以用几分钟时间建设性地认识对方；再见则花几分钟与来访者重新联结。

b. 使用来访者的语言、步调及音调。

c. 接纳、开放、不批判且值得信任。

d. 建立彼此的联结、相互建立关系，以及安全感。

(3)引导每位来访者说出自己的希望和期待(你希望今天在这里为你自己得到什么)。引发来访者想要改善的期待。询问对方需要如何帮忙。

(4)聆听呈现的问题，尤其需要关注来访者的主观体验。

a. 了解为何来访者的问题会成为其应对上的问题。

b. 探索该问题对此人的内在世界已造成的冲击。

c. 认同和肯定到目前为止来访者的应对是他/她所能尽的最大努力。

d. 协助来访者将此问题重新定义成为一个成长的机会。

(5)在初次会谈时，将问题转化为正向导向目标的最终目标(即治疗所要的结果)。协助来访者去预想在治疗结束时其内在与外在会有什么变化(注意在开始时不要有太具体的期待，避免受到限制)。在会谈期间，治疗师还要时常检核最终目标，以评估是否需要改变。

在中间阶段，治疗师要完成的工作包括邀请来访者投入治疗，为自己负责并承诺改变；挑战来访者不良的应对模式以及教给来访者不同的选择，包括以下内容。

(6)取得每个来访者愿意在改变或改善上做努力的承诺。

(7)在治疗会谈期间，自始至终对以下问题进行评估。

a. 确认每个来访者的沟通应对姿态。

b. 考查来访者改变的可能性。

c. 运用过程性的问题(例如，“不再相信异性对你来说意味着什么”或“你的眼泪想要表达的是什么”等)进入来访者的内在经验(冰山)。

d. 探索来访者尚未满足的期待及渴望。

e. 探索来访者自何处学到了自己的应对模式和即时反应系统(即探索原生家庭或具影响性的过去事件)。

f. 让来访者觉察到其所拥有的资源。

(8)治疗师与来访者共同合作，形成一个治疗的焦点和计划；并对最终目标进行讨论，看看有没有可能要增加的目标(你需要做什么改变，才能实现你的目标)。

(9)通过完成下列各项工作，帮助来访者做出改变。

a. 觉察来访者内在的心理动力。

b. 帮助来访者接纳自己的体验和感受，并能欣赏和接纳自己过去为了应对问题和生存而做的努力。

c. 借着探索来访者所具有的资源和可供疗愈的生命能量，协助他们做出改变。

d. 落实改变。

(10)在来访者或每个家庭成员身上找出至少一项你所欣赏或尊重的内在特点，并与家庭成员进行讨论。

在结束阶段，治疗师需要用家庭作业的方式引导来访家庭练习改变，并对其进行强化。工作包括以下几方面。

(11)回顾会谈的重点、激发希望、为会谈做总结，并邀请每个来访者对此次会谈给予反馈。治疗师也可以提出自己的反馈。可能的话，给予一些治疗教育，并再次澄清治疗师的角色。

(12)给予家庭作业，以协助来访者练习这些改变；作业必须是来访者能力范围内的且是正向的。作业应该涵括了来访者内在经验(冰山)的所有层面，包括感受、观点、期待、渴望和核心自我等层次。

(13)安排下一次的会谈。

三、萨提亚模式的具体技术

萨提亚很具有独创性和开拓精神，她运用自己非凡的想象力，发展出了很多特别的治疗技术，她所有的技术都指向一个目标，即深化家庭成员的体验，解除家庭成员用于保护自己的沟通姿态的伪装，让家庭成员恢复本来面目，从冰山更深的灵性、渴望的层次出发来创造彼此的新关系。以下列出的七项具体技术，只是萨提亚模式技术体系的一部分，其中前四项主要针对关系，而后三项主要针对个人成长，冥想技术则在关系与个人成长中都有运用。

1.三代家庭图

与代际派相似，萨提亚模式中也注重绘制来访者的原生家庭图，而如果来访者要做家庭重塑的话，三代家庭图更是必须完成的前期准备之一。萨提亚三代家庭图的一个特点是，图中的内容并不一定是事实，来访者不需要核实每一个信息，而只需要依据自己曾听到过或想到过，同时相信或认为真实的信息来绘制。因为萨提亚模式关注的是事件或家庭对来访者造成的冲击与影响，认为正是这些内化了的主观事实对来访者更为重要。

萨提亚三代家庭图的绘制分为以下几步。

(1)列出家庭成员以及相关的基本信息。常用符号包括：圆圈代表女性，圆圈外加一个方形表示男性，在纸上按人物关系列出来访者原生家庭所有家庭成员或长期同住的人，包括：父母亲、继父母亲、来访者本人、来访者的兄弟姐妹（把每一个孩子依出生时间次序排列在家庭图上）、家庭中曾有的夭折或堕胎的成员（去世的人在其图形上打个叉表示），以及在来访者成长过程中曾与之同住的其他重要成员。列出成员之后，填写相关的个人信息，包括：姓名、出生日期、出生地、现在的年龄（如去世了，则填去世时的年龄）、宗教信仰、职业、教育程度、重大疾病、兴趣爱好。

(2)关系的标示。把夫妻/同居双方用直线连接表示婚姻关系，线上标明结婚或开始同居的日期（如已分居或离婚，则加上分居/离婚的日期）。如果来访者在成长中有过不止一个家庭（如亲生和收养家庭），则需各画一个图。

(3)加上个性形容词。根据来访者在18岁前对每个家庭成员的体验，为图中的每位家庭成员分别加上三个积极的个性形容词（如善良的、幽默的），及三个消极的个性形容词（如刻薄的、吝啬的）。

(4)展现家庭关系。请来访者选取一个18岁前家庭面对压力或分歧的特定状况，归纳出处于压力之下家庭成员间的关系并照下列方式在家庭成员间画上关系线。如果在某两个人之间不只有一种明显的关系，则同时加上第二种关系线。

a. 粗而实的直线▬▬▬代表纠缠不清的关系。

b. 曲折线/\/\/\/\/\/\/\代表风暴的、骚动的或憎恨的关系。

c. 细而实的直线———代表即使是在压力下也是接纳的、冲突很少以及积极的关系。

d. 虚线┈┈┈代表疏离的、退缩的、消极的或冷淡的关系。

(5)标示应对姿态。根据来访者对18岁之前的记忆为每位家庭成员标示上他们在压力之下的主要应对姿态。如果有明显的次要应对姿态则将之加在主要应对姿态之下。下图是从家庭中小儿子的角度绘制的原生家庭图。

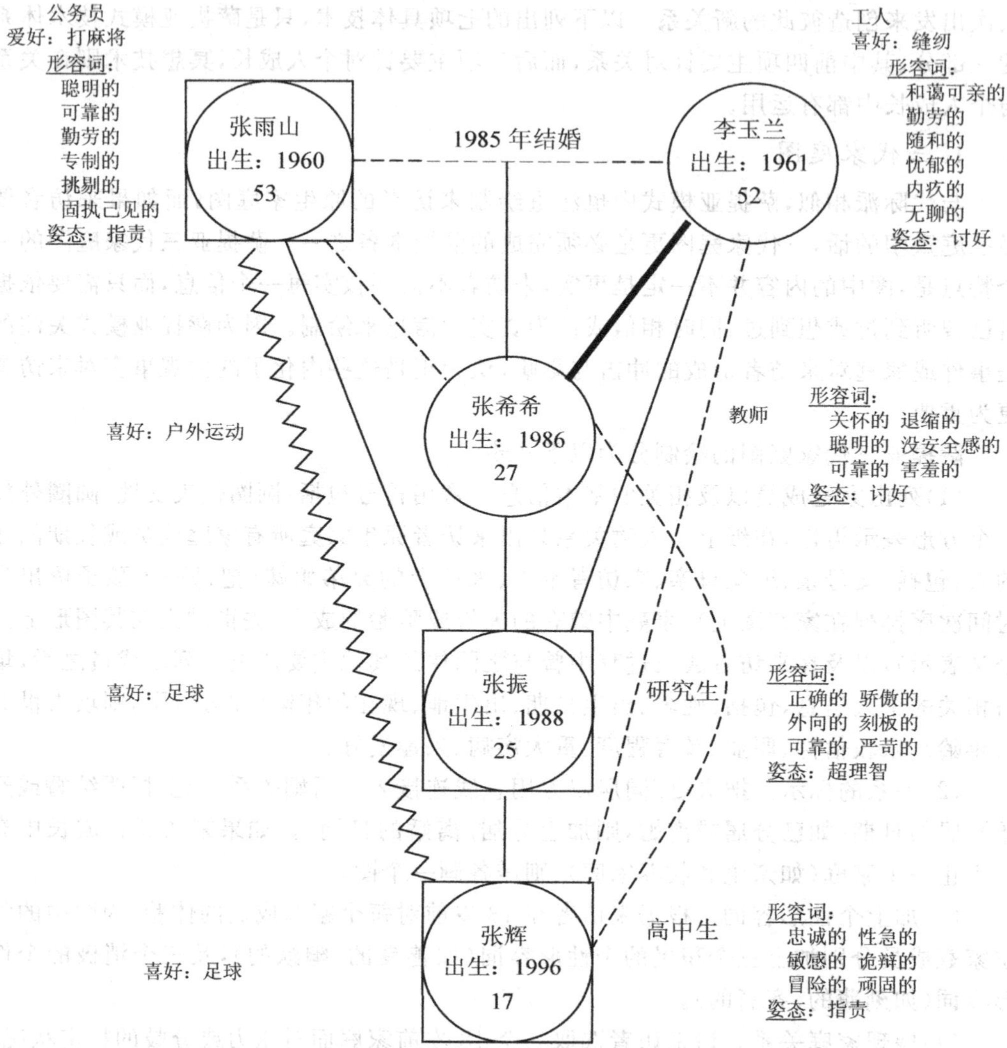

图 5-3 原生家庭图例

在完成来访者的原生家庭图后，一般还需要再分别绘制其父亲和母亲的原生家庭图，遵循同样的原则，来访者不需要核实每一个信息，而只需要依据自己曾听到过或想到过，同时相信或认为真实的信息来绘制。在绘制完三代家庭图后，来访者可以通过比较自己的家庭图和父母的原生家庭图，找到其中相似与相异之处，这个过程对来访者很有启发性。

2. 雕塑

萨提亚家庭雕塑技术由家庭成员(也可在团体中选择相应的扮演者)运用身体姿势和动作来完成,反映出某位家庭成员对自己家庭成员之间关系的看法,家庭成员(或扮演者)在该成员指导下,运用不同的身体姿势、动作、距离和位置安排,在治疗室内生动形象地摆出家庭关系的塑像。萨提亚运用沟通姿态,来示范家庭成员的应对,用垂直排列来显示权力大小(例如站在椅子上),用彼此水平距离的远近展现亲密程度,也就是在空间中,以创造性及非口语的方式,让人们运用自己的肢体将内在潜藏的否认、忽略或扭曲的防卫展现出来,表达他们对关系的观点、感受、渴望、规则,以及如何看待自己及他人。雕塑以生动戏剧化的方式展示家庭景象,结合非言语的距离、姿势与表情,以隐喻的方式来象征家庭中的亲近、疏离、包含与排斥、依赖与独立等主题,家庭雕塑可以帮助来访者检查对自己的家庭关系的观点,以扩展其对自我与家庭动力的觉察,以及对以往体验的再诠释。这种对家庭关系进行具体形象的展示,比言语描述更具有冲击力,也更能激发出来访者与之相关的情绪,并引发改变的可能性。在临床上的运用经验使得研究者和实践者们相信,家庭雕塑技术可以有效用于切断过度的言语化、理智化、防卫及投射性的指责。

雕塑的步骤:

(1)选择雕塑场景:要求雕塑者选择引发强烈情绪的特定事件或时间点,治疗师可以通过询问一些具体的细节,如当时住的地方,家具的摆放等问题帮助雕塑者回到事件当时的情境。

(2)选择角色扮演者:由雕塑者在团体中选择个性或外表特质类似其原生家庭成员的人,如父母、兄弟姊妹与自我等,由这些人担任角色扮演者。

(3)雕塑:

①治疗师指导雕塑者告诉每一位角色扮演者在扮演特定的人物时需要知道的事,如父亲的特质、他的身体姿势、脸部表情、重要的非言语动作等,以促进角色扮演者对真实家庭气氛的知觉,并增进雕塑者对家庭成员的共情和了解。

②雕塑者把角色扮演者摆出特定的空间、隐喻的位置、手势(表情)、与自我或其他家庭成员有关的动作的模式,距离、亲近、碰触、脸部表情、手臂与脚的位置是雕塑者对家庭知觉的重要指标。

③治疗师应给予雕塑者适当的引导与支持,并对其感受给予完全的自由、尊重及认可。

④治疗师可以运用一些过程性的问题来促进雕塑的形成。例如:(这些问题可以问雕塑者与其他扮演重要家庭成员者)

a. 你妈妈应站在哪里?你爸爸呢?

b. 你妈妈采取的姿势是什么(坐、站、跪下、躺下或其他)?你爸爸呢?

c. 你妈妈脸部的表情是什么?你爸爸呢?

d. 他们有多接近？他们会碰触彼此吗？如何碰触？碰触哪里？

e. 他们会对彼此说什么？

f. 你雕塑的标题是什么？

g. 这个雕塑持续这样多久了？

h. 在这雕塑中将会发生什么事？

i. 身处这家庭的这个位置感觉如何？

j. 你同意这就是家庭的功能吗？

⑤治疗师要有意放大家庭雕塑中的某些功能不良的部分，并通过重复来增强情感的强度。

⑥治疗师要以安慰的音调与适当的身体接触来支持雕塑者。

⑦治疗师要保护雕塑者，避免其情感过于激动而无法承受。治疗师还应对雕塑者有极高的尊重，以自己的态度来示范和预防其他团体成员的分析，保护这个体验性的过程。

⑧当雕塑者以新的观点去面对他的家人时，团体成员帮助雕塑者做出新的选择。

⑨若时间允许可以让雕塑者创造一个新的雕塑，显现更健康更有功能的安排，为雕塑者增加选择、希望，及强化改变。

(4)探讨雕塑的过程：

①雕塑者与其他参与者卸去角色，并接受询问，以帮助他们回到此时此地。

②雕塑带来新的觉察，有助于雕塑者对原生家庭已发生事件的知觉、解释与反应，而家庭中关系的模式、界限、三角关系、结盟关系等会清楚呈现出来。

③角色扮演者、治疗师和团体成员给雕塑者反馈，对雕塑者的体验提供支持与肯定。

④治疗师要避免对雕塑者的体验做出重新解释，因为由雕塑者自己得到的觉察会比由治疗师强加的解释更强有力。

萨提亚的家庭雕塑可运用于家庭治疗中的个人、夫妻、两个协同治疗师或工作团队、父母与小孩的亚系统、兄弟姊妹的亚系统、整个家庭、与家庭有亲戚关系的扩展家庭网络，用来展现家庭关系。同时也可用于展现个体各种个性特征之间的关系，如自我面貌雕塑，或用于展示某个群体中各成员之间的关系，如工作伙伴雕塑可被运用于公司的训练与组织发展中，雕塑的阶段与形式会因对象而有所不同。

3. 处理未满足的期待

萨提亚模式很强调未满足的期待在个体心理困扰中的影响，对未满足期待的关注在葛茉瑞和班曼的著作中随处可见。葛茉瑞认为，没有任何一种促使人类改变的心理治疗取向会像萨提亚模式那么强调未满足的期待以及如何转变这些期待。萨提亚模式认为，当期待得不到满足时，人们常会有消极的情感反应。即使这些期待根本不可能产生我们想要的结果，却仍然紧抓着不放，然后耗费大量的能量来重演过去的痛苦，甚至发展出各种症状，例如忧郁、焦虑，或精神疾病，而失去了内在和谐。最为常见的例子发生在对父母的未满足的期待上，例如一位男士从小就听话懂事、努力学习，因为他期待得到自己严苛、指责的母亲的认同，得到她的赞美和肯定，期待母亲像别人的母亲那样慈爱。然而母亲一生都很少承认和肯定他，而此人在成长过程中，无法放下这些期待，一直以完美的、能被母亲肯定的标准来要求和强迫自己，或许他在工作或学业等方面取得了非凡的成就，但内心并不为此兴奋和快乐，可能在其母亲离世多年之后，他仍不能从这份期待中解脱出来，因而耿耿于怀。这个例子很具有普遍性，在与人际关系有关的心理疾患和困扰中，处处可以看到未满足的期待的影子。

萨提亚模式对未满足的期待的处理包括几个步骤，首先要帮助来访者觉察到自己所抱持不放的未满足的期待以及这些期待是如何对其人生造成影响的。然后要帮助来访者承认未满足的期待是自己所拥有的，与期待的对象并没有太大的关系，是自己选择紧抓住期待不放的。之后则是帮助来访者做出选择，处理未满足的期待可以有几个不同的选择，一个选择是放下这个期待，例如母亲已去世，原有的希望是她像别的母亲对待自己子女那样对待自己，这样的期待已不可能实现，健康的方式是学习放下这个期待，将它摆在自己的人生历史博物馆中，当这个期待又浮现时，可以再去看看，接纳自己的悲伤、遗憾和失落，同时也接触自己内在的力量。第二个选择是寻找其他可能满足自己的途径，例如与自己的某位长辈或师长建立亲同母子的关系，以此方式获得期待的替代满足。第三个选择是选择留在尚未满足的期待，即选择仍然保留这个期待，并意识到这样做可能要付出的代价或是可能带来的好处，例如可以继续指责母亲，把不如意归因于她没有好好对待自己，而不必为自己的行为负责等，或是不拿回对期待的自主权，而将决定权交给对方等。当来访者选择仍然抓住期待不放时，治疗师需要帮助来访者权衡得失，考虑如何减少付出的代价；这种选择与过去无意识抓住期待不放的根本差别在于，来访者认识到是自己选择不放下期待的，因而也需要承担这个选择的结果。第四种选择是回到冰山图中更深的渴望层次，看到期待背后隐藏的渴望，并找出新的方法以拥有高的自我价值，在对母亲的未满足的期待后面看到自己渴望被爱、被珍视和尊重，继而学习珍视自己和尊重自己，也学习到去珍视和尊重自己的孩子和其他人。第五种选择发生于未满足的期待有机会得到满足的情况下，即在可能的情况下，去促进期待得到全部或部分满足。在上例中，如果母亲仍健在，可以试着跟她发展更包容、更积极的关系，在新的关系中寻求期待的满足。萨提亚模式处理未满足的期待的方式很多，可以在家庭重塑过程中处理，也可以只运用部分雕塑，如重要他人或父母雕塑，进行独立单元式的处理。

4. 天气报告

这是萨提亚模式常用的一种治疗工具，目的在于增加家庭成员之间的一致性沟通，提升家庭成员的自我价值和为自己的感受负责。天气报告就是家庭成员坐在一起，依据下面所述的五个部分的内容进行言语的分享，这种分享练习可以创造成员间安全及信任的氛围，让大家可以自由表达自己，也给其他成员聆听的机会。通常由治疗师先在咨询室示范带领，再邀请家庭成员，尤其是孩子回家后做主持者，带领家庭继续练习。分享的内容很广泛，成员可以分享在工作坊或日常生活中的发现、感受、困惑、不满，对他人的欣赏感谢，或是自己所做的梦，也可能分享平时不太谈论的信息。

天气报告由五个部分构成：首先是“欣赏和感谢”，要把家庭带进安全、信任的氛围，就先从对彼此的欣赏和感谢开始，这个部分有助于使成员觉得受到注意、重视、被接纳、肯定以及被认可，而提升其自我价值，同时也开放自己，更容易地往下进行到另一个部分。第二个部分是“抱怨与建议”，这个部分公开表达对其他家庭成员的不满和建议，同时也包括对家庭成员生活细节、管教方式、家庭规则调整等方面的不同意见，家庭成员因此不必担心被其他成员在背后议论。当抱怨是带着建议一起提出时，发言的人就不容易陷入指责、辱骂中，而是负责和参与，提出可行建议，此一部分使得家庭成员在表达不满时，又同时考虑他人，也被其他成员聆听，以此促进成员间更一致性表达。第三部分是“困惑、担忧、关心”，这是鼓励成员提出自己的疑问，这些疑问可能是因为家庭成员缺乏相关的信息，因而需要澄清，这个部分主要在于建立一个好奇、安全的气氛，让成员不觉得提问会被拒绝，被提问者也不会感到被批评，因而愿意开放地提出困惑，改变过去压抑或隐藏的沟通方式，例如成员可以提出自己对某一成员过去行为的失望与疑惑，询问对方当时做选择时的考虑等。第四部分是“新的信息”，这个部分鼓励成员说出自己在家庭中想让其他人知道的新信息，例如在自己可能在某个时候不能参加某些家庭聚会，或是其他好的、坏的消息，或是自己的决定，甚至可以是一个梦。这样的分享可以增加彼此的信任、尊重，也增进彼此关系的重要性。第五部分是“希望与愿望”，鼓励成员提出对家人的希望与愿望，例如可以提议在何时去旅行等，但当然并非所有的愿望都能得到实现。

坚持练习天气报告可以改变家庭的沟通与联结。这个工具可作为家庭治疗后的家庭作业，也可运用在夫妻、朋友间、工作团队、工作坊、三人组练习等，可增进情谊与协调合作。

5. 面貌舞会(the parts party)

这是萨提亚发展出来的一个很有趣的工作方式，其目的在于整合及自我接纳。我们每一个人都有许多不同的个性特点和心理资源，在人际关系中多数只是接触到对方人格面向的一部分，有时刚看到一位朋友神采奕奕，半个小时后却看他无精打采判若两人，我们自己也都有过内心各部分的冲突体验，因此认识和觉察我们内心的各个部分、发现自己内在的资源，以及接纳自己、将负向的能量转化为正向资源，进而创造更整合、更内外和谐一致的自己，就是萨提亚所倡导的生命课题。面貌舞会正是萨提亚模式用来认识、运用和转化内部心理能量的工具。

面貌舞会开始前，治疗师先请主角(即塑造自己面貌舞会的来访者)各选出古今中外自己钦佩与厌恶的代表人选，两类人物数目相同(例如各有三个人物)，然后主角说出各人物的特点，并描述其行为举止，此处采用的是投射的方法，主角所选择的人物的特质往往反映主角对自身喜欢或讨厌的特质。之后主角在团体中选择这些人格特点的扮演者，如选择一位成员扮演林黛玉的“忧愁”，在扮演时也请扮演者他们做出所扮演的人物的言行，如果有道具和服装运用在扮演者身上的话效果更好。选角结束后，进入舞会的第一阶段，此时这群人物以其所扮演的特质的身份在一个舞会上相遇、互动，在此过程中治疗师会根据需要多次请各位扮演者停住，然后请他们说出此刻内心感受的变化，此时他们运用的主要人格特质也会有所变化，在得到这些扮演者的反馈后，再随时与主角核对，看其本身是否也有此经验，再请扮演者们根据此时的内心感受及特质转变的方式，继续参与舞会；舞会的第二阶段中，请人格特质们每一个都轮流尝试成为控制和支配现场的人，一段时间后，再请他们停住，问其感受以及对自身代表的特质的运用情况，请扮演者根据自然的变化继续进行，也请他们记得这个过程中自己的内心变化，并与主角核对。在这个阶段各种人格特质们可能结盟、协商、争执或忽略他人，结果可能导致一团混乱、权力争夺、矛盾或闹笑话。舞会第三阶段是转化冲突，请人格特质们彼此合作、接纳，同时也相互倾听彼此的变化，并与主角核对是否与其体验相似，最后所有的特质们围在主角周围，告诉主角在其扮演过程中对特质资源的运用，以及感受的变化体验，主角根据这些体验及觉察，为自己未来将如何运用自我的资源做出新的决定。

6. 自我环(the self mandala)

自我环反映出萨提亚对全人类共同资源的整合性概念，她以环状的曼陀罗象征人类普遍具有的资源，少了这些资源人就无法平衡、完整地生存，她在此模式中提出了八种资源：物质的身体（生理的）、思考的能力（理智的）、感受能力（情绪的）、运用所有感官的能力（感官的）、与他人联结的社交能力（互动的）、吸取固体和液体营养的能力（营养的）、感知情境及回应情境的能力（情境的）、独特的本质（灵性的）。

自我环的工作方式可以用来显示我们在原生家庭中所学会的生存之道，在这种生存之道中，我们常常忽略或过度重视各种不同的资源，自我环的目的在于帮助我们了解自己如何在成长过程中发展各个资源，经过觉察，继而学习整合所有的资源。

在运用自我环进行工作时，治疗师首先请主角在团体成员中选择一些来扮演自己的各种资源，为了表示各个部分彼此的联结，治疗师会用一条绳索将主角及各个扮演者联结在一起，绳子的一端由主角握在手中，而绑在腰际的绳子也代表脐带及一条生命之线。在生命之初，人体的各部分资源和谐并存，立于主角的周围。进入下一个阶段之后，开始检核主角对各部分资源的运用，并决定哪些资源被用到，哪一些被隐藏或忽略，被忽略的就用毯子将他们盖住，代表着隐藏，有时治疗师甚至可以请主角或某个部分，坐在认为被压抑的那部分资源背上，以此戏剧化的方式来强调主角对自身某些资源的忽视。被认可的其他部分的资源可以在周围四处乱走，或者也可以各自依顺时针或逆时针方向行走，而被盖住或被压抑的资源也可以趁势制造混乱，主角则站立在资源之中，受到拉扯与纠缠，各种资源都在要求获得认可。治疗师等待主角想要改变或要求协助时，开始请主角觉察自己腰部疼痛的信号，并鼓励他与各部分的资源对话，了解究竟发生了什么，在整个过程中治疗师要保持支持和鼓励，给予主角安全感，让主角驾驭自己，成为自己的主人，去倾听及运用各资源，去掀开毯子并倾听被压抑的部分资源的需求，并主导自己的各部分资源，重新安置、指挥和认知自己各部分的资源，打破旧有的规条与价值观，为自己带来新的学习及整合。

自我环的工作过程大约需要1～3小时。在自我环的工作过程中，不仅可以用这八个部分的资源，也可以将阻碍资源整合的家庭规则、人生信条、价值观及某些人格特质（例如完美主义、害怕、无助感）一起放入其中，加以运用及转变，尽管这样一来整个工作难度自然增加，但更易激发主角的改变与整合。

图5-4　自我环

7. 转化家庭规则

家庭规则形成于孩子成长过程中，有的规则父母在生活中曾明确规定，有的虽没清楚说出来，但孩子能从父母言行或兄弟姐妹所受的惩处中学会。家庭规则代表家庭中应遵守的规则、信念与价值观，用来判断是非、对错与好坏，使孩子可以社会化，以融入家庭、学校与社会，但如果家庭规则没有随着年龄或是环境变化进行调整，而变得僵化，也不容许孩子有别的选择时，就可能阻碍个体走向自由和整合。当个体在其无意识中深受规则束缚，并用此来自己评价，或是把父母的批评内化为持续的自我要求的话，就会影响个体的身心健康。转化家庭规则的工作就是要将家庭规则的束缚提升到意识层面，重新思考与选择，尤其是当家庭规则中有“绝对”“永远”“应该”的字眼时。萨提亚认为越僵化、严格的规条，就越不符合人性，她建议将其转化成为较有弹性的“生活指引”，可以为现在的自己重新设立界限、提供选择，并接受可能的后果，而不是只有处罚。

转化家庭规条成为生活指引的步骤包括：第一步，首先尽可能多地列出家庭规则；然后引导转化者思考以下问题：有哪些规则现在仍然在遵守？每条规则有什么意义？其中包含的核心智慧是什么？如何把这些规则转化为生活指引，增加其弹性，会是什么样子？在当前和过去的家庭规则中，有哪些仍然适用？遵守它们需要付出什么代价？在童年学习的哪些家庭规则被传递给了其他人？例如：应该永远不要生气；不要表现出自己的感受；绝对不可以顶嘴；乖乖的，不然爸爸妈妈不喜欢你。这个过程中的一个根本原则是不要抛弃规则中蕴含的基本智慧和规则的目的。要点是将强迫变为选择。例如规条是“我应该永远不问任何问题”，第一步是将僵化、没有选择的“应该”改成有所选择的弹性字眼“可以”“可能”“我可以永远不问任何问题”。第二步是拓展选择。把僵化的“永远不”改成“有时候”，让自己拥有扩展的选择：“我可以有时候提出疑问”。第三步是拓展出更多的可能性。把“我可以”扩展为三种或更多的可能：“(1)当我处在学习环境时；(2)当我不了解时；(3)当我想要探索时，我就可以提出疑问”。

家庭规条转化为生活指引的工作可以独立的作为一个活动的单元，也可以在绘制家庭图后，根据个人写出的家庭规则，提出需要转化的部分；或是当治疗师在团体中为某个成员做家庭雕塑或自我环等工作时，发现主角的家庭规则成为其成长的阻碍时，治疗师也可引导其作转化。

扩展阅读

萨提亚模式的五种治疗要素

萨提亚模式治疗中，治疗师的历程有五种基本且必要的治疗要素。

首先是体验性：萨提亚模式的治疗必须是体验性的，家庭成员在当下的此时此刻，体验到自己的生命能量以及身心灵整体的自我。雕塑更是针对视觉体验产生冲击，帮助了解家庭成员的应对姿态和家庭动力。并从体验出发，个体真实地感受到自己需要面对的问题。

第二个要素是系统性：治疗必须在自我系统及人际(家庭)系统中进行，自我系统包括情绪、观点、期待、渴望和灵性能量，这些部分以系统的方式交互作用。人际系统包括了过去与现在的关系。改变一部分，也会影响其他部分。转化可以从自我系统的改变带动人际系统的改变，反之亦然。

第三个要素是治疗的积极导向：治疗焦点在于健康和可能性，欣赏各种资源，并预期会有成长与希望，而不是着重病态部分或问题的解决。

第四个要素是聚焦于改变：萨提亚模式治疗的焦点在于转化(transforming)的改变，治疗中提出的问题都和改变有关。

第五个要素是对治疗师自我的运用：首先治疗师必须是一致的，这是治疗师最有效的工具。萨提亚相信，治疗师本身的示范具有教育性，家庭成员可以把治疗师当成学习对象，学到如何应对和一致性沟通，也可以在治疗师身上学习如何倾听，如何接触自己及彼此的情感，如何澄清不了解的信息，如何做出改变。

复习巩固

1. 萨提亚模式的四大目标是什么？
2. 在萨提亚模式治疗会谈的开始阶段要完成的工作有哪些？
3. 萨提亚模式中对未满足的期待的处理有哪些步骤？

本章要点小结

萨提亚和萨提亚模式的基本理论

1. 萨提亚模式的形成受到系统性循环因果概念以及存在主义理论的影响。与马斯洛和罗杰斯的观点相似，萨提亚相信人类可以从内在的力量、动机和真实感中发展出自我成长和管理的能力。

2. 萨提亚强调个体自我价值感/自尊的重要性，认为可以通过欣赏和接纳个体差异、与自己的内在心理资源保持联结的方式来提升自尊。

3. 萨提亚认为人类关系最基本的单位是父母与孩子三人的关系，个体自我价值感最初就来自于此关系。人们会将从小在家庭三角关系中学到的沟通应对方式运用到成人后的生活中，尤其在压力情境下的学习更易迁延。家庭价值观、归属感、家规、角色和沟通模式会在家庭中一代又一代传递着。

4. 萨提亚认为，完整的沟通包括了自己、他人、情境三个部分，健康、一致性的沟通者在沟通过程中全面考虑这三个方面，既接纳自我和他人的感受、期待，也将情境的因素包容在内。不一致的沟通则根据对三个要素的忽略而分为讨好型沟通（忽略自我）、指责型沟通（忽略他人）、超理智型沟通（忽略自我与他人）以及打岔型沟通（忽略情境、自我和他人）。

5. 即使采用不一致沟通姿态的个体也拥有其内在资源，可以实现从不一致到一致的转化。

6. 冰山隐喻是萨提亚模式关于个体人格的理论，萨提亚认为冰山中的各个层次之间相互影响，治疗师需在多个层次之间穿梭开展工作。

萨提亚家庭治疗模式的操作

1. 增进个人自我价值、帮助来访者扩展选择、帮助来访者负责以及帮助来访者表里一致这四大目标贯穿于萨提亚模式的治疗工作之中。

2. 萨提亚模式的具体技术包括探索家庭沟通及应对姿态传递方式的三代家庭图、家庭雕塑、天气报告、家庭规则转化等；以及帮助个体更为统一完整的自我环、面貌舞会等。

关键术语表

自我价值/自尊　一致性　应对姿态　冰山隐喻　家庭雕塑　三代家庭图　自我环　面貌舞会

选择题

1. 以下哪些著作是维吉妮亚·萨提亚的代表著作？（　　）
a.《联合家庭治疗》　　b.《家庭如何塑造人》
c.《人类行为杂志》　　d.《如何接触》
2. 对于改变，萨提亚模式的基本理念是（　　）。
a. 改变是有可能的，即使外在的改变有限，内在的改变仍是可能的。
b. 改变是有限的，往往只能发生在外在。
c. 改变很难，因为人们对改变有阻抗。
d. 改变只有在治疗室里才会发生。
3. 对于我们的内心感受，萨提亚模式的观点是（　　）。
a. 我们的感受是由别人引起的，所以对方应该为之负责。
b. 我们的感受属于我们自己，我们拥有感受，所以要为自己的感受负责。
c. 感受是威胁，应该有逻辑，讲道理，远离感受。
d. 如果关系足够亲密的话，关系中的双方应该完全了解对方的感受。
4. 拥有高自尊/自我价值的人会（　　）。
a. 接纳别人和自己的差异。
b. 表达自己的真实感受，而不是依照对方的期待。
c. 倾听对方，而不是用自己的主观臆断来诠释对方。
d. 欣赏差异并从中学习。
5. 萨提亚认为，提升个人的自我价值感可以通过以下哪些方式？（　　）
a. 看到彼此的差异，并将差异作为学习成长的途径。
b. 欣赏和接纳每个人的独特性。
c. 找出并欣赏人们的资源和能量并激活这些能量。
d. 与自己内在的资源和能量保持联结。
6. 萨提亚在探讨来访家庭的家庭规则时，关注点包括（　　）。
a. 规则是否人性　　b. 规则是否是发展性的
c. 规则的分享和表达　　d. 规则有没有考虑个体差异
7. 完整的沟通应该包括哪些方面的内容？（　　）
a. 自我　　b. 他人　　c. 情境　　d. 地点

8. 讨好型沟通姿态的个体的资源有（　　）。

a. 关怀　　b. 滋养　　c. 敏感　　d. 自我争取

9. 一致性包括的两个部分是（　　）。

a. 与事件一致　　b. 与身体语言一致

c. 对自己一致　　d. 与他人沟通时的一致性

10. 在冰山的各个层次中，最有可能体现来访者内在情绪冲突和矛盾的层次是（　　）。

a. 感受的感受　　b. 期待　　c. 渴望　　d. 观点

第六章　家庭治疗的策略模式

生活中人们时时刻刻都在进行沟通，任何行为都传达出一定的信息。当我们向别人倾诉自己“很郁闷”时，不仅传达了情绪性信息，更重要的是暗含了请求，期望对方能说点什么或做点什么来安慰我们。在策略家庭治疗师眼中，问题行为或症状也是一种沟通信号，他们把对问题原因的探索放到家庭成员间的沟通及互动模式上，通过富于技巧性的策略来施加影响。本章将详细介绍策略模式的代表人物和基本理论观点；治疗技术及具体操作；并对该模式的经典案例进行分析。

第一节　代表人物和基本理论观点

家庭治疗的策略模式衍生于格雷戈里·贝特森等人的沟通理论。贝特森最初关注的是精神分裂症患者在家庭中的沟通与互动(Bateson,1979),并在美国加州的帕洛阿尔托(Palo Alto)成立针对精神分裂患者及其家庭开展研究的项目组,邀请唐·杰克逊、杰·海利、约翰·威克兰德和威廉·弗莱等人对沟通过程,尤其是悖论式沟通进行了深入研究。该项目组即是著名的帕洛阿尔托小组,其影响涉及人类学、传播学、精神病学和家庭治疗等领域。后来,他们将关注点从病理性沟通扩展到日常生活中的沟通及互动方式,直接影响了家庭治疗策略模式和短期治疗的形成与发展。如今,家庭治疗领域中的一些常见的基本概念,如双重束缚、悖论沟通、反馈回路、家庭动态平衡等,均来自于沟通理论或由贝特森引自于控制论后,再加以诠释(Ruesch & Bateson, 2008)。

20世纪中期,系统论和控制论的兴起让人们的思维方式发生了深刻变化,从过去那种线性的因果决定论转变为非线性的循环互动论。贝特森作为控制论的奠基人之一,对控制论的思想十分推崇,他将控制系统模型融入人际沟通的理论建构中。系统论的核心思想是系统的整体观,它关注系统中各要素的关系及相互作用,并认为系统的本质在于互动关系。受此启发,策略模式将病理性问题行为的重点,从个体自身的内在冲突转移到了家庭成员间的交互作用。策略治疗师将家庭看作一个系统,认为家庭成员间的沟通互动不是一个具有明确起点与终点的线性因果链,而是循环复杂的互动过程。因此,追溯问题行为的起因是无意义的,不良的沟通过程及互动模式才是导致家庭功能失调的重要因素。此外,他们还采用控制论的核心概念"正负反馈回路"来描述家庭系统维持或打破其原有稳定性的机制。对这些概念的解释可参看本书第二章第二节的内容。

随着贝特森研究项目陆续地结束,杰克逊于1958年在帕洛阿尔托创立精神研究所(Mental Research Institute,MRI)。除了原贝特森小组的海利和威克兰德,维吉尼亚·萨提亚(Virginia Satir)、朱尔斯·里斯金(Jules Riskin)和保罗·瓦茨拉维克(Paul Watzlawick)也先后加入MRI,这里成为家庭治疗发展史上的重要发源地之一。策略模式在发展过程中,逐渐分化出四个取向,即MRI互动式家庭治疗、MRI短期家庭治疗、海利和克洛·曼德尼斯(Cloe Mandanes)的策略家庭治疗以及米兰系统模式。除了米兰系统模式近年来逐渐从策略取向转向更强调咨访合作关系的系统式家庭治疗外,前三种模式有很多共通之处,只是在治疗目标上略有差异。例如,MRI互动模式侧重于改变功能不良的沟通与互动模式;MRI短期治疗侧重于改变无效或错误的问题解决之道;策略家庭治疗在兼顾以上两类的同时,还强调改变家庭的结构与层级,强调治疗师以权威者的角色为家庭提供指令，对家庭的改变负责。但在根本的治疗哲学和理论基础上，它们是共通的，它们都着眼于沟通的过程而非沟通的内容，都关注发生在此时此刻的心理体验，都以问题解决为焦点，重视效率，避免过分纠缠于症状或问题行为产生的原因。在后面的介绍中，我们将这三种取向统称为"MRI 策略模式"。

一、MRI 互动式家庭治疗

（一）代表人物

保罗·瓦茨拉维克（Paul Watzlawick），1921 年生于奥地利，1949 年在维也纳大学获得心理学和现代语言学博士，之后在苏黎世的荣格心理分析研究所学习精神分析。作为帕洛阿尔托小组的核心人物，他既是 MRI 互动式家庭治疗的奠基人，也是 MRI 短期治疗中心的创立者之一。

1967 年，瓦茨拉维克、杰克逊和珍妮特·巴维拉斯（Janet B. Bavelas）对帕洛阿尔托小组多年的研究成果进行整合，共同撰写了《人类沟通语用学》（Pragmatics of Human Communication），该书作为沟通理论研究的经典著作，阐述了人际沟通的一系列基本原理（Watzlawick，Bavelas ，Jackson，*et al*，1967）。在此影响下，越来越多的家庭治疗师不再去苦苦探寻"为什么"，而致力于观察家庭成员间的沟通及互动过程中发生了"什么"，以及这些模式如何影响家庭功能。

（二）基本理论观点

1. 沟通的基本原理

瓦茨拉维克等在《人类沟通语用学》中提出了一系列人际沟通原理，策略治疗师可以基于这些原理，形成一套以关系和互动为核心的假设，用来解释症状行为并制定干预策略。这些原理包括：

（1）人不可能不沟通。任何行为都是沟通的表现形式，都在传达特定的信息。例如，父母抱怨处于青春期的子女不愿与他们交流，总是独自待在自己的房间。其实，青少年没有沟通的意愿、回避沟通本身就是一种沟通，"避免与父母沟通"在非言语层面传达了一定的信息，如缺乏共同语言、需要独处的空间，或者是表达对父母的愤怒或厌烦。

（2）每一次沟通都包含内容信息（对所发生事情的陈述）和关系信息（可能是请求或命令）这两个方面。前者反映出所发生的事情，由语言的内容决定，而后者则是更深层的、抽象水平的信息，反映了沟通者如何看待彼此的关系并在此基础上进行沟通，往往由语气、姿势、手势、语调等非语言的信息传递。虽然为了彼此理解，沟通需要两个方面的信息，但人际沟通的实质在于关系，因而后者更能说明沟通的本质，因为沟通不仅仅是传递说话内容，更是为了建立、维持和改变关系。例如，同一句“洗手去，该吃饭了”用盛气凌人的命令方式或体贴温和的提醒方式来表达，所反映的关系性质是不同的，所达到的沟通效果也是不同的。

关系信息比内容信息更能影响沟通效果，它会影响沟通者对沟通内容的理解。热恋阶段的情侣说出“我讨厌你”，实际上表达的是一种爱意和撒娇。贝特森将这种传递关系信息的沟通称为“元沟通”，元沟通是关于沟通的沟通，它依赖于沟通双方的关系和他们对所传达信息的辨识和理解。也就是说，“我怎么看待你”“我怎么看待自己”“我怎么看待你眼中的我”会影响具体的沟通内容和沟通模式，同时也反映了沟通双方的关系性质。例如，“你怎么迟到了”，这在字面上表达了时间概念，但在关系层面上则传达出一种对对方缺乏责任感的责备或失望。如果对方回应“你真是个急性子”，那就是一种指责。然而，如果对方回答“我很抱歉”，一种更温和的关系模式就出现了。

(3)沟通者对沟通互动序列的理解会影响关系的性质。沟通互动序列是指沟通过程中发生的一系列持续事件或行为，如晚饭时，儿子不好好吃饭，引起爸爸的责备，此时外婆不高兴了，觉得女婿对外孙太严厉，因而板起了脸，赌气不吃饭躲到房间里，妈妈左右为难，只好去安慰自己的母亲，爸爸则觉得更加委屈生气，对丈母娘的不满升级，此时儿子把饭打翻了，爸爸就打了儿子一巴掌。在这个家庭事件中，其中任何一个事件或行为都可以同时作为刺激、反应以及强化来加以理解。在治疗时，治疗师通过向家庭成员指出家人之间行为如何互相激发、互为因果来解释双方的沟通互动过程。

沟通双方对沟通序列的解释存在差异，这种差异很可能导致冲突。每个人都认为自己的特定行为是由对方引起的，比如人们都倾向于认为争吵是由对方“先挑起的”，即他们将自己的行为解释为对他人行为的一种反应，将彼此之间的问题怪罪于对方。实际上，沟通本身是循环互动的，而不是线性的因果关系(A引起B)，任何一方的行为都既是刺激又是反应。例如，妻子寻求与丈夫的亲密感，抱怨丈夫从来不关心自己，常常询问丈夫生活中发生的事情，而丈夫则抱怨妻子控制欲强，总是想知道自己的事情，批评挑剔自己的所作所为。这种追一逃的模式在家庭中很常见，夫妻双方都认为问题是由对方造成的，都把改变的期望寄托于对方，反而难以看到问题的根源在于彼此的互动模式。

策略家庭治疗师的主要任务之一，就是帮助家庭成员看清他们如何对这个互相激发的沟通序列进行解释，以及成员之间这种解释方式的差异如何引起冲突。然后给予家庭成员一些行为上的指导(可能是直接的，也可能是间接的)，打破这种消极的沟通互动序列，重建功能良好的互动模式。

(4)沟通者之间的关系可划分为对称关系与互补关系。对称关系建立在相互平等和分享权力的基础之上，双方都以相似的方式来回应对方。一对夫妻都在外努力追求事业，在家共同分担家务和照顾孩子，他们的关系就是一种对称关系。对称关系中的双方势均力敌，因而当出现冲突时，可能会相互竞争而让冲突不断升级。

互补关系的基础是差异，双方互相强化对方的立场，如"男主外女主内"这样的关系就是互补的，有时一方处于支配地位，而另一方处于顺从地位。常见的互补关系模式有要求一回避、批评一辩解、指责一否认等等类型。互补关系同样是在家庭成员的沟通互动系列中形成的，是家庭成员之间互相"训练"的结果。治疗师可以通过指出沟通行为的互补性，如"你越唠叨，他越忽略你；你越忽略她，她越唠叨"，让家庭成员意识到这种彼此"训练"的互动模式。

2. 双重束缚理论

贝特森等人提出了双重束缚理论(Bateson, Jackson, Haley, *et al*, 1956)，用于描述精神分裂患者的家庭沟通模式，解释精神分裂症的起源。沟通理论认为，如果沟通的言语和非言语两个层面的信息出现了相互矛盾的情况，就可能对信息的接受者形成心理的困局——双重束缚。

身处于双重束缚中的个体在重要关系中，接收到对方来自于不同层面的矛盾信息，并且无法逃避或者评价这种矛盾性。双重束缚中那些不可逃避的矛盾信息又称为悖论指令。例如，父亲批评儿子在人际交往中太羞怯，不善于表达自己的观点，而当儿子在大家族聚会时表达了自己对学校教育的不认同时，又被父亲大骂"什么也不懂"，儿子在家里越来越沉默，父亲又开始批评他"太内向，没思想"，无论怎么做，儿子都会受到批评。如果长期生活在双重束缚的关系中，人们会持续地体验到无所适从的困惑和不确定感、一无是处的挫折感及羞耻感，甚至会产生严重的绝望感、自我否定等，最终出现心理上的问题。

虽然双重束缚格外强调信息的矛盾性这一基本特征，但这个概念又不同于简单的"自相矛盾"，它还有其他几个特征：第一个特征是信息的强制性，即双重束缚的信息通常以命令的方式呈现，具有强制色彩，甚至伴随着批评、指责或惩罚；第二个是关系的不平等性，沟通双方的地位或角色是不平等的，通常是信息接收者处于劣势地位，如上述例子中的儿子；第三个是处境的不可逃避性，双重束缚之所以具有强大的心理破坏力，是因为其信息传递来自于重要的人际关系，接收者对发出者具有极大的依赖性，接收者无法摆脱或逃避这种重要关系，因此难以质疑或评价其中的矛盾，也不知道应该对哪一个层面的信息进行回应；第四个特征是处境的长期重复性，双重束缚是一种持久稳定的互动模式。

随着沟通理论的发展，"双重束缚"概念不再局限于解释精神分裂症的成因，而广泛应用于解释日常生活中的沟通问题，用来分析那些让信息接收者感到困惑的人际互动模式。策略治疗师们还进一步发展出了治疗性的双重束缚，即治疗师故意利用悖论指令对家庭沟通过程及互动模式进行干预。在第二节中将会介绍治疗性双重束缚的具体操作技术。

3. 正反馈回路和负反馈回路

家庭治疗将家庭动态平衡视为家庭系统的基本特性之一。当家庭系统的原有平衡受到威胁时，家庭会通过信息交换来进行自我调节，以维持其动态平衡。这个信息交换的过程就是“反馈回路”。反馈是实现和保持家庭动态平衡的重要手段及调节机制。反馈通常分为正反馈和负反馈，二者无好坏之分，只是实现动态平衡的作用方向不同而已。

正反馈回路指通过增大对旧的稳态的偏离以改变系统，建立起新的平衡系统。如子女即将结婚，父母要接受子女的配偶，扩大系统，容纳下新的小家庭，此时原有的平衡打破，新的平衡形成。但有时家庭系统对症状或问题的正反馈反应可能使得问题进一步恶化，并最终形成“恶性循环”。例如，一对关系出现问题的夫妻，丈夫与公司新来的女同事互发暧昧短信被妻子发现，妻子认定丈夫与对方有外遇，为了保护家庭，妻子采取各种手段，如跟到公司贴身监控、切断家里的互联网、辱骂女同事、偷看丈夫手机等等，原想恢复家庭原有的平静，结果夫妻彻底反目，丈夫也真与女同事外遇了，此即正反馈导致旧平衡崩溃的例子。负反馈回路则指通过减小对常态的偏离以恢复到原有状态，保持家庭系统的稳定性。如上例中，当妻子发现丈夫与同事的暧昧短信后，试着调整自己的态度、冷静下来，尽量和善地对待丈夫，表现自己的体贴温暖，也给丈夫时间，让丈夫在与对方的相处中自己去体会家庭更为重要，此即负反馈保持系统旧有平衡的例子。家庭在适应环境变化时，主要通过负反馈机制来保持家庭系统的稳定性，但在一些发展阶段的重要转折处，比如孩子成长进入青春期、结婚组成新家庭等，此时打破旧平衡、建立一个新的平衡更为重要，因而米兰系统模式主张家庭系统同时需要正、负反馈回路，通过正反馈回路保持灵活性，适应重要发展阶段的改变，通过负反馈回路维持家庭改变后的稳定性。

二、MRI 短期家庭治疗

（一）代表人物

理查德·费希(Richard Fisch)在 1965 年进入 MRI，他对如何以更高效快速的方式来引导来访者做出积极改变尤为感兴趣，于是向杰克逊提议开展能够解决问题本身而非对问题追根溯源的短期治疗研究项目。随后，费希创立了 MRI 短期治疗中心，并担任该中心的主任。

费希与瓦茨拉维克、威克兰德一直致力于发展行为导向的问题解决技巧，寻求如何使治疗更有效率、更富成效。1974 年，他们三人根据自己长期的人际沟通研究以及临床治疗经验，共同撰写了《改变：问题形成和解决的原则》(Change, Principles of Problem Formation and Problem Resolution)，深入探讨了问题是如何形成、为何会持续存在，以及如何才能得到解决这三个问题。费希还与威克兰德合著了《改变的策略》(Fisch, Weakland &Segal,1982)，这是一本关于如何实践的指导手册，对 MRI 短期治疗的技术手段进行了最完备明确的阐述；威克兰德与瓦茨拉维克合著的《互动的观点》(Watzlawick & Weakland, 1965)，从理论研究和实践操作这两方面系统介绍了MRI思想的互动本质，也是家庭治疗的重要著作之一。时至今日，MRI短期治疗仍然是心理治疗领域中历史最为悠久且最具影响力的短期治疗理论和模式之一。

(二)基本理论观点

MRI短期治疗师注重沟通过程，而非沟通内容；强调此时此地，而非过去。在治疗中，他们最关心的是"问题为何持续存在"、"如何才能改变现状，解决问题"。其核心假设是，人们为了控制、防止或消除一个问题而采取的行动，反而让问题持续存在。如孩子拒绝去上学，焦虑的父母为了让孩子上学，尝试了责骂、殴打、哄骗、贿赂、哀求各种办法，结果孩子在返校几天后彻底离家出走了。MRI治疗师认为如果引起和维持当前问题的互动行为有所改变或停止该行为的话，那么问题本身也就得到解决。因此短期治疗师着眼于解决具体问题和消除当前症状，而不强调问题行为出现的原因或整个家庭系统的改变。"短期"并不是指会谈次数较少或会谈时间较短，而是指治疗师需要运用高度针对性的方法来推动家庭发生快速有益的变化，这种模式尤其适用于个体或家庭在生命周期的关键阶段出现问题的情况。他们认为用新的行为模式或有效的解决方法去代替过去那些旧的行为模式或无效的解决方法，阻断不良互动行为的恶性循环，问题就能得到解决。

1. 问题的形成：问题的解决方法成为问题

《三国演义》中有一个情节是街亭失守后，司马懿率领大军直逼西城，当时守城的诸葛亮无兵御敌，却大开城门，并派几名士兵在城门外负责打扫，诸葛亮自己在城楼抚琴。司马懿怀疑有埋伏，最后选择退兵。空城计的故事正好说明MRI短期治疗所探讨的一种悖论现象：为了抵御魏军的侵袭，原本遵循常理、合乎逻辑的解决方法是紧闭城门，但对于这种反应，魏军的合理推测是蜀军因兵力不足而不敢应战，反而会强行攻城。此时原本的解决之道最终可能导致失败。而诸葛亮不合逻辑的反其道而行之，运用悖论的解决方法(如大开城门，扫地弹琴)反而扭转形势、化险为夷。

MRI短期治疗将"问题"界定为由于日常困难处理不当而造成的僵局或死结。家庭在现实生活中会遭遇种种困难，而这些困难是否会转变为"问题"则取决于家庭成员如何对困难进行反应。在MRI短期治疗师看来，家庭常常采用无效的、破坏性的"问题解决方法"，使得原有问题持续存在，甚至进一步恶化或制造出新问题。如果一再采用错误的解决方法，问题的解决难度和随之带来的痛苦会日益增加。如失眠的人通过数羊来迫使自己入睡，结果越数越清醒；亲友想尽办法逗抑郁者开心，但这样的帮助暗示了"不高兴是不对的"，结果不但没能帮助他们改善情绪，走出抑郁，反而增添了他们的内疚、受挫等其他感受。

只有放弃那种制造并维持问题的解决方法，改变才有可能出现。如果家庭成员改变了他们解决问题的方法，那么问题也自然得到解决。因此治疗的焦点在于解决方法，而不是问题本身。

2. 三类不恰当的问题解决方式

从 MRI 短期治疗的观点来看，让问题持续存在甚至恶化的解决方法，包括以下三种形式：

(1)没有采取必要的行为：指家庭企图以否认问题存在的方式来解决问题，应当有所行动却无人采取行动。例如，尽管丈夫的种种行为反映出他可能有了外遇，但妻子还是视而不见，否认关系存在问题。这种逃避现实的处理方式十分常见，就像鸵鸟一样，在遭遇危险时将头埋进沙里，以为“眼不见心不烦”，结果却由于否认问题而制造出新的问题。当人们不仅否认问题的存在，甚至否认自己在否认时，就更容易使得原本就需要解决的问题变得更错综复杂，更难处理。

(2)采取不必要的行为：家庭企图改变问题，但事实上该问题可能根本不存在。通俗来说，就是“没有问题，也要创造出问题来解决”。这种情况有时发生在理想化或完美主义的个体或家庭中。当人们按照自己“不切实际”的期待去面对现实世界而遭遇挫折时，并不去反省自己是否存在不合理的期待，反而去责怪并试图改变外部世界。例如，有的夫妻将恋爱或婚姻理想化为“王子和公主从此过上了幸福快乐的生活”，如果恋爱或婚后的生活不能时刻充满喜悦，如果双方不能总是心灵相通相互陪伴，诸如此类与他们心中期待不符的情况发生，就会觉得他们的爱情或婚姻出了问题，于是试图采取各种行动来解决问题，甚至最终选择分手或离婚。还有的时候，家庭成员可能因为缺乏相关的知识而犯这样的错误，如父母因为不了解青春期子女对独立和友伴的需要，对青少年子女不愿意跟自己一起去散步而愿意跟朋友一起出去感到耿耿于怀，指责孩子不尊重和亲近自己，进而引起孩子的反抗。

(3)在错误的层面上采取行为：通常有两种情形，一种是家庭试图通过改变行为来解决问题，而该问题必须从更高层次的认知改变才能得到解决。如儿子总是不按时完成作业，母亲就每天在旁监督儿子学习，却效果不佳，因为母亲长期陪儿子做作业、检查作业使得儿子在认知上认为自己是在为母亲而学习，此时从认知上改变才能起到作用。另一种情形则相反，行为改变足以解决问题时，人们却极力寻求认知或态度上的改变。例如，女友埋怨男友不懂浪漫，既希望他能送自己玫瑰花，又强调“必须是他自己主动想要送，如果这都要我来告诉他，那还有什么意思”。这种方式也较为常见。

3. 问题的解决：初级改变与次级改变

家庭究竟需要如何改变才能真正解决问题或消除症状呢？瓦茨拉维克等(1974)采用初级改变和次级改变的概念来描述改变的水平。

初级改变与次级改变的关系可以类比为“踩油门”和“换挡位”。汽车的每一挡都可以执行某一范围内的“动作”，如 1 挡适合起步或爬坡，5 挡适合高速行驶，倒车时则需要挂在倒挡。在某一挡位之内踩油门，便能达到自己预期的车速，实现“量”的改变。

但如果你的目标处于此范围之外，比如从起步状态改变为快速行驶或从行驶状态改变为倒车，就只有换挡才能实现“质”的改变。初级改变类似于踩油门，如果汽车的当前状态处于1档，你再怎么猛踩油门也无法高速行驶，次级改变则类似于“换挡”，是完全不同状态之间的改变。

(1)初级改变：指家庭系统内发生了具体行为的改变，但家庭内部的结构和规则维持不变。例如，为了让一对结婚多年的夫妻重新感受彼此的关爱和亲密，治疗师可以建议他们各自每天至少做一件不常做且关爱对方的小事情，如为对方做营养早餐、每天花半小时来分享自己在工作中发生的事情和感受等等。这种变化往往有快速明显的效果，但由于改变是表层的、短暂的，虽然减少或消除了当前症状或问题行为，但由于支配着家庭互动的潜在规则并没有改变，之后也可能会产生一种新的症状来替代原有症状。

(2)次级改变：是指治疗师通过对情境进行重新解释，改变家庭成员的认知，让支配家庭内部结构及秩序的规则发生改变，以彻底根除该症状。对于绝大多数家庭心理问题，初级改变难以产生预期的改善，结果可能是使问题恶化，或者解决方法本身成为问题。而家庭系统无法从内部产生改变自身结构的条件和力量，也无法改变自身规则，因此次级改变需要借助治疗师的力量。

例如，一位母亲发现处于青春期的儿子最近常从绘画、音乐辅导班上逃课；每天早出晚归，不知道他在外干什么；要么不愿和自己说话，要么一开口就顶嘴，母子间难以进行正常的沟通交流。儿子则指责母亲总是窥探自己的隐私，会偷偷翻看他的日记或短信。治疗师可以通过行为干预来引导他们发生初级改变。例如，限定晚归时间、改变儿子的逃课行为或者让母亲不再偷看孩子的日记和短信。这或许能暂时缓解母子冲突，但上述问题消失后，可能又会换一种形式表现出来。次级改变则是让母亲意识到儿子现在处于青春期，家庭内部秩序已发生了改变。“你应该听我的话”这类潜在规则，对于儿童或许能行得通，但却不再适用于控制青春期的儿子。此时，潜在的家庭规则应该转变为“给予孩子更多的独立自主性”。母亲之前把孩子的晚归、逃课、不愿沟通解读为“叛逆”，现在他们将这些表现看做是“成长中的孩子特别需要一个属于自己的隐秘空间”，通过让母亲从不同的角度来看待问题，引发了认知上的“次级改变”。母亲自然不会再窥视孩子的秘密，而孩子也不需采用过激的方式来捍卫自己的独立空间。

(3)次级改变的原则

要帮助家庭实现次级改变，有一些需要遵循的原则。首先，次级改变所针对的对象往往是初级改变中家庭成员已尝试的问题解决方法。因为从次级改变的角度来看，这些解决方法才是问题无法解决的症结。当人们将解决方法局限在初级改变的框框内时，无论他多么努力，解决问题却只能在原地打转。其次，初级改变是基于一般常理而产生的策略，而次级改变的方法有时可能让来访家庭觉得不可思议或困惑不解。但是从系统之外来看，正是次级改变使得控制整个系统的规则发生了变化。此外，次级改变的解决方法是处理此时此地的情境；它直接处理问题的结果而不是探究问题的起源，关注的是问题是什么，而不是问题为什么出现。最后，次级改变的方法让来访者摆脱无效解决方法的束缚，而将问题置于不同的解决方法框架之中。

瓦茨拉维克特意强调，问题解决所涉及的改变通常是指次级改变，治疗必须要达到次级改变才能起效。在第二节将会介绍各种能够引起次级改变的具体技术。

三、海利和曼德尼斯的策略性家庭治疗

（一）代表人物

海利是贝特森小组和MRI最初的核心成员之一，并帮助贝特森发展了双重束缚理论。他曾对催眠状态下的沟通十分感兴趣，积极参与米尔顿·艾瑞克森（Milton Erickson）催眠工作坊的活动。1967海利离开MRI，到米纽庆的费城儿童指导中心工作，开始关注家庭层级与家庭结构问题。与贝特森、艾瑞克森及米纽庆这三位家庭治疗先驱者共事的经历，帮助海利有效整合了家庭治疗的过程取向和结构取向，在沟通理论、结构式家庭治疗以及艾瑞克森悖论干预的基础上，发展出了更完善的策略性家庭治疗理论。

1976年，海利和他的第二任妻子曼德尼斯创立了华盛顿家庭治疗研究所，将培训的重点放在家庭等级、权力以及如何实施策略性的干预措施上。海利的代表作有《问题解决治疗》（Haley，1987）《考验治疗》（Ordeal Therapy，1984）；曼德尼斯的代表作有《策略家庭治疗》（Madanes，1991）《单向玻璃背后》（1984），《性、爱与暴力》（1990）。除了海利和曼德尼斯，策略家庭治疗的其他代表人物还包括肯姆（James Keim）和普莱斯（Jerome Price）。

（二）基本理论观点

海利在《不寻常的治疗》（Haley，2011）中写到，“策略治疗不是一种特定的理论或取向，而是一种治疗类型，在治疗中治疗师为家庭的改变负起全部责任。治疗过程中的所有改变不是通过家庭成员的理解和顿悟而产生，而是由治疗师精心操纵而促发的。治疗师需要对症下药，为每个问题设计特定的治疗策略，以改变那些形成并维持问题的家庭互动序列”。海利将治疗明确界定为夺取控制权的斗争。他认为治疗师需要获取控制权，以便操纵来访者进行改变。海利的观点正是策略模式受到批评的原因之一，批评者们认为策略模式太过于“操纵”。

在费城儿童指导中心和米纽庆一起进行研究和临床治疗的经历，也使海利的观点带有结构式家庭治疗的色彩。除了解决现有问题的实用主义取向，他还注重家庭权力

等级与结构对家庭功能的影响，尝试重构功能不良的家庭系统。

1. 症状的功能

传统的观点将症状解释为内心冲突的外在表现，是非自愿的、不可控的。策略家庭治疗则将症状定义为一种策略，具有控制他人或关系的功能。权力与控制是策略家庭治疗的核心假设。海利在《心理治疗的策略》一书中指出，在任何人际沟通中都隐藏着权力和控制的争夺，而家庭成员身上所表现的症状或问题行为就是一种控制策略。症状反映了个体或家庭为了适应当前情境而不得不采取的策略，并试图通过症状来获取对他人或整个关系的控制权。症状的这种目的往往发生在症状表现者的无意识或潜意识中，因而带有症状的家庭成员会声称症状是非自愿的，并否认这种控制意图，“并不是我愿意这样，有些事情是我不能控制的”。例如，一位患有焦虑症的家庭主妇必须时刻掌握丈夫的行踪，要求外出工作的丈夫定时报告行程安排，否则就会因“担心丈夫的安全”而焦虑症发作，但她并不认为这是通过症状来获取对丈夫的控制。她的解释是，她担忧丈夫安全，这种焦虑是自己无法控制的，因此不得不要求丈夫随时汇报行踪以确定他是安全的。治疗师直接向患者指明这种无意识的动机往往会引起阻抗，因而需要使用“策略”。

权力与控制的争夺也存在于治疗师与来访者之间。因此，治疗师必须保持权威的姿态，承担起解决问题的责任，但不是通过引导来访者出现顿悟而实现改变。治疗师不会去探寻症状的根源和潜在的意义，而是通过给予“欲擒故纵”的悖论指令，让来访者自己发现症状其实是自愿产生且可控的。然后帮助家庭重新分配权力和责任，促发次级改变，使症状不再起到控制的作用。

2. 家庭互动序列与家庭等级

海利在费城儿童指导中心工作期间，吸收了许多结构式家庭治疗的思想。他意识到 MRI 家庭治疗模式的局限性在于将沟通互动聚焦于一对一的双人关系结构，而没有考虑到家庭中的三角关系、家庭联盟或其他结构问题。例如，孩子的学习成绩下降，并不仅仅是一种个人行为，而是一个互动序列，这个互动序列不仅限于孩子与父亲或母亲某一方。也许父母感情不和经常争吵使得孩子学习成绩下降，而孩子学习成绩下降又引起了父母间的相互责备，父母相互责备再进一步激化家庭矛盾而争吵更频繁更激烈，继而导致孩子学习成绩下降。

于是，除了改变那些与当前问题有关的沟通互动序列，策略家庭治疗的目标还包括：帮助家庭改变内部结构，使家庭具有更清晰的边界和代际等级。海利将三角关系运用于三代人之间的跨代际联盟中，这种不恰当的“三角关系”家庭结构存在于父母和孩子，或祖父母与孩子之间。例如，每当父母想要惩罚孩子时，孩子都向祖父母寻求庇护。海利关注在这种三角关系中，家庭成员之间的行为是如何相互激发形成反应链的，并使用指导性很强的指令来打破原有反应链，破坏其作用。与结构式家庭治疗不同，海利并不特别关心家庭等级结构究竟是功能正常的或功能失调的，他认为家庭结构是否正常与家庭特有的环境、家庭成员自身的接纳程度有关。例如，即使在父/母患病失能的家庭中，儿童承担起本应该属于父母的责任来照顾家庭，扮演“小爸爸”或“小妈妈”的角色，这本身并不是问题，只有家庭成员因为儿童扮演了成人角色而感到不满或不适时，家庭等级才成为一个问题。如果家庭功能正常发挥作用，个体认同结构中的角色分配，那么结构就是适应性的。

四、米兰系统模型

(一)代表人物

20世纪60年代，帕洛阿尔托小组的影响不仅限于美国家庭治疗领域。意大利米兰的几位精神分析师玛拉·赛文尼·帕拉苏利(Mara Selvini Palazzoli)、路易吉·博斯科洛(Luigi Boscolo)、詹弗兰克·赛钦(Gianfranco Cecchin)和朱丽安娜·普拉塔(Guiliana Prata)在接触到贝特森控制论和策略治疗思想后，在1971年成立了米兰小组。他们从沟通理论的“信息”概念和系统思想出发，努力探寻家庭成员间的关系、行为和认知上的差异，逐渐形成了一套独特的理论和干预技术，被称为“米兰系统模式”。1978年，米兰小组在《悖论与反悖论》(Palazzoli & Burt，1990)中全面介绍了他们对于精神分裂症家庭互动模式的理论研究和临床治疗。

在模型的发展过程中，小组成员在研究取向和临床治疗上出现分歧，帕拉苏利和普拉塔继续从事家庭系统的病理学研究，采用“恒定处方”策略来阻断家庭的破坏性互动游戏，其代表作有《家庭游戏》(Selvini Palazzoli, Cirillo, Selvini, *et al.*，1989)；博斯科洛和赛钦则从事治疗师的培训项目，继续致力于发展循环提问技术，在《米兰系统家庭治疗》(Boscolo, Cecchin, Hoffman, *et al.*，1987)中提出了建构性和合作性更强的治疗观点。

(二)基本理论观点

米兰系统模式的发展主要经历了三个阶段：(1)发展早期，米兰小组在MRI策略模式的指导下，主要采用悖论干预、积极再定义和家庭仪式等技术来改变家庭中僵化的规则及互动模式；(2)发展中期，米兰小组逐渐减少悖论技术的使用，而采用更系统的视角来看待家庭系统、家庭治疗以及治疗师的角色，在这一阶段，他们提出了米兰系统治疗的三原则“假设、循环、中立”，反映出米兰系统模式向系统式家庭治疗的转变；(3)发展后期，由于米兰系统治疗愈加强调循环性提问，米兰系统模式逐渐转变为社会建构主义及合作治疗取向。博斯科洛和赛钦甚至彻底抛弃了家庭系统这个概念，取而代之以“治疗系统”。他们认为治疗师也是系统中的一部分，与家庭成员相互影响。

1. 关于系统的观点

早期的米兰小组深受贝特森以及沟通理论的影响，其治疗取向的理论基础是，家庭是一个具有自我矫正和调节功能的系统，其功能运作依赖于家庭在不断"尝试一错误"的过程中验证出的规则。这些规则决定了在特定的家庭系统中，什么行为是被允许的，什么行为是不被允许的。家庭基于这些隐藏的规则，维持其内部稳定性。

但随着米兰系统思想的发展，米兰小组逐渐意识到家庭也是一个不断发展变化的系统。也就是说，家庭作为一个系统，具有两个相互矛盾的功能，一是维持稳定性的倾向，二是需要发展变化。稳定和变化两股力量同时存在于系统中。家庭功能不良的原因正是由于家庭过分强调稳定性，而忽略了家庭的发展和转变。例如，一些新婚夫妻会各自固守自己原生家庭的规则，而不是修正或改变这些规则以适应一个新家庭的发展。当家庭规则、信念系统与现实背景之间存在差异，而家庭成员又无法意识到这些差异时，问题就出现了。

在其发展过程中，米兰小组对系统的认识逐渐完善，立足点不再局限于家庭系统内部，而是将家庭和治疗师都视为系统的一部分。这一基本假设重新界定了治疗师的角色，即治疗师既是观察者也是被观察者，他/她作为系统的一部分，对家庭持有一种独特的但并非完全客观的观点，这让米兰系统治疗师走出策略模式的"权威者"角色，以一种更合作的姿态与家庭成员共同制定治疗目标，并且允许家庭以自己的方式和节奏来进行改变。

2. 假设、中立与循环

随着米兰小组系统思想的发展，帕拉苏利等人提出了三个贯穿整个治疗过程的指导原则：假设、中立和循环。

米兰治疗师会根据已有的家庭基本信息，提出与当前问题有关的假设。形成假设是米兰系统治疗的第一步，探索家庭关系模式的过程因此更加清晰、有针对性，这为治疗师系统地展开会谈提供了指导。假设无对错之分，只是有待于家庭和治疗师在不断获得新信息的基础上对其进行检验、修正或抛弃。

中立是指治疗师的态度，它主要体现在以下三个方面。一是对家庭或个体的中立，指治疗师尊重每个家庭成员的独特看法，不认为任何一个家庭成员的观点比其他成员更正确。这种中立性能够避免治疗师卷进家庭的互动游戏，加入任何一个家庭联盟。二是对观点的中立，是指治疗师对问题的成因以及如何才能有效解决问题持有开放的态度。这种中立性促使治疗师在治疗过程中不断检验、修正和完善自己先前提出的假设。三是对变化的中立，指治疗师关注家庭系统怎样运作，而不是力图改变它。治疗师避免提供指令或技术来促使家庭必须发生改变，而是激活家庭自身的能力来解决问题，甚至家庭可以不作改变。

米兰小组的循环互动不仅指家庭内部的互动模式，还包括治疗师与家庭之间的相互作用。相应的技术是循环提问，指治疗师就同一个问题向每个家庭成员轮流提问，目的是挖掘并突显不同家庭成员对于问题行为或关系的认知差异。这种技术针对的是家庭的关系，而非个人症状。具体的操作方法见下一节。

生活中的心理学

四类伤害婚姻关系的不良互动行为

美国心理学家戈特曼(John Gottman)从夫妻沟通行为的角度，开展婚姻研究，他设立了实验室，是湖边的一幢度假屋，邀请志愿者夫妻到此度周末，并对他们的互动沟通进行观察。通过观察夫妻的互动过程，戈特曼发现了对婚姻关系最具杀伤力的四类不良互动行为：

(1)指责。指责不同于抱怨，指责针对整个人的性格或人格。如“为什么你总是这么不长记性？你做事从来不上心”“你永远是这样”或者“你这种人”。

(2)鄙视。挖苦讥笑、冷嘲热讽、翻白眼都属于鄙视。鄙视对夫妻关系的杀伤力最大。

(3)争辩。争辩很少能让进攻的一方原谅、退让或道歉，因为争辩传递的信息是在说“这不是我的问题，而是你的问题”。

(4)冷战。如果夫妻的沟通中总是夹杂以上三种互动行为，最终夫妻中的一方或双方可能均筑起石墙，进入冷战状态。他们彼此“相敬如宾”，即使共处一室，也像一堵石墙一样彼此毫无回应，即使相互偶有交流，也会表现得根本不关心对方说了些什么。

如果以上4类不良互动方式频繁出现在一段婚姻中，并且得不到夫妻的重视和改变，就是一种非常危险的信号，戈特曼根据自己对这些行为的观察来预测志愿者夫妻在一至五年内的离婚率，结果准确率很高，超过90%。

复习巩固

1. 人际沟通的五大基本原理。
2. 什么是初级改变、次级改变？
3. 症状的功能是什么？

第二节 具体操作技术

MRI策略模式的基本理论源于帕洛阿尔托小组，在治疗技术上，则深受“现代催眠之父”艾瑞克森的影响。传统治疗的基础是分析和理解，通过回溯过去的经验，找出症状的产生原因和“真正意义”，通常都需要分析病人的缺陷和弱点。艾瑞克森的催眠治疗则属于短期的、问题导向的治疗，他主张治疗师通过提供间接的指令来完全控制治疗。他从不与患者的症状发生正面对抗，而是帮助来访者挖掘自身的内在资源和潜能来达成改变。有关他的治疗的传奇故事很多，例如，他应邀拜访一位孀居的老太太，老太太因为老伴去世而极度抑郁，了无生趣，但求速死，艾瑞克森却在她厨房窗台上盛放的两小盆非洲紫罗兰上找到契机，他简单地建议她“不妨多种些这种美丽的花送给别人”，结果老太太在种花，送花给别人的过程中重获新生，馈赠带来了生活的意义和心灵的富足，老太太去世后，当地报纸讣告中写道“悼念我们的非洲紫罗兰皇后”。在艾瑞克森的另一则著名治疗秩闻中，他建议自称自己是耶稣基督的精神分裂症患者去学做木工活，因为“耶稣本来就做过木匠”，与老太太一样，患者在学做木工的过程中找到了生活的寄托，人际的交流也日益顺畅，终于渐渐摆脱疾病的桎梏，过上充满意义感的生活。艾瑞克森将治疗带出治疗室，变成患者现实生活的一部分，以一种潜移默化的方式来实现改变并解决问题。他甚至坦然接受来访者的阻抗，并将阻抗转化为有效的治疗工具。艾瑞克森如何设计精巧的策略或隐喻处理阻抗，如何运用悖论指令来引发改变，这些都对家庭治疗策略模式的治疗理念及技术产生深刻影响。

如果说MRI策略模式的临床治疗主要受到艾瑞克森的启发；那米兰小组的治疗理念和技术则是完全基于贝特森的循环认识论及系统观的视角。与MRI策略模式相比，米兰系统模式更强调沟通过程中的“信息”，沿用了贝特森对于信息的界定，即“产生差异的差异”。于是，米兰小组在治疗实践中致力于系统地寻找差异，利用循环提问技术帮助家庭成员审视各自赋予同一行为的不同意义。

一、评估程序及治疗过程

MRI策略模式的评估都是始于对于问题的界定。如果来访者的回答太过模糊，治疗师需要进一步将问题具体化。MRI策略模式主张，不良的沟通互动方式或错误的问题解决方法维持了当前问题，因此其评估重点在于家庭的互动模式以及解决方法。海利还会评估家庭的等级结构、联盟与三角关系。而米兰小组的评估则往往始于一个初步假设，然后在会谈过程中验证或修改假设。循环提问技术也可用于评估，治疗师可以采用这种方法最终对问题形成一个系统的观点。

1. 海利策略模式的评估与初次会谈

海利尤为强调初次会谈的重要性，主张所有家庭成员都应该参与初次会谈，以便于治疗师系统评估家庭的等级结构、联盟与三角关系、不良的沟通模式及互动序列。初次会谈可以划分为以下几个阶段：

(1)建立关系的社交阶段。在这一阶段，家庭通常会有一定程度的阻抗。治疗师首先要营造出轻松舒适的气氛，与家庭建立良好的关系。同时观察家庭成员间的互动，试着让每个成员都参与会谈。

(2)问题阶段。在这一阶段，咨询师会询问每个人对当前问题的看法，以及想要实现什么样的改变。例如，"你们为什么是现在而不是其他时候来寻求帮助呢""你们想要改变些什么""为了改变，你们已经做出了哪些尝试"等等。应获取的关键信息是每个家庭成员对当前问题的看法。因此，咨询师要确保每个人都能表达自己内心的想法，不受他人干扰。同时，治疗师还要观察所有家庭成员的互动方式，发现家庭的三角关系和家庭结构。

(3)家庭互动阶段。在每个家庭成员都表达了自己的看法后，治疗师可以鼓励他们相互讨论。此时，治疗师需要特别注意家庭成员间的沟通模式、权力斗争、联盟关系以及等级结构等，为下一步的干预策略做好准备。

(4)目标制定阶段。这是初次会谈的最后一个阶段。治疗师和家庭共同确定他们希望解决的当前问题。最后，双方通常会制定一份治疗计划，确定治疗的目标和方式。有时候，海利会布置一份家庭作业或给予初步指令来结束初次会谈。

2. MRI 短期治疗的评估与会谈阶段

MRI 短期治疗并不要求所有家庭成员都参与会谈，而是有针对性地选择有足够动机的家庭成员，并尽可能多地了解家庭曾运用的无效解决方法，避免重蹈覆辙。

在评估会谈开始阶段，治疗师用具体明确的语言清楚地界定问题：将一个模糊宽泛的问题转换成具体明确的问题。如果来访者用含糊的、概括化的方式讨论问题，比如"儿子不听话"，那就引导他们讲得更加具体明确，进一步询问"儿子怎么不听话了""能不能举一个具体的例子或情形"。

之后，治疗师开始探究到目前为止家庭已经用过的解决方法。治疗师需要评估这些解决方法，以此发现什么问题是最主要的，哪些是无效的解决方案，究竟是什么激发和维持了问题行为(如三类不恰当的解决方法)，从而形成有效的治疗策略。同时也指明哪些因素维持甚至恶化了问题。

第三阶段是帮助家庭清晰界定想要达成的具体改变，确定一个具体且可实现的目标，这样做可以避免来访者中途"妥协"而不去解决问题。如果来访者用含糊的、概括化的方式来描述目标，比如想要变得更快乐、希望能改善夫妻关系或亲子关系等等。这些目标太过模糊以至于难以达成，治疗师就需要进一步询问："具体有哪些迹象能表明你们的关系得到了改善？"

最后形成一个能产生这一改变的计划并加以执行。无论治疗师的干预方法多好，也必须要来访者有动机去执行这些指导。如果来访者没有坚持执行这些指导，可能是因为治疗师没有用来访者能够理解的“语言”来解释这些指令。

除了界定“恰当的问题”和“具体的目标”之外，MRI 短期家庭治疗还对改变的过程设定了一个时间限定，整个治疗过程最多有 10 次咨询。前三个阶段是解决问题必须具备的初步条件，实际的改变过程发生在第四个阶段。

3. 米兰小组会谈的五阶段

米兰系统模式以多个治疗师组成团体联合治疗的方式进行。治疗小组会由一位或两位(通常是一男一女)治疗师负责接见来访家庭，其他人则是在单面镜后观察整个治疗过程。米兰系统模式的典型治疗程序包括 5 个部分：

会谈前　治疗师需要事先阅读来访者预约接诊信息或前一次会谈的记录，并展开讨论。针对问题形成、问题维持以及家庭对当前问题的看法，形成初步的治疗假设。在早期的米兰小组中，治疗开始于初次的电话预约会谈，治疗师需要从中获取家庭相关信息。如果来电者是家庭成员之一或家庭的亲密朋友，则请他/她务必参与首次会谈。

会谈期间　会谈的时间大概持续 1 小时。主要目的是检验、修正甚至彻底改变访谈前形成的初步假设。循环提问技术贯穿整个会谈过程，以帮助家庭成员明白究竟是什么样的互动模式与认知差异维持了问题的存在。此外，治疗师力图保持中立，避免进行评价，以防让家庭成员形成治疗师站在某一方的立场批判另一方的印象。治疗师尤其要关注谁先开始说话，谈论的是什么问题，以及家庭成员之间的看法是否一致。

会谈间歇　治疗师暂时离开会谈室，与单面镜后观察治疗过程的小组成员在另一个房间会面，并讨论现有假设是否得到验证，应该如何进行修正，并共同商议下一步的干预计划。

干预　治疗师回到治疗室，通过向家庭成员指出各自的行为反应和潜在家庭规则如何维持的问题，来对症状和问题进行再定义。接下来，治疗师提出悖论干预方案。对家庭的某些行为给出仪式化指令，让家庭成员以夸张的行为和仪式来展示并打破潜藏着的家庭规则、关系互动模式和家庭迷思(family myth，指家庭成员共同持有的谬误信念，如妈妈很脆弱，要保护她，所以只报喜不报忧等)。例如在母女间争夺权力的家庭中，女儿以咬指甲的方式反抗母亲的控制，母亲采用各种方法力图消除这个行为都以失败告终，女儿用症状取得了权力，治疗师运用悖论干预，要求母亲每天在固定的时间里命令女儿咬指甲，用这样的仪式来打破女儿行为背后隐藏的权力规则。

会谈后　治疗师与治疗小组成员讨论家庭对治疗师的介入的反应，并计划下一次的会谈。

二、干预技术

MRI策略模式认为行为的改变会引发相应的认知改变，因此在治疗实践中他们将干预的重点放在行为上，更多采用悖论指令的方式直接影响行为，家庭成员只需要完全按照治疗师的指令去做就可以。而米兰系统模式的干预则是从认知入手，采用循环提问技术来获取信息，从而澄清家庭成员之间的认知差异。然后，通过再定义和家庭仪式将新信息引入家庭系统，进一步改变与症状有关的家庭规则和关系互动模式。

1.治疗性的双重束缚

治疗性的双重束缚是将双重束缚运用于治疗，病理性的双重束缚将个体置于一个"无论做或不做都有错"的困境中，而治疗性的双重束缚则是让个体或家庭进入一个"无论做或不做都发生了改变"的情境中。这个技术被用来绕过阻抗，对家庭互动模式进行干预，引发次级改变。治疗师通过要求来访者维持"不变"来获得"改变"，比如告诉抑郁来访者继续保持抑郁。由于来访者通常声称自己的症状或问题行为不是自愿的，是无法控制的。如果个体服从这一"维持不变"悖论指令，竭力不做任何改变，那么这意味着他能够自主控制该症状或问题行为；如果个体违抗悖论指令，努力消除症状，这本身就是治疗的目标。可见，无论是服从还是抗拒，个体都获得了对症状的控制，而不再被症状所控制。

2.悖论指令

策略模式与其他家庭治疗模式最大的不同就在于指令的运用。正如曼德尼斯所强调的，"指令是策略治疗的基本工具，其重要程度就如同解释在精神分析中的地位"。由于直接指令通常会因家庭的阻抗而失败，策略治疗师更倾向用间接的悖论指令来促发家庭进行改变。悖论指令，也被称为"反其道而行之"技术或"悖论处方"，指治疗师为来访者创造了一种治疗性的双重束缚，故意要求症状表现者维持症状或表现更多症状；如果服从指令，继续维持原有症状，那么就意味着来访者能够按照自己的个人意志控制症状；如果违抗指令，做出了一定程度的改变，试图消除症状，那么正符合治疗的目的。无论服从还是违抗，不变还是改变，最终都会发生改变。悖论指令源于艾瑞克森对阻抗的处理，出现症状的家庭成员担心失去控制权，通常会抵制改变。治疗师不去直接处理这种阻抗，而是通过劝说来访者维持症状而达到消除症状的目的。

悖论指令可分为两类，指定性的悖论指令和描述性的悖论指令，前者是让来访者做某事，如给症状开处方、苦难考验技术、假装技术；后者则为症状或行为赋予更积极的意义，即积极再定义。

(1)给症状开处方，也称"表演症状"，指治疗师指导带有症状的个体继续表现甚至增强原有症状。例如，要求总是争吵的夫妻有规律有计划地进行争吵，每天晚饭后争吵15分钟。"不做任何改变"或"继续表现症状"的指令削弱了家庭成员对于改变的恐惧和抗拒，更容易让人接受。来访者在服从这一指令时，其实是对原以为无法控制的“吵架”进行了自觉主动的控制，在意识到症状的自愿性和可控性后，自然就会选择放弃症状，开始以新的互动模式进行沟通。

(2)苦难考验，指来访者在表现出症状后，就要完成一项自己极为讨厌又无害的任务，而且完成该任务带来的痛苦要大于原有症状的痛苦。不论该任务是否符合逻辑，是否与当前问题有关，带有症状的个体都必须无条件服从。这一技术隐藏的治疗假设是：如果维持症状比放弃症状更痛苦，那么人们会选择放弃症状。如果某一女生喜欢甜食却又想减肥，就可以让她把想吃的蛋糕切成很多块，每次吃一块，就要绕着屋子跑10分钟，跑得越快越好，不能中途休息。想吃第二块，就必须跑20分钟。为了不跑步，她只能少吃或不吃蛋糕。

这一技术源于艾瑞克森的个体治疗，他曾经要求一位失眠症患者，如果上床15分钟后也无法入睡，就立刻起床。接着完成一项自己最讨厌的家务——给地板打蜡。苦难任务也可以是患者擅长做的事，但治疗师刻意加大了完成这一任务的难度和痛苦程度。例如，对于一位热爱文学的失眠症患者，可以要求他一旦失眠就站在客厅朗读自己想看的书，他最终不再能忍受久站阅读的劳累，宁可去睡觉。

(3)抑制策略。在运用这个策略时，治疗师要求来访者不要急于改变，“慢慢来”，并指出来访者可能遇到哪些困难，以此来限制或抵抗改变。这种悖论干预强调：缓慢的、渐进的变化比迅速的变化更加稳固、不易复发。这不仅有利于降低来访者努力解决问题的紧迫感和压力，还让他们意识到复发是正常现象，不会因受挫而中途放弃改变。治疗师会提醒来访者：不要对自己的状况抱有不切实际的乐观主义，太急促的改变只会带来失望。甚至还会建议来访者，为了让事情沉淀一下，至少在一周内将改变彻底抛之脑后。可以想象，来访者在听到这些话后，有多迫不及待想要改变。

(4)假装技术。曼德尼斯在幽默、想象和游戏的基础上发展出一种更温和的技术，她要求带有症状的个体“假装”表现出症状，其他家庭成员同样假装出平时症状出现时的反应。假装技术背后的治疗哲学是：如果来访者能够假装出症状，那么就说明该症状不是真的；如果来访者不能假装出症状，那么就说明他能够控制该症状是否出现。无论能不能假装出症状，都有利于打断家庭成员原有的互动模式。和“给症状开处方”的目的一样，都是为了让来访者意识到症状是自愿的、可控的，以打破与症状有关的不良互动模式。曼德尼斯也运用假装技术把症状后面隐藏的意义展现出来，使症状的功能以没有威胁性的“表演”和“假装”的方式得以呈现。

例如，一个单亲家庭因为10岁的儿子怕黑和做噩梦寻求治疗。治疗师发现母亲也做噩梦，会梦到有人强行闯入家里。治疗师推测，儿子的症状是对母亲的恐惧的象征性表达，他在试图帮助母亲：只要我害怕，母亲就不会太害怕，她必须坚强起来保护我。治疗师要求母子假装他们正在家里，母亲假装担心有坏人突然闯入家里，孩子则表演保护母亲，他勇敢地赶走坏人。一旦孩子再做噩梦，治疗师要求母亲立刻叫醒他，然后母子表演以上场景。通过这一技术，孩子可以公开的、有意识地保护母亲，而不再需要用症状行为来“帮助”母亲，很快孩子就不再怕黑和做噩梦了。

(5)重构(reframing)/积极再定义(positive connotation)。重构是一种引发“次级改变”的技术，它让家庭成员跳出原先的认知框架，从不同的角度来看待问题，进而产生新的反应。再定义技术分为积极再定义和消极再定义，但策略模式中主要强调事情的积极方面，以帮助家庭从更加共情或乐观的角度来重新定义问题行为。治疗师通过重新定义问题或情境的积极意义，来改变来访者对问题的认知。在这个过程中，问题或情境保持不变，但对其所赋予的意义却更加积极，富有建设性。与MRI策略模式略有不同，米兰小组主张对问题行为背后的动机(如为了守护父母，增强家庭的凝聚力)，而非行为本身(如不去上学)赋予积极意义。在米兰小组看来，积极再定义不仅是针对某一个人的行为，而是解释了整个家庭系统的自我维持过程，对患者的症状和其他人的症状行为都做出正面描述，即症状是为了维持家庭的团结和凝聚力。一般情况下，在进行积极再定义时，将症状再定义为一种适应性策略，有助于维持家庭的稳定性。例如，愤怒可以再定义为关心，忍受痛苦可以再定义为自我牺牲。

再定义的主要目的是打断家庭原有的不良互动模式和僵化的家庭规则，为家庭成员之间的互动模式提供一个新的解释。例如，咄咄逼人的唠叨妻子和被动隐忍的退缩丈夫，这是生活中常见的一种关系模式。治疗师可以对当前情境进行重构：由于妻子的唠叨，会让外人认为丈夫是一位安静、忍让、包容的好丈夫。但却有一位得理不饶人的妻子，当妻子这个角度来重新定义自己行为的无意义性，自己的言行只不过是在吃亏地“帮衬”丈夫。那么妻子就可能不再显得咄咄逼人，丈夫也不会用退缩来回应。

积极再定义能够帮助家庭成员调整自己对家庭、带症状者及症状的看法，改变其消极僵化的认知模式。积极再定义也有助于治疗师与家庭建立良好的治疗关系。家庭很难抗拒这一干预，因为这是在夸奖赞同他们，而不是批评责备。

3. 循环提问

循环提问是米兰系统模式最典型的治疗技术之一，用于帮助治疗师发现差异，获取及引入新信息。循环提问不仅能获取信息，还能通过引发个体反思自己的信念系统，澄清不同家庭成员对同一问题的认知差异，为后续的改变做好准备。在循环提问中，所提的问题不一定直接针对询问的主体，而会对其他人提问。例如问儿子“你父母的关系怎么样”，以此来获取信息、展现差异，进而引发改变。根据所关注的差异反映家庭生活的不同方面，循环提问的形式主要包括：(1)关系差异问题，即通过提出“在家里谁和谁的关系最好”或“在家里你与谁最亲密”等问题，来了解家庭中的人际关系、联盟或三角关系；(2)程度差异问题，这类常用的问题包括：“谁更担心孩子的问题”“哥哥出现这个问题后，父母的关系是变好还是变差了”，它们反映出家庭中谁更容易受到问题的影响；(3)时间差异问题，例如问“谁最先注意到这个问题”“你们比过去更亲密了吗”，以此了解问题的发展进程及其给家庭带来的变化；(4)假想或未来问题，例如“如果女儿开始谈恋爱，你丈夫的反应会如何”“如果你不再洗手了，你丈夫会有什么反应在”，这类问题有助于搜集家庭中行为交互影响的信息，也可以帮助引发来访者思考症状的功能，也可用于帮助来访者建立一种对行为的控制感（Tomm，1987）。

4. 家庭仪式

家庭仪式是米兰小组的一个重要干预技术，它关注整个家庭系统，而不仅仅是某一个体。家庭仪式是指所有家庭成员都参与其中，每人按要求执行一个或一系列行为，有时候伴随着言语表达。例如，全家人在父亲带领下做餐前祷告。米兰小组通常以悖论处方的形式来安排家庭仪式，治疗师需要明确告诉家庭要如何实施这一仪式，包括时间、地点、参与人物以及参与顺序。通常会将这些指示写下来，方便家庭执行。

家庭仪式主要用来干预那些僵化而隐秘的家庭规则，以及澄清家庭成员间的差异。仪式通常是依每个家庭的具体情况而制定的，但有些仪式可以广泛适用于各种家庭。例如，一种家庭仪式称之为“奇偶日”，治疗师指导家庭在奇数日（周一、周三和周五）由母亲来管教孩子，父亲负责观察，并记录下母子间互动模式；而在偶数日，之前作为观察者的父亲获得孩子的管教权和家庭的决策权；在周日，家庭可以保持“自然”状态。这一干预是可以阻止父母因相互看不顺眼而彼此拆台、干涉的家庭游戏，而且澄清了父母在教养方式上的差异。奇偶日仪式能让家庭发现系统内部的差异模式，并促使家庭成员直面过去未意识到的内在矛盾。

三、MRI 模式治疗举例

古今中外，年轻人为了争取独立自主而与父母发生矛盾的情况比比皆是，亲子之间的这类控制与反控制的“斗争”也是家庭治疗经常处理的一类问题。以下案例源于瓦茨拉维克等的《改变：问题形成与解决的原则》，详细描述了 MRI 模式治疗师如何处理这一主题。

（一）基本信息

一对年轻夫妻寻求婚姻治疗。丈夫已经到了三十而立的年龄，虽然事业有成、经济独立，却总是对父母过度依赖和顺从。妻子常常因为这个问题与丈夫发生争执。丈夫表示自己虽然很想改变这种被“父母当小孩子对待”的现状，但却不知道如何解决这个问题。他担心即使用最温和的方式来抵制父母的专横，也会伤到父母的心或者被父母认为是不知感恩的“白眼狼”。而这种担心进一步引发丈夫的内疚、无助感和妻子的愤怒。

丈夫的父母不只是在生活上给予这个新家庭无微不至的关心照顾，还一直提供各种经济上的资助。虽然小夫妻看中了一套较小、较便宜的房子，但父母还是亲自为他们挑选了一套大房子，并承担了首付和一切装修费用。父母按照自己的喜好或者他们心中“儿子儿媳的喜好”来布置小夫妻的新家，家具的挑选和摆放、窗帘和墙壁的颜色、种植的植物品种等等都是父母做主。由于父母对儿子这段婚姻并不满意，也就有了更多的理由来干涉小夫妻婚后的生活。而父母过多的干涉也不时引发夫妻之间的矛盾。

此外，尽管这对夫妻和父母分别住在不同的城市，但父母还是会频繁来看望儿子和儿媳。每次探访对于这对小夫妻来说都是一场噩梦。父母会彻底掌控他们的生活，母亲对儿媳的厨艺和家务百般挑剔，每天都自己买菜做饭，添置大量日用品和电器，还会对家里进行一番大清理，甚至重新安排家具摆设；父亲则会修理家电和车子，在外出购物或吃饭时，也必定是由父亲负责结账。夫妻俩也尝试了各种方法试图改变现状，但反而会陷入更加尴尬窘迫的局面。例如，丈夫直接告诉父母“我们都是成年人了，你们不用什么事情都帮我们做，我们自己也能做好”；在外出购物或吃完饭后，丈夫与父亲争着结账，结果当众大吵一架；当夫妻俩去探访父母时，会赠送贵重的礼物，试图与父母花在他们身上的钱相抵，结果父母却随后回赠更昂贵的礼物。总之，这对夫妻越是努力地想要通过证明自己的能力来获取独立性与自主性，父母就越是试图“帮助”他们。

(二)治疗过程与技术

1. 制定具体的治疗目标

这对夫妻告诉咨询师，他们希望能够与父母平等相处，能够拥有为自己做决定、选择自己生活方式的权力，同时也不想让父母觉得这是在伤害和疏远父母。

但是以上目标还是比较含糊，不够具体。治疗师要求丈夫进一步澄清“要出现什么特别的征兆或改变，才会让你们觉得自己拥有了自主权，不再受到父母的控制”。夫妻俩表示如果父母告诉他们“你们都是成年人了，有了自己的家庭，你们两人需要照顾好自己和对方，不要再希望我们还像对小孩子那样宠着你们”，那样就算实现目的了。于是，治疗师将治疗目标制定为“父母态度的明确转变”。

2. 分析问题为何会持续存在

接下来，治疗师需要了解夫妻俩过去如何解决这一问题，并且在尝试这些解决方法后，父母对待他们的方式发生了什么变化。

这对年轻夫妻表示，无论是从口头上去责怪父母对自己家庭的控制，或明确告诉父母“不要管得太多”还是从行为上抗拒父母“一厢情愿”的帮助与照顾(例如自己把家里打理得井井有条、抢着付账、赠送贵重礼品等等)，都是在向父母证明自己是一个独立的成年人，有能力照顾好家庭。但无论他们多么努力的证明自己，都无法改变现状，父母依然不断干涉他们的生活。治疗师认为，从家庭治疗的策略模式来看，他们屡试屡败的主要原因在于解决问题的方法维持了问题，以上的应对方式都处于初级改变的层次。

这对夫妻处理问题时犯了“非此即彼”的二分错误，即为了阻止 A 事件发生，一般的解决方法是用“A”的对立面“非 A”来避免问题发生。但这种解决方法只能带来初级改变，例如，父母将小夫妻当做无法照顾好自己的孩子，小夫妻的反应就是努力证明自己是成年人。这种解决方式让人必须在“A”或“非 A”之间做出一个选择，进而难以逃脱两难困境。而次级改变的模式是：不是“A”，也不是“非 A”。治疗师让来访者跳出肯定或否定的二分模式，站到更高角度上去思考，此时就会发现初级改变中的问题解决方法才是问题无法解决的症结。

3. 如何解决问题

(1)悖论指令：利用“给症状开处方”这一技术，指示这对夫妻放弃解决问题的各种尝试，“不做改变”。过去，这对夫妻在父母来访前，都会事先打扫卫生、修理物品等。现在，治疗师要求他们在父母抵达的前几天就开始停止一切家务劳动，不再保持家里的整洁。东西都随处乱放，脏衣服堆积如山，冰箱空无一物，屋子里需要修理替换的地方，通通暂时搁置。父母到来后，也不主动承担家务，妻子就任由婆婆买菜做饭，自己睡到日上三竿才起床，吃完饭可以直接转身去看电视，等着婆婆去洗碗；在父亲修理家电或汽车时，丈夫不再试图帮手，而是去和妻子一起看电视。此外，他们必须隐藏自己想要获取独立自主权的意图，不再向父母抱怨“不要把我当小孩子”或者声称“我们自己可以干好”。他们要心安理得地接受父母为他们做的每件事，并表示感谢。针对父母在经济上的照顾，他们不要再抢着去付账，而是表现出理所应当的态度，等着父母支付所有花费。

这对夫妻再来咨询时，就告诉咨询师，他们执行这些指令后，父母提前结束了这次探访行程。而且在离开前，父亲用慈爱的态度表示，儿子儿媳都被他们宠坏了，作为父母他们已经给予了很多支持，小夫妻不能再一味依赖他们，把自己的日子过得一塌糊涂，必须要学着像个成年人一样独立承担自己的责任了。在父母看来，无条件的给予帮助和照顾，是做一对“好父母”的标准，因此，他们愿意为儿子安排好一切。治疗师则是以这对父母能够理解的“语言”来制定悖论指令，让父母继续扮演“好父母”的角色，他们为了避免过度纵容和溺爱这对年轻夫妻，会主动“剪断脐带”，放弃控制和过度保护，为这对夫妻独立生活及成长提供足够自由的空间。

(2)打破维持问题的互动行为序列。策略治疗师较少关注“为什么”而更着重于“是什么”，这一案例中，治疗师没有追溯儿子与父母过度纠缠的原因，也不去处理父母对儿子的强烈控制欲。对过去经验的探讨或许能够解释当前的问题，但对于问题解决并没有多大帮助，因为“过去”是无法改变的。真正有意义的是要了解究竟什么行为使得当前问题保持不变，我们需要采取什么行动才能引发有效的改变。其实，当前问题是一个恶性的互动循环链，它涉及父母的控制行为和态度，夫妻俩试图摆脱父母控制的行为。双方的互动是一种持续不断的恶性循环，越是想改变越无法改变，因此要引起真正的改变，治疗师需要识别并阻止那些屡试屡败的“解决方法”，从而打破这种陷入僵局的家庭互动序列。

扩展阅读

如何在会谈中观察来访家庭

海利(Jay Haley)在其“如何接触家庭”的讲义中对如何在会谈中观察来访家庭有所论述。

首先是对发言者的观察,海利认为有几个方面要特别关注:(1)发言者说话的内容与其身体语言是否一致;(2)发言者所提出的内容以前是否已经与别人讨论过或者进行过什么处理,他/她提出这个问题有何目的。

其次是对听众的观察,当一个成员在说话时,其他成员的反应是什么样的,对说话者表示赞同或反对(听腻了);当家庭中有问题的孩子被责备时,他/她是生气、苦恼还是无所谓,尤其要注意父(母)对母(父)说话时的反应,因为他们常会对家庭的改变有不同的意见。

最后要注意观察弦外之音,在家人述说问题时,有些信息无法直接说出口,他/她就会间接地表达。例如,当一个母亲说她的儿子常反抗她,有奇怪的行为,就是在告诉治疗师她的丈夫很可能常反抗她。或一个父亲说他的儿子常有离家出走行为,可能暗示他的妻子曾威胁要离开他。往往孩子的问题反映出婚姻的困境,婚姻的问题借着孩子呈现。治疗师要注意随时检查这些观察所得的资料和信息,但不要将孩子与父母婚姻问题的相关直接说出来,而是要鼓励家庭成员多说(尤其当治疗者通过成员的身体语言信号抓到一些线索的时候),让家人感觉治疗师是了解他/她的,而在安全氛围中,家庭可以慢慢学会说出隐藏的东西。

复习巩固

1. 初次会谈的四阶段?
2. MRI 短期治疗的基本步骤?
3. 悖论指令的具体技术是有哪些?
4. 循环提问的主要形式?

本章要点小结

代表人物和基本理论观点

1. 策略模式着眼于过程而非内容,聚焦于此时此刻发生了什么;以问题解决为中心,重视效率,避免过分关注症状或问题行为产生的原因;强调治疗师以权威者的角色为家庭提供指令，对家庭的改变负责。

2. 每一次沟通都包含内容信息和关系信息；关系信息比内容信息更能影响沟通效果，它会影响沟通者对沟通内容的理解。

3. 双重束缚是指个体在重要关系中接收到对方来自于不同层面的矛盾信息，并且无法逃避或者评价这种矛盾性。双重束缚中，那些不可逃避的矛盾信息又称为悖论指令。

4. 反馈是实现家庭动态平衡的重要手段及调节机制。反馈通常分为正反馈和负反馈。

5. 改变可分为初级改变和次级改变这两个水平。初级改变是家庭系统之内发生具体行为的改变，而家庭内部的结构和规则维持不变。次级改变是支配家庭内部结构及秩序的规则发生了改变。

具体操作技术

1. MRI 策略模式初次会谈分为 4 个阶段：社交阶段、问题阶段、家庭互动阶段、目标制定阶段。

2. 悖论指令包括：给症状开处方、苦难考验、假装技术、抑制策略、再定义。

3. 循环提问是米兰系统模式最典型的治疗技术之一，用于帮助治疗师发现差异，获取及引入新信息。所使用的问题包括关系差异问题、程度差异问题、时间差异问题和假想未来问题。

关键术语表

沟通理论　双重束缚　悖论指令　正反馈　负反馈　初级改变　次级改变　给症状开处方　再定义　假装技术

选择题

1. 策略模式包含(　　)。

a. MRI 互动式家庭治疗　　b. MRI 短期家庭治疗

c. 海利和曼德尼斯的策略家庭治疗　　d. 米兰系统模式

2. 沟通的两个方面是(　　)。

a. 内容信息　　b. 结构信息　　c. 过程信息　　d. 关系信息

3. 元沟通是关于____的沟通。(　　)

a. 效果　　b. 沟通　　c. 内容信息　　d. 关系信息

4. 沟通者之间的关系可分为(　　)。

a. 对称关系　　b. 互补关系　　c. 因果关系　　d. 依赖关系

5. 双重束缚中那些不可逃避的矛盾信息称为(　　)。

a. 间接指令　　b. 直接指令　　c. 悖论指令　　d. 控制指令

6. 双重束缚的基本特性包括（　　）。

a. 矛盾性　　b. 强制性　　c. 不可逃避性　　d. 不平等性

7. 反馈回路可分为（　　）。

a. 正反馈回路　　b. 积极反馈回路　　c. 负反馈回路　　d. 消极反馈回路

8. MRI 短期治疗模式中的“问题”是由于对____处理不当而造成的。（　　）

a. 互动模式　　b. 日常困难　　c. 等级结构　　d. 三角关系

9. 次级改变是____发生了改变。（　　）

a. 行为　　b. 家庭规则　　c. 认知　　d. 家庭结构

10. 策略模式的治疗目标包括（　　）。

a. 改变功能不良的家庭互动模式　　b. 探寻症状或问题行为产生的原因

c. 改变家庭内部结构和规则　　d. 消除当前症状或问题行为

第七章　家庭治疗的认知—行为模式

假如父母爱我，他们就没有理由不知道我的需要；假如爱情如初，他就应该像结婚前一样，对我百般包容……诸多假如常常使人们沉迷于自己勾勒的“现实”中。这些对“现实”的认知一方面铸就了个体自身的行为和情绪，另一方面也影响了个体与其他家庭成员之间的关系。家庭治疗的认知—行为模式正是一种关注家庭交往模式，强调家庭成员之间认知、情感、行为交互作用的治疗模式。本章将详细介绍该模式的代表人物和基本理论观点，治疗技术和具体操作，并对该模式的一个案例进行分析。

第一节　代表人物和基本理论观点

家庭治疗认知一行为模式由家庭治疗行为模式发展而来。在行为家庭治疗师看来，每一位家庭成员都是来访者自然环境的组成部分，因此他们的行为可能引发或激化了来访者的问题行为。相应的，治疗师认为促发家庭重要成员的行为改变可以为来访者提供一个孕育新的良好行为的适宜环境。但随着治疗实践及相关理论、技术的发展，治疗师们越发认识到单纯的行为改变往往是不够的，认知因素在行为产生、维持和改变当中扮演了重要的角色，因此他们将认知因素逐渐纳入到治疗模式中作为行为治疗的补充，并进而将认知与行为两大元素相整合形成了家庭治疗认知一行为模式。该模式强调通过改变某些家庭成员的认知及相互交往模式，达到干预成员行为的目的。但是，由于该模式并不对整个家庭系统进行治疗，因而其在家庭治疗领域中的发展受到一定程度的限制。近年来，家庭治疗的认知一行为模式开始进一步纳入建构主义的观点，从而使该模式的应用得到了进一步的拓展。其特点为引导来访者对以前的痛苦进行重新定义，动摇其原有不合理的信念，从而最终达到行为的改变。本节从行为治疗、认知疗法的理论人手，根据发展脉络来介绍家庭治疗的认知一行为模式的主要观点。

一、行为治疗和认知疗法的发展与融合

1. 行为主义治疗的理论背景

华生于20世纪初创立了行为主义。在华生看来，行为是由环境所塑造的，华生“一打婴儿”的名言凸显了环境决定论的激进性，但其预测和控制行为的观点确实也促进了应用心理学的发展。伴随着行为主义理论的不断发展和完善，斯金纳等人于20世纪50年代提出了行为治疗的概念。行为治疗是以减轻或改善患者的症状或不良行为为目标的一类心理治疗技术的总称。该治疗理论认为，人的行为，不论是功能性的还是非功能性的，正常的或病态的，都是在特定环境中经过学习而获得的，而且也能通过学习得以调整或消除，从而达到增加适应性行为，减少问题行为的效果。巴甫洛夫的经典条件反射原理、桑代克的效果律、斯金纳的操作性条件反射原理以及班杜拉的社会学习理论都为行为治疗奠定了重要的理论基础。

2. 认知疗法的理论背景

认知疗法于20世纪60年代至70年代由美国治疗师阿伦·贝克(Beck, 1979)创立。认知疗法以认知模式为基础。该模式认为，影响人们的情感和行为的，并非事件

本身，而是人们对事件的认识。莎士比亚笔下的经典人物哈姆雷特就曾说过这样一句话：世事并无好坏之分，全看我们怎样去想。同样是配偶对自己说了一句重话，有的人埋怨对方不再在乎自己，而有的人则归因于对方最近工作压力大，前者可能导致不小的家庭风波，后者则可能给予对方更多的关心和宽慰。可见，个体如何解释和理解某个特定情境至关重要。夸大的或有偏差的思维方式常常会维持或加剧抑郁、焦虑、愤怒等状态。认知疗法正是一种通过运用一系列认知和行为技术来识别、改变来访者的不良认知，从而达到消除不良情绪和行为的心理治疗方法。该疗法与传统行为疗法的主要区别在于，它更为重视认知加工以及认知、情感、行为三者间的相互平衡；它与传统的精神分析之间的区别在于，它重视意识中的认知加工而不是无意识，因而更易被来访者理解和接受。艾利斯的合理情绪行为疗法（Rational Emotional Behavioral Therapy，REBT）、贝克的认知疗法（Cognitive Therapy，CT），以及梅钦鲍姆（Donald Meichenbaum）的认知行为矫正技术（Cognitive Behavior Modification，CBM）是认知疗法的主要代表。

在 20 世纪 60 年代早期，艾利斯（Ellis，1962）就观察到，人们天生就倾向于用一些不合理的、挫败自我的方式来思考。鉴于此，他认为治疗的目标就是要教给来访者更理性的思维方式。他所创立的合理情绪疗法关注的治疗焦点是思维和行为，而不是情感的表达，而治疗是一个教育过程，来访者则是一名学习者。贝克通过对抑郁症患者进行研究，发现了错误或扭曲的思维模式是导致和维持抑郁的关键因素，并提出了自动思维（automatic thought）、消极的早期图式等关键概念。其中，自动思维指的是个体产生的习惯化的平时难以被自身意识到的想法；而图式则指的是自动思维的深层次信念，它由以往积累的经验和有组织的知识构成，同时又用于解释新的经验。如，一位员工在面对工作挑战时，由于他在成长过程中的挫折经历，以及从小教养环境中缺少支持和鼓励，因而他潜藏着“我能力不够”和“我不够好”的图式，面对工作压力时，被激活的图式令他产生了“这太难了，我不知该怎么办”的自动思维，因而表现出退缩、焦虑，难以承受。贝克认为治疗师一方面需要向患者提供治疗会谈期间和咨询室外的经验，以反驳患者那些导致问题出现的思维，改变其消极图式，另一方面也应与患者合作，教授对方一些可在将来独立对自己的导致问题的信念进行评估的方法。

梅钦鲍姆是一位对压力管理特别感兴趣的认知行为治疗的代表人物（Meichenbaum，1977）。他的认知行为矫正技术的基本原理为：通过教导来访者学习矫正固有的认知倾向来获得更有效的应对压力情境的策略。该技术的具体程序包括要求患者评价他们自身的焦虑水平（如，身处考试情境中的焦虑水平），帮助患者觉察那些他们在压力情境下产生的可引发焦虑的认知（如，来访者认为“考试失败是件非常丢脸的事”），并引导患者重新调整自我陈述（如，认为“考试是一种知识掌握程度的反馈，而不是能力的唯一衡量标准”）。

二、家庭治疗的认知一行为模式

认知一行为治疗与家庭治疗的融合经历了一个发展的过程。鉴于家庭成员，特别是家庭重要成员，是个体家庭环境的重要组成部分，且整个家庭比单独的个体成员更为复杂多变，因此研究者和治疗师在认知、行为理论基础和不断积累的临床经验之上进一步发展出了着眼于家庭的认知一行为治疗模式。

1. 家庭治疗行为模式的代表人物及主要观点

早期行为主义的治疗方法严谨可操作，对个体问题行为的改变有着良好效果。但是，由于仅仅考虑环境给行为所带来的单方向影响，因而发展受到限制。因为在现实生活中，我们的情感和行为总是受到诸多内在和外在因素的共同影响。治疗师们逐渐意识到家庭环境以及家庭重要成员在个体问题行为的形成、维持、改变中所起到的重要作用。因此，早期行为主义者在致力于改变来访者不良行为时，也将家庭中的每一个成员都考虑进来。他们的主要任务之一即是观察并辨别出家庭重要成员诱发或激化来访者问题行为的方式，并试图对它们加以调整。以下将对为家庭治疗行为模式做出杰出贡献的三个代表人物进行逐一介绍。

(1)杰拉尔德·帕特森(Gerald R. Patterson)是一位拥有丰富生活阅历的教授。他既是作家、户外探险家，也是心理学专家。他在攻击理论、父母训练、家庭互动测量领域颇具建树。他主张(Patterson &Stouthamer－Loeber，1984)儿童和青少年的攻击性是一种行为问题，而不是心理健康问题，其原因在于社会环境，而不在于年轻人的内心。通过对高攻击性家庭中父母与孩子之间交往模式的观察，帕特森发现高攻击性儿童通常生活在争吵不休的家庭氛围中，家庭成员之间不会用平和友好的方式相互交流，即便彼此交流，也往往是以嘲笑、威胁等激进的方式进行。帕特森把这种情境称为强制性家庭环境(Coercive Home Environment)，即成员之间经常相互激惹，并且用攻击或其他不友好的方式来应对不良情绪体验的家庭环境类型(Patterson，1976)。在这种家庭中，父母对孩子缺乏有效的教育和监督，导致了孩子的攻击等不良行为，比如，当父母没有满足孩子的一些无理需求时，孩子就会采用抱怨、哭闹、踢打等方式来表示抗议，这类行为通常迫使父母缴械投降，而父母的这种反应又强化了孩子失控行为的再次出现。可见，负强化在维持这种强制性交往模式中起着重要作用。因此，帕特森与其合作者，根据社会学习理论的原则，开发出了父母行为训练项目方案。该训练将实验室中的学习原理运用于临床治疗，以教导父母如何减少和控制孩子的破坏性行为。但是，在训练的过程中，治疗师发现父母们会对这种教导表现出抗拒。相应地，在后来的治疗中，化解父母的抗拒也成了重要的一环。

(2)罗伯特·利伯曼(Robert Liberman)是美国加州大学洛杉矶分校的一名精神病学教授，致力于研究人们的关系问题。他于20世纪60年代末开始将行为治疗运用于解决夫妻之间的问题和冲突，是夫妻行为治疗的早期倡导者之一。此外，他还是家庭治疗心理教育模式的开创者之一。该种模式旨在向出现困扰的家庭提供信息和指导，从而使他们能够学习并获得相应的技巧，以理解和帮助出现生理或心理症状的家庭成员改善相处方式，化解家庭关系中的危机。在其代表作《行为方法对家庭和夫妻治疗的作用》中，利伯曼详述了如何以操作性条件反射原理为依据，分别治疗了抑郁、难治型头痛、缺乏社会适应能力以及婚姻不和谐等不同类型问题的患者案例（Liberman, 1970）。利伯曼在家庭治疗当中，灵活引入了行为治疗中的相互强化技术、角色扮演技术以及模仿技术等。

（3）理查德·斯图尔特（Richard B. Stuart）是一位社会工作者，同时也是夫妻行为疗法的早期倡导者之一。他与利伯曼在同时期各自独立发表了这个领域重要的早期研究成果。此外，斯图尔特发展了一套名为“操作性人际治疗”的治疗方法（Stuart, 1971），其中包含了偶联契约（contingency contracting）（又名行为契约）这一核心概念。在斯图尔特看来，夫妻关系的满意度将随着正强化和负强化的比率而变化。即当一个行为能带来一个好结果（丈夫给妻子搛菜，妻子对他微笑），或能消除一个坏结果时（妻子唠叨，丈夫钻进书房戴上耳机躲清静），行为就容易保持下去。也即当付出有所回报时，付出的行为更有可能出现，斯图尔特致力于用契约的方式让夫妻双方结束盲人摸象般的猜心阶段，帮助他们发掘和增加那些可以提高满意度的事件。比如，妻子陪丈夫看球赛，丈夫则帮助妻子一起料理家务等；同时也识别并尽量消除那些令人反感的事件，如妻子指责丈夫自私，夫妻吵架时丈夫摔门而出等。偶联契约正是这样一种建立在操作性条件作用原理和社会交换理论基础之上，旨在促使夫妻双方最大程度进行积极行为互动的干预方法。

除上述主要代表人物外，约瑟夫·沃尔普（Joseph Wolpe）作为一名早期行为治疗者，也将行为技术纳入到家庭框架当中。他在经典条件作用的实验室研究基础之上，发展出了系统脱敏技术，并将该技术引入到性功能障碍治疗领域。沃尔普认为焦虑症是一种通过经典条件作用而获得的自主神经系统的持续反应，而大多数性问题是条件性焦虑的结果。为了达到去条件化，系统脱敏法实施的关键在于，当患者面对可诱发焦虑或恐惧情绪的刺激物时，向患者施加与焦虑或恐惧不相容的情绪反应，以达到交互抑制（reciprocal inhibition）的目的。例如，针对性焦虑的夫妻，治疗师可指导他们在产生焦虑时，采用放松技术舒展全身，以缓解伴随亲密行为所产生的过分焦虑。待焦虑缓解以后，再以此方式逐步增加更亲密的行为（Wolpe, 1968）。

2. 家庭治疗认知—行为模式的代表人物及主要观点

20 世纪 70 年代后期，一些行为取向的治疗师逐渐认识到，在家庭互动中起中介作用的认知因素会对个体的情绪和行为产生重要的影响。其中，艾利斯和贝克最早在夫妻关系问题中引入认知的观点。艾利斯认为，并非实际的争吵导致了家庭成员的心理障碍或家庭关系的紊乱，争吵双方的那些夸大的、不合理的，甚至扭曲的主观解释才是引发问题的真正原因。他运用认知重建来帮助来访者改变原有的具有破坏性的信念，从而产生新的自我表达。比如，“我们没有达成一致意见，的确令人失望，但这并不意味着我完全是个失败者，或者我们的婚姻注定要失败”。贝克认为早期不幸的个人经历和挫折使得个体习得了消极的图式。当日后一个新的，但与当初习得的图式相似的情境出现时，这些消极图式就会被重新激活，认知歪曲也就随之发生。但是，个体通常会接受这些不良的消极认知，而不置疑它们的正确性。例如，一位女士在过去10年间有三段长期恋爱关系，但每一段感情最后都以失败告终，于是她习得了“我没有能力维持一份感情，我总是被抛弃”的自我图式和“男人不可信，他们没一个好东西”的他人图式。这样的想法只会导致她感到痛苦和沮丧，更重要的是很可能致使她不愿再尝试新的感情，或在以后的恋爱和婚姻生活中不愿付出真心。20世纪80年代后期，一系列关注婚姻伴侣对彼此行为的看法、想法和期待的认知特点的研究大量出现，这些研究丰富了婚姻与家庭研究的理论体系，婚姻和家庭治疗领域中的认知干预也相应地赢得了一席之地。当今的主要代表人物包括唐纳德·鲍克姆(Donald H. Baucom)、诺曼·爱泼斯坦(Norman B. Epstein)、弗兰克·达提里欧(Frank M. Dattilio)、克里斯汀·佩德斯凯(Christine A. Padesky)等。

其中，鲍克姆是北卡罗来纳大学的一位临床心理学教授，是婚姻认知疗法领域的领头人之一。爱泼斯坦任职于美国马里兰大学，是婚姻与家庭治疗项目的负责人。他们二人开展了广泛的合作，包括共同进行有关夫妻认知的实证研究，合办工作坊等。他们还共同提出了五种关系认知成分，包括“选择性注意”——家庭成员在对其他成员、关系及环境进行注意加工时的偏向性，会倾向于注意互动中发生的事情的某些方面，同时忽略其他方面；“归因”——家庭成员对家庭中出现的关系问题的缘由和责任划分的推论和解释；“期望”——家庭成员对特定事件在未来发生的概率、未来的关系所进行的预测；“假设”——家庭成员对于家庭关系的特征以及该关系将如何运作的信念；“标准”——家庭成员认为家庭关系应该达到的状态。这些认知成分可以用来解释和了解家庭的不良互动和家庭成员之间的紧张关系。比如，如果妻子假定夫妻双方应该是亲密无间，具有高透明度的沟通，而丈夫却假定夫妻双方需要足够的私人空间，以保持新鲜感时，双方的行为表现就会不一致。进而可能导致夫妻双方对对方的行为进行不合理的归因。如，妻子将丈夫的“保守秘密”归因为不够爱自己，而丈夫将妻子的“时时沟通”归因为不信任。夫妻归因风格方面的大量研究显示，关系紧张的夫妻更倾向于将对方的消极行为归因为相对稳定的负面因素(Baucom & Epstein，2013)。

达提里欧是认知行为婚姻家庭治疗领域的领头人之一，在多个机构担任着重要职务。他是宾夕法尼亚大学医学院认知疗法中心的精神科临床副主任、哈佛医学院的客座讲师，还开办了自己的私人诊所。达提里欧曾在20世纪80年代早期师从沃尔普，接受正规的行为治疗培训，之后他在80年代末与贝克合作，将认知疗法理论运用到关系紧张的夫妻当中。伴随着20世纪90年代不同取向家庭治疗方法的发展，以及自身丰富的学习、治疗经历，达提里欧开始致力于将认知行为的理论和技术，与其他的夫妻家庭治疗模型结合起来运用。在达提里欧看来，所有的治疗模型，不论其理论取向如何，都一定程度上包含了认知重建和行为指导的技术。达提里欧的代表作之一《夫妻家庭治疗案例研究——系统和认知的观点》一书就反映了他在心理治疗方法的整合过程中迈出的重要一步(Dattilio，2007)。

佩德斯凯也是贝克的早期合作者之一。她自1978年起就开始将认知疗法运用于临床实践当中，并教授大量的治疗师如何有效使用认知疗法技术(Dattilio & Padesky，1990)。作为核心信念改变领域的专家，她在常用的核心信念改变技术基础上引入了一些创造性的变化，如连续性技术(continuum)、积极信息日志(positive data log)、心理剧(psychodrama)等。其中，连续性技术指的是运用连续图表，帮助来访者意识到其极端的不合理信念之外的灰色地带，从而调整其绝对化的消极图式。该方法最简单的一种模式就是让来访者在一个从“100%不受欢迎”到“100%受欢迎”的连续图表上对自己进行评估，而治疗师则通过列举证据的方式挑战来访者的原有评估，从而使来访者的自我评估在连续量表上趋于一个较中间的位置，以此方式降低绝对化的思维。积极信息日志是一种帮助来访者纠正信息加工偏差的方法。该方法首先要让来访者意识到消极图式的维持源于信息加工过程中的偏差，然后要求来访者运用日志来记录与新的、适应性的图式相一致的日常信息，也就是收集以往被自己忽略掉的信息。心理剧是一种处理个体早期发展过程中形成的消极图式的方法。该方法要求来访者通过角色扮演的方式重现其消极图式产生时的早期童年情境，这个方法往往会引发个体的强烈情绪，为治疗师提供了在完整的情境下干预来访者消极图式的机会(Padesky，1994)。

复习巩固

1. 请列举认知疗法的主要流派。
2. 家庭治疗认知一行为模式的主要代表人物有哪些？
3. 鲍克姆和爱波斯坦认为关系认知有哪五种成分？

第二节　基本操作技术

家庭治疗的认知一行为模式在很多情形下是先有理论后有治疗方法。因此，与认知行为疗法理论发展的顺序相一致，行为治疗技术也先于认知疗法技术被应用于不同类型的家庭治疗。家庭治疗的行为模式通常将患者看作家庭的负担，或者认为家庭成员无意之中支持和维持了患者的问题行为。因此，该模式并不强调对整个家庭系统进行治疗，而是主张通过改变某些家庭成员之间的相互交往模式来达到干预家庭的目的。一般而言，家庭治疗行为模式主要具有以下特征：首先，治疗强调直接干预可观察的行为，如孩子要喂饭、出门要父母抱的外显依赖行为；在确定了目标行为之后，治疗师需依据严格、规范的评估程序和标准对该行为进行持续评估，包括行为出现的次数、频率和情境等；之后治疗师通过直接控制行为与外部强化之间的联结来增加或减少目标行为（如当孩子不主动吃饭时，让父母停止再像以往一样喂孩子，而是平和而坚定地要求孩子自己吃，一旦孩子自己吃饭，即使撒了饭粒，也要给予赞扬），此外还要训练家庭成员学会监控和矫正导致问题行为的强化因素（如早上早点起床，以避免为了赶时间而给孩子喂饭等）；最后，强调向家庭成员传授沟通技能和问题解决技能。

虽然治疗师们最初把焦点放在行为的改变上，但随着认知因素得到关注，作为行为夫妻治疗的辅助性成分，认知疗法开始加入到家庭治疗领域当中。相关研究也显示，加入了认知重构技术的行为婚姻治疗比传统的行为婚姻治疗具有更好的疗效。在20世纪80年代晚期和20世纪90年代早期，认知一行为疗法在家庭治疗中的应用更为广泛，认知疗法和行为疗法的整合成为了一个更为统一的干预系统。家庭治疗的认知一行为模式假设家庭成员之间会相互影响和被影响。个体对其他家庭成员行为的评价和解释会影响他们对待其他家庭成员的方式，包括情绪方面和行为反应方面。这些方式继而又引发了其他家庭成员的认知、行为和情感反应，从而形成一种动力作用于不断上升的环形反馈过程。因此，认知一行为家庭治疗师致力于矫正个体不合理的认知和行为，增进家庭成员间积极的相互作用，从而打破家庭内部的恶性循环，避免家庭成员继续卷入冲突的螺旋中。

在整个认知一行为模式的家庭治疗过程中，治疗师需要密切观察和评估来访者家庭的认知、行为方式，并进行相应干预，这个过程常常需要循环往复。根据相关的认知、行为理论，治疗师设计出相应的治疗程序和治疗技术并用于实践。以下将对家庭治疗认知一行为模式下治疗师所采取的评估手段，以及针对不同家庭治疗类型所采用的主要程序和技术进行具体介绍。

一、评估

评估是认知一行为模式家庭治疗得以开展的重要前提，同时也是贯穿治疗始末的关键组成部分。认知行为家庭治疗师的评估有其独特之处。他们所遵从的理论取向强调理性客观的分析，强调实验性的方法，强调以“现在”为中心，以问题为取向，要求清楚界定问题及问题发生的情境、由此导致的结果。因此，当面对一对关系敌对的夫妻时，治疗师首先需要识别并分析导致夫妻关系恶化的问题行为，如彼此恶劣的言语、直接忽视等。除了明确弄清恶劣言语、直接忽视在当事者心目中到底指代什么行为，并除了用可量化的标准对问题行为的频率和严重程度进行测量外，治疗师还需要梳理清楚这些问题行为发生前后的事件，从而确定维持问题行为的环境因素。相比纯粹的行为治疗师，认知行为取向的治疗师还会额外关注信念系统和夫妻在加工同一信息时的方式差异。

1. 行为评估

伊恩·法隆(Ian Falloon)指出可以在两个水平上对家庭进行行为评估。(1)问题分析：旨在识别那些引发家庭危机的问题行为，只有当这些问题行为得以纠正后，家庭功能才可能得到改善。(2)功能分析：旨在揭示家庭成员问题行为间的相互关系，以及这些问题行为发生互动时的具体环境，从而获知导致问题行为产生的最重要的前因后果。例如，对于一对婚姻出现危机的夫妻，治疗师首先需要评估夫妻二人相互交换积极和消极行为的频率和互动模式，比如，丈夫多久会给妻子送花，妻子多久会给丈夫做好菜。其次，治疗师还需要评估这些互动行为随着不同环境发生的变化，例如，当丈夫的母亲与夫妻二人同住时，丈夫送花的频率降低，而妻子做饭的次数也骤降。此外，很重要的一点是，治疗师要努力弄清造成夫妻行为变化的认知和情绪因素。而收集这些信息的主要方式包括由家庭成员填写自陈问卷以及治疗师进行行为观察(Falloon, Boyd, McGill, *et al*, 1985)。

(1)自陈问卷

自陈问卷即自我陈述问卷，问卷中针对要评估的目标设计一些问题，如亲子之间多久聊天沟通一次，沟通的质量是否令人满意，或者亲子之间的冲突发生的情况，是言语冲突还是身体冲突，有多严重等等，然后根据来访家庭的答案选项进行评估。这种问卷多数用于收集有关夫妻之间、亲子之间的行为互动信息。有些问卷注重测量家庭成员的特定行为(如孩子的攻击行为问卷)，而另一些问卷则关注家庭成员对于家庭互动质量的整体评价(如婚姻质量问卷)。在采用自陈问卷进行测量时，需充分考虑其优缺点。由于自陈问卷固有的主观性，测量结果难免受到个体记忆的准确度、担心别人的看法而不真实作答等因素的影响。其次，个体的年龄和智力发展水平也会影响该问卷的实施。此外，来访家庭在自陈问卷中报告的情况与治疗师进行行为观察得到的结果之间的一致度并不高，因此治疗师在对测量结果进行解释时需要结合其他渠道收集的信息进行综合考虑。虽然自陈问卷存在着一些缺点，但它仍具有收集信息效率高、易量化、易比较等特点，因而受到行为家庭治疗师的青睐。

(2)行为观察

行为观察是家庭治疗认知行为模式的一个重要成分，贯穿于整个治疗过程。治疗师不仅要收集家庭成员言语之中反映的信息，还要特别留心他们之间的非言语行为(如表情、身体姿势、空间距离等)，也要留心这些非言语行为引起的反应。不同的家庭治疗师对于家庭互动的观察并不会完全一致，观察受到治疗师所遵循的治疗干预程序的影响，也受到他们在具体治疗中所依据的观察标准的影响。

在结构化程度低、较灵活的治疗干预中，治疗师尽量少卷入到家庭的互动当中，通过鼓励家庭成员谈论他们之间的关系，从而观察来访者所展现出的现场交流的互动模式。随着家庭成员逐渐融入到治疗情境当中，他们的表现会更接近于自然情景中的交流。而在较固定的治疗干预中，治疗师一般会从问卷收集的初步信息中找出适当的话题来引发来访家庭的讨论。比如，对于关系紧张的夫妻，可以让双方独立完成同一份问卷(如婚姻调适问卷)(Spanier' dyadic adjustment questionnaire)，从而评估这对夫妻在感情、日常生活等方面存在的冲突，并从中选择出夫妻双方意见不一致的话题，让他们进行讨论解决。该方式可以帮助治疗师观察到夫妻双方在沟通中遇到的具体困难。

当对家庭进行观察时，治疗师在观察初期往往会比较全面地观察来访家庭的言谈举止，并从中寻找出那些反复出现并有可能诱发主要家庭问题的互动模式。治疗师通过使用功能分析技术以发现家庭冲突前后的关键事件。比如，一位妻子可能抱怨自己的丈夫在家庭事务上从不拿主意，害得自己承担了很多家庭压力。但是根据治疗师的观察，每当丈夫试图表达自己的观点时，妻子就表现出不以为然或者批评指责。相应的，丈夫也越来越少表达自己的观点。这种相互激发的行为反应正是治疗师在观察过程中需要捕捉的重点。除了全面的观察外，治疗师也可以在一些阶段依据治疗中常用的行为观察标准对问题行为进行着重观察。

2. 认知评估

认知评估的方式除了包括自我陈述问卷、对家庭相互作用的直接观察外，还包括临床会谈。其中，自陈问卷种类繁多，包括关系信念量表——探索伴侣对亲密关系不切实际的信念，家庭信念量表——探索父母和青少年对关系持有的非合理信念，婚姻态度问卷调查——探索个体对关系问题的归因，原生家庭量表——探索个体对原生家庭健康水平的感知等。治疗师可以根据具体问题的需要，选择性地运用量表找出对家庭关系具有破坏性的信念或者想法。在对家庭进行观察时，认知评估关注个体如何解释、判断进而影响彼此行为。并且，治疗师更重视家庭互动中此刻的认知，而非来访者对以往认知的回忆。因此，当治疗师在治疗中，如果观察到家庭成员行为背后可能隐藏着强烈情绪反应时，就会打断并询问这些行为背后隐藏的相关的情绪和认知。临床访谈在认知评估中具有独特的地位，因为它向治疗师提供了引发来访者特殊认知的机会，主要方式有苏格拉底式提问和“向下箭头”技术(见“认知类技术”)。

达提里欧和佩德斯凯认为治疗师需要在以下三个递进的层次上对来访者的想法和观念进行认知评估：一个是特定情境的自动思维(“丈夫下班回家后喜欢独自一人看电视，他不想见到我”)；一个是更深层次的潜在假设，即自动思维的根源(“他不像结婚之前那样在乎我了”)；以及更深的层面，即核心的、基本的信念或图式(“现在的我已经没有吸引力了”)。

二、行为类技术

行为干预的主要技术包括沟通训练、行为改变合约、问题解决训练，以及针对父母的养育技能训练（塑造、隔离法）。其中，沟通训练旨在提升家庭成员清晰表达自己的想法和情绪、有效倾听他人、提供建设性信息的能力。行为改变合约是一份家庭成员共同订立的合约，目的在于帮助家庭成员确定需要改变的具体的消极行为，并促使学习用新的积极行为来替代之。问题解决训练则帮助家庭成员确定需解决的具体问题，并从诸多备选方案中选择一个切实可行的、对大家都有吸引力的方案，并执行这个方案。养育技能训练针对缺乏正确教养技能的父母（如习惯以专制的方式来控制孩子行为），教授并且培训积极的养育方式。以下对这些技术进行具体介绍：

1. 沟通训练

沟通训练的关键在于教授给家庭成员表达和倾听的技巧，并指导他们进行练习。其中，表达的技巧要求个体采用具体明确、简短、积极的言辞表达，并且表述的内容不能只有观点，还需包括自己的情绪，如，在表达对家人的关心时，说“我很在乎你的健康”，而非“淋了雨会感冒”；表达对家人的批评时要就事论事而不否定对方的整体品质，更不能一味地揪住对方过去的错误不放；治疗师还需强调，家庭成员之间相互评价时不要埋怨、指责或采用惩罚性语气，并且一次只表达一个主要观点。

倾听技巧要求在倾听某一家庭成员说话时，以眼神交流和姿态向对方表达你认真的态度；通过面部表情、点头、不打岔等来体现对对方观点和感受的尊重；运用换位思考去理解对方的观点和感受。在回应对方时，需要先概括对方最主要的感受、需要和想法，但不要急于说出自己的观点或者反驳对方；若有自己不明白的地方，要让对方给予更清楚的解释。为了提高个体倾听的效果，达提里欧提出了“纸笔技巧”这一技术。即当伴侣中的一方在说话时，另一方在纸上记录自己的所思所想，并且可以在事后与对方分享。这种技术用来帮助夫妻不要在对方说话时打断。

在选择沟通话题时，治疗师需注意，治疗初期的话题应该是温和的，等家庭成员准备好后，再去讨论冲突性更强的话题。治疗师可以采用口头讲解、录像呈现、以身示范的方式教给来访家庭沟通的技巧，同时，也可以向家庭成员提供书面的指导，让他们在回家后在生活中，依据指导进行训练和相互督促。此外，治疗师也会布置家庭作业以巩固治疗的效果，促使家庭成员将治疗中的学习扩展到生活中。

2. 行为改变合约

偶联契约和关心日技术是行为改变合约的典型形式，最初诞生于夫妻行为治疗领域。利伯曼认为治疗首先要确定夫妻双方要矫正的行为，然后指导夫妻通过直接操控外部的强化因素来加以矫正。斯图尔特则认为，在夫妻双方的日常互动中，增加更多的积极强化（正强化），可以提升双方的婚姻满意度。他提出了“偶联契约”和“关心日”

的技术。如上一节所介绍的，偶联契约(Contingency Contracting)的目的在于运用强化技术，让夫妻之间令人满意的行为因为得到积极强化而更多出现。具体而言，在夫妻双方同意一起做出改变之后，需在这种书面计划中明确表达他们期望伴侣出现的行为(丈夫送孩子上学)以及行为出现的次数(每周两次)；并且明确当伴侣做出所期待的行为时，自己相应所需履行的义务(晚上烧两道丈夫爱吃的菜)。偶联契约也适用于其他领域，如处理亲子之间的不良互动。例如，妈妈与儿子制定偶联契约：妈妈停止唠叨孩子收拾房间的事，每天只提醒一次，而儿子则在放学后花半小时收拾自己的房间。关心日技术又叫真诚契约，即家庭成员同意做出改变，但不是以其他家庭成员所做的事情为条件(如丈夫承诺每周帮妻子洗三次碗，以表达对妻子的关心)。一般先要制定"关心日要求例表"，夫妻各自找出对方所做的让他们觉得愉快的行为。然后每个人都承诺自己会多做一些让对方高兴的事，并每天进行记录。需要注意，在制定"关心日要求例表"时，所列出的内容要满足以下要求：首先，用积极正向的表达("帮我做家务"，而非"不要总是那么懒")；其次，必须是具体的("陪我看半小时电视节目"，而非"多放心思在我身上")；再次，必须是每天可以明确执行的行为("教孩子写 15 分钟字"，而非"教孩子写出一手好字")。

3. 问题解决训练

问题解决训练其实是一种特殊的沟通训练，目的在于解决具体问题。治疗师同样要向家庭提供言语讲解和书面指导，或者以示范、行为演练等方式帮助家庭成员建立有效的问题解决的沟通模式。问题的解决分两个独立的阶段完成：确定问题和解决问题。主要步骤包括：首先是确定家庭成员达成共识需要解决的问题，比如"如何让年幼孩子健康、规律地吃饭"；然后，启发家庭成员头脑风暴，想出可能的问题解决方案(比如，妈妈想到的是让爸爸和奶奶不给孩子买零食，爸爸想到的是根据孩子的喜好做菜)，此时先不评价自己或者他人提出的这些方案；引导家庭成员评价每个方案的优缺点(如爸爸的建议可以在一定程度上提高孩子吃饭的积极性，但是无法解决孩子不吃蔬菜等健康食品的问题)；之后帮助家人协商选择一个方案进行尝试(如家人决定在本周内不给孩子买任何零食，孩子吃了一定量的蔬菜就可以得到代币奖励，妈妈把蔬菜做出有趣的造型等)，并为这次尝试制定时间表，包括何时开始、谁参加、何时结束、如何进行等(如本周一到周日，全家总动员，爷爷负责监督进展情况等)；在尝试后评价这个方案的作用，如果有需要再将此方案进行改进，并进行重复试验。为了使家庭成员能够顺利实行这个方案，治疗师往往会引导他们制定合约。

针对一些存在特定问题的家庭，治疗师还可以采用一些专门的技术。如在处理有愤怒控制问题或者攻击行为的家庭时，治疗师通常会教家庭采用"暂停"技术。治疗师指导个体为停止该类问题行为设立一个警告信号(如感到自己呼吸急促、肌肉紧张)，并且设置一个将自己抽离出当前情境的时间，以及重新回来与其他人互动的时间(如"我要离开一会儿，5 分钟后再回来跟你谈")。在此过程中，个体可通过思维中断、深呼吸、积极意象等具有情绪安抚性质的认知行为技术调和自己的情绪。

4. 塑造

塑造主要运用于父母对于孩子行为的训练，指的是采用有规律的、循序渐进的方式引导孩子形成所期望的行为并使之固化的过程。塑造主要有四种方法：正强化，负强化，惩罚和忽视。这些具体的方法可以搭配使用。比如，对于一个习惯以哭闹、嚷嚷的方式迫使父母满足自己需要的孩子，治疗师可指导父母去忽视孩子耍脾气的行为，一直到这个孩子不再吵闹，再去与他谈论他的要求。在这个过程中，父母应该做到坚持不让步。随着孩子发脾气的次数减少，并且开始尝试以较冷静的方式表达自己的需求时，父母可选择小孩喜欢的东西或者喜欢做的事情对该积极行为进行强化。强化初期，可采用连续强化的方式，为了继续增强和巩固小孩的积极行为，父母需要逐步提高给予强化的标准，或者采用间歇性的方式进行强化。当强化无法每次都实施时(如不能天天去游乐场)，可采用代币法。代币指的是能够累积并可兑换强化物的替代品，例如，五星、小红花等。当期望发生的行为出现时，父母立刻向孩子奖励代币以强化他的行为。此外，父母学会如何做到有效惩罚也是很重要的，惩罚的实施需要坚持贯彻到底，并且惩罚只有在不良行为出现后立即给予才能起到作用；惩罚要适度，太轻的惩罚不起作用，太重的惩罚可能导致焦虑。

5. 隔离法

隔离法指把出现不良行为的孩子撤离到一个单调或无聊的房间，而且在一定的时间内不准其离开。隔离法可以立即制止孩子的问题行为，也可以帮助孩子最终学会自我控制。在隔离期间，孩子会失去参加各种有趣活动的自由，而最重要的是孩子会失去家人的注意，失去令父母生气或沮丧的权利，以及控制父母的能力。可运用隔离法进行干预的行为包括：攻击行为(如骂脏话、踢打他人、吐口水)、发脾气(如大声哭闹、生气吼叫等)、危险动作(如爬窗、玩弄电线插头)等。相对而言，隔离法是一种迅速、简单且容易执行的管教技巧，治疗师要教家长学会选定合适、安全的隔离地点，并向孩子解释清楚实施隔离的目的，当孩子出现问题行为时，立刻实施隔离，以及使用计时器设定隔离时间等。

三、认知类技术

认知干预的主要目标是训练家庭成员识别错误信念(自动思维消极图式)、辩驳消极认知。为了界定和挑战那些根深蒂固的消极图式，治疗师首先需要引导来访者找出自动出现在头脑当中的自动思维，再继续通过“向下箭头”追问技术，在自动思维中寻找共同主题，以及隐藏其后的深层消极图式，之后治疗师要教给来访者收集与图式相反的经验证据，用反例来挑战和改变这些消极图式。治疗师也可以用苏格拉底式提问来引导来访者从逻辑上辩驳原有认知歪曲，或者帮助来访者找出合乎逻辑的、有益的想法来直接对抗原有认知中的荒谬、消极之处。与个体认知治疗不同，家庭认知疗法师让每个家庭成员检验自己对他人行为的期待、归因和感知的真实性，让家庭成员参与到彼此认知的检验和重构过程当中，提供相互支持，并且促成更平衡的家庭互动。常用的认知技术包括：

1. 思维监控

认知疗法师会指导家庭成员随身携带笔记本或者便签，或者在治疗师提供的思维检测表(如，合理情绪疗法自助表格)上，简要记录关系出现冲突时的情景，包括事件本身、脑中出现的自动思维，以及相应的情绪反应。这种实时监控可以帮助来访者将自身的自动思维和自身的情绪、行为反应建立连接。

2. "向下箭头"追问技术

"向下箭头"追问技术由贝克等创立。该技术通过反复提出"假如那是真的，对您意味着什么"这一问题，来追踪来访者的思维链，从而挖掘出不安情绪或表层想法背后的核心信念。该技术的应用如图所示：

"我的女儿就是我的一切，我必须要时时看护好她"

↓

"如果我没有看护好她，她就无法健康成长"

↓

"如果她不能健康成长，就说明我这个母亲很没用"

↓

"如果我是一个没用的母亲，我的人生就没有意义了"

↓

"如果我的人生没有意义，我就可有可无了"

图 7-1　向下箭头追问

3. 苏格拉底式提问

苏格拉底式提问以古希腊哲学家苏格拉底创造的产婆术辩论法为基础，用一系列的质问来找出人们隐藏的、想当然的假设。提问可以引导来访者评估支持其错误认知观念的经验和逻辑，帮助个体认识到自己所具有的思维逻辑缺陷。典型的苏格拉底式提问常以这样的形式出现："丈夫爱我的话，就应该不用我要求也会主动陪我做我喜欢做的事情，哪里写明他必须这样做"；"凭什么丈夫必须去做我认为是正确的事情呢"；"孩子在家应该多学习，否则就等同于偷懒么，难道父母自己下班回家后不想休息吗"等等。

4. 重贴标签

重贴标签是一种帮助家庭成员对行为进行重新归因的方式，可以减少他们相互进行贬低评价的次数，并且降低他们对改变的阻抗，从而产生新的、更积极的情感和行为反应。比如，一个男人处在高强度压力的工作环境当中，当他下班回家面对妻子和孩子的沟通和亲近需求时，就容易表现出不耐烦。他的妻子认为他“麻木不仁”。而治疗师需要帮助这位妻子进行一个新的归因，即他是因为压力太大，需要一些清静的空间，而非不在乎家人。

四、认知一行为模式在不同家庭治疗形式中的应用

家庭治疗的认知一行为模式重视家庭成员间复杂的认知、情绪和行为反应之间的互动。虽然治疗师在每次治疗中可能主要着眼于行为干预或者认知干预的某个或某些方面，但是基于家庭的整体性，任何一方面的干预都有可能会影响到家庭互动的这三个方面。根据干预的目标、对象的不同，干预的侧重点也会有所差异。认知行为家庭治疗也就据此应用形式的不同而有不同的类别。

1. 夫妻行为治疗

夫妻行为治疗的发展大致经历了行为取向婚姻治疗、认知行为取向婚姻治疗、夫妻整合治疗三个阶段。

(1)行为取向婚姻治疗

20 世纪 60 年代末，利伯曼和斯图尔特开始将行为治疗运用于解决婚姻问题和冲突，开创了行为取向的婚姻治疗。艾米·霍兹沃斯一默农和尼尔·雅各布森(Holtzworth-Munroe & Jacobson, 1985)认为在婚姻关系中，基于操作性条件作用原理，夫妻双方的行为都被环境事件所塑造、强化、减弱和改变，夫妻任何一方过去生活的问题或目前所处的环境都可能影响到夫妻关系。该治疗取向的基本假设为：夫妻双方作为成年人，可以理性地采纳治疗者的建议，而不会抗拒改变；治疗的中心为可观察到的行为变化，而不关注隐藏的认知过程和冲突；治疗并不探究冲突的内在原因，而只关注控制问题行为和调整这些行为间的相互作用。因此，治疗的重点是改变夫妻当前问题行为之间的相互关联。

夫妻行为治疗一般由四个基本步骤构成：首先，依据自陈问卷、临床会谈和行为观察，对夫妻关系和相关的问题行为进行评估；其次，运用诸如“关心日”之类的技术，建立积极的交互作用(即学习新的积极的行为互动反应)；再次训练夫妻双方做出积极反馈的沟通技能；最后运用问题识别、协商和契约制定与执行的技术，提升夫妻问题解决的能力。

(2)认知行为取向婚姻治疗

认知行为取向的治疗师认为，亲密关系中的危机和冲突受到认知、行为和情绪因素相互作用的影响。因此，仅仅依靠行为的改变是不够的。在每次治疗中，虽然夫妻行为的调整可以直接或间接地改善他们的情绪，但是一旦关系问题很严重，或者说持

续时间足够久，来访者对于行动本身就会缺乏动力或者问题很容易出现反复。针对此类情况，在每次治疗中，治疗师会整合认知干预和行为干预，并且根据单次治疗的具体需要，灵活地强调其中某一种干预方式。比如，在治疗的初期，激发夫妻双方的积极行为很重要。因为这些行为会对夫妻双方长期以来形成的消极、悲观和被动的态度形成一种冲击。这种认知上的松动为治疗师下一步引入认知疗法提供了契机。

认知评估是认知干预的前提条件，通常和认知干预穿插进行。如前文所述，治疗师可通过自陈问卷、直接观察、临床会谈的方式对夫妻双方进行功能分析。为了收集与个体以往经历相关的信息及真实的想法，治疗师可在治疗初期单独会见伴侣的一方。不过治疗师应告知来访者，对于那些属于夫妻双方的秘密，在没得到另一方的同意之前，伴侣的一方不能将之透露给治疗师，否则可能导致治疗的失衡。

在婚姻治疗中，治疗师通常发现夫妻两人倾向于互相指责对方，认为对方才是关系出现问题的罪魁祸首。认知干预的目的就在于引导伴侣意识到双方在选择性注意、归因方式、假设、设立标准等方面存在偏差或极端的思维，导致问题产生，并帮助他们对夫妻关系以及家庭形成合理的认知。治疗师需要在合适的时机引入认知干预技术对夫妻加以干预。这些合适的时机包括：夫妻双方或其中一方正在进行无依据的主观臆断，或表达了一种误解时；夫妻在讲述自己的原生家庭对自己的信念所产生的影响时；治疗师当着伴侣一方指出另一方的认知错误，而另一方因此感受到威胁时。可采用的认知干预技术包括：①采用“向下箭头”技术，启发夫妻发现导致不安情绪的深层原因；②指出在多个情境中重复出现的障碍性认知模式，并且探讨双方对这种模式的看法；③指出过去关系中的模式，了解这种模式如何影响双方当前的行为；④通过指出夫妻间的相互影响来激发他们思考，了解他们是如何维持这样的不良循环的；⑤用行为干预激发并指出与双方以前的认知不同的新信息，如在夫妻牵着手亲密交谈后，指出“你们并不像你们以为的那样没有亲密的能力”；⑥提供一些教育性的方式来改变夫妻的认知，如小讲座、阅读指定书籍和看录像等。

(3)夫妻整合治疗

从理念上来说，夫妻整合治疗强调对行为的功能分析，关注行为的外部决定因素。但从实际的治疗方式上来看，夫妻整合治疗与婚姻行为治疗却有着根本的不同。行为治疗旨在帮助夫妻改变行为或者行为的规则，从而形成良性的行为反馈循环。而在夫妻整合治疗师看来，行为的改变并不足以促成问题的实际解决。比如，以往下班回家后独自看电视的丈夫，虽然现在开始按照行为合约的要求和妻子分享这一天的体会，陪孩子玩耍一段时间。但是丈夫很可能只是按照“规则”办事，内心仍然不知道如何向妻子表达温暖和关心。况且，规则很难面面俱到，夫妻在规则以外的互动就可能出现问题。而这种由规则管理的行为有时也会让人觉得做作、不够真诚，最终可能导致治疗的失败。

基于以上考虑，夫妻整合治疗强调教导夫妻学会接受对方的行为，在接纳彼此间差异与尝试改变对方的行为之间保持平衡。通过将策略技术和人本主义的、体验的技术融入到传统的行为方法中,夫妻整合治疗致力于帮助夫妻接受他们之间的差异,停止按自己的要求改造对方,从而增进夫妻间的亲密度和理解,消除负面的情绪和行为,如生气、责备等。对于那些不愿意进行太多行为改变的夫妻,该治疗模式致力于提高伴侣的情感接受力,即当伴侣一方的行为没有改变,或者改变的程度没有达到预期时,另一方理解、包容这些行为的能力。相应的,夫妻整合疗法提供了四种方式来促进情感接受:一是通过对配偶行为的理解和同情实现接受;二是通过远离问题来实现接受;三是通过忍耐自己厌恶的行为来实现接受;四是通过加强自己照顾自己的能力来实现接受。

2. 父母行为训练

开展父母行为训练的行为取向治疗师认为治疗的目标在于训练父母学会矫正或改变孩子的各种问题行为。在他们看来,由于父母对孩子的成长环境具有最大的控制力,因而父母具有促进孩子行为改变的最大潜能。该领域的杰出代表帕特森及其合作者的研究就表明:当父母改善了他们的监控、管束和解决问题的教养技能后,孩子被拘留、离家的情况会显著减少(Patterson, Chamberlain & Reid, 1982)。

在开展父母行为训练之前,首先要对孩子的问题行为进行全面的评估。典型的评估包括对需要改变的行为,及行为出现前、后发生的事情进行观察,并对行为的频率进行记录。父母行为训练的理论依据仍然是操作性条件作用原理,运用强化来减少问题行为,增加积极行为。治疗师需要帮助父母确定采用的强化物,强化物可以是具体的实物、精神鼓励或者社会性奖励,关键在于强化物必须是孩子自己喜欢的。接着治疗师教给父母一系列如何减少和控制孩子破坏性行为的方法。但是,针对孩子所在的年龄阶段,具体的策略又存在一定的差异。如针对年幼儿童,教给父母塑造、代币制、隔离法等策略;对于青少年,则主要训练父母通过协商的方式与孩子建立行为合约。为了制定出亲子双方均认可并愿意付诸实施的合约,治疗师需要协助家庭成员对自身的愿望和感受进行清晰交流,明确地向对方提出要求,并且通过协商的方式让每个人在付出的同时各取所需。还需注意合约所针对的问题行为应该从易到难。因为简单问题的成功解决可提高家庭成员解决问题的效能感和信心,并增强他们解决更难问题的动力。

3. 家庭功能治疗

詹姆士·亚历山大和布鲁斯·帕森斯(Alexander & Parsons, 1982)等人在整合学习理论、系统理论和认知理论的基础上,开创了家庭功能治疗,旨在形成不指责的、相互理解的家庭关系。这种治疗模式认为,家庭成员的行为及其交互作用最终可能导致三种家庭关系状态,即成员融合、成员疏离或介于中间状态。家庭功能治疗师认为行为无论“好”或“坏”,都是适应性的,都是家庭成员在关系形成和维持过程中所进行的努力尝试。因而在改变家庭成员的问题行为之前,治疗师首先要帮助来访家庭认识到这些问题行为在家庭关系的维持和调节中曾起到的作用。家庭功能治疗师更为关注的是行为得以存在及维持的原因。

家庭功能治疗主要包括三个阶段。第一阶段，治疗师需要帮助家庭成员确定各自的行为模式以及这些模式所导致的关系状态，或者说所产生的影响。第二阶段，治疗师需要着手改变家庭系统，引导家庭成员从一种指责他人的观点转化为大家都愿意为家庭关系问题共同承担责任的观点。这个阶段矫正的重点是家庭成员的态度、期待、认知模式和情感反应。其中常用的一种方法是重新诠释家人的行为。第三阶段，治疗师为家庭成员设置学习特定技能的情境，并且使用角色扮演、示范等行为技术和认知技术促成家庭成员向积极的方向转变。

4.性的联合治疗

性治疗师通常认为性问题一方面是导致夫妻关系不和的重要原因，另一方面也可能是夫妻关系冲突的反映。威廉·马斯特斯和弗吉尼亚·约翰逊（Masters & Johnson，1966）出版了《人类性失调》一书，开启了性治疗的先河。该书提出了针对各种性功能障碍的治疗技术。在马斯特斯和约翰逊看来，夫妻双方对于某些性失调问题均负有责任，因此他们主张对夫妻进行联合治疗，并开发出建立在学习理论基础上的矫正方案。他们最初的治疗模式是“每日会谈的两周住院方案”。方案实施的第一天先进行全面评估，记录夫妻双方详细的性生活史，既包括以往各个阶段的性经历，也包括与性相关的价值观、态度、感受和期待；第二天记录医疗史，夫妻双方都要进行详细的体检；第三天，治疗师与夫妻双方面谈，就所获得的临床资料分析讨论，关键在于将个人成长史、婚姻史与当前的性问题联系起来。在余下的一周多时间里，治疗师提供集中治疗，以使夫妻在治疗会谈之外可以进行实践。马斯特斯和约翰逊认为是性焦虑导致了夫妻无法放松，以至于无法达到性唤起和性高潮，因此他们的治疗主要聚焦于以行为干预缓解焦虑症状。

系统脱敏技术是一种结合渐进式肌肉放松训练与视觉想象以消除严重焦虑反应的技术，由沃尔普引入到性功能障碍的治疗领域。性治疗中常用的敏感性聚焦是真实情境脱敏法的一种形式。治疗师通过指导夫妻如何放松并享受触摸和被触摸的感觉来提高双方的快感，以替代以前伴随性唤起而产生的焦虑。治疗师让夫妻在家里找一个双方都感觉放松和没有干扰的时间，轮流温柔地爱抚对方。被触摸的一方练习放松并关注被抚摸的感觉，之后向对方反馈自己的感觉，如哪些部位受到抚摸时会感觉兴奋，哪些部位不会。这样的方式可以帮助夫妻探索彼此的身体，以更多地发现彼此的敏感地带。随着焦虑的减少和彼此欲望的增加，夫妻可以再逐步亲密下去。在这一过程中，治疗师需要指导夫妻交流自己的偏好，这是一种沟通训练。此外，治疗师还需要指导伴侣练习主动提出性要求或拒绝性要求，这种沟通训练可以帮助夫妻消除彼此的误解。而认知干预技术在性治疗中主要用于帮助夫妻矫正与性相关的不合理信念或者消极观念，如害怕失败、完美表现、过度取悦对方需要、负罪感和耻辱感等。

生活中的心理学

引导孩子恰当地表达愤怒

愤怒是常见的情绪，控制得当的话，愤怒甚至可以转化为动力和创造力。但对于人类而言，控制愤怒这一具有极大破坏性和威胁性的情绪一直是个巨大挑战，尤其对于情绪自控力较弱的孩子而言更是如此。因此，教会孩子如何恰当地发泄愤怒情绪十分重要。家长或老师可以运用以下方法帮助孩子学会管理愤怒情绪，为自己的情绪负责。

(1)做一个合格的倾听者。当孩子在表达他们对生活中发生的事情有什么感觉、什么想法时，要注意他们说了什么内容。

(2)安慰并消除疑虑。告诉孩子你很在乎他们的想法和感受。为了解决所面临的问题，帮助他们探讨所做出的选择，与此同时向他们表示你对他们充满信心。

(3)把愤怒体验正常化。每个人都会生气，把你已经了解的控制愤怒及其他情绪的积极的方法与你的孩子一起分享。

(4)鼓励孩子诚实而恰当地表达自己的感觉，而后再去参加好玩有趣的活动。用别的活动来分散注意力，从而不至于一直陷入愤怒的痛苦中不能自拔。

(5)教会孩子解决问题和化解冲突的技能。告诉孩子一些应对困难情况的办法，鼓励他们谈一谈在遇到困难的情况时，他们会试图做什么事情，哪些会起作用，哪些不能；下一次面对类似情况时，他们又有可能做些什么事情。

(6)及时发现孩子的良好行为。当孩子用积极的方式处理愤怒的情绪时，要强化他们的积极选择。

（引自 Sharon L. Johnson 著，卢宁等译. 心理诊断和治疗手册：给心理治疗师的指南[M]. 北京：中国轻工业出版社，2008.）

复习巩固

1. 认知评估包括哪三个层面？并举例说明。

2. 什么是苏格拉底式提问？

3. 夫妻行为治疗大致经历了哪三个阶段？

第三节 案例分析

在家庭图式这个由家庭成员共同勾勒出的版图上，每个家庭成员也在勾勒着自己的版图。这些版图在受制于家庭图式的同时也在牵动着家庭图式的演变。而家庭成员不良的个人图式和家庭图式之间的相互牵制，常常使整个家庭陷入恶性循环中难以自拔。本节通过对达提里欧的一则家庭治疗案例的详细分析来展现治疗师如何将来访家庭从他们既定的不良图式中解放出来，获得良性互动的过程。该案例引自《夫妻家庭治疗案例研究》(Dattilio，2007)。

案例的最初求助者是家庭中的母亲(鲁思)，中年女性，因为惊恐发作以及亲子关系问题正在接受个体治疗。个体治疗师将她转介给达提里欧接受家庭治疗，希望减轻鲁思在家里体验到的压力。在行为取向的治疗师看来，家庭的每一个成员都是来访者自然环境的一部分。当个体治疗进展不顺利时，治疗师就会考虑从家庭的角度寻找支持和维持来访者问题行为的因素。

家庭治疗师常常会发现这样一个局面：家庭成员倾向于把家庭问题归咎在一个出现明显行为问题或心理问题的人身上。在这个案例上也是如此。不论是鲁思的孩子，还是鲁思本人，都认为该为家庭冲突负责、该受责备的人是她。这种对家庭问题的归责方式对于整个家庭的发展是极为不利的。首先，它会导致受责备者处于一种无助地位，进而加重其问题行为。其次，它会导致家庭内部力量的失衡，使家庭成员不能正常履行自身的角色功能。再次，由于其他家庭成员对于自身责任的忽视或缺乏认识，他们会抗拒或者不情愿地参与到家庭治疗中，从而使家庭互动无法发生根本性的好转。一般而言，家庭所有成员会受邀参加第一次治疗，但有时也会是父母中的一方或双方先来讨论他们对家庭治疗的需求。本案例中，治疗师首先与鲁思进行了初次会谈(其丈夫由于临时的工作原因未能赴约)。除了收集有关鲁思的求治动机、家庭现状、她与丈夫原生家庭的一些信息外，治疗师还向鲁思解释了家庭治疗的基本理念，这可以帮助求助者意识到让整个家庭参与到治疗中的重要性。鲁思提出她与丈夫目前正为如何与四个孩子相处感到烦恼。而基于她提供的夫妻双方原生家庭的信息，治疗师形成了一些有关他们各自的原生家庭图式与目前的家庭图式和家庭动力之间关系的假设。这些假设可以引导治疗师做一些有针对性的观察。但是在治疗过程中，治疗师仍需保持一个开放的心态来捕捉治疗过程中的信息，而不能让假设束缚或者歪曲了自己的观察。

达提里欧共接待鲁思家庭 20 次，治疗持续了 6 个月。以下节选了其中的部分内容，依据家庭功能治疗的三个阶段对该案例进行介绍和分析(主要涉及前两个阶段)。

阶段一：行为模式的识别及其原因和功能的探索

1. 行为模式的识别

治疗师首先对每位家庭成员的到来表示感谢，并请他们轮流介绍自己的名字和年龄。在家庭治疗中，家庭治疗师表达对每位成员的尊重并公平地对待每位成员，这有助于治疗师保持中立的身份，客观地观察家庭的互动，而不卷入到家庭的情感漩涡中。老二罗勃（17岁）、老三亚当（15岁）、老四苏珊（13岁）都依次介绍了自己，但是老大詹妮弗丝毫不搭理。治疗师并未直接回应詹妮弗充满敌意的沉默，而是将话题转向了父母，问父母是否曾向孩子们解释来参加会谈的原因。

鲁思：嗯，没，没真讲。我们只是简单地告诉他们，我们觉得我们需要处理家里的一些问题。

达提里欧：好。嗯，大体上这就是会谈的目的。但是我们也可以探索一些别的问题，特别是家庭成员相互间的不满。大家觉得这样公平吗？（再次体现治疗师对所有家庭成员的公平对待，并借此引发家庭成员的互动）

詹妮弗打断了治疗师的问话，表示自己是被迫来参加治疗的，这对她来说并不公平。约翰（父亲）和鲁思认为詹妮弗的反应不礼貌，便加以制止。但治疗师则采取了另一种灵活的应对方式。

达提里欧：我听到你说的了，詹妮弗。我想让你知道，我从不希望任何人是被迫来这里的。所以，如果你觉得非常不想待在这里，你可以离开，只要你父母没意见就行。

对于不合作的家庭成员，治疗师若直接采取说服的方式想把他们留在咨询室，往往难以奏效。因为抗拒参加治疗的家庭成员起初会将治疗师看做是那些主张参加治疗的家庭成员的同伙。比如，子女通常会认为治疗师站在父母的一边，因此会将拒绝参加咨询作为对父母的一种反抗，而不管治疗本身是否真的有益。因此，在没有与治疗师建立良好的关系之前，他们不会愿意真正投入到家庭治疗当中。而治疗师这一看似“顺从”的回答，一方面缓和了詹妮弗的敌意情绪，另一方面也帮助治疗师检验了詹妮弗是否真的是被迫参与。此外，该回答还为治疗师提供了一个观察家庭互动，特别是父母如何反应的机会。在治疗初期，家庭互动可能受治疗情境的影响而难以自然地进行，除了在前期家庭评估的基础之上为家庭成员拟定讨论话题外，治疗师还可以在治疗过程中，灵活地为家庭创设一些情境来推动互动的开展。

约翰和鲁思对于詹妮弗是否能离开保持了沉默。而詹妮弗最终以“傻坐在车里太无聊”为理由，选择留了下来。治疗师接下来所做的就是引导每一位家庭成员就他们自己对家庭的感受，以及家庭内部如何运作开始交谈。詹妮弗明显地表达出了对母亲的愤怒，认为母亲是导致问题出现的根源。罗勃认为，与“活在自己世界中”的爸爸相比，妈妈总是试着为每个人做事，这种行为显得有点疯狂。面对詹妮弗对鲁思的指责，约翰表现出对妻子的极力维护。他指出虽然鲁思确实有她的问题，但是其他家庭成员也都有自己的问题，并特别指出詹妮弗总是跟妈妈对着干。他建议家人应该给予鲁思更多的支持。

达提里欧：看起来似乎这就是最近你们家庭的生活方式，对吗？

詹妮弗：是啊，直到我把一切事情都搞砸，对吧？对吧，妈妈？

鲁思：（开始哭）喔，詹妮弗，别说了！

亚当：我觉得詹妮弗的问题在于，她想要长大，而妈妈不让，所以她生妈妈的气。

苏珊：我有些同意。妈妈也开始对我做同样的事情。

约翰：做什么呢？

苏珊：啊喔！危险！我最好闭嘴。（大家都笑起来）

达提里欧：不，这样没问题，苏珊。把你想的说出来。我希望在这里你能坦率诚实。

苏珊：她开始有点过度保护我，就像她对詹妮弗那样。

詹妮弗：是啊，她就只对女孩子这样。她对亚当和罗勃没这么过分。

达提里欧：鲁思，对你听到的这些，你有什么反应呢？你都不怎么说话。

鲁思：嗯，我不知道。实话说——听到这些我并不好受。

达提里欧：我相信你会不好受。

鲁思：我不知道。我只是想要保护每个人，让他们不受伤害。

达提里欧：很好，所以你保护女孩们，约翰保护你。谁来保护罗勃、亚当和爸爸呢？

罗勃：罗勃、亚当和爸爸。

达提里欧：啊，那么男人们自己保护自己。很有意思。

家庭图式的探索是治疗初期的一个关键步骤。家庭成员以一些习惯化的模式与其他家人互动，但是他们对这些互动模式本身往往缺乏系统的认识。家庭治疗师首先要帮助家庭成员识别出他们的家庭图式，才可能进一步发现其中存在的问题。比如，在这个案例中，治疗师通过初期观察，发现丈夫似乎表现出对妻子习惯性的维护，而通过进一步引发讨论，治疗师对自己的假设进行了检验，并且他还发现担任保护者角色的不仅仅是丈夫，还有妻子，只是他们保护的对象不同。妻子扮演的是一个全能母亲的角色。在这个家庭里“保护”是一种典型的互动模式。而这种模式的存在必然具有某些促使其得以维持的原因或者功能。这也正是治疗师下一步要探索的主要内容。

2.原因和功能探索

(1)原生家庭图式的传承探索

治疗师开始引导鲁思和约翰去注意原生家庭的图式对于现在家庭的影响，并进一步了解他们家庭背景的更多细节，特别关注他们自己的父母曾扮演的家庭角色。这项工作当着孩子的面开展，可以让孩子们了解家庭图式的演化过程。以下是治疗师收集到的部分信息：

鲁思是个独生女，她说她的家教极端严格。在她眼中，她的父亲是个“独裁者”，她母亲非常被动。父母都是教徒。父亲对她要求特别苛刻。在他看来女儿从未做对过任何事，这很打击她的自尊。

约翰的成长背景非常不同。约翰两岁的时候，他父亲死于心脏病。他由母亲和两个姐姐抚养长大。在他成年后，多年来他都非常保护她们。实际上，他的姐姐们一直对他说他是家里唯一的男人，他必须照顾母亲。他毫无疑问地承担了姐姐们给他的角色。

(2)维持家庭图式的信念探索

治疗师开始引导这个家庭去探索维持他们家庭图式的信念。对于家庭成员来说，家庭图式已经融入了他们的生活，成为他们的一种习惯。即使这种图式给家庭带来了混乱，但当图式受到挑战或者冲击时，家庭成员也会本能地产生阻抗反应。

鲁思：我们这么做不好吗？（指保护家人）

达提里欧：嗯，也不尽然。但是家庭里的这个模式带来了一些冲突。我们得要开始解决这个问题，甚至可能改变或调整一些行为，这样你们会相处得好些……这个问题非常重要……你们觉得“保护”这个基本信念来自哪里？

治疗师并没有真的期待得到回答，他希望通过这样的方式给父母施加些压力，让他们考虑自己的动机。

约翰认为自己在成长过程中缺乏父爱，因此他如今也没能很好地承担父亲的角色，而是把更多的责任转嫁给了作为母亲的鲁思。当鲁思受到孩子们的责备时，他就会感到内疚，并以保护鲁思作为补偿。治疗师在此基础上假设鲁思的“全能角色”可能是为了弥补丈夫在教养职责上的“缺席”，治疗师建议家庭成员试着找出家庭中歪曲的家庭信念，以及自身关于家庭角色的歪曲的个人信念。治疗师在家庭成员开始这项工作前，向他们举例说明了 10 种常见的认知歪曲。这很有必要，因为来访者及家庭平时往往首要关注行为和情绪的互动，因而要教会他们觉察不合理的自动思维和信念。

阶段二：着手改变家庭系统

治疗师发现家庭成员们热衷于指出别人的不合理信念。因而治疗师着手引导家庭成员从一种指责他人的观点转为认识到自己对家庭问题也负有责任的观点。治疗师向鲁思一家讲解了认知行为治疗的基本原则，并强调每个人所要找出的是自己的认知歪曲而不是别人的。这样的方式可以帮助治疗师揭示家庭成员的个人图式，并发现它们之间的关系。本案例中，约翰首先发现自己的一个认知歪曲“孩子的顺从等同于尊重”。

达提里欧：很好，约翰，这个很棒——那么，你挑出来的这个认知歪曲的信念是“头儿决不能被质疑”。意思就是“照我说的做，而不是照我做的那样去做”。（内容反应技

术——咨询师把求助者的主要言语、思想加以综合整理，再用自己的话反馈给求助者，使来访者有机会再次澄清自己的观点）

约翰：嗯，我猜是这样。天，这话让别人讲出来，听着可真是糟透了。

达提里欧：嗯，我们来处理这个问题。我们先分析一下，看看我们是否能挑战这个信念。现在，你知道为什么你有这种信念吗？——男人是头儿，他的决定毋庸置疑？（认知干预的方式之一——引导来访者对支持其认知的经验和逻辑进行评估）

约翰觉得是鲁思父亲灌输给他"怎样做才像个男人"的观念，面对治疗师的疑惑，他进一步解释：

就像他把我拉到一边，告诉我他的忠告，怎样做才像个男人。还有，嗯，可能听起来有点古怪，但是我得到这样的印象：以这样的方式对待鲁思，她会更习惯。……她依赖我多过我依赖她，因为她知道我从小就习惯了被依赖。

达提里欧：明白了。那么，你认为你做的一些事情把鲁思训练成了现在的样子吗？你是否觉得可能是你们两个人把孩子们训练成了现在这样？（治疗师启发来访者思考家庭成员如何让家庭互动维持在一个不良的重复循环怪圈中）

约翰：不知道。我从没那样想过这个问题。

达提里欧：有没有可能和相互照顾的那个图式有关呢？

罗勃：嗯，在你和爸爸说话的时候我一直在考虑这个问题，我想，我们就像一个狼群，相互照顾，如果一人有难，就会有人出面帮忙——但是我们从来不坦诚地谈论这个问题。

达提里欧：很好，但这是怎么造成冲突的呢？

苏珊：我觉得可能是这样，一个人有一种期望，另一个人有不同的期望，但他们从不沟通他们的期望，于是冲突就产生了。我们有点……

达提里欧：用读心术相互臆测对方的想法。

从以上对话中可以看出，治疗师引导家庭成员逐步认识到父亲采取专断作风的缘由，以及父亲的行为方式在铸就"照顾"型家庭氛围中所起到的作用。这也促使其他家庭成员开始思考自身的行为在整个家庭图式形成中所扮演的角色，从而减少了相互指责。

接下来，治疗师开始着手进行家庭观念的重构，并邀请约翰充当示范者，对约翰"头儿决不能被质疑"的认知进行驳斥和矫正。治疗师让约翰充当示范者，可以利用其在家庭中的权威角色对其他家庭成员产生更大的影响，同时减轻其他家庭成员改变的压力。该案例中，治疗师引导约翰通过罗列证据来评估自身"硬汉"作风的局限性。这是一种启发来访者权衡自身认知利弊的方式。当约翰认识到自己假定的"父亲的行事风格"并不能使孩子们信服，也无益于促进父子之间的关系时，他才可能产生改变原有假定和标准的动力。治疗师还给约翰布置了认知疗法的家庭作业以进一步驳斥其根深蒂固的不合理的认知观念。具体形式为，在一个包含有"情境或事件""自动思维"

"认知歪曲""情绪挑战""自我陈述""替代性的反应"六个项目的表中，填写相应的内容。为了个体能够充分理解家庭作业，治疗师为其提供举例说明是非常必要的。

阶段三：技能学习

治疗师指导家庭成员使用挑战歪曲认知的特定技术，以确保他们会正确使用这些技术，并给家庭成员布置作业，促使他们更自发地挑战他们歪曲的想法。在行为方面，治疗师重新安排家庭成员的角色和责任，并教授给他们家庭沟通技巧和问题解决策略，帮助他们重塑角色。

拓展阅读

家庭中常见认知偏差

(1)过度概括：由于一个或少数偶然事件而得出一种概括化的信念。比如，父母不允许儿子晚上出去玩，儿子就下结论"他们从来都不给我自由"。

(2)主观推论：在缺乏证据的情况下就对情境或者结果进行推论。比如，丈夫出差后没有按时给妻子打电话，妻子则臆断：他一定对我有所隐瞒。

(3)夸大和缩小：将一个事件或情境的意义放大或缩小。比如，丈夫没有注意到妻子穿的是新衣服，妻子认为"他一点都不关注我"。

(4)选择性概括：一种关注特定信息而忽略其他信息的知觉偏差。比如，妻子因为最近工作特别忙，所以陪孩子的时间减少了，丈夫抱怨到"在你眼里，工作总比家庭重要"。

(5)个性化：个体在没有根据的情况下将一些外部事件与自己联系起来的倾向。比如，父母闹矛盾，孩子认为是因为自己惹父母不开心。

(6)读心术：认为在缺乏言语沟通的情况下也知道对方在想什么。比如，"他沉默，表示他心中有愧"。

(7)极端思维：用全或无、非白即黑的方式来思考和解释。比如，孩子放学回到家没有热情地向祖父母问好，只是简单地打了招呼就进了自己房间，父母批评："真是一个没礼貌的孩子。"

(8)贴标签：人们对过去的不完美或过失形成刻板印象，并据此预测未来的行为。比如，妻子没有把偶遇前男友的一次经历告知丈夫，丈夫便认为妻子是不可信的。

复习巩固

1. 家庭功能治疗主要包括哪三个阶段？
2. 鲁思一家所持有的家庭图式是什么？哪些因素维持了该图式？
3. 本案例中，治疗师给约翰布置了一个什么样的家庭作业，目的何在？

本章要点小结

代表人物和基本理论观点

1. 家庭治疗认知一行为模式由家庭治疗行为模式发展而来。在行为家庭治疗师看来，每一位家庭成员都是来访者自然环境的组成部分，因此他们的行为可能引发或激化了来访者的问题行为。

2. 行为治疗以行为学原理为基础，是以减轻或改善患者的症状或不良行为为目标的一类心理治疗技术的总称。其主要理论包括巴甫洛夫的经典条件反射原理、桑代克的效果律、斯金纳的操作性条件反射原理。

3. 认知疗法以认知模式为基础，假设人们对事件的知觉而非事件本身影响了人的情感和行为。认知疗法的主要流派包括艾利斯的理性情绪行为疗法、贝克的认知疗法、梅肯鲍姆的认知行为矫正技术。

4. 帕特森、利伯曼、斯图尔特是行为取向家庭治疗的主要代表人物。帕特森提出了强制性家庭环境的关键概念。利伯曼开创了一种我们现在认为是心理教育的方法。斯图尔特发展了一套名为“操作性人际治疗”的治疗方法。

5. 艾利斯和贝克最早在夫妻关系问题中引入了认知的观点。鲍克姆、爱泼斯坦、达提里欧和佩德斯凯是当今认知行为取向家庭治疗模式的主要代表人物。

基本技术和操作

1. 评估包括行为评估和认知评估两种方式。

2. 行为干预的主要技术包括沟通训练、行为改变合约、问题解决训练以及针对父母的养育技能训练（塑造、隔离法）。

3. 认知干预的主要技术包括思维监控、“向下箭头”追问技术、苏格拉底式提问、重贴标签等。

4. 行为取向家庭治疗模式主要包括：夫妻行为治疗、父母行为训练、家庭功能治疗、性的联合治疗。

关键术语表

问题分析　功能分析　偶联契约　关心日技术　"向下箭头"追问　苏格拉底式提问　情感接受力

选择题

1. 近年来,家庭治疗的认知——行为模式纳入____的观点,从而使该模式的应用得到了进一步的拓展。(　　)

a. 结构主义　b. 建构主义　c. 心理动力学　d. 合作取向

2. 行为治疗是由谁提出的?(　　)

a. 华生　b. 斯金纳　c. 巴甫洛夫　d. 桑代克

3. 以下哪些疗法属于认知疗法?(　　)

a. 合理情绪疗法　b. 领悟心理疗法

c. 认知行为矫正技术　d. 来访者中心疗法

4. 谁提出了强制性家庭环境这一概念?(　　)

a. 佩德斯凯　b. 达提里欧　c. 帕特森　d. 斯图尔特

5. 偶联契约是一种建立在____之上的干预方法。(　　)

a. 社会交换理论　b. 操作性条件作用原理

c. 经典条件反应原理　d. 认知失调理论

6. 以下哪些技术由核心信念改变技术发展而来?(　　)

a. 连续性技术　b. 积极信息日志

c. 偶联契约　d. 心理剧

7. 法隆提出的家庭行为评估包括(　　)。

a. 结构分析　b. 问题分析　c. 功能分析　d. 内容分析

8. 在处理愤怒控制问题或攻击问题时,治疗师通常会采用(　　)技术。

a. 暂停技术　b. 偶联契约　c. 关心日技术　d. 塑造

9. 塑造方法包括(　　)。

a. 积极强化　b. 消极强化　c. 惩罚　d. 忽视

10. 夫妻行为治疗经历了哪些阶段(　　)?

a. 行为取向婚姻治疗　b. 认知行为取向婚姻治疗

c. 夫妻整合治疗　d. 婚姻功能治疗

第八章　发展中的家庭治疗模式

面对由信息化技术带来的人类社会文化的空前大融合和日益多元化的家庭结构，人们更为关注人际关系和个人成长，对心理健康服务领域提出了更高的要求和挑战。随着后现代主义思潮的兴起，家庭治疗从认识论到方法学都迎来了新的变革和发展。后现代主义反对一切约定俗成的架构，尊重多样性、多元化和非确定性，这些观点影响着家庭治疗理论的演化，各种泾渭分明的界线被模糊化，整合和折中成为趋势。而女性主义、解构主义等后现代主义派别对家庭治疗理论的审视、疑问和渗透则推进了各种新的家庭治疗模式的形成和发展。叙事疗法、情绪聚焦疗法、心理教育模式等都被整合到家庭治疗的架构中。本章将学习家庭治疗的叙事模式、情绪聚焦模式和心理教育模式的相关理论、技术及实际应用。

第一节　家庭治疗叙事模式

一、代表人物和基本理论观点

叙事疗法作为后现代心理疗法中的翘楚，由澳大利亚临床心理学家迈克尔·怀特(Micheal White)及新西兰的治疗师大卫·艾普斯顿(David Epston)创立。他们在20世纪80年代提出了叙事治疗的理论，之后十年随着他们所撰写的相关书籍的出版发行，叙事心理治疗开始为心理咨询与治疗界所认识，并以其后现代主义的独特魅力受到推崇(White & Epston, 1990)。

叙事，简单地说就是说故事。每个故事都是一个叙事，但叙事又与传统意义上的讲故事有所不同，相比之下，它具有表达内容和方法上的多样性和复杂性。叙事疗法通过倾听来访者的"故事叙说"，即听他们讲自己的故事，将来访者的"问题外化"，扩展和释放被来访者压抑或忽视的自我资源，使之"由单薄到丰富""由单一到多元"，以帮助来访者"扩展选择"，形成新的生命故事，从而使来访者更自主、更有活力。

家庭治疗叙事模式简而言之就是叙事心理治疗在家庭背景中的应用，即将接受服务的单一来访者替换为来访者及其家庭成员，因而对象和咨访关系更为复杂，但对家庭环境中的运用而言，叙事疗法具有一些独特优势，其原因在于，家庭治疗叙事模式并不十分强调对家庭动力的关注，而这一点与其治疗的基本哲学和理论基础观点有关。

(一)理论背景

1. 社会建构论

作为一种后现代的心理疗法，家庭治疗叙事模式在很大程度上受到社会建构论的影响，尤其是在后结构主义和解构主义的基础上汲取了养分。

后结构主义产生于20世纪60年代，是对结构主义的反叛和改写。结构主义强调逻辑和理性，认为所有的现象都有深层次的结构，所有的现象都可以被分解为各种元素。而后结构主义则不同意也不再坚持这些观点和理论。后结构主义认为，生活原本并不存在唯一的正确的意义，生活的意义是可以靠我们自己主动建构的，而不是让我们被动地接受。我们自己说的话、叙述的事情决定了我们的经历有怎样的意义，也决定了我们是一个什么样的人，有什么样的生活。

解构主义，则是法国理论家雅克·戴瑞达(Derrida,1997)引入的一个概念，原本是指文学作品的意义不是只有一种，读者对作品的理解可以千差万别。任何一件物品，我们从不同的角度看，会看到不一样的形状，生活更是如此。对于我们所经历的生活事件，我们会寻求方式来对它们进行解释，如果我们采取不同的方式来叙述和理解这些事件，那么它们对于生活的意义也会随之不同。简单来讲，就是说我们说什么样的话(或做什么样的解释)，就会发生或感知到什么样的事情。我们可以思考一种生活中常见的现象，当在公共场合发表演讲时，大多数人会心跳加速、手心出汗，对于这种情况，可以将它定义为“讲台恐慌”，也可以称之为“兴奋”。前一种描述会让这种心理和身体上的反应成为需要花费时间和精力去克服的障碍和问题，而后一种描述则使其成为一种渴望表现和希望得到肯定的正常反应，我们到底是经历讲台恐慌还是自然的兴奋，这取决于我们如何叙述和理解这件事情。

2. 自我叙事和文化叙事

叙事治疗师们认为，在探寻生活的意义时，我们会对自己经历过的事情进行组织，并找到一些方法来解释这些事情，这些解释，使得我们的行为和思想符合当前所处的环境，这就是自我叙事。在叙事治疗的基本观点中，自我叙事形成的个人故事并非凭空产生于人们的头脑之中，而是各种群体以及文化的交互作用、沟通、妥协的产物。自我叙事为我们的生活构建了一个基本的框架，也为我们生活的意义奠定了一种基调，为体验的解释和表达提供了组织结构。也就是说，我们所偏好的自我叙事的方式，会让我们以某种程度上可以说是固定的方式来对自己的经历进行解释，从而使我们的认知、情绪和行为都形成了某种风格。如同悲观者说“只有半杯水”，而乐观者却认为“还有半杯水”一样。简单来说，就是我们用自己讲的故事，塑造了自己的生活。叙事治疗认为，个体的生活是多故事维度的(multi-storied)，没有任何一种自我叙事能摆脱模糊性和局限性，也没有任何一种自我叙事能兼顾到生活中的各种可能性。

叙事治疗师除了关注人们的自我叙事之外，还关注社会文化对人们叙事风格的影响，叙事治疗认为治疗情境绝不可能超越于整个文化而存在，因而必将受到社会主流文化的结构和意识形态的影响，也必须对性别、社会阶层、种族的因素加以考虑。人的社会属性决定了个人的叙事方式不可避免地要受到社会文化的影响。社会文化为人们提供了一种主导性的叙事方式，使得人们的叙事方式具有鲜明的倾向性，继而影响到人们的生活方式和行为选择，这就是文化叙事发挥的作用。比如说，在一个提倡女性骨感美的社会文化中，节食减肥自然就会成为很多女性生活的一部分，饮食障碍也会有更高的发病率。人们时刻生活在社会主流文化的意识形态和价值观念中，往往无意识地将这些意识形态和价值观念奉为必须遵守和服从的“法则”。而在某些情境下，当人们的主观体验或行为选择的意图与主流文化所倡导的“法则”不一致时，而个体又无法意识到矛盾的根源时，焦虑和行为障碍就可能产生。事实上，对心理和行为问题的障碍界定也同样受限于社会文化主流价值观和权力结构的影响，叙事治疗师们非常强调在治疗中考虑社会权力、控制机制、社会伦理和社会正义的作用，原因就在于文化叙事对个体的影响极其广泛且深入渗透到个体无意识中。

(二)代表人物

叙事治疗的代表人物是澳大利亚的迈克尔·怀特，怀特原本是澳大利亚的一名社会工作者，20 世纪 70 年代晚期，怀特被贝特森的沟通控制理论吸引，尤其是贝特森对于人们是怎样建构自己的生活，并为他们的生活赋予意义的观察引发了怀特的深思。在认知心理学家杰罗姆·布鲁纳(Jerome Bruner)、人类学家芭芭拉·梅尔霍夫(Babara Meyerhoff)和社会哲学家米歇尔·福柯(Michel Foucault)的后结构主义观点的影响下，怀特开始质疑结构主义，尤其是结构主义将静态的事物简单地二分为表面和深层的做法。例如，在探索人的特质、需要和人格特征时，结构主义简单地将人们区分为内部状态正常的与内部状态异常的，或者是功能良好的与功能失调的，而后结构主义则从多个角度观察，从而来寻求更丰富的、更立体的和更有意义的描述(White, 1993)。

叙事疗法的另一位重要的代表人物是大卫·艾普斯顿(David Epston)，他是新西兰的一位社会工作者和家庭治疗师。由于对人类学和文化的浓厚兴趣，艾普斯顿发现了叙事隐喻，即生活的意义是被隐藏的，它需要经过直白的语言叙述才能显现出来。随后，艾普斯顿将这种叙事隐喻的思想介绍给了怀特。艾普斯顿对叙事治疗的理论建构和实践都做出了重要的贡献，他强调来访者及其家庭需要支持性的环境来保持治疗的效果，为此，他促进了自助团体的发展——组织面临同样问题的来访者形成自助团体，如新西兰的反厌食/暴食团体。尤其值得一提的是，艾普斯顿开创了给家庭写治疗信函的干预技巧，这些信件能够将治疗的效果延伸到治疗室之外，进入到来访者的生活。在治疗结束之后，来访者仍然可以通过不定时地重新阅读信件来获得力量和支持。

除此之外，雪瑞尔·怀特(Cheryl White)为叙事疗法的推广做出了重要贡献，她负责叙事疗法的相关期刊和出版物的工作。家庭治疗叙事模式的拥护者还有吉尔·弗里德曼和吉恩·康姆斯(Combs,1996)，在接受叙事疗法的思想之前，他们是策略性治疗师和政治活跃分子。事实上，由于叙事治疗对自我叙事和文化叙事的强调，因而很多主要的叙事治疗师除了专业身份之外，都有活跃的政治背景。杰弗里·齐默尔曼和维姬·迪彻森这两位创造性的治疗师率先将叙事疗法应用到问题青少年和夫妻治疗中(Zimmerman& Dickerson,1996)；叙事治疗师斯蒂芬·麦迪根和格瑞伍斯一起创立了温哥华反厌食/反暴食团体，这是一个为有饮食障碍的人们组织的互助性民间团体，同时也致力于改变导致这些问题的社会文化背景，它支持并鼓励人们对媒体所提倡的“如果身材不符合理想美的标准，就应该感到羞愧”的观念进行抵制(Madigan, 2007)；贺琳·安德森(Harlene Anderson)在七十年代加入了由已故的哈里·古利辛(Harry Goolishian)领导的“多重影响治疗”的治疗师团体，这个团体深受各种后现代思潮的影响，他们提出重新检讨治疗中治疗师与来访者的关系，认为治疗师应该放弃病理性的思维，采取“not knowing”(不知道)的态度，将来访者自己奉为他们生命故事的专家(Anderson & Goolishian, 1992)，以来访者的声音主导治疗关系，他们发展出合作取向的家庭治疗形式，对家庭治疗的叙事模式造成影响，堪称家庭治疗叙事模式的先驱。

叙事疗法的相关书籍很多，其中怀特和艾普斯顿两人合作出版的《故事、知识、权力——叙事治疗的力量》一书被认为是叙事疗法诞生的标志。在该书中，怀特和艾普斯顿认为问题与人是分开的，故事赋予我们生活事件意义，如果是充满问题的故事占优势，我们就会不断地体验到痛苦，所以有必要重构新的故事。1992 年怀特与艾普斯顿又共同出版《经验、矛盾、叙事和想象》，1995 年和 1997 年怀特相继出版《重写生命》和《治疗者的生活叙述》，1993 年和 1997 年艾普斯顿出版了《内化对话与外化对话》和《叙事心理治疗实际的做法——希望的考古学》，这些著作从叙事疗法的理论基础、基本理念、治疗中的对话等方面展开论述，系统构建起叙事疗法的理论框架和技术体系。除了理论探讨外，叙事疗法的相关临床实践的疗效研究也有不少，包括在种族问题、精神创伤、领养儿童问题、精神分裂症等方面的应用研究。

(三)基本理论观点

1. 叙事隐喻

叙事隐喻是家庭治疗叙事模式的基本假设和前提。叙事治疗师们认为，生活的意义是曲折的和隐含的，人们通过叙说来创造生活的意义。每个人都在讲自己的故事，这些故事并不是用来反映人们的生活的，它们本身就是人们的生活。每个人都是生活这个故事的作者，人们自己会根据自己的喜好来决定生活中每天发生的事情中哪些片段可以成为人们故事的一个章节。人们不断地经历，不断地筛选，不断地丰富故事，这些人们筛选出来并加以叙说、赋予意义的事件，就成为围绕着某个主轴、基调的主要故事，而另一些不符合主要故事的基调的事件，就被人们忽略掉了。由于叙事疗法对狭隘、固化的主流文化及价值观所导致的叙事局限性的质疑，因而对于人们在内化了主流价值观之后加诸于自身的各种自我束缚和批判非常敏感。

叙事治疗师们相信，由于生活的多元化，人们生活所经历的事件中，有些情节虽然没有被人们描述，但是它们仍然具有潜在的意义，它们或许会为生活的意义带来不一样的可能性，生活的复杂性使得在任何事件中都总有可能找到发展新故事的线索和情节。叙事治疗师认为，不论是人们自己发展出来的故事，还是别人代替发展出来的，人的生活故事如果不能完整地呈现其真实的生活体验的话，个体就会遭遇问题。因而写作或重写这些人的生活或体验的过程就成为一种治疗，叙事因此扮演了治疗的主角。叙事治疗师在治疗中的关键职责就是帮助来访者及来访家庭发现这些曾经被忽略的事件，寻找其中的独特结果和闪光事件，从而释放被自己压抑和忽略了的资源和力量，看到生活的各种可能的版本，重新建构叙说生命故事的方式，从而重塑自己的生活。

2. 来访者是专家

在叙事治疗中，来访者和来访家庭作为自己生活故事的专家而得到充分的尊重。在传统的心理治疗中，治疗师会以专家的身份进入到家庭中，挖掘家庭结构和互动模式中的缺陷，对来访者和来访家庭进行诊断，并以修复这些被诊断出的缺陷作为治疗目的。而在家庭治疗叙事模式中，治疗师以平等的姿态参与到治疗中，不以专家的身份自居，也不过分彰显自己的专业技能，他们不关心问题是怎样形成的，也不关心那些影响问题的家庭结构或者互动模式的缺陷，他们只关心问题对来访者和来访家庭带来了什么样的影响。叙事治疗师对自己的角色定位是：以好奇的角度来容纳各种观点的学习者（learner）。治疗师与来访者之间保持合作、共建（co-constructive）的关系。治疗师要保持对来访者问题的关注，随时检验自己对来访者故事的理解，并把自己的一切观点只看作是假设或可能性，还需要特别关注是来访者的什么信念阻止了他/她做出其他更好的选择。

叙事治疗师相信，来访者才是自己生命故事的专家，治疗师只是陪伴和帮助来访者重叙其生活的，而不是由治疗师来重叙来访者的生活。叙事治疗师对于来访者的故事具有强烈的兴趣，并在他的故事中寻找他曾经成功应对问题的经验，用非强迫的方式和尊重的态度进行提问，在这种提问中鼓励来访者讲出新的故事。叙事治疗师从不为来访者贴标签，也不会以诊断结果对来访者进行定义或者分类，他们只是帮助来访者从已经被内化了的主流文化叙事中分离出来，帮助来访者意识到生活故事可以有多种版本，人们有自己选择的余地和无数种可能性，为新的、人们更喜欢的、更具建设意义的故事开辟空间。叙事治疗的目的不是帮助来访者解决问题，不是让家庭成员面对冲突，而是将问题“外化”，让人与问题分离，人是人，问题是问题，然后联合一家人共同“打败问题”。

二、家庭治疗叙事模式的治疗技术

在治疗的过程中，为有效帮助来访者及家庭，家庭治疗叙事模式要完成四个主要的目标，包括：1. 绘制问题如何产生影响的地图；2. 寻找独特结果；3. 重写故事；4. 形成治疗任务，运用治疗信函及其他练习开展干预。

家庭治疗叙事模式的主要历程大致有八个阶段。在第一阶段，咨询师与来访家庭建立一种平等、合作的关系，对问题进行定义，即合作评估阶段（解构意义和行为）；第二阶段是外化问题阶段，此阶段中，治疗师帮助家庭将问题拟人化，并对问题的存在和重复出现进行归因；第三阶段即了解问题如何困扰、支配和打击着来访者及其家庭；治疗师在第四阶段即邀请来访者及其家庭，从不同的观点看待自己的故事，并找到可用来替代的意义；第五阶段即探询独特结果，此阶段治疗师协助来访者及家庭寻找过去经历中成功克服问题的例外（exception）；在第六阶段中，从以往成功克服问题的例外事件中，找到从问题中逃离或打败问题的新观点；在第七阶段中，治疗师请来访者及家人思考其渴望的未来是什么样的，如果有一天问题解决了，会发生什么情况；第八阶段是共建替代性故事阶段，治疗师帮助家庭寻找或创造一个观众，以便可以支持与形成来访者的新故事，来访者生活于治疗室之外，来访者的问题也来自于治疗室之外，因而构建一个支持的社会环境很有必要。在这些阶段中，治疗师会运用到的技术很多，主要有以下几个方面。

(一)合作评估

合作评估从家庭治疗叙事模式和一些基本的心理测评技术和理论的思想中发展而来，是传统心理测评的一种替代方法。

在家庭治疗叙事模式开始时，来访者通常会向治疗师讲述他们的"充满问题的故事"，在来访者讲述这些故事时，治疗师需要注意，来访者的表述怎样影响着他对事件的感受，而来访者又怎样理解和解释他的这些感受。治疗师以此来评估问题是什么，以及问题产生了什么样的影响。

在传统的心理测评中，治疗师实施测量，对于测试的过程和结果，来访者只能被动地接受，并且传统心理测量的对象是"人"，这个人通常被假定身上有"问题"需要被诊断出来，传统治疗师站在"有问题的人"之外进行诊断和评价。而在叙事治疗的评估中，治疗师和来访者是平等的合作关系，他们共同参与到评估的过程中，共同探讨问题的影响。叙事治疗师与来访者立场一致，都是针对问题，他们一起站在"问题"外看"问题"，被评估和诊断的对象是"问题"而不是"人"，因而从进入治疗开始，问题就被看做是独立于来访者及其家庭之外存在的。

在这个阶段，治疗师要做的工作很多，首先要和来访者一起解构(deconstruction)故事的意义和相应的行为选择。治疗师要运用解构性倾听和解构性提问的技术，以倾听来访者故事中隐藏的其他可能性，通过提问帮助来访者以不同的角度看待故事，看到故事是怎么发展起来的，也开始帮助来访者质疑自己的信念和假设，这些信念的结果如何，信念之间如何相互影响，还要了解来访者与其信念、感受和态度之间的关系。叙事治疗师和来访者一起探讨问题对来访者及其家庭的影响，他们曾经应对这些问题的方式，以及他们对于这些经历的体验。在家庭治疗叙事模式中，这个解构过程也是治疗过程的一部分。

通过解构和评估，治疗师会协助来访者找到被其内化了的对话(internalized conversations)，正是这些内化了的对话使得来访者受困于问题之中。这些内化的对话包括：在思考和表达时无视所处的背景(context)；忽略某些体验；对生活和关系的认识以偏概全(认同各种失调和病态，将之当成自身的一部分)；过度认同社会文化加诸于自己的权力和控制等。

（二）问题外化

外化，就是将人和问题分离，是叙事模式的一个重要治疗技术。模式治疗师认为，如果将问题和人一体化，那么情况就很难得到改善。例如，“我这么胖，没有人会喜欢我”“我就是这么笨”“我的家庭真是不幸”这样的观念，就是把问题和自己混在一起，似乎问题是长在自己身上的。如果始终带有这种观念，那么在面对问题时，来访者及其家庭就会产生绝望感和无力感，认为问题是不可能消除的。

在对问题进行评估后，对于已经被确定了的问题，叙事治疗师会用外化问题的方式来进行对话，将问题置于来访者及其家庭之外来讨论，为了使这个观点生效，治疗师有时会根据家庭对问题的描述，帮助来访者给问题起一个名字，将问题拟人化，使它成为一个独立的对象（subject）。治疗师会使用提问和对话暗示来访者及其家庭：它不是任何人的一部分，来访者只是暂时被它控制了。例如，在一个案例中，父母把问题描述为儿子的懒惰，因为他总是拖拖拉拉。叙事治疗师不会说：“是儿子的拖拉让你们烦恼吗”，而是会说：“是拖拉让你们的儿子成了那个样子，才导致了你们的不和，是这样吗”。叙事治疗师通过帮助家庭将一个原本被定义为内在缺陷或病态的问题与人分离开来，把问题重新定义为一个客观的、外在的、不受欢迎的入侵者，它的目的就是想控制来访者及其家庭的生活。在此基础上，治疗师鼓励家庭联合起来抗击这个入侵者。

当问题被外化之后，就像来访者卸掉了一个包袱，他可以重新审视自己，家庭成员也能够抛开问题看到来访者原本的、更美好的样子。这种外化问题的治疗模式很容易帮助那些对出现症状的家人抱有责备情绪，或者是那些因为无力帮助症状家人而内疚，并将自己视为失败者的家庭。现在，他们将原来的故事推翻，将问题与他们自身分离开来，当他们认为“我们的女儿不是抑郁的，也不是我们的家庭导致了她抑郁，只是她偶尔会被抑郁控制”时，整个家庭所有成员就将抑郁问题看做是一个共同的“敌人”或者“外来入侵者”，从而获得信心和能量联合起来“打败它”，“把它赶出我们家”。

（三）探询独特结果（unique outcomes）

独特结果，是指那些与主要生活故事的基调不一样的例外事件，也就是那些曾经被人们忽略掉了的情节。在问题外化之后，治疗师会继续使用提问的方式（如询问哪些时候问题会不一样），与来访者和来访家庭一起，探寻他们的生活经历中，与问题通常的发展结果不同的事件，寻找家庭成员能够成功应对问题或不受其影响的闪光事件和独特结果，然后详细询问他们是怎样做到的，以及他们从这次经历中联想到什么，以此作为重塑替代性新故事的起点。比如说，治疗师可以在治疗中这样提问：“是否有一次，你的生活没有受它影响，是因为外在环境的改变还是因为你自己的原因”，“你能详细说说那次成功打败它的经历吗”，“这一次你没有让它得逞，这件事让你想到什么”，独特的结果为来访者发展出新的、更好的故事开辟了空间，成为替代性新故事的基石。

(四)共建替代性故事

当来访者及其家庭在叙事治疗师的帮助下,认识到主导他们家庭的问题性故事,并探寻到独特的结果或闪光事件后,他们就有信心和动力去发展其他的可行的、前景更广阔的、他们自己更喜欢的故事,并且这些故事是不容易被解构的。从某种意义上说,叙事治疗师帮助来访者搭建了梯子,让原本受困的来访者及其家庭能够站到更高的角度看到更广阔的空间和不一样的景象,此时来访者已不再被问题束缚和控制。叙事治疗师鼓励来访者反复讲述他们喜欢的故事,不断充实故事的细节,并将它们与其他人的生活和故事交织在一起,从而形成新的生活意义。

通过重新叙述一个自己的故事,甚至通过重新叙述别人的故事,来访者从新的角度,以新的态度来对这些事件重新进行审视和诠释,并从中获得新的经营生活的资源和力量。例如,在面对一个逃学的孩子时,治疗师不是指责和教训,而是会关注在那么艰辛和困难的逃学过程中,这个孩子是怎样学会照顾自己的。这样一来,这个孩子会发现原来在"逃学"的过程中,自己曾经克服过种种困难,还学会了如何照顾自己。"逃学"这个故事得到了新的阐释,孩子发现了自己身上宝贵的地方。带着这份新的意义和能量,来访者也能够更好地面对生活中出现的其他问题。

(五)补充性措施

即使重新塑造了替代性的新故事,人们的自我叙事仍然不可避免地要受到社会主流文化叙事的影响,生活在与产生旧的问题故事相同的情境中,人们刚刚建构起的新故事很可能会被破坏。因此,叙事治疗师还需要帮助来访者与新的叙事保持密切的联系,这是一个艰难但是非常重要的过程,为此,叙事治疗师常常采用一些补充性的巩固措施,例如寻找外部观察员、使用治疗性信函、组建支持性团队等。

1.寻找外部观众

外部观众通常是来访者的家庭成员或者是家庭的朋友,他们过去就认识来访者,因而能够见证来访者的新故事,证实来访者的行动能力,并且为来访者补充一些生活事件。他们观察并参与到治疗师与来访者的互动过程中,确认来访者所叙述的独特事件和重新建构的替代性新故事,对这些叙述做出回应,并且从他们自己的角度和立场出发来叙述这些故事,以此来进一步丰富可能的替代性故事的版本。这样的形式能够更有效的帮助来访者从问题性的故事中解脱出来,将治疗中建构起的新故事延伸到真实的生活中,从而根据他们自己的喜好重建新的生活意义。

2.使用治疗性信函

艾普斯顿率先使用写信的方式将治疗室里的谈话延伸到来访者的生活中。在叙事治疗的过程中甚至结束后,治疗师会给来访者及其家庭写信,这些治疗性的信函对治疗中的谈话内容进行了扩展和补充,提醒来访者他们曾经经历了什么,已经取得了哪些成就以及未来还可以做什么。在治疗结束几天后、几个月后甚至几年后，来访者仍然可以重新阅读这些信件，正是由于这些信件的作用，叙事治疗的效果能够经受住时间和空间的考验，使来访者始终保持与新故事的联系。来访者曾经向艾普斯顿报告，他几年前写给他们的信，他们仍然经常拿出来阅读，这些信件让他们更有信心和能量来经营好生活。

叙事治疗师也会给那些不愿意参与到治疗中来的家庭成员写信，让他们感受到治疗师对他们以及他们家庭的关心，鼓励他们参与到治疗中来。

3.组建支持性团队

叙事治疗师鼓励来访者在生活中寻找那些能够理解、支持并见证他们的新故事的人，为此，治疗师帮助面临同样问题的人组织起"团队"，这些经受过相同问题（如酗酒、药物滥用、厌食症或暴食症等）困扰的人，他们对问题有着切身的体验，也了解相关的知识，相互之间更容易理解和分享彼此的经历，从中获得支持和信心，相互学习经验和教训，共同击败问题。治疗师在这个团队中扮演着重要的角色，但治疗师不以专家或者权威的身份自居，也不强迫成员接受自己的看法和建议，叙事治疗师坚持认为每个成员才是他自己生活故事的专家，因而团队中所有成员的观点都得到尊重，而不仅仅是推崇治疗师的专家地位和专业化观点。

在这些支持性的团队中，尤其值得一提的是由麦迪根和格瑞伍斯在加拿大温哥华创建的反厌食/反暴食团体，他们认为问题是由那些在社会中占据主导地位的主流文化和行业组织引发的，因此他们不仅组织人们形成团队共同抗击饮食障碍问题，还给那些推崇女性消瘦形象并鼓励女性节食减肥的报刊、杂志等机构写信，致力于改变社会文化对女性理想美状态的描绘。

（六）治疗性提问

家庭治疗叙事模式实际上是一个谈话和交流的过程，治疗师的提问方式和提问内容贯穿于治疗的始终。借助于明智的提问方式，叙事治疗师能够从中发现新的线索，进行新的思考。叙事治疗师相信，问题是存在于语言中的，因而可以在谈话中消除。叙事治疗师经常使用一些经过精心设计的问题，使叙事治疗的理论策略变成可操作的实践技巧。

1.解构性问题

解构是指对原本被认为是理所当然的假设进行质疑和检验，对事物的意义进行更新和更有意义的建构，从而探寻其深层含义。治疗中使用这类问题将问题外化，使人们推翻原本人身上带有问题的假设，如："抑郁在你耳边说了什么悄悄话""厌食症控制了你多久了""儿子被暴食症控制之后，它对你和儿子沟通方式的影响有多大""它的出现，让你最不舒服、最受影响的是什么"。

2. 拓展空间性问题

拓展空间就是为故事的发展开辟更广阔的空间和与原来故事不同的可能性。治疗中使用这类问题，来帮助来访者及其家庭发现他们曾经能够避免问题的影响时的"闪光事件"或者独特结果，让来访者认识到故事还可以有其他的版本，例如："你是否曾有过战胜愤怒，没让愤怒控制你的人际关系的经历""你是否能想起哪一次你成功地打败了悲伤"。

3. 偏好性问题

偏好，就是指来访者自己所喜欢的故事的发展方式或结果。偏好性问题的使用是为了确保独特的结果能够代表来访者喜好的经验，并且能够更有效地帮助来访者重建他们喜欢的新故事，如："如果这件事我们这样来处理，你觉得怎么样""你觉得事情那样发展，事情变得更好了还是更糟糕了"。

4. 故事演绎性问题

故事演绎性问题，就是治疗师基于来访者的闪光事件和独特结果，引导来访者对其故事发展的其他可能性进行假设和推理。发现独特结果后，为了从来访者偏好的独特结果中发展出一个新故事，治疗师会提出一些具有故事演绎性的问题，如"这样处理会让接下来的事情有什么不同吗""谁会首先注意到你的这些积极变化"。

5. 意义性问题

意义性问题，能够帮助来访者为他的生活事件赋予新的意义。在叙事治疗的会谈中，治疗师会通过提出一些经过特别设计的问题，为来访者叙述的某些事情赋予新的意义，改变他原本消极的意识观念，强调事情的积极层面，让他看到自己能够发挥的能量，如"这一次你有能力做好这件事，这意味着什么"。

6. 未来性问题

为了给来访者的新故事提供支持，强化来访者及其家庭的积极变化和发展，治疗师会通过一些提问把新故事延伸到未来，如"你认为如果事情照此发展，那么明年的这个时候，你们的生活会变成什么样子"。

复习巩固

1. 叙事治疗师的奠基人及重要代表人物？
2. 叙事治疗中主要的治疗框架是什么？
3. 家庭治疗叙事模式的提问主要有哪些方式？

第二节　家庭治疗情绪聚焦模式

一、代表人物和基本理论观点

家庭治疗情绪聚焦模式(Emotionally Focused Family Therapy,EFFT)即情绪聚焦疗法(Emotionally Focused Therapy,EFT)在家庭系统中的运用。情绪聚焦疗法由加拿大的苏珊·强森(Susan Johnson)和莱斯利·格林伯格(Leslie S. Greenberg)创立,家庭治疗情绪聚焦模式是在经验模式与系统模式的家庭治疗理论的影响下,以依恋理论为基础,以人本—存在主义为取向的一个心理治疗理论与方法体系(Greenberg & Johnson, 1988)。

苏珊·强森是加拿大著名的临床心理学家,任职于温哥华大学。她是情绪聚焦疗法国际发展中心(the International Center for Excellence in Emotionally Focused Therapy)和渥太华夫妻与家庭研究所(Ottawa Couple and Family Institute)负责人,由于EFT在临床疗效研究中不断获得效果证据的支持,被认为对婚姻与家庭关系具有长期持久的治疗效果,因而她被认为是新爱情关系科学领域的先锋。

格林伯格在工程领域工作数年后,跨行进入心理学领域,选择临床心理学深造。同时在职业生涯的早期花大量精力来了解多种治疗方法。他受益于很多心理治疗界领军人物的培训,如罗杰斯、萨尔瓦多·米纽庆等,而后与苏珊·强森一起发展了情绪聚焦疗法。他各种风格的受训背景在情绪聚焦疗法中发挥了作用,使情绪聚焦疗法综合了认知、情绪、行为等各种类别的干预技术以及体验、系统等各种理论观点,成为一种真正的整合治疗方法。

家庭治疗的情绪聚焦模式作为情绪聚焦疗法在环境中的运用,强调"情绪"在家庭生活中如何被觉察、体验、诠释及理解,以及情境在家庭困境形成过程中的作用。家庭治疗情绪聚焦模式治疗师并不是简单地将"情绪"视为家庭陷入困境的原因或症状表现,也将之视作使困境产生转变的重要因素。治疗师通过帮助来访者"到达"情绪的最深处,接触、接受并理解到情绪的本质之后,再"离开"情绪,摆脱情绪的控制,而直指问题的核心,改变始终聚焦于情绪。

家庭治疗的情绪聚焦模式的主要理论基础包括:情绪理论、经验理论、系统理论以及依恋理论。

1.情绪理论

情绪,是综合各种感觉、思想和行为的心理和生理状态,是对外界刺激所产生的心理定向反应,以及附带的生理反应,对于人类生存具有重要的适应意义。除了激发人类采取行动,保证人类安全生存的重要性之外,情绪还是人类沟通意图和调节互动关系的信号系统,因此,情绪聚焦疗法(EFT)认为情绪是个体进行自我构建、自我组织、自我调节的基础,并具有重要的人际互动的意义。由于情绪对人类生活所具有的重要性,因而情绪聚焦疗法非常强调健康个体应具备发展良好的情绪智能,即能够觉察、辨识情绪,并使用情绪作为行为向导,具有主动掌握和调控情绪的能力,而不是成为情绪的奴隶。

EFT认为人类的全部情绪体验并非都是适应性的,由于个体先天气质倾向以及社会化过程中的学习、内化,尤其是早期依恋关系中的创伤体验,引起了个体情绪系统的损伤,使得他/她在关系中有更多的消极情绪体验和消极诠释及防御反应,而最终导致不适应和关系受损。例如,一个女孩渴望在与父母的关系中体验到亲密、安全的感觉,但由于父母亲更喜欢男孩,因而对待她的方式更多以批评、拒绝为主,长此以往,女孩发展出了一个害怕亲密、回避需要的情绪系统。成年结婚后,每次夫妻发生争执,丈夫的指责都会激起她内心的恐惧,争吵之后,她就会封闭自己,不允许自己对丈夫有情感上的需要,早年成长经历中亲密需要缺少回应和支持导致她不相信自己可以有需要,也不相信自己的需要可以得到满足。

EFT把情绪分为表层情绪(也叫原生情绪)和深层情绪(也叫核心情绪)。深层情绪是个体在面对情境刺激时直接的心理和生理体验,一般有痛苦、委屈、害怕、恐惧、厌恶和屈辱等。表层情绪是对深层情绪的修饰性反应,帮助处理和协调深层情绪以适应环境,在所处困境中以抱怨、愤怒、轻蔑、内疚、责备等方式表达。例如在上例中,当与丈夫争吵被指责时,这位女性的深层情绪是恐惧、绝望,但脆弱的深层情绪往往被掩饰起来,而其表层情绪则可能表现为轻蔑(你算不了什么,你不重要)、退缩(我不需要你)。虽然重复表达表层情绪是造成夫妻、家庭之间恶性互动模式的重要原因,但EFT不认为表层情绪就是不受欢迎的破坏者,要用理性来加以禁止或约束,而是认为情绪表达的背后通常是情感需求的表达,需要通过完整地处理整个情绪过程来改变表层情绪、整合表层和深层情绪。EFT认为治疗中情绪体验的改变就在于,要激活表层情绪之下的深层情绪,继而体验到深层情绪背后所隐藏的伤痛,对亲密的渴望、对被忽视和拒绝的愤怒,这些情绪才是适应性的,可以帮助个体变得更有弹性,不再受困于消极的情感和僵化的消极信念之中,而产生新的自我体验和信念来修正以往的自我概念。因此,家庭治疗情绪聚焦模式治疗师的主要任务是探索家庭成员之间的互动模式中被隐藏和修饰了的深层情绪,并重新整理其情绪反应,以帮助他们找到新的,建设性的互动方式,并将在治疗中形成的新的有益于家庭关系的情绪体验拓展到生活中稳定发展。例如,夫妻两人吵架时,妻子指责丈夫不管家,不管自己,每天回家之后就一个人待着不理人,感觉全世界都欠他似的,自己把这个家打理得井井有条,最后得到的都是他的冷眼相待。妻子总是一个人气得暴跳如雷,而丈夫这个时候总是默默地将自己一个人关在书房。治疗师先让双方意识到这个不良互动循环“指责—逃避”,再了解妻子的情绪体验“他不关心我，是因为他不爱我，嫌我不够好”以及丈夫的情绪体验“我既处理不好工作上的事，也处理不好家里的，我自己很无能”。在治疗的过程中，双方了解到妻子之所以指责丈夫，是害怕他的远离，希望得到关心；而丈夫离开则是为了继续维系感情，保护自己不被指责，希望关系不要变得更糟。因此，双方接纳自己的负性情绪，理解对方的感受。双方原有的沟通方式和情绪体验得以改变，新的互动方式在治疗中展现雏形，逐渐在生活中稳固并拓展。

EFT 治疗中特别关注来访者的三类情绪体验。第一类是治疗中显而易见不能忽略的情绪体验，如眼泪、身体姿势忽然的变化（双手抱到胸前、跷起二郎腿等）等；第二类是与依恋需求和依恋恐惧相关的情绪，最常见的如愤怒（常常是防御性的情绪）、无助和悲伤、恐惧、羞愧、脆弱感等；第三类是有可能造成消极互动循环的情绪，如来访者在运用指责或退缩的防御方式之前体验到的恐惧、焦虑（Greenberg，2002）。

2. 经验理论

经验理论源于人本主义思潮，强调正在经历的感受对来访者体验情绪的作用。人本主义治疗师认为来访者本身蕴藏丰富的可以利用的资源，因而可以富于创造性的应对来访者互动关系中的矛盾事件，以开放统一的方式对待自己和他人。个体通过及时觉察自身情绪和主动表达情感需要的方式来增强他们对环境的适应能力。提出依恋理论的著名发展心理学家鲍尔贝（Bowlby）认为个体对外部世界的反应都是适应性的结果。而罗杰斯认为如果个体对外部世界的认识方式僵化，自我概念狭隘，不能随着体验的改变而加以改变和整合的话，个体就会陷入困境，出现心理问题。经验取向的治疗师着重强调来访者的情绪体验，而不是像心理动力学派那样强调探究来访者在人际交往中的动力。经验取向治疗师认为情绪将来访者引向对方的生活，并让来访者感知到对方行为背后的心理需要和恐惧。因此治疗师着重矫正来访者的情绪体验，通过帮助来访者识别情绪，接纳情绪，共情式的探索双方深层情绪，拓展自己的情绪体验，建立新的互动模式。经验学派认为治疗结果的好坏与来访者情绪被唤醒的程度和体验的深度有关。因为通过治疗重新整理了来访者的“情绪体验”。治疗师强调来访者应拥有健康的情绪体验，而不强调解决具体问题，认为问题会随着新的、健康的情绪体验的产生而逐渐得到解决。

经验理论对 EFT 产生的影响之一反映在 EFT 非常强调人们对情绪的觉察和体验上。情绪聚焦治疗师训练来访者变得更为敏感，对自己的感觉唤起过程（包括生理感觉和冲动的唤起过程）保持觉察，在增强了来访者对情绪的生理体验及心理体验过程的敏感性之后，治疗师要训练来访者不去关注随之产生的各种观念和思维，而去体验感觉和冲动的消融过程，并把这种体验表达出来。可见，EFT 非常强调此时此地的体验。治疗师通过帮助来访者关注此时此刻，纠正让自己陷入困境中的情绪体验，培育和增强新的、修正过的情绪体验，并将这些体验应用到生活中。经验理论对 EFT 的另一个影响体现在对治疗师的要求上，由于对此时此地体验的强调，EFT 常常会出现一些有紧张激烈的情绪反应的情境，并需要治疗师有某种程度的卷入，因而EFT治疗师无法采取“保持距离”的态度，这就要求治疗师需要具备一些特质，例如能放松自如地与他人产生密切的人际接触，在介入时积极主动，并保持灵活性等。

3.系统理论

系统理论将情境视为一个整体，不将情境中的成分抽离对待，情境中的成分相互影响，不独立存在。而人作为其所处家庭的组成成分，必须放在家庭系统中加以理解，因此如欲了解夫妻一方的行为，必须参考另一方的行为反应，情绪反应也同样如此。因此，系统理论强调治疗师的任务是干预互动程序，而非个体反应，认为家庭中的互动遵循的是循环式的因果反应模式，系统理论对EFT的影响正在此处，即认识到情绪在家庭系统中的家庭成员之间存在相互激发和相互影响的作用。而EFT的一个优势就在于，一方面对系统理论加以运用，另一方面也解答了系统理论基础给家庭治疗招致的“只见树木不见森林”的批评，EFT兼顾了个人内在和人际互动。

在系统理论影响下，家庭治疗情绪聚焦模式治疗师的任务是要帮助来访家庭改变生活中破坏性的、无法适应情境却又反复体验到的表层情绪和与之相关的行为反应模式。治疗师通过帮助家庭成员纠正过去依恋关系中形成的不适应的信念和情绪反应，彼此坦露脆弱与伤痛，完整地处理体验及隐藏的需要，打破旧有模式，建立一个新的，兼具归属感和自主性的系统。在这个系统中，个体处于安全的情感连接中，在社会系统中承担角色，同时具有独特性和创造性。

4.依恋理论

鲍尔贝认为“依恋”是婴儿与主要抚养者之间最初的社会性连接，他认为人们对外在世界的反应都是学习和适应的结果。这些学习和适应导致人们在人际关系中产生不同类型的情感连接。安斯沃斯的陌生情境研究也为依恋理论提供了佐证。依恋理论（尤其是成人依恋）作为情绪聚焦疗法和家庭治疗共同的理论基础，为两者的结合搭建了桥梁。

EFT认为，早期依恋史中形成的想法和情绪构成一种内部工作模式，也就是认知图式，除了认知图式外，早期依恋关系还影响行为图式的形成。图式分为对自己的图式（积极的和消极的）和对他人的图式（积极的和消极的），个体的依恋风格由这两类图式的交互作用形成，因此成人的依恋可以相应分成两种类型：安全型（自己和别人的图式都是积极的）和不安全型（包括三类，第一类是对自己的图式是积极的，对他人的图式是消极的；第二类是对自己的图式是消极的，对他人的图式是积极的；第三类是对自己和他人的图式都是消极的）。在婚姻互动中，夫妻既有从成长经历中带入的不受对方影响的部分，也有在与伴侣互动中受影响的部分。情绪聚焦疗法认为安全型依恋的婚姻应该满足伴侣的三个基本情绪需求，第一个是获得价值感和身份感的认同；第二个是提供安全感、亲密感和相互滋养；第三个是创造共享的人生意义（shared meaning）。

在家庭治疗情绪聚焦模式中治疗师需要帮助来访者探索其依恋类型。探索家庭成员爱和依恋的蓝图，为某些问题寻求答案。例如，为什么家庭会陷入当前的困境，无法从关系中满足情感需求？在面对冲突时，为什么有的成员采取苛责的方式保护自己，而有的成员则选择退缩？例如，一个家庭中每次夫妻争吵后，妻子总是要离家出走几天住到朋友家去，丈夫对此很不满，他不明白妻子从小只要惹妈妈不高兴了，妈妈就会打她，直到有一天，她跑出了家，在外面待了一夜，妈妈吓坏了，再不敢打她。因此对她而言，离开才是安全的。情绪聚焦模式的家庭治疗师需要帮助家庭成员了解彼此行为背后的依恋模式，才能重建家人间安全的情感连接。

二、具体操作技术

(一)家庭治疗情绪聚焦模式的目标和结构

家庭治疗情绪聚焦模式的核心治疗理念是：一旦家人相互间接触、理解和认同彼此深层的情绪及隐藏的情感需求，家庭成员就能开始建设性的沟通，关系的改善将使症状失去其功能和意义，症状表现者在家庭中的角色、地位及其自我概念都会相应改变。基于此，家庭治疗情绪聚焦模式的主要任务是探索和澄清隐藏在家庭互动模式之下的深层情绪，了解这个互动模式对家人关系的影响。在与家庭一起工作时，治疗师教会家庭运用新的情绪体验和情绪表达来修正这个互动模式，重建相互的积极情感连接。需要特别强调的是，治疗的重点在于修正与症状表现者有关的互动模式，如果症状表现者是家庭中的青少年的话，治疗师要着重下工夫的地方应该是帮助他/她重新界定与父母之间的依恋关系，使之安全稳固，并有弹性，能包容差异与孩子的独立需求。家庭治疗情绪聚焦模式的目标在于促进家庭成员变得彼此亲近，对彼此的需要有更多、更积极的回应，并将家庭建设成安全依恋的基地，使家庭中的孩子能安全成长、放心独立。因此，家庭治疗情绪聚焦模式特别适用于在家庭关系中缺乏亲密感及情感连接，陷入消极的互动模式，成员间相互指责或疏离，但同时又希望增进家庭关系中积极依恋关系的来访者。

参加家庭治疗情绪聚焦模式会谈的家庭成员在治疗的不同阶段有不同的组合，在开始几次评估家庭功能的会谈中，会邀请所有家庭成员参加。之后的会谈中则会邀请家庭的亚系统成员参加。一般而言，在邀请亚系统成员时会谈时的顺序是：先邀请夫妻(父母)亚系统，之后是兄弟姐妹亚系统，最后是包括症状表现者和父母一方/双方在内的亲子亚系统。具体的参与成员需要根据该次会谈的目标来加以灵活考虑。

(二)家庭治疗情绪聚焦模式的流程

家庭治疗情绪聚焦模式(Emotionally Focused Family Therapy，EFFT)的实际操

作可以分为家庭评估、界定问题、改变互动立场及整合与巩固四个阶段。

1. 家庭评估

治疗师一般在最初两次会谈中，对家庭功能进行评估。尤其在首次会谈中，治疗师要与家庭建立治疗联盟，在家庭成员之间保持关系的平衡和中立。此时要完成的任务包括：运用共情、反射性倾听等方式让家庭体会到治疗师对家庭成员所表达的情绪感受的关注；治疗师向家庭成员反馈自己听到的，在当前家庭关系中存在的问题；对家庭功能的多个方面进行评估；以及签订治疗协议并设定治疗目标。在对家庭功能进行评估时要着重评估的维度有：(1)家庭成员的互动模式评估，包括互动模式以及这些模式反映出的家庭成员角色、家庭权力等级、家庭中的结盟、冲突和界线问题，家庭成员如何对彼此的情感需要做出回应(是敏感/钝感的，还是积极/消极/忽视的)，以及家庭成员如何解决问题等；(2)家庭情感氛围评估，主要关注家庭中的情绪(尤其是消极情绪)表达和处理的规则，哪些情绪被以何种方式表达出来，家庭成员如何回应彼此的情绪表达；(3)家史和病史评估，了解家庭中的夫妻自己的依恋成长史及相关的问题，了解家庭成员对当前家庭中的症状表现者及其问题的看法，家庭成员对治疗的期待等；(4)治疗投入度评估，评估家庭成员对治疗的看法，治疗师与单个成员建立治疗关系的潜力，家庭成员各自对治疗的准备程度、动机和投入程度等。

2. 界定问题

强森对 EFFT 的操作步骤进行了阐释(Johnson，2009，2011)，她指出，在界定问题阶段，治疗师要完成两个步骤的治疗工作。接触和探索隐藏在家庭成员互动立场之下的未被察觉的深层情绪，在此步骤中，治疗师帮助来访家庭成员了解自己的“互动立场”(指责者、回避者)，并探索这一立场形成的原因，以及这一立场背后真实的意图，最终帮助来访者察觉并体验自己的深层情绪。例如，孩子在家庭互动中的反应表现为愤怒、指责父母和反叛的姿态时，治疗师协助其探索深层情绪之后，通常会发现隐藏于后的惊慌、恐惧和缺乏安全感。此时，对被控制的恐惧和自己的声音被忽视的愤怒就呈现出来。此步骤中所发现的深层情绪有很多作用，既可用于下一步骤中帮助家庭成员探索互动模式，也可用于帮助家庭成员充分体验这些被否认的深层情绪如何影响成员对自己的看法和对彼此的看法，还可以用于帮助来访者在后面的步骤中辨识并表达他们的需要和渴望。这个阶段的另一个步骤是从深层情绪、依恋需求以及消极互动循环的角度重新界定问题。通过接触自己的深层情绪，来访者及家人会发现这些体验和他们之间的互动是相互关联的，消极、防御的表层情绪体验激发恶性的互动循环，继而再引起更多的防御和消极情绪。而藏于这个过程之后的则是依恋需要的不满足和恐惧。来访家庭对问题的看法扩展了，不再是谁的问题，而看到各自在互动中承担的责任以及彼此的情绪是如何互相激发的。

在这个阶段，治疗师需要提供一个支持和安全的环境让成员能够深入探索自己的体验。同一情绪体验会激发个体产生不同的行为反应，因此，成员的依恋需求和依恋经历此时被提出、讨论和澄清，成员间通过直接对话，了解对方的依恋体验。阻碍情感连接的不安全依恋和消极互动模式才是来访者需要面对的核心问题。这一问题的澄清，使得成员意识到伤害他们的真实敌人是这一负向互动模式，而不是对方成员。例如，因为妻子从小相信父母吵架是因为自己不好好学习，不听大人的话，因此每当父母吵架，她就更加认真读书。婚后夫妻争吵时，丈夫会发脾气，而她则一言不发，只是不停地做家务，或者找其他事情做。她在冲突中扮演着逃避者的角色，而丈夫则充当了指责者。妻子曾经的依恋创伤使她认为自己不够好，不值得被爱，留住爱的唯一方式就是变得有用，对对方有价值。夫妻形成了消极互动模式：一追一逃。

3.改变互动立场

这个阶段包括三个步骤。在步骤一中，治疗师帮助家庭成员增进对自己过去未曾觉察的需求和自我概念的了解，并将之与自己在关系中的互动立场联系起来；治疗师帮助来访者成为更真实的自己，从各个不同角度来了解和感受自己，随后来访者呈现自己的方式也会随之改变，而这一改变会在家庭互动中体现出来。这个步骤强调“个人内在真实、完整的心理体验”，来访家庭成员有机会去面对曾经逃避或忽视的体验，强烈的卷入当前的情绪体验之后，治疗师协助来访家庭成员间建立新的情感连接。例如，丈夫察觉到当他面对妻子的批评时，他害怕与妻子正面冲突而导致她离开自己，这种害怕被抛弃的恐惧感让他在面对冲突时大部分时间都独处一室。他对自己作为退缩者的这一互动立场的发现和恐惧这一深层情绪的觉察，使得他可以形成新的反应方式“我不需要感觉这么害怕，我不必躲着你，我也需要你接纳我”。此时，丈夫以一种不同于以前的“自我”出现在妻子面前，而妻子也对他产生了新的回应方式。

在步骤二中，治疗师帮助家庭成员利用上一步中获得的新体验，学会对其他家人的情绪体验共情，以促进彼此的卷入程度，接纳相互之间新的互动反应。例如“回避者”更多地尝试主动参与家庭互动，逐步放弃以往逃避的姿态；而“指责者”在“回避者”主动与他沟通交流时，给予对方积极回应，弱化指责的态度。此步骤中治疗师需要注意，有时在一方开放自己，尝试采取新的行为方式时，另一方可能会惊讶、不信任，甚至攻击和指责，治疗师此时可以运用共情推测的技术，指出这些负面回应下潜藏的消极想法，透明化并强调尝试一方的努力和负面回应一方的恐惧，保护好治疗取得的进展。

步骤三中治疗师鼓励来访家庭成员表达自己的需求和渴望，形成了“需求声明”，并促进家人之间情感联结的建立，形成新的依恋关系。在关系进一步稳固后，出于对自己深层情绪和需要的觉察，“回避者”开始能主动向对方表达需求和渴望，变得投入互动，“指责者”不再指责，愿意表现自己脆弱无助的一面与之亲近，并主动要求对方安慰。成员间流露彼此的依恋，建立起新的情感连接。家庭气氛不再是沉闷、敌对，而变得轻松、愉悦和相互信任。强森引用了两段对话来说明来访者在表达“需求声明”时的变化，在界定问题阶段，来访者的表达是“和你在一起的时候，我觉得自己微不足道，我很害怕你会发现我的渺小，然后离我而去，所以我让自己变得麻木，只想着息事宁人”。

而此刻她的表达是，"我对于自己的麻木状态感到厌倦，我需要感觉到我对你是有特殊意义的，我希望你不要再批评我或威胁要离开我，我不想再在这个婚姻中觉得自己是渺小又微不足道了"。可以看出，来访者的表达反映出她更加自信、为自己的需要负起责任，而不再是被动反应。

4. 整合和巩固阶段

这个阶段包括两个步骤，一个是协助应用新的方式解决旧有的关系问题，在面对与过去相同的"问题情境"时，安全和信任的气氛提升了家庭成员的参与和投入，使他们不需要消耗太多精力处理自己的负面情绪、保护自己不受伤害。因而他们更愿意为自己的行为负责，对面临的一些事务性的问题，所提的建议更为可行，甚至开始讨论一些更为重大的人生决定。事实上，随着成员关系变得亲密和信任，对于问题的诠释也会随之发生改变。以往对丈夫的行为诸多猜疑的妻子，现在可以坦然放松地面对丈夫的社会交际，因为她将之重新诠释为普通人际交流，而不是试图去鬼混了。此阶段的另一个步骤是巩固新的互动立场和依恋行为中新的互动循环。此时治疗师的任务是指出并鼓励家庭成员健康的互动模式；对整个治疗过程加以回顾并对成员做出的努力加以赞赏；最后协助来访者家庭编一个反映治疗过程摘要和家庭目前关系的小故事来鼓励和肯定家庭成员的努力，也作为未来互动模式的正向参考。这个故事中包括了家庭旧有的情绪体验和互动模式，家庭新的互动模式和整个治疗变化的旅程，他们用来摆脱消极互动创造积极互动的办法，以及他们未来对家庭生活的梦想和目标。

需要特别注意的是，以上这些阶段中，各个步骤之间并非是截然分开的，前一步骤往往会融合在后一步骤或后几个步骤中呈现。

(三)家庭治疗情绪聚焦模式的主要技术

从以上对家庭治疗情绪聚焦模式操作流程的描述中可以看出，EFFT 治疗师需要完成一系列的治疗任务，包括建立治疗联盟，接近、展开并拓展来访者及家庭成员的情绪体验及互动回应，重构互动模式。治疗师既要纵向探究来访者及家人的依恋需求和深层情绪感受，又要横向探究家庭系统中的互动模式，为完成这些治疗任务，治疗需要用到以下一系列干预技术。

1. 共情推测(empathy guessing)

共情是理解和接受他人真实的情绪、感受和体验。而共情推测则是治疗师运用自己对来访者的了解和经验，通过收集来访者的语言信息、非语言信息，以及成员间互动经历和经历前后关联的信息，以依恋理论为思考框架，对来访者的体验进行澄清和扩展，以推动来访者深入到体验中去找到新的意义并将之表达出来。这个技术的运用需要建立在良好的咨访关系基础之上，这样来访者就可以自如地按自己的真实情绪体验来接纳或拒绝治疗师的推测，治疗师最好能够以试探性的态度鼓励来访者纠正或修改自己的推测。例如，"当你说你觉得自己根本不需要他也可以独自搞定一切时，你苦笑着摇摇头，我猜你可能觉得有点生气，气自己仍然期望他能陪伴你，帮助你，是这样吗”。

2. 情绪反映（emotion reflection）

情绪反映是指治疗师全神贯注地共情并卷入来访者的体验，关注并反映出来访者呈现出的深刻而关键性的情绪。治疗师通过观察和倾听来访者的言语和非言语信息，追踪来访者的体验过程，用语言将观察和倾听的结果呈现给来访者，以帮助来访者了解这些体验所造成的影响。事实上，除了情绪反映之外，治疗师还可以反映来访者的家庭成员间的互动模式，通过叙述互动的过程和结构，治疗师试图澄清家庭互动的本来面目。在治疗初期，治疗师将家庭描述的故事与自身的观察结合，形成家庭互动模式的图像并反馈给家庭，如“追一逃”模式。随着治疗进展，治疗师重复地对越来越清晰的互动模式进行描述并反映给来访家庭，以此强调互动的循环因果关系。对来访家庭成员互动模式的反映还要求治疗师要特别关注言语和非言语信息的差异。比如当孩子说“你们总是习惯了为我安排好一切，我完全不用为自己的事情操心，我很享受”时，目光却完全没有朝向父母，而是飘向窗外，双手握拳。或者成员通过非言语的方式回应对方时，治疗师必须敏锐地捕捉到这样的回应，并及时反映给成员。例如，当妻子在抱怨丈夫回家后总是不理自己时，丈夫不停地抖脚，还环抱手臂。治疗师就需要对这个过程加以反映，并追问他的体验和解释。反映也用于对来访者所讲述内容的反映上，内容反映指当来访者在描述情绪事件时表达得非常笼统、繁琐，或者过于注重细节而导致其描述重点模糊，治疗师就会运用反映来帮助他/她整合信息，澄清其主要情感。

3. 认可（validation）

如果来访者认为自己的情绪反应是“不恰当”、“不应该”的，或认为自己的情绪反应或表达不可能被其他家人所接受的话，他/她就不会“允许”自己去充分地体验和表达情绪。因此治疗师需要通过认可技术传递给来访者一个信息：每个人都有权力拥有他们所有的情绪反应和体验。任何情绪反应都无关对错，也没有应不应该，情绪并非错误的、不合理的、可耻的或奇怪的。通过认可，治疗师让来访者了解到他们的情绪反应是合理、正常的，是过去生活经历的结果。例如，“是因为你害怕伤害，不想让伤害变得更大，让你们的关系变得更糟糕，因而你退回到自己的空间，而将她隔离在外，以保持安全的距离”。通过治疗师接纳的态度，来访者感到可以拥有自己的情绪而不必受到谴责，从治疗师身上获得安全感和稳定感，而缓和来访者进入治疗的焦虑，也减少成员间的自我防御和否定对方情绪的倾向，从而激发个体真实的表达和家庭真实互动模式的展现，加速治疗进程。认可除了可用于情绪反应之外，也可用来访者所采取的行为背后的动机和目的，这些动机包括自我保护、寻求依恋需求满足等等。但治疗师需要同时指出行为的负面影响和结果。例如，当丈夫对妻子指责其外遇而暴怒时，治疗师使用认可技术说“听起来你感觉到被逼到死角，她会把你逼得节节败退，因此你必须重新找到一条生路，所以你选择了离开。但是当你这样做时，她会觉得你不在乎她，你选择的这一条路，其实让你自己陷入了更大的窘境”。

4. 增强(heightening)

增强指治疗师在追踪来访者个体或其家庭内的人际互动过程时，对某些特殊的体验、反应或互动模式加以强调的过程。所强调的内容一定是对消极互动有关键性影响的部分，治疗师用语言的“聚光灯”让这些体验、反应和互动被来访家庭关注到，并增强他们对这些部分的感受和思考。治疗师可以用于增强目的的干预方式有：重复要增强的词句以引起注意；用身体语言(身体前倾、放慢语速、提高声调、目光直视等)来增强要达到的体验效果；用明显具体的比喻来增强对体验的描述；用现场表演的方式把内在体验外化，以视觉化的方式起到增强效果的作用；在强烈紧张情绪出现时，治疗师运用提问或阻止话题转变的方法，让来访者停留在紧张的对话中，以增强其体验和思考。

5. 唤起式反应(evocative responding)和提问

唤起式反应和提问指有时某些情感体验被压抑或隐藏，或者被情绪体验者及其家人忽视了，此时治疗师需要追踪并引导体验者关注这种体验，关注那些反映这种体验的言语或非言语信息，通过提问的方式邀请并激发他/她停留在此情绪体验中，并重新整理与之相关的信息。由于治疗师要关注和揭示的是深层情绪，通过提问，治疗师以此帮助来访者从否认情绪或行为宣泄中，觉察并认识到隐藏其后的脆弱、无助、受伤等深层情绪。常用的提问方式有：当他/她……，在你身上发生了什么事？当你听到……，你的感觉如何？当你在说……，你的感觉如何？对你而言，这像是一种什么感觉？例如，“当你太太说她不相信你真的会去尝试时，你笑了起来，你的感受是什么呢”。

6. 自我暴露

自我暴露是治疗师向来访者呈现自己的体验或情绪。家庭治疗情绪聚焦模式治疗师的自我暴露所占比例较一般人本体验取向的治疗师少。EFFT 治疗师的自我暴露一般用于一些特殊目的，比如建立治疗联盟时使用，或用来增强对来访者体验、反应的认可/确认，也可用在界定来访者情绪体验时，用来核对来访者表达的体验究竟是什么。

7. 重新界定

重新界定是指 EFFT 治疗师从依恋需要和深层情绪的角度对来访者的行为以及这些行为对家庭产生的影响赋予新的意义的过程。例如，将家庭成员常被批评的“她自立能力太差”重新界定为一个九岁女孩在面对父母冲突导致的不安全感时产生的自然的依恋反应，她通过依恋父母，要父母陪着玩、陪着睡觉的行为方式来试图改变冷淡、疏远的家庭关系。在重新界定的使用中，治疗师需要更多地强调个体的成人依恋需要对其行为的影响，因为从根本上来看，家庭成员之间的消极互动源自于成员各自的依恋需求未得到满足以及随之产生的无助感。重新界定贯穿 EFFT 治疗的始终，尤其在探讨家庭成员消极互动与依恋需求的关系时其运用更为关键。家庭治疗情绪聚焦模式最基本也最常用的重新界定包括：把生气和愤怒界定为对依恋需求未得到满足的抗议反应；把退缩界定为害怕对方离开，防止争执恶化的反应；把消极的互动模式界定为敌人，而不是把配偶和自己的缺点界定为敌人；把冷淡和防御界定为应对依恋威胁的方式，而不再是漠不关心和无情的表现。

生活中的心理学

夫妻如何公平的争吵

奥尔森(Olson)在《婚姻与家庭：多样性与优势》一书中介绍了 Crosby 的夫妻公平争吵的 16 个原则，他强调，如果我们真的彼此信任，相信对方不会因此而伤害我们，那么我们就可以坦然的和对方沟通，相反地，如果彼此都持有敌意，无法信任对方，自我防卫机制就会启动。这 16 个原则是：

(1)以成人的立场来协商，保持理性和倾听，寻求双赢；

(2)避免下最后通牒，最后通牒意味着无法再协商，丧失回转的空间；

(3)一方输，双方皆输；婚姻中的争吵占了上风，关系中的代价反而更大；

(4)说出真心话，坦白自己的想法；

(5)避免指责和攻击，指责只会导致反抗或退缩；

(6)为自己的感受负责，用“我”来陈述自己的感受；

(7)经常与对方核对自己的看法而不要臆测对方的想法；

(8)明确并直接陈述你的期望和要求；

(9)不把“性”作为控制对方的工具；

(10)在沟通中用自己的话重复你听到的信息；

(11)避免恶性争吵，恶性争吵包括：隐藏自己的感觉直到无法负荷才爆发；连珠炮似的质询；言语暴力；

(12)不以沉默对待；

(13)就事论事，不揭旧账；

(14)双方学会在争吵过激时喊“暂停”和“犯规”；

(15)善用幽默感，勇于自嘲；

(16)争吵不宜过久，尽快解决问题。

复习巩固

1. 什么是家庭治疗情绪聚焦模式？
2. 家庭治疗情绪聚焦模式的实际操作阶段有哪些？
3. 在界定问题阶段，治疗师要完成哪些步骤？

第三节　家庭治疗的心理教育模式

一、家庭治疗的心理教育模式

从严格意义上讲，心理教育模式算不上是家庭治疗的一种具体理论模式，它并非源于任何一种有关家庭功能的理论，也不坚持任何一套家庭治疗的技术。心理教育模式的基本理论来源于教育心理学、认知行为疗法和家庭系统理论、结构治疗几大领域，确切地说算是一种折中主义的治疗方法。这一模式主要建立在临床经验基础之上，以家庭所处的情境作为技术选择的依据，是对已有的循证临床实践技术的整合及应用，即将有显著临床效果的一些技术整合到一起，针对不同的对象和临床需要，形成结构化、模块化的干预方案或指南的一种治疗形式。家庭治疗的心理教育模式的干预一般按操作手册进行，技术可重复。所有的心理健康工作者都可以依样照做，只要遵从一套实施程序即可，并不一定需要高水平的培训。例如，美国“精神疾病的国家联盟”(National Association of Mental Illness，NAMI)的教育方案。NAMI是精神疾病患者家属组成的民间机构。他们开发的一套心理教育计划即家庭治疗心理教育模式的典型例子，这个教育计划的教材内容详尽，有一整套较规范的方案和操作程序。针对的对象是精神分裂症、情感性障碍、惊恐症、强迫症等多种精神疾病患者的家人。根据不同主题划分为十二讲，其中包括症状介绍、生物学原因、问题解决技能、药理知识、沟通技巧、自我照料技巧、康复、对抗社会歧视等等主题和板块。

家庭治疗心理教育模式的目的在于向受困扰的家庭提供信息和技巧指导，以使他们能够更好地理解和对待有生理或心理障碍的家庭成员，并处理好陷入困境的家庭关系。心理教育模式的应用范围很广泛，不仅针对困境家庭开展心理教育，如针对那些有精神疾病患者的家庭、暴力家庭、酗酒或物质滥用家庭、与慢性疾病抗争的家庭(在如精神分裂症一类情况比较严重的疾病方面，它往往与精神药物治疗项目结合使用)，也针对希望改善家庭互动的普通家庭或处于家庭发展周期的关键转折期的家庭。

与其他新发展起来的家庭治疗技术体系一样，心理教育方法同样重视建立和维护治疗师与家庭的合作关系。认为压力管理技术和技能形成技术有助于帮助家庭强化其能力和灵活性，以面对和处理那些影响了所有家庭成员的问题，而不仅限于只针对有症状的成员。通常，针对因为家人的生理、心理疾病而受尽折磨陷入困境的家庭，心理教育会提供教育信息以及实质性的支持和指导。而面对普通家庭常常遇到的发展性的问题时，心理教育就提供一些技能训练，以提升家庭关系、改善夫妻沟通状况，或者帮助再婚夫妇成为更有效能感的继父/母。虽然家庭治疗的心理教育模式从严格意义上说的并不遵从惯常的家庭治疗程序，但是治疗师们运用到了许多常见的家庭治疗技术(例如结构模式中的加入家庭、与家庭成员建立咨访关系、保持中立、评估技术等)。

根据心理教育模式的服务对象，家庭治疗心理教育模式分为三大类，一类是为心理疾病患者，尤其是精神分裂患者及其家庭开展的心理教育；一类是配合医疗保健服务，针对慢性生理或心理疾病(如糖尿病、艾滋病、精神分裂症)患者及其家庭开展的医学家庭治疗；还有一类则是针对没有明确患者的普通家庭开展的，以促进其发展任务完成、改善关系及沟通为目的的心理教育项目。

二、心理疾病患者家庭的心理教育模式

(一)发展背景

匹兹堡西部精神研究所的卡罗尔·安德森和瑞斯等人的团队所进行的关于精神分裂症治疗的研究(Anderson, Reiss & Hogarty, 1986)，为心理教育家庭疗法的理论和其治疗手段的发展奠定了基础。安德森的工作开始于20世纪80年代，她把自己的研究重点放在如何通过治疗实践降低精神分裂症患者家庭的压力上。在实践中，她们一反传统家庭治疗家看待疾病的角度，不再去寻找家庭系统中的某些因素的失衡，更不在治疗中责备家庭成员的互动问题，而是通过帮助所有的家庭成员，包括精神分裂症患者，来克服和应对家庭功能中的障碍，即通过治疗帮助家庭学习应对疾病的技巧和手段。与匹兹堡团队相比，加州大学洛杉矶分校由迈克·哥德斯坦(Goldstein, 1978)领导的工作小组认为精神分裂症患者的出现以及患者疾病的不断复发，使得患者和他们的家庭成员在重新融合到社会的过程中不可避免地要面对许多问题。而心理教育家庭疗法就是针对这些出现的问题，通过设定一定的程序和治疗计划来帮助家庭成员，让他们能够尽快、坦然地重新回到社会中。所以他们认为心理教育模式是护理和康复的重要组成部分。治疗的过程应当包括教授患者和家庭成员有关疾病的知识、确定家庭成员在治疗过程中关心的问题，同时保持心理教育家庭治疗与医学治疗的同步性。最终目的是降低精神分裂症患者疾病的复发率，并促进患者和家庭成员更加亲密地交流和互动。在这两个研究小组的基础上，又有一些研究人员针对精神分裂

症患者家庭面对的特殊问题提出了一些观点。他们认为精神分裂症患者的家庭还会面对很多问题，比如社会的歧视、家庭的经济负担、就业问题、家庭婚姻关系、生理健康、家庭成员的社会交往等等。他们认为家庭很难独自应对如此巨大的压力，因此必须通过家庭治疗的心理教育来完成，也就是运用聚焦于问题解决的治疗训练，来针对家庭中面对的压力事件来进行治疗、训练和管理，从而降低疾病复发的可能性，提高家庭处理危机和困境的能力，并通过这样一种教育手段，鼓励其他家庭成员在这种困境中尽可能地完成自我发展和自我实现。心理教育模式在精神分裂症患者的家庭治疗中的明显优势在研究初期便已得到了公认，匹兹堡团队的研究结果显示，那些只接受了家庭治疗的患者在出院一年内有 19% 的复发率，接受个体行为治疗的复发率为 20%，而同时接受家庭治疗和社会技能训练的病人中复发率为 0%。与那些仅接受药物治疗或社会支持的对照组相比，其预防复发的效果很显著。

心理教育的家庭治疗与传统的家庭治疗相比，较少依赖干预技术，确立的目标也是有限的：重点在于减轻症状而非治愈疾病。然而心理教育提供了一个安静、健康、稳定的环境，在这里家庭成员不受指责或批评，并且能开始学习应对困难的技能，还需要学习一些技巧，以完成他们所面对的长期任务，即与精神分裂症患者同住，并要防止（或延缓）患者因病情复发而重新入院治疗的可能性。

在综合了各方面观点的基础之上，研究结果和临床实践证据显示，针对精神分裂症或重症精神疾病患者家庭，有效的家庭治疗心理教育模式应囊括以下要点：

（1）强调精神分裂症是一种疾病，具有生物学基础；

（2）治疗师与患者及其家庭之间建立一种忠诚合作、密切联系的关系；

（3）治疗师教给家庭承受和应对压力的技能；

（4）教导家庭利用一切可利用的社会支持系统；

（5）把家庭成员看成是治疗过程中的同盟军；

（6）根据不同病人的特点对干预加以调整；

（7）把患者的意愿和自主目标放在治疗的首位。

（二）实施过程

针对严重精神障碍如精神分裂症或双向精神障碍等的家庭治疗心理教育模式在操作实施方面有两种形式，一种是安德森等人采用的单独会见一个家庭的形式（Anderson，Reiss & Hogarty，1986），另一种则是麦克法兰的多家庭同时进行的形式（McFarlane，1991）。

安德森及其同事霍加提针对单个家庭开发了一套阶段性的干预技术，主要是针对情况比较严重的心理疾病，如精神分裂症，这种方法主要包括如下几个阶段。第一阶段，精神分裂症急性发作时，首先治疗师加入家庭，建立咨访关系。在获得家庭的积极配合后，治疗团队开始着手建立心理教育项目，即为期一天的“生存技能工作坊”。在工作坊中，治疗师向家庭成员讲授心理疾病的相关知识，如心理疾病的流行病学状况、生物学病因、一般疗程、目前药物治疗和心理社会治疗模式、预后等等。同时，也会对患者和家庭的一些实际需要以及家庭的在面对患者症状发作时采用的策略技巧进行讨论。治疗师还会帮助家庭制定一些基本的行为规则，避免家庭成员在面对患者时的情绪的过分表露，从而使患者远离压力，尽快恢复正常行为，并延缓或避免预后的复发。在第二阶段，即患者重新进入社会环境后，安排定期门诊会谈。这个过程一般持续一年或更长的时间，目的是使患者在出院后病情继续保持稳定。在这个过程中，可以给患者布置一些小作业，并积极监督其作业完成情况，及时获得反馈。与此同时，治疗团队也将注意力转移到家庭结构上，运用结构模式的方法，针对因为患者出院回家引起的家庭结构变化，而对家庭结构做出一些可能的调整。第三阶段为康复阶段，这个阶段主要目标是巩固已有成果，提高患者的功能水平。但这个阶段并不意味着治疗已经结束，心理疾病的治疗往往是一个长期的过程，并且存在复发的可能，因此，此阶段一方面应该巩固患者的已有成果，另一方面，还应该鼓励家庭成员学习新的策略技巧以增强他们自身在应对患者出现某些疾病症状时的能力，从而降低病人复发的可能性，也更好的维持家庭治疗的效果。

由麦克法兰（McFarlane ，1991）创立的多家庭治疗形式与单独会见一个家庭的形式类似。此种方法主要是对前来就诊的多个精神分裂症患者的家庭一起进行治疗，通常有五六个家庭。同样，首先对多个家庭开展讨论性质的教育工作坊，之后患者家庭与治疗师持续至少一年的见面会谈。这样的多家庭治疗可以使患者家庭相互分享和学习一些有效的应对方式，并且主动做好准备，以避免一些可能出现的障碍，也给患者家庭带来更多的社会支持。

（三）应用举例

以美国旧金山东北精神卫生中心针对精神分裂症患者家庭开展的心理教育项目为例（严和骎，2000），其中包括以下几方面内容。

（1）提供有关精神分裂症的信息，包括疾病性质、演变过程、症状特点、预后及治疗。指明精神分裂症是可以治疗的，改变家庭成员的偏见，进行知识教育，使家庭成员成为治疗的同盟。

（2）改善患者的人际沟通技巧，交流缺陷是各种精神病患者经常出现的问题，也是影响康复的重要障碍之一。对患者及其家属传授交流方面的技巧，学习与精神分裂症患者沟通的重点是使用明确的、可理解的句子来传递想法。

（3）对行为控制技巧加以训练，运用强化及消退的原则，指导家庭成员创造性地控制患者的行为。从简单的微笑安慰到更复杂的强化和指导，都可以对精神分裂症患者在家庭中的紊乱行为起到很好的控制效果。也可应用于急性精神病发作或自杀尝试等危机场合中。

(4)教育家庭采取接纳的态度,研究证实精神分裂症的复发与家庭的消极情感(对患者批评、敌意)的表达密切相关,高度外露的负性情绪使患者体验到更多家庭压力,因而导致病情容易复发。因此,为预防复发,要引导家庭成员从对患者的批判及过分介入转变到接纳与鼓励上,用正面的表扬和建议替代批判和指责。

(5)提高对应激的应对能力,精神分裂症患者极易受压力及应激事件影响。心理教育可帮助患者及其家庭成员了解应激对精神疾病的影响,并学习应对。通过对应激环境的事先估计和演习来增强应对能力,在面对不可避免的应激时,学习如何放松自己。

以下是美国"精神疾病的国家联盟"的家庭心理教育方案,"精神疾病的国家联盟"是由患者家属组成的民间机构。他们开展的一套教育计划均由家属们自己来进行。教材内容共十二个部分,包括:

(1)家庭教育序言;

(2)精神分裂症及其他精神障碍的症状;

(3)其他精神障碍的亚型,介绍各自的病史;

(4)大脑生物学基础以及大脑障碍的原因;

(5)如何解决问题讲习班;

(6)精神药物知识;

(7)同感:精神病的内容;

(8)交流技巧讲习班;

(9)自我照料;

(10)康复:选择康复之路;

(11)向歧视和偏见作斗争;

(12)评价、结业与庆贺。

除讲课和讨论外,这个心理教育项目还包括印发参考资料和布置家庭作业,建立与当地精神卫生机构的联系等。

三、医学家庭治疗

医学家庭治疗即医学和家庭心理干预的联合运用,在这个模式中,医学工作者、家庭治疗师们以及患者及其家庭组成团队,协同治疗慢性疾病、生理创伤或相关的机体功能丧失(如瘫痪、老年痴呆等)。医学家庭治疗的发展背景来自于医学模式的改变,众所周知,作为对生理疾病形成原因的认识论基础,医学模式经历了从神灵主义到朴素唯物主义,再到关注身心交互作用的"生物心理医学模式"的各个阶段,如今发展成为视角更为广阔的"生物心理社会医学模式",反映出在疾病的认识方面,研究者及实践者对心理因素与社会因素在疾病形成与治疗中的作用日益关注。对家庭因素与生理疾病的关系的研究和实践促进了家庭治疗的心理教育模式在生理疾病治疗领域的运用和发展。同针对精神疾病开展的家庭心理教育模式一样，在医学家庭治疗中，心理教育的宗旨也并非“治愈疾病”，而是帮助家庭更好地应对慢性疾病，使他们在处理药物和医学干预手段的问题上减少矛盾，改善和加强医患沟通，提高医嘱遵从率，从而在疾病应对和健康生活方式上有建设性的改变。

“医学家庭治疗”最先由苏珊·麦克丹尼尔(McDaniel, Hepworth & Doherty, 1992)等人提出，意思是“对正在应对医学问题的个人和家庭进行生物心理社会治疗”。早在这个观点出现之前，阿克曼研究所的前领导人唐·布洛奇(Bloch, 1983)便已开始了相关的研究，并发展了医学家庭模型，该模型认为，家庭是保持健康的主要社会背景，并且家庭中发生的事情也会从各方面影响到家庭成员的健康状况。医学家庭治疗的主要服务对象是那些正在经受慢性疾病煎熬的家庭，医学家庭治疗师们通常会与家庭共同对抗疾病或障碍，由此形成一个由家庭、医生、护士、病人及家庭治疗师组成的联合工作系统，来协同工作，为病人及其家庭成员的生理健康康复和心理健康保健提供帮助。在医学家庭治疗领域，芝加哥大学精神病学系的约翰·罗兰德(Rolland, 1987)的工作贡献良多，罗兰德将慢性及致命疾病与夫妻和家庭功能联系在一起，他同意生理疾病必将带来心理社会问题的观点，提出了一个家庭系统疾病模型，从心理社会的视角去了解影响个体和家庭的一系列慢性疾病，他的模型特别影响疾病形成和治疗的家庭信念系统(包括性别、文化和种族因素)。如果一个家庭的信念系统与医学工作者的信念系统不一致的话，就有可能使家庭拒绝治疗或者不遵从治疗者开出的药物处方或心理建议(例如，在移民家庭中常见的医患文化差异问题，中国移民家庭用来治疗中暑的刮痧疗法会被白人医生当成是一种身体虐待)。因此罗兰德的心理教育模式很强调疾病与家庭特点的相互影响，认为要检查疾病或功能丧失(有关疾病的急性或慢性发作、严重性、不可预测或逐步恶化导致的后果)与家庭的特点(如家庭所处的生命周期阶段、可利用的资源或修复能力、患者在家中的角色、家庭有关疾病的信念系统等)之间交互作用的重要性。在帮助家庭系统应对由疾病带来的变化时，对这些因素的考虑缺一不可。

在医学家庭治疗领域，还有一个名为“协同家庭保健联盟”(Collaborative Family Healthcare Coalition, CFHC)的组织值得关注。该组织成立于1993年，由一群在保健机构中工作的家庭治疗师、内科医生、护士和其他保健工作者组成。现在联盟的成员扩展到包括研究者、教育者、行政人员、保健政策制定者、社会工作者和消费者团体在内，成员更遍布整个美国和欧洲，在欧洲和美国的各大城市，人们都可以通过互联网连接到该联盟的网站，获取相关信息和服务。联盟的发展反映出越来越多的专业人士和患者及家庭开始关注疾病对家庭的影响，也在这个方向上做出努力。通过对传统的医疗保健服务、心理社会服务和其他相关的保健工作的整合，这一联盟致力于形成一个深度合作、以家庭为中心、以团队为基础的家庭保健模式。目的在于提供高效而节约成本的、人性化的，以及将患者和家庭整合在一起的服务。

在协同家庭保健联盟的家庭保健模式中，患者、家庭、社区和保健工作者被当做生态系统中的一部分，平等参与到保健服务过程中。家庭治疗师在此可以作为顾问或者医疗服务人员的协同治疗者。显然，当家庭治疗师、主治医生、护士、健康心理学家、康复专家和相关的专业人员组成一个团队，从生物心理社会系统的视角提供服务的话，必将有益于家庭处理某个家庭成员的慢性疾病（如糖尿病、高血压）或者功能丧失（如脊髓受损、老年痴呆）对整个家庭生活的影响。此外，在家庭环境中对改变生活方式（如戒烟、减肥、健康饮食）进行干预以促进家庭成员健康也是心理教育模式运用于医学领域的一个尝试。医学家庭治疗联合使用医学干预和家庭心理教育，这可能会给双方带来一些挑战，医学家庭治疗师需要知道一些主要慢性疾病和功能缺失问题的知识，以及引发的心理冲击，同时还需熟悉医疗保健系统。而内科医生则需要理解和接受家庭治疗提供的帮助，而不必担心自己丧失了对患者治疗的主导权。

四、短期家庭心理教育项目

家庭治疗心理教育模式运用于正常家庭的干预和指导主要集中在几个方面，包括改善沟通技能、人际冲突处理、应激应对训练、为家庭发展周期做准备（如婚前准备、再婚准备、离异适应）等。在这类心理教育项目中，治疗师的角色与往常的诊断者和治疗者不同，治疗师更多地扮演一个促进者的角色。他指导人们学习所需要的技巧去处理当前的难题，并为将来可能出现的困难做准备。这类项目均以问题解决为导向，简短实用、基调积极且经济划算。目前发展较为成熟，得到较广泛运用的短期家庭心理教育项目根据其针对的对象和设计的干预目标可以分为：(1)关系促进技巧训练类别，例如，关系增进项目（Relationship Enhancement Program，RE）；(2)婚姻关系提升与促进类别，例如丹佛大学的预防和关系促进项目（Prevention and Relationship Enhancement Program，PREP）、夫妻婚姻丰富协会（Association for Couples in Marital Enrichment）、明尼苏达夫妻沟通项目（Couples Communication Program）亲密关系技巧应用项目（Practical Action of Intimate Relationship Skills）、夫妻交友小组等；(3)婚姻准备项目；(4)再婚家庭准备项目等。以下将着重对应用最为广泛的关系增进项目（RE）以及预防和关系促进项目（PREP）加以介绍。

（一）关系增进项目（Relationship Enhancement Programs，REP）

伯纳德·古尔尼（Bernard G. Guerney）的关系增进项目是目前最为出名的家庭技能训练方法，关系增进项目的干预既有针对亲子关系的（如父母一青少年关系发展项目），也有针对夫妻关系提升的（如短程夫妻关系增进疗法）。关系增进项目由宾州州立大学古尔尼（Bernard G. Guerney）在1960年代开发和创立，古尔尼夫妇在他们早期的“孝顺疗法”(filial therapy)基础上发展形成了亲子关系发展项目。由于古尔尼本人深受人本主义和家庭治疗结构思想的影响,因而关系增进项目中综合了人本主义、心理动力学、行为主义、结构理论、情感聚焦理论以及沟通理论的观点,主要为来访者提供认知指导和行为指导以帮助他们建立处理情绪或人际关系的技能。古尔尼夫妇的学生金斯伯格则致力于发展和推广关系增进项目,并开展了相关的研究。事实上,关系增进项目的循证研究成果众多,有着大量临床疗效证据支持,因而运用广泛,相关资源丰富。

关系增进项目以技巧性板块作为项目开发的基础,针对不同的对象和问题而强调技巧的不同方面,根据金斯伯格的观点,关系增进项目的核心架构在于要提升家庭成员的能力,使之可以建立和保持亲密、投入的关系氛围,在此氛围内,亲子或夫妻可以体验到信任与安全感,因而可以“安全地脆弱”(safely vulnerable)。而这同样需要提升他们彼此之间发展健康情感依恋关系的能力。目前成熟的关系增进项目种类很多,如儿童中心的游戏疗法/丰富项目(Child-centered Play Therapy/Enrichment)、以儿童为中心的孝顺关系疗法/丰富项目(Filial relationship Enhancement Therapy/Enrichment: A Child-centered Family Approach)、父母一青少年关系项目(The Parent-Adolescent Relationship Program)、情绪聚焦夫妻关系增进治疗/丰富项目(Emotional Focused Couple Relationship Enhancement Therapy/Enrichment Program)、家庭关系中疗/丰富项目(Family Relationship Enhancement Therapy/Enrichment Program)、父母教养技能训练(Parenting: A Skill Training Approach)等等。

古尔尼和金斯伯格的关系增进项目课程限定时间,集中紧凑,通常包括10次会谈,可能持续数月。项目课程非常系统化、结构化,目标明确,以夫妻关系增进项目为例,在基本技巧训练阶段,以团体或夫妻会谈的方式对来访夫妻进行密集性指导,之后夫妻在家中进行练习,并将练习的录像带给治疗师进行督导。在项目中来访夫妻将学习和练习九种主要技巧(五种核心技巧和四种辅助技巧),五种核心技巧包括:拥有表达技巧(owning expressive skill),这种表达技巧使夫妇能够意识到自己的情感,并对自己的情感负责,而不是把它们投射到别人身上,也不固执的坚持这些情感;共情反应技巧(empathic responding skill)用于训练来访夫妇学会倾听,理解对方的情感和动机;讨论一协商/承诺技巧(discussion-negotiation/engagement skill)用于训练夫妻对情感投入/依恋;泛化技巧(generalization skill)用于将所学运用到生活中去;第五个是保持技巧(Maintenance skill),用于预防技巧退化。四个辅助性技巧(也称为次级技巧)则包括:问题/冲突解决技巧;促进性技巧;自我改变技巧和帮助他人改变技巧;次级技巧的训练与保持技巧和泛化技巧同步进行。

在关系增进项目中,来访者与治疗者之间是一种共同制订计划和做出决策的关系,双方都要对治疗的实施负责。关系增进项目不仅重视治疗者指导来访夫妻更加清楚地认识自己的问题、理解学习的技能,同时还强调来访者识别和承认自己的情感,并将其表达出来。另外，共情、不批判地接纳对方和促进来访夫妻之间的真诚对话同样是关系增进项目所要求的重要技能。

(二)预防和关系促进项目(PREP)

预防和关系促进项目(PREP)由丹佛大学的弗罗伊德、马克曼、凯利等人开发，融合了行为疗法、关系增进项目和沟通技能指导训练的内容(Floyd, Markman, Kelly, *et al*, 1995)。PREP 主要针对婚姻关系的一系列发展任务而设立，目的在于帮助夫妻调整定位，顺利实现关系在不同时期的适应和发展。PREP 认为夫妻关系需要完成的六个发展任务包括：发展建设性、包容差异的问题解决技巧；对婚姻关系形成现实的、建设性的期待；满足双方基本情感和心理需要；看重对方，将关系作为快乐之源及避风港；在关系中保持融合与独立的平衡；形成适应性的应对机制和改变机制以建设性地适应各种生活事件。根据这些任务形成了六个干预目标，根据这六个目标 PREP 分为六个部分，其干预的焦点分别是：加强夫妇沟通技巧(包括建设性表达以及积极倾听)和冲突解决技巧；探讨潜在的期待和维持关系、增进乐趣的技巧；加强问题解决技巧和增加亲密度；信仰与价值观的影响；所学技巧的泛化。

PREP 开发了 13 个单元的干预方案，每个单元包括一个 15～45 分钟的教程，并配合练习。采用的训练方式目前有两种：一种是夫妻双方共同参加一组历时 6 周的课程，每一次课程持续 2～2.5 小时。在每一周的活动中，4～10 对夫妻一组，听取如何调整关系技巧的简短的讲座。每一对夫妻指定一个交流顾问，在一个单独的房间里实践这些技巧时，这个顾问作为教练和他们一起活动。夫妻同时也接受每周的技巧实践和阅读家庭作业。这个方式对于那些需要实践理解以及学习使用这些技巧的夫妻，会有很大的帮助。另外一种方式是 20～60 对夫妻同时在一个指定的周末收听课程讲座，这种课程一般在旅馆中进行，夫妻在各自的房间里练习这些技巧。这个方式可以使夫妻在短时间内把精力集中在他们的关系上。另外，关系增进项目的材料已制成磁带，来访者夫妻也可以在家里进行技能训练与学习。无论是哪种方式，每次讲座中均会包含教学展示和技能操作两个部分，另外还会布置一定的家庭作业，这样不仅可以使来访者对讲座和实践中所学的知识技能进行回顾总结，还可以使来访者认识到自己对于治疗成功的责任，从而能够认真地掌握技能。

PREP 项目除了对项目流程、方法及来访者有一定的要求外，对治疗者或项目顾问也有几点要求：首先，治疗者必须有胜任引导关系增进项目顺利进行的能力，因为在教授来访夫妻新的问题解决技巧时，以及在鼓励夫妻参加练习并教会他们相互强化积极行为时，都是对治疗顾问能力的考验；其次，治疗者或顾问应该帮助夫妻学习如何控制他们相互间的交流与互动过程，而不是提供某些具体意见解决来访夫妻眼前的问题；最后，治疗者或顾问必须扮演好来访夫妻的教师和顾问的角色，以便教育那些有依赖倾向的夫妻。另外，治疗者或顾问还必须具有良好的建立关系的基本技巧。为确保治疗顾问的资质，PREP 在使用辅助人员时，尤其是非专业的辅助人员时，会指派专门的临床治疗师加以督导，以确保效果。至今为止，大量的疗效研究显示，PREP 确有明显的短期和长期效应，随访时间最长的达 9 年，接受干预的夫妻对婚姻有较高的满意度。

(三)其他项目

1. 婚姻准备/丰富项目

奥尔森和达克曼(Olson，Fournier&Druckman，1987)等人参与的婚姻准备/丰富项目着眼于帮助情侣进入婚姻做准备，他们开发出了专门的婚前问卷来帮助测量人们在进入婚姻之前的准备情况，即婚前个人和人际关系评估问卷(PREPARE)，该问卷有 165 个项目，帮助婚前夫妻发现双方在教养背景、原生家庭、认知观点上的差异，以进行相应的准备。

婚姻准备/丰富项目结合了 PREP、行为治疗、家庭系统治疗等方法，为准备结婚的夫妻提供技能训练方案，项目共有六个目标，包括：探索关系中的优势和资源；学习自信主动的倾听；运用十步骤模型解决冲突；探索原生家庭的问题；帮助夫妻制定财务计划和预算；建立个人、夫妻和家庭的目标。项目的实施包括两个步骤，先用 PREPARE 问卷对夫妇进行相关项目评估。然后针对评估结果，对来访夫妻进行有针对性的练习。

婚姻准备/丰富项目针对的婚前来访者主要有五种，婚前夫妇、有孩子的婚前夫妇、同居夫妇(有或无孩子)，此项目也为已婚夫妇(有或无孩子)和老年伴侣(年龄 50 岁以上的夫妇)提供服务，通过技巧训练增进他们的关系。针对婚姻问题中常见的夫妇冲突问题，项目发展出了一套完善的解决夫妇冲突的十步骤法。这十步指的是：(1)安排一个时间和地点进行讨论；(2)界定分歧的问题或事件；(3)确定每个人对问题的责任；(4)列出过去为解决问题所做的无效尝试；(5)用头脑风暴法列出所有可能的解决方案；(6)讨论并评估这些可能的解决方案；(7)对某个方案达成共识并尝试；(8)就每人将如何参与执行解决方案达成共识；(9)另外安排一个时间讨论进展情况；(10)为双方各自对解决方案所做的贡献而互相奖励。

2. 再婚家庭准备项目

再婚家庭准备项目主要对那些新组成的再婚家庭进行干预，以帮助他们适应由完整家庭变为单亲家庭再转变成再婚家庭所带来的一系列家庭结构、家庭成员关系和家庭成员角色上的变化。再婚准备项目的干预对象包括再婚夫妇及他们各自或共同的子女，再婚家庭与初婚家庭之间存在很大差异，与婚姻家庭相比，再婚家庭面对更为严苛的挑战，尤其是在对家庭包容共存的能力，以及整合力、灵活性方面的挑战更为明显。将其体验正常化对再婚家庭的适应而言很有好处，另外，再婚准备中还应该考虑的一个重要因素是再婚家庭中的孩子，经历过父母离异的孩子，往往会缺乏安全感，他们自己是否能够被新的家庭以及新的家庭成员接纳，而继子女的存在也经常会导致再婚夫妇之间关系紧张甚至婚姻危机。因此迈克尔斯（Michaels，2000）发展了一个试验性的再婚家庭丰富项目，让几个刚结成的再婚家庭同时参与，以讲座、小组讨论和实践的形式加以干预，目的在于将体验正常化，促进子女与继父母的关系。由维舍尔夫妇（Visher & Visher，1979）建立的美国再婚家庭协会致力于为再婚家庭的生活提供一些教育性项目。

除了心理治疗师们开发和推广的再婚准备项目外，一些教会也为再婚夫妇提供了一种专门的帮助方案，方案一般包括以下几个部分：从离婚中吸取经验教训；不要让对理想配偶的想象和对前任配偶的忠诚度阻断个人去开始新的婚姻的能力；评估先前婚姻的"包袱"（如坏习惯、未解决的愤怒或内疚等）；组建新家庭，成为继父母；合并资产，达成婚前协议来保护财产；融合长期的生活方式等。

拓展阅读

问题解决取向的家庭治疗

由史蒂夫·德·沙策尔（Steve de Shazer）创立的以问题解决为导向的治疗法（solution-focused therapy，SFT）源自于 MRI 取向。只不过 MRI 小组关注来访家庭尝试过的无效的问题解决办法，而德·沙策尔则关注家庭成员采取的那些他们没有意识到的成功缓解问题的行为。因而 SFT 治疗师对家庭解决现存问题的"例外的成功"感兴趣，着眼于帮助来访家庭放大他们已经拥有的那些有效的问题解决行为。

问题解决取向的基本技术包括"例外问题"技术和"奇迹问题"技术。治疗师使用例外问题的目的在于激发来访家庭找出某个他们受问题困扰程度较不严重的时间段。找到这样的"例外体验"后，治疗师就能和来访家庭一起探索那时他们的哪些行为减轻了问题的严重程度。治疗师和家庭一起形成行动计划来促发更多类似行为。德·沙策尔发现家庭有时由于过度关注问题而很难注意到他们有过受问题困扰较少的时间段，他因而设计了"奇迹问题"来启发家庭。他会问来访家庭："假如某晚你们入睡后，奇迹发生了，问题解决了，那么第二天你们醒来后，怎么才知道问题已经解决了？你们会做些什么不一样的行为？"对于过于关注问题的家庭，"奇迹问题"能起到和"例外问题"一样的作用，帮他们聚焦于那些能够解决现有问题的行为。问题解决取向模式只关注起作用的积极尝试，因而以其短疗程和乐观主义立场受到欢迎。

复习巩固

1. 什么是家庭治疗的心理教育模式？
2. 家庭治疗心理教育模式根据服务对象可分为哪些类别？
3. 家庭治疗的心理教育模式为正常家庭提供哪些方面的干预和指导？

本章要点小结

家庭治疗叙事模式

1. 家庭治疗叙事模式即叙事疗法在家庭背景中的应用，由迈克尔·怀特(Micheal White)及大卫·艾普斯顿(David Epston)创立。

2. 家庭治疗叙事模式的治疗目标包括：(1)绘制问题如何产生影响的地图；(2)寻找独特的结果；(3)重写故事；(4)形成治疗任务，运用治疗信函及其他练习开展干预。

3. 家庭治疗叙事模式的治疗技术主要有：合作评估、问题外化、探询独特结果、共建替代性故事、治疗性信函、治疗性提问等。

家庭治疗情绪聚焦模式

1. 家庭治疗情绪聚焦模式(emotionally focused family therapy，EFFT)即情绪聚焦疗法(emotionally focused therapy，EFT)在家庭系统中的运用。情绪聚焦疗法由加拿大的苏珊·强森(Susan Johnson)和莱斯利·格林伯格(Leslie S. Greenberg)创立。

2. 家庭治疗情绪聚焦模式(EFFT)的实际操作可以分为家庭评估、界定问题、改变互动立场及整合与巩固四个阶段。

3. 家庭治疗情绪聚焦模式的核心治疗理念是：一旦家人相互间接触、理解和认同彼此深层的情绪及隐藏的情感需求，家庭成员就能开始建设性的沟通，关系的改善将使症状失去其功能和意义，症状表现者在家庭中的角色、地位及其自我概念都会相应改变。

4. 家庭治疗情绪聚焦模式常用的干预技术包括：共情推测、情绪反映、认可、增强、唤起式反应和提问、自我暴露、重新界定等。

家庭治疗的心理教育模式

1. 家庭治疗的心理教育模式是建立在临床经验基础之上，以家庭所处的情境作为技术选择的依据，将有显著临床效果的一些技术整合到一起，针对不同的对象和临床需要，形成结构化、模块化的干预方案或指南的一种治疗形式。

2. 心理教育模式是精神分裂症患者护理和康复的重要组成部分。治疗的过程应当包括教授患者和家庭成员有关疾病的知识，确定家庭成员在治疗过程中关心地问题，同时保持心理教育家庭治疗与医学治疗的同步性。最终目的是降低精神分裂症患者疾病的复发率,并促进患者和家庭成员更加亲密地交流和互动。

3.短期家庭心理教育项目中,治疗师更多地扮演一个促进者的角色。他指导人们学习所需要的技巧去处理当前的难题,并为将来可能出现的困难做准备。

4.运用广泛的短期家庭心理教育项目包括关系增进项目、预防和关系促进项目、婚姻准备项目、再婚家庭准备项目等。

关键术语

家庭治疗叙事模式　外化问题　独特结果　替代性故事　家庭治疗情绪聚焦模式　深层情绪　依恋需求　心理教育模式　医学家庭治疗　关系增进项目　预防和关系促进项目

选择题

1.标志叙事疗法诞生的著作是?(　　)

a.《故事、知识、权力——叙事治疗的力量》

b.《经验、矛盾、叙事和想象》

c.《重写生命》

d.《治疗者的生活叙述》

2.叙事家庭治疗的补充性措施有哪些?(　　)

a.合作评估　　b.寻找外部观察员

c.使用治疗性信函　　d.共建支持性团队

3.合作评估中,被测评和诊断的对象是(　　)。

a.来访者　　b.来访家庭

c.来访者的生活　　d.给来访者带来困扰的问题

4.家庭治疗情绪聚焦模式的理论基础有?(　　)

a.依恋理论　　b.系统理论　　c.经验理论　　d.情绪理论

5.家庭治疗情绪聚焦模式一般邀请哪些亚系统家庭成员进行会谈?(　　)

a.夫妻(父母)亚系统　　b.兄弟姐妹亚系统

c.症状表现者与父母一方/双方的亲子亚系统　　d.扩展家庭亚系统

6.治疗师使用增强技术的方式包括(　　)。

a.重复词句　　b.运用非言语方式

c.运用具体的比喻　　d.现场表演视觉化

7.家庭治疗情绪聚焦模式治疗师何时运用自我暴露?(　　)

a.建立治疗联盟时

b.增强对来访者体验、反应的认可时

c.界定来访者情绪体验时

d. 重新界定来访者反应时

8. 家庭治疗心理教育模式的类别有(　　)。

a. 为心理疾病患者及其家庭开展的心理教育

b. 配合医疗保健服务开展的医学家庭治疗

c. 对学生进行的学习上的干预

d. 针对普通家庭开展的短程教育项目

9. 单个家庭心理教育的干预阶段有(　　)。

a. 建立咨访关系　　b. 定期门诊会谈　　c. 家庭作业指导　　d. 巩固已有成果

10. 协同家庭保健联盟的构成成员包括(　　)。

a. 家庭治疗师　　b. 主治医师　　c. 患者本人　　d. 患者家属

第九章　家庭治疗的操作

本章你要学习什么？家庭治疗的具体操作流程与心理咨询和治疗其他理论取向的具体操作一样，包括会谈前的准备阶段、初次会谈、治疗的早期、中期和结束阶段。在流程中治疗师要完成的主要任务之间相互重叠，有的任务，如建立和保持关系的任务还会贯穿治疗的始终，治疗师有时还需要在几个任务之间循环往复，每一项任务中又涉及多种策略和技术的运用，这些流程、策略和技术以及它们与治疗师、来访家庭的交互作用共同构成了复杂的治疗过程。家庭治疗的技术体系在各个模式的介绍中均有涉及，本章将从建立关系、改变观念和认知、揭示和改变家庭结构等不同的功能角度对各模式中常用的干预技术加以梳理和归类，以加深理解、方便识记和掌握。

第一节　家庭治疗的基本过程

在家庭治疗的各种模式中，治疗师扮演的角色不同，从中立角色（例如，心理动力学模式治疗师、代际模式治疗师以及认知一行为模式治疗师）到积极卷入的指导性角色（如结构模式治疗师、策略模式治疗师），从促进者角色（如经验模范治疗师和米兰模式治疗师）到合作伙伴角色（如叙事模式治疗师、情绪聚焦模式治疗师以及心理教育模式治疗师等）均有涉及，治疗师根据自身的理论取向选择不同的角色与家庭联结，也从自身的理论取向出发，采取不同的评估程序、干预方法，制定不同的干预方案，甚至还有不同的治疗目标（虽然最终殊途同归，终极目标都指向个体及家庭整体的心理健康和主观幸福感的提升）。尽管在各种模式和取向之间存在着不小的差异，甚至是根本的治疗哲学上的差异，但家庭治疗作为一种与家庭和家庭中的个体一起在心理层面开展工作的服务模型，在治疗的过程上仍遵循基本的流程。这个基本流程包括：治疗前的准备阶段、初次会谈、治疗早期阶段、中期阶段以及治疗的结束阶段。

一、治疗前的准备阶段

在开展家庭治疗之前，需要进行多方面的准备，包括会谈室的布置等环境的准备，以及确定参加会谈的人员等会谈设置的准备，还有治疗师自身保持“在场”(be present)的心理准备。

1. 治疗的设施准备

治疗的设施准备首先涉及会谈室的安排。家庭会谈室应该比个体会谈室大，因为参与会谈的人员较多。房间面积最好在20平方米左右，可以容纳5～8人为宜。房间应该安静舒适，并且比较私密，如果有很大的玻璃窗，楼层又较低，外面有人路过的话，可能会看到里面的情况，造成会谈干扰，这种情况可以使用透光性能好的白纱窗帘，同时采用比较隔音的玻璃，以保护来访家庭的隐私。治疗室中央可放置茶几，以方便水杯、纸巾等物品的摆放。除了长沙发外，最好有几张单椅，家庭进入治疗室后选择的座位往往能透露一些家庭结构的信息，单椅和沙发有助于家庭成员自己选择要坐的位置。房间里可存放一些不出声的玩具，在接待有低龄小孩的家庭时可以用来与孩子建立关系，也可以在父母交谈时用来让孩子保持安静。除了这些基本设置之外，出于督导或资料保存的目的，可以在治疗室安装摄像设备或单向玻璃，但是这些设备可能会让家庭成员有不安的感受，因此在家庭成员进入治疗室时，需向他们介绍这些设备，说明用途，使用这些设备必须先征求家庭同意。

此外，还需要准备相应的知情同意书和治疗合同，如果在治疗中要进行录像和录音，则需要在使用录像或录音设备之前，先对来访家庭讲明情况，说明资料的使用目的、使用范围、哪些人能接触到资料、采取的相关的保密措施（如资料的保存和使用都有档案记录）等，还需要向家庭说明，他们拥有该资料的最终处置权，即家庭可以要求拿走或复制该份录像、录音资料，也可以对使用的场所和范围提出自己的要求。在征得家庭同意后，请其签订知情同意书，之后才可以进行录音或录像操作。治疗合同则适用于所有来访者及家庭，在首次会谈时签订。内容主要是明确治疗师和来访家庭双方的责任和义务，以及对于预约、迟到、费用等事项的说明。治疗合同在治疗师和来访家庭之间形成契约关系，具有约束的意义，有助于咨访双方严肃认真地对待治疗关系，因而在治疗中推荐使用治疗合同。

2. 确定治疗的参加人员

各种家庭治疗理论模式对哪些人需要参加会谈并没有一致的要求，但理想的情况是家庭所有成员都来参加首次治疗会谈，在后继的治疗中，甚至可能邀请一些与家庭关系紧密的扩展家庭成员或亲戚朋友参加会谈，以拓展对家庭互动模式的更全面的了解。在日益生态化的治疗理论发展趋势影响下，治疗师在处理一些与儿童、青少年相关的问题时，还会召开家庭一学校会议，把学校教师、相关负责人也纳入到会谈中来。在无法做到将整个家庭系统以及家庭外部更大的系统囊括在内的情况下，家庭治疗对会谈参加者保持灵活开放的态度，但治疗师试着邀请整个家庭系统参加会谈，这样有助于从一开始就为“问题可能来自于系统互动”的观点埋下伏笔。总体而言，确定会谈参加者的基本原则是：明显和当前的问题有关的家庭成员必须参加治疗会谈，当这个问题看起来主要是某个家庭成员的问题时，治疗师需要确定其他哪些家庭成员的参与会对治疗有促进作用，或令该成员感觉受到支持。此外，治疗师还可以询问家庭，看看他们认为哪些人应该参与，一方面有助于邀请到这些人，另一方面也可以反映出家庭对问题的看法。除了首次会谈之外，治疗师需要根据每次会谈的目标以及要处理的问题来灵活确定参加的成员，但一定要与所有的家庭成员建立良好的关系。

除了确定参加会谈的来访家庭成员之外，有时治疗师还需要确定是否需要联合治疗师，这取决于几方面的因素，一是治疗师本身的理论取向是否要运用到联合治疗或反射小组；另一个影响因素是治疗师自身的因素，如果治疗师认为自己对该来访家庭存在无法处理的反移情，或由于发生在自己身上的一些生活事件使得自己无法胜任当前的治疗工作的话，使用联合治疗师会有所帮助，需要注意的是，联合治疗师与主导治疗师最好在工作经验和专业能力方面水平相当。

3. 治疗师“在场”的准备

治疗是一件消耗体力和情绪能量的工作，治疗师要全程尽力保持专注和投入，用言语、非言语的表达方式传递给来访家庭自己“在场”的信息，这对治疗师的情绪状态和精力水平都有较高要求。为了保持服务的水平，治疗师不宜在一天之内安排太多的会谈，同时在两次会谈之间最好能有一个整理、缓冲的时间，在这个休息时间里，治疗师放松下来，给自己重新“充电”。另外，治疗师自己生活中发生的事件也会影响到他/她的工作状态，因此在治疗之前检视自己的情绪，看看自己带着什么样的心境进入到治疗中，同时在整个过程中要保持自我警觉，留意这些情绪是否对自己的“在场”产生影响。

对于新手治疗师而言，兴奋与焦虑是最为常见的情绪，意识到出现这些情绪是正常的反应，并接受这些情绪，可以帮助自己缓解紧张。新手治疗师的紧张还可能源自于对自己的表现有较高的期待，但对自己的能力又没有把握，因而降低期待也很重要，提醒自己保持一份好奇心，看看家庭要说一个什么样的故事，以同情、理解的态度与家庭互动，将建立良好的关系放在比帮助家庭解决问题更为重要的位置，这样也有助于新手治疗师放松下来。

二、初次会谈

初次会谈指治疗师与家庭的首次面谈，初次会谈十分重要，直接关系到良好治疗关系的形成，也决定了来访家庭是否还会继续前来接受治疗，同时初次会谈要完成的任务繁重，所需时间往往也比较长。因而，治疗师应该对初次会谈进行认真准备。在初次会谈中，治疗师要完成(或部分完成)的任务包括：了解家庭的期待、与家庭初步建立关系、收集家庭的相关信息、对家庭进行初始评估、形成一些初步的假设并反馈给家庭、确定治疗目标、选择干预方法并形成计划等。

1. 了解家庭的期待

新手治疗师很容易犯的错误之一，是在与家庭的初次会谈中从头至尾没有问过来访家庭想从治疗中得到什么，这是个常见的疏忽，因为人们通常认为来看心理治疗师的个人或家庭，其目的和期待是不言自明的，当然是要解决问题，重获内心的平静和生活的安宁。事实上，了解来访家庭对治疗目标的期待是一项非常重要的工作，对家庭成员期待的澄清甚至对治疗的顺利进行有决定性的影响。家庭成员对治疗目标的期待一般包括：解决问题、寻求建议、得到肯定、寻求同盟者、增强力量等等。但并非每个家庭的所有成员都对治疗目标有相同的期待(多数情况下家人之间期待不同)，也并非每个家庭的期待都是适宜通过家庭治疗来获得满足的。例如，在一个孩子不上学的家庭中就很可能有家庭成员对治疗目标期待不一致的问题，母亲对治疗的期待可能是“搬出专家来说服孩子去上学”，孩子对治疗的期待是“让父母看到连治疗师也没办法，这样他们就死心了”，而父亲的期待可能是“把问题交给专业人士吧，别来烦我”。在夫妻关系的问题上，双方的期待也常常不一致，夫妻可能都认为“是对方的问题，请治疗师改变他/她”。可以想象，在不知情的情况下对上例中那个孩子不上学的家庭进行治疗的话，那么什么样的干预技术都没有用武之地。有时家庭成员对治疗目标抱有一致的期待，但这个期待却超出了治疗师的专业工作范围，例如，一位妻子在考虑与丈夫离婚时想请家庭治疗师教自己如何争取分到更多财产，这显然不是一个家庭治疗师工作范围之内的问题。此外，家庭以往的求助史也会影响家庭对治疗的期待，向家庭询问他们曾接受过的治疗的情况，有助于避免治疗师继续无效的尝试，可帮助治疗师评估该家庭的动机水平，以及该家庭是否是“治疗师杀手”家庭（这种家庭不等治疗起效就换了好几个治疗师，并跟现在的治疗师数落其前任很不称职）等。家庭成员隐藏起来的对治疗目标的期待直接影响到家庭成员参与治疗的动机水平和投入程度，治疗师可以通过直接询问其期待，引导家庭成员讨论彼此的期待来对成员之间的不一致加以澄清和统一。治疗师还需要向家庭说明，哪些期待可以作为治疗目标，自己可以帮助家庭实现，而哪些期待则是家庭需要自己去完成的。

除了治疗目标的期待外，治疗师在初次会谈中还需核查家庭对治疗方式的期待。治疗师要向家庭成员提供有关治疗的信息，包括家庭治疗的一些基本理念，治疗师自己的专业角色和受训背景资料，例如，在治疗领域所受的正规教育和训练，从事治疗的时间以及取得的效果等，此外还需向家庭说明治疗所需的时间、收费标准、对失约和迟到的处理方式等等。在这些事项上与家庭达成一致，有助于保证治疗得以顺利进行。如果来访家庭曾接受过其他形式的治疗，那么治疗师澄清不同治疗之间的差异也有助于来访家庭调整并适应家庭治疗的方式。

2.与家庭初步建立关系

治疗师在初次会谈中最重要的任务是与家庭建立关系，即加入家庭，与来访家庭有所联结。事实上，加入家庭，与家庭建立联结的过程贯穿于初次会谈乃至整个治疗的全过程。大量临床实践经验和相关研究结果证实了咨访关系对于咨询效果影响巨大，治疗关系的重要性怎么强调都不为过。好的治疗关系的核心是来访家庭对治疗师的信任，这种信任有两个方面。第一个方面在于家庭需要相信治疗师可以尊重和理解自己的困难，也愿意帮助自己。因此从来访家庭走进治疗室开始，治疗师就需要向家人展现自己的热情，欢迎他们的到来，对他们改变现状的努力表示欣赏。为了让来访家庭明白自己对其处境的理解和同情，治疗师要对家庭因为治疗而产生的焦虑保持敏感，运用打招呼、自我介绍、询问路上交通状况等方式让家庭放松下来。治疗师还应观察家庭成员的社交风格是严肃拘谨的还是爽朗开放的，并据此调整自己与家庭的交往方式，以顺应家庭的风格。治疗师对家庭成员讲述的内容要显得感兴趣，倾听时保持专注，不时询问来访家庭是否有问题并对其问题耐心解答和澄清，适当地透露一些自己的信息，寻找和来访家庭的共通之处，这些都可以拉近家庭与治疗师的距离，让家庭感受到治疗师在态度上是开放和同情的。信任的第二个方面与治疗师的专业技能有关，即家庭需要确定治疗师具有帮助他们的专业能力，尤其对一些年轻的治疗师，家庭更易怀疑其阅历、资历，有时来访家庭会说“您这么年轻，一定还没结婚吧”或“你有孩子吗”，这可能是因为他们有一些与婚姻或子女教养相关的问题需要帮助或存在疑问，此时治疗师可以通过阐述自己所受专业训练的经历（如专门学习过发展心理学、家庭治疗的系列相关课程，在此类问题上接受过若干小时的专业督导）与其他家庭一起工作积累的经验（如曾与若干家庭一起工作过，参与或负责处理过若干例类似情况的案例），以及自己本身生活中的一些经历（如自己帮助照顾和教养侄子的经历等），当专业能力受到质疑时，治疗师更应以尊重、理解的态度面对家庭，以此体现自己的专业素养，并以真诚的态度邀请家庭和你一起尝试会谈几次，看看你能为他们做些什么，家庭很重视在困境中能真诚地愿意理解和帮助自己的人，因而会选择留在治疗中。

3. 收集主诉问题信息

如果将建立治疗关系当做治疗的过程（process）性工作的话，那么在与来访家庭的初次会谈中，收集家庭的主诉问题信息则是治疗工作的主要内容之一。收集主诉问题信息的工作围绕一些主题展开，治疗师可以根据这些主题向家庭提问，有时家庭也会自己主动提供相关的信息，这些主题包括：(1)问题的性质，即“家庭遇到的问题是什么？是谁的问题？问题与哪些成员有关？为什么这个/这些问题让他们烦恼？问题发生的时间、频率、强度和当时的情境”等；(2)家庭成员的看法，即“家庭成员如何看待问题？他们的看法一致吗？有哪些地方是不一致的？差异是什么”；(3)寻求帮助的经历，“家庭为什么此时来寻求帮助？是谁的主意？谁更为主动积极地想要解决问题？家庭曾经做过哪些解决问题的尝试？曾寻求过何种专业帮助”。

4. 初始评估

通过收集主诉问题信息，以及在与家庭建立关系的过程中收集到的与家庭互动模式有关的信息，治疗师可以根据以下的维度逐条开展初始评估，有时初次会谈中获取的信息可能在某些评估的维度上缺少深入的细节，那么治疗师可以根据需要在后面的一两次会谈中对这些维度着重加以探索。需要注意的是，并非所有治疗中都会运用到以下全部的评估维度，治疗师可以根据来访者及其家庭的具体情况加以选择。总体而言，家庭治疗的初始评估的基本原则是家庭史与病史并重、整体与个体兼顾。

(1)主诉问题评估。包括问题的严重性、影响范围、家庭成员对问题成因的看法。

(2)治疗史。包括曾接受过的治疗和干预及其效果，家庭成员为解决问题所做的尝试及效果，家庭此刻正在接受的其他治疗和干预，家庭在进入家庭治疗之前的转介史（如由谁介绍而来）等。

(3)家庭的结构与互动模式。无论治疗师是否采用结构模式取向，都可以从家庭等级结构入手来评估家庭中的互动模式，因为结构上的失衡往往很明显，最易被发现，也最能快速揭示出家庭功能中有缺陷和失效的部分，因而在对家庭的互动模式进行评估时，从结构开始比较容易入手，也可以运用结构图进行分析。评估家庭的结构时，治疗师需要核查的问题包括：家庭结构是否完整（双亲、单亲、再婚或同居家庭面临的问题会有很大差异）；家庭中明显处于中心位置的亚系统是哪个或哪些亚系统；亲子亚系统的界限如何；家庭中有没有明显的三角化现象；有没有一些家庭成员被另一些排斥；家庭中有没有明显的权力等级；父母之间有没有坚固的同盟关系；除了家庭结构外，家庭成员的角色和家庭规则也可以反映出家庭互动模式的情况。治疗师需要评估家庭成员各自扮演的家庭角色是否恰当，夫妻在角色上如何分工，孩子是否承担了父母的角色。家庭中有哪些显而易见的家庭规则(例如对男性或女性的行为要求)，家庭成员如何去遵守这些规则，这些规则是灵活的还是僵化的。

(4)家庭生命周期阶段和生活事件史。由于家庭生命周期的一些发展节点是家庭问题的高发期，因而治疗师需要评估家庭所处的生命周期，看看家庭是否在应对这些发展任务时出现了困难，尤其是某些时期，如新家庭形成、子女进入青少年期以及子女离家这些时期更是需要治疗师高度关注。此外，家庭中明显的生活事件也是评估的重点之一，例如，父母离婚或再婚，家庭成员失业、亡故，或家庭的经济状况的变化等，治疗师既要关注当前的家庭生活事件，也要关注过去发生的生活事件，当前问题有可能与家庭及其成员无法应对当前的生活事件有关，也有可能与过去生活事件的遗留影响有关。

(5)家庭所处环境。对家庭所处的环境加以评估是为了保证评估的完整性，家庭处于社会网络中，家庭外系统对家庭及其成员的影响不可忽视，这个维度的评估有几个方面：首要的方面是对家庭社会经济地位的评估，社会经济地位从社会资源、教育、社会接纳度等各个方面对家庭产生巨大影响，必须加以评估；其次需评估家庭外的压力源对家庭内部问题的影响，如常见的职业女性的家职冲突对夫妻关系的影响；第三需要评估家庭的社会支持系统，社会支持少的家庭更可能出现适应问题，对这种家庭，治疗师可以帮助他们扩展社会支持网络；第四评估家庭成员在家庭外的功能水平，如孩子在学校或友伴团体中可能比在家庭中更为独立；第五则要评估家庭成员与家庭外系统的交往情况及其对家庭的影响，如有的家庭中的母亲与自己的原生家庭联系非常紧密，她在原生家庭中的“女儿”和“代理母亲”的角色超过了自己在核心家庭中的妻子和母亲的角色，这可能是当前问题产生的原因之一。

(6)家庭功能评估。家庭功能的评估主要评价家庭中各个亚系统功能的执行情况，以及家庭功能在应对生活事件及完成家庭生命周期发展任务时的灵活性和适应性。家庭功能首先要评估的是夫妻亚系统的功能，夫妻亚系统作为家庭存在的基础，其功能执行情况对家庭意义重大。治疗师要关注的内容包括夫妻双方的婚姻满意度、婚姻冲突的强度、冲突的主题和冲突解决技能、夫妻的情感联结、共享的时间和活动、是否有婚外情、双方权力和责任的分配、性关系的质量、教养职能的执行等。其他亚系统的功能，如亲子亚系统的教养功能、兄弟姐妹亚系统的同伴交往功能也需要囊括到初始评估的范围内，主要需要关注的问题是，父母对子女的教养投入程度如何，有没有忽视或过于投入的现象，多子女家庭中父母有没有偏心某一个孩子，有没有孩子承担了父母应该承担的职责，有严重的亲子冲突或同胞冲突吗，家庭成员如何沟通和解决他们之间的冲突，家庭的情感氛围如何等等。

(7)家庭中的个体。评估家庭时还需要避免“只见森林不见树木”的倾向，因而有必要对家庭中的个体，尤其是症状表现者及与问题关系密切的其他成员加以评估。对个体的评估主要关注来访者或家庭成员所具有的认知风格、依恋类型、他/她对家庭故事和其他成员行为的诠释和赋义、在面对压力时的防御反应(指责或回避)，以及情感表达(困难/容易；直接/迂回)、自知力等。治疗师可以通过直接询问、行为观察并配合自己的专业知识等方式对个体进行评估。这些评估有几个好处、可以帮助治疗师寻找治疗中的同盟者，也可以帮助治疗师评估个体的动机水平，设计干预的焦点和策略，预测干预的难点和阻力。

(8)潜在问题的评估。对家庭中可能存在的隐藏的危机加以评估有助于降低治疗的风险，例如连带的法律责任。这些潜在问题包括家庭成员的自杀危机、家庭暴力和虐待、家庭成员吸毒以及家庭成员患有重症精神病等。对于有成员自杀危机的家庭，尤其是有既往自杀史，面临重大的丧失性的生活事件(离婚、丧偶、破产、孩子或其他家庭成员死亡等)，治疗师必须加以重视。在对自杀危机进行评估时，从两方面入手，一方面是自杀的风险因素，即可能促成自杀成功的因素，包括自杀计划(周密)、自杀手段(高致死性，低获救可能)、精神障碍、压力事件等；另一方面要评估自杀的保护性因素，即可能防止个体自杀的因素，可能包括宗教信仰、社会责任、亲人的关怀等，治疗师要加强个体的保护性因素的作用。对家庭暴力和虐待的评估也很重要，有暴力和虐待行为的家庭不宜采用家庭治疗，治疗中的谈话可能成为进一步虐待的导火索，这类家庭可以采用个体治疗，必要时也可以寻求专业机构的介入，如妇女儿童保护机构。

(9)家庭资源的评估。家庭资源即家庭在应对问题方面的优势和力量，例如客观条件优势(家庭经济状况好、有较高社会地位等)、关系优势(发达的社会支持网络等)以及其他优势(如家庭成员有过成功应对问题的经验等)。此处将家庭的资源单列出来，并非因为家庭资源需要单独加以评估，事实上，以上的评估过程中每一项都可能涉及家庭的资源，例如，潜在自杀危机的保护性因素中就可能隐藏着家庭的资源，家庭成员的互动模式中也会隐藏家庭的资源，家庭治疗在分析问题时或许最关注家庭中的病理性因素，但成功的治疗干预中最重要的因素却是家庭的力量，而非其弱点。因此，治疗师需要找到家庭的“复原力”或“心理韧性”。对家庭资源的评估需要了解：如何对当前的问题进行积极的赋义，找到其中正向的部分；家庭成员在哪些方面做得最好；家庭在过去如何成功解决问题；他们对家庭生活和自己的愿景是什么样的。

5. 给家庭反馈

在完成对家庭的初始评估之后，治疗师要回答几个问题，并从这些答案中形成初步的诊断假设，并将之反馈给家庭。治疗师要回答的第一个问题是，跳过家庭成员关注的问题“内容”，如青少年孩子拒绝上学，这个家庭真正的困难“过程”是什么；是父子权力争夺的对抗；还是母子跨代联盟中的儿子在为母亲出头。治疗师还要回答症状意义的问题，当前的症状有什么样的作用，对维持家庭系统中的权力平衡有何意义。治疗师要回答的第三个问题是，如何将问题与家庭系统的联系以家庭能接受的语言反馈给家庭成员。这个过程事实上也是治疗的个案概念化过程，治疗师需要运用整合的方法，从多个角度，运用各种模式理论来对个案进行概念化，然后决定哪个最适合来访家庭。在将问题诊断假设反馈给家庭时，治疗师应做好心理准备，家庭成员可能不会立刻接受“个体问题源于家庭系统”的观点，或者即使接受这个观点，也认为与自己无关，而与别的成员有关。面对这种情况，正如治疗师的职业发展一章(第十一章)中所阐释的那样，家庭治疗师要有耐心和信心，可以在后继的会谈过程中不断指出家庭互动重复的模式，不断灌输家庭成员行为之间循环因果关系的理念，直到家庭成员接受并以治疗师的语言来诠释问题。

6. 确定治疗目标

一般而言，治疗目标指治疗师确立的干预目标，是为来访家庭的目标服务的，例如，来访家庭的目标是“夫妻关系更和谐”，那么治疗师的治疗目标则可能是“改善冲突解决技巧、加强丈夫的愤怒控制”。治疗师要与家庭协商建立治疗目标，以争取家庭的配合。如果家庭中存在多个目标，如“让妻子更开心，不再抑郁”“改善夫妻关系”“改善孩子的在校表现”“减少父子冲突”等，那么治疗师首先需要帮助家庭在这些目标中确定优先级别，形成目标体系。治疗师还要帮助家庭在这些目标背后寻找隐藏着的治疗的共同主题或贯穿性的主线，并据此建立治疗目标，例如以上的几个目标，背后有一个共同主题，即“改善家庭成员的冲突解决技巧”，也有一个贯穿性的主线，即“改善夫妻关系”，因为父子冲突、妻子的抑郁以及孩子厌学均与疏离的夫妻关系相联系，因此干预夫妻关系的治疗目标有助于家庭成员其他目标的实现。

7. 选择干预方法及形成治疗计划

干预方法的选择受多种因素的影响，大致可分为治疗师的个体因素和环境因素。影响治疗师选择干预方法的个体因素中，最明显的是治疗师的受训背景，治疗师所受的理论训练在很大程度上决定了他/她选择的干预方法，另外治疗师自身的个性特征、偏好、风格、治疗师所奉行的价值观等也会有影响，奉行价值中立、个性平和的治疗师不太可能采用高介入、高指导性或策略导向的干预方法。在环境因素方面，同事、督导的建议、专业期刊上发表的相关研究成果，以及治疗干预方法的流行趋势等也会影响方法的选用。事实上，对治疗方法的选择早已经过了争论谁更有效的阶段，正如循证研究中所反映出来的那样，现在研究者和实践者要回答的问题是：何种治疗师在何时针对哪类对象，采用何种方法处理何种问题更为有效。基于此，最恰当的一种做法是，在学习和受训之初尽可能多地接触各种家庭治疗的概念和干预方法，学着慢慢整合，并根据自身的特点，在运用中甚至不妨加入自己的一些创造性和自发性的东西，以形成自己的风格。治疗师也可以根据自己对各种干预方法和技术的使用经验，将各种适合自己的技术按功能模块的方式加以整合，例如建立关系的模块、反馈分析结果和观察结果的模块等，最终形成自己的工具箱和资料库。治疗师一定要保持专业成长的开放性，关注临床研究的前沿成果，根据相关的研究结论，勇于进行尝试，不断更新自己的方法体系，这对于治疗师的专业发展至关重要。

形成治疗计划涉及几项工作，包括预估治疗的持续时间、决定会谈频率以及确定是否需要引入其他专业人士或机构。治疗持续的时间与家庭问题的性质和治疗目标有关。通常来说，家庭治疗是趋于短程的、聚焦问题的治疗，疗程长度在一些治疗模式中平均为六次会谈，也有些治疗模式以症状的消失作为结束治疗的指针，即关注一个具体问题，解决这个问题后治疗就会结束，这样做的好处在于，有助于保持治疗的焦点而不会随着家庭每周出现的新问题而卷入到永无止境的问题解决中去。对治疗长度的预估可以遵循一些原则，对于有严重危机的家庭，如家庭或家庭中的个体由于生活事件而陷入混乱及丧失功能的状态，或家庭成员有伤人/自伤风险，即需要采取危机干预的方式，目标在于尽快减轻症状，恢复家庭或个体的功能水平。危机干预开始可能需要进行一周数次的密集的会谈，情况稳定后再转入一周一次或两周一次会谈，危机干预的长度与危机的严重性以及家庭成员对干预的反应有关，一般持续数月。除了危机干预外，治疗长度还有短程和长程(通常持续时间在半年以上)之分，如果来访者的目标关注于具体问题的解决，尤其是可以直接观察到的行为问题，并且来访者及家庭有很高的动机和投入度，家庭拥有的可以促进改变的资源又比较丰富，同时个体和家庭的发展史并非关注的重点的话，比较适用短程治疗。而长程治疗更适用于主诉问题与个体和家庭发展史有密切关系的情况，同时也要求参加长程治疗的家庭在经济上和时间上能有保障，适合长程治疗的情况还包括治疗目标与家庭动力有关以及来访者及家庭有大量问题需要处理的情况。在通常情况下，治疗的开始阶段的会谈频率会比较高，一般一周一次或两次，家庭会谈持续时间每次约 60～90 分钟。在治疗的结束阶段，会谈频率则可降低到两周或三周一次，用来确保家庭对治疗改变的整合进展。治疗计划除了预估治疗持续时间及会谈频率外，还可能涉及与其他专业人士和机构的转介和合作问题。出于系统观的考虑，对于一些与心理、生理和社会因素都有一定联系的问题，与其他专业人士的合作有助于快速改善症状，例如与精神科医生合作，对一些问题(强迫症、惊恐发作、中度到重度抑郁等)配合药物治疗，尤其在治疗的初始阶段这样做可以帮助来访者控制症状，树立治疗的信心。而在儿童、青少年的问题中，与其所处的教育系统的合作也是可以引入的干预方式。除此之外，这类合作还包括与心理测评机构的合作，与文化或宗教团体的合作，以及与一些相关的支持性团体的合作等。

三、治疗的早期阶段

在与家庭初步建立关系并完成了对家庭的初始评估、个案概念化及治疗目标和治疗计划的制定工作之后，治疗师与来访家庭的治疗系统形成，尽管出于阐述和方便学习的需要，将治疗划分为早期、中期和结束阶段，事实上，治疗甚至早在接到家庭的预约电话时就已经开始了，这些阶段的划分也并非泾渭分明，中间有重合的地方，主要目的在于为治疗实践提供一个框架，便于理解和掌握。

治疗早期阶段一般指与家庭开始的三到五次会谈。这个阶段的核心主题是通过细化假设和验证假设，明确问题与家庭系统之间的联系，并使这些对问题的看法深入到家庭成员心中，被家庭接纳，同时做出改变的尝试。这个阶段要完成的工作包括：

1. 引入主要冲突，找到问题与家庭系统的关联并对之进行详细的阐释

家庭中的主要冲突往往都与家庭当前求助的问题有关，例如孩子不愿上学或有饮食方面的问题，又或者是妻子抱怨丈夫完全不关心自己的感受而任由婆婆对自己指责批评等，冲突中的家庭成员带着自己对问题的看法进入治疗，在呈现冲突的过程中也将自己的观点展露无遗，治疗师可以借此机会了解家庭成员如何看待问题，据此评估与哪些成员较易形成治疗同盟，哪些又是需要更多工作的对象。另外冲突呈现的过程也是一个家庭自发表演其互动模式的过程，治疗师需要根据观察的结果对家庭的问题提出进一步的假设，或修正之前形成的假设，阐释家庭中存在什么样的互动模式或家庭成员所做的哪些事情使得问题持续存在。

治疗师需要着重关注的家庭互动过程和家庭系统中的变量包括家庭的结构、家庭中的规则、家庭的权力分配、三角关系和家庭亚系统的界线，正如在初始评估中所详述的那样，结构模式的概念清晰、针对性强，因而从家庭结构入手是一个不错的选择。在治疗师对当前问题与这些概念之间的关系建立起联系和假设之后，治疗师仍需保持开放和灵活的态度，持续关注家庭的互动，以寻找能进一步证实或修正这些联系的证据。同时也对要采取的干预途径进行计划。

2. 向家庭指出家庭互动与问题的联系，扩展关注点

为了扩展家庭成员对问题的关注点，将之引向家庭中更大范围的互动，治疗师通常可以运用提问的方式来挑战家庭，改变他们以线性因果看待问题的方式，提出他们与问题之间的联系。提问包括对他们行为之间相互激发的关系提问，询问谁做了什么，引起了其他人怎样的反应，这些反应又如何激发起更多的行为，对行为序列的提问可以需要多次进行，以强调循环的效果，并将循环因果的理念灌输给家庭。米兰模式的循环提问技术也是经常使用的方法，通过询问家庭成员各自对问题的看法、对家庭关系的看法来扩展家庭成员的关注点。除了提问，治疗师也可以通过重复指出家庭中无效或障碍性的互动来扩展关注点，例如“你有没有注意到，每当你…时，他就会…”；当这个互动模式再次出现时，治疗师继续指出，“注意，你刚才…时，他又…，你发现了吗”，重复地描述让家庭成员无法回避问题。

3. 塑造积极行为，找到例外

在家庭现场的互动中寻找一些积极的因素，例如，一个家庭中的母亲认为自己管教不了孩子，在她的指令被孩子听从的时刻(她自己忽略了这样的时刻)，治疗师要及时指出并加以肯定。再如一个家庭中，母子关系纠缠的青少年显得比较怯懦，而父亲

则孔武有力，父亲“放养”儿子的教养观念受到母亲的压制，父子关系较为疏离，治疗师需要通过肯定父亲对孩子的影响来塑造孩子有更多男子气概的行为。治疗师也可以询问家庭问题得到解决或影响减小的例外情形，并鼓励家庭多重复那时的行为。

4. 治疗关系的维护

治疗师要小心自己过于急切想给出建议，真正有效的家庭治疗师（个体治疗师也一样）不是给出很多建议的治疗师，而是能让建议深入人心，得以彻底执行的治疗师。要让建议被采纳，就必须让家庭成员感到治疗师完全理解自己的困境，这个建议正是对症施治的良方。治疗的早期阶段，治疗师仍需要花费相当大一部分精力和时间在治疗关系的维护上，倾听、保持专注、不断加入家庭仍是工作的重点之一。

5. 安排家庭作业

针对当前问题，治疗师设计并教给家庭尝试新的互动模式，并以布置家庭作业的形式让家庭在日常生活中加以实践，这样做既可以检验治疗理念是否已被家庭积极接纳并执行，也可以帮助家庭成员提升觉察，对自己在家庭互动中的角色保持自觉，还可以帮助家庭尝试建立新的互动模式。例如可以要求上例中怯懦的儿子与父亲每周安排一到两次独立的活动，父子俩可以一起外出访友或参加体育活动等，以增强父子的联系。或建议丈夫每晚在妻子洗碗时在旁边打打下手，花二十分钟专心倾听妻子的“抱怨”等等。

四、治疗中期阶段

治疗进入中期阶段时，家庭一般都已经接纳了治疗师对家庭系统与当前问题之间关系的分析，也开始运用治疗师的语言与治疗师和其他家人交流对问题的看法，并运用治疗师的视角看待家庭中的互动，对自身在家庭中扮演的角色以及自己的行为与其他家庭成员行为之间的交互影响有了更深刻的觉察，对问题的解决也更具有责任感。这个阶段治疗师的工作更多地聚焦于促进家庭成员之间的自我表达和相互理解，巩固家庭中新的互动模式。治疗师此时的角色更像协助者和催化剂，而非领导者，治疗师要逐步将领导权移交给家庭，让家庭成员更多地互动和交流，只在交谈陷入僵局或家庭有滑入旧的互动模式的危险时才加以干预。

中期阶段治疗师要完成的工作包括：

(1)在需要时，进一步“搅动”家庭系统，打破平衡，尤其是当家庭成员的进步速度存在差距，少数家庭成员仍将问题定位为个人问题的情况下，治疗师可以通过增加家庭中各方的力量对比来增大改变的压力，但这样做时一定要避免让感受到压力的成员觉得被指责或排斥；

(2)将领导权逐步交还给家庭，促进家庭成员互动，通过成员间互动和成员与治疗师互动的交叉进行来调节家庭成员的焦虑水平；

(3)在家庭成员的互动中强化"我的立场"，培养家庭成员的责任感，为自己的感受负责，促进彼此的理解；

(4)积极肯定和鼓励家庭成员为建立新的互动模式所做的努力，对其中的经验加以总结和强调；

(5)评估治疗的进展和治疗师自己的表现，进展是顺利还是遇到阻抗，停滞不前，原因是什么，治疗师自己在与家庭互动中是否过于积极主动或回避冲突，是否不知不觉满足了家庭对某个角色的期待(如不小心成为父母的"打手"或孩子的"祖父")，有什么样的反移情反应等等，对治疗进程的反思和对自身角色的觉察是这个阶段的一项主要工作。

五、治疗结束阶段

治疗结束一般由咨访双方共同决定，来访家庭感到自己前来治疗的目的已经达到，问题得到了解决或明确了努力的方向，而治疗师感到治疗达到了效果，此时即可准备结束治疗，用尼克尔斯(Nichols，1986)的话说，即"家庭没什么可说的了。"结束阶段治疗师要完成的任务包括以下四点。

(1)评估家庭的进步，评估家庭对内外部问题的应对能力是否得到了提升，家庭成员之间的关系是否更为坦诚和谐。向家庭了解他们对完成治疗目标进展的满意程度，看看是否还有想得到进一步处理的问题。

(2)为家庭可能面临的下一个困难或问题的复发做准备，为复发做准备是所有心理干预中不可缺少的一个程序，为困难和问题复发设计一个预防方案可以减少家庭在应对这些问题时的恐慌和自责，也传递给家庭一个信息，即问题反复是正常的，进步是一个螺旋上升的过程。

(3)对治疗中的收获加以回顾和总结。情绪聚焦模式的治疗师鼓励来访家庭写个与治疗相关的小故事来总结自己的收获，叙事模式的治疗师则会用到信函，这些都是很不错的方法。治疗师也可以与来访家庭一起总结治疗中的收获，并将之整理成笔记，送给家庭，这种文字资料有助于家庭在治疗结束后回顾和重温这个过程中获得的领悟，对巩固治疗效果有益。这个工作可能需要花一整次会谈时间来完成。

(4)回顾关系和道别。治疗师肯定和感谢家庭的投入与努力。可以安排治疗结束后几周对家庭进行回访，回访可以采用邮件、电话或面谈的方式。

复习巩固

1. 治疗师在治疗前的准备阶段要完成哪些准备工作？
2. 确定参加治疗的家庭成员的基本原则是什么？
3. 初次会谈要完成的任务有哪些？

生活中的心理学

老年人的居丧治疗

在老年人的生活中，亲友、配偶的逝世时有发生。老年期居丧对老年人的死亡率、抑郁症患病率和生活质量都有明显影响。以下介绍配偶居丧老年人的居丧治疗。

首先，初次治疗会谈时，要鼓励老年人表达他们对丧失的体验及自己的对策。治疗师积极地倾听和共情，引导老年人讲述配偶死亡的情况，以减轻压抑的悲痛，有时老年人因为配偶死亡卸下了护理责任，可能会对自己感到轻松解脱而出现负罪感，对所有这些感受进行正常化处理，让老年人体会到这些是正常的反应而不必自责。

对居丧老年人的人际关系和财务状况加以了解以确定配偶死亡对其生活造成的影响，这在很大程度上决定了居丧老年人的适应情况。这个阶段治疗师要对其生活安排给予指导，并帮助老年人获得必要的社会支持。在行为上治疗师要建议老年人重建生活习惯、参加社交活动、与子女计划后继的生活安排等。治疗师要鼓励居丧老年人规律睡眠、参加适度锻炼、做家务，或去社区的老年人中心参加活动，尽量避免独处。

治疗师可以鼓励居丧老年人会谈时，把配偶的老照片带来，回忆以往生活，美好记忆可以强化夫妻关系的价值，帮助老年人接受与配偶有关的不愉快的记忆，以及被“抛下”的愤怒。配偶居丧治疗最终的干预目的是帮助居丧者从过去的关系中找到安慰，为其现在的生活带来意义，帮助他们扩展现在的人际关系。

第二节 家庭治疗的基本技术

人们对问题形成原因的观点决定了人们采取的问题解决之道，因而干预技术的形成、发展和运用取决于其背后的治疗理论基础。尽管家庭治疗各类模式，尤其是经典的家庭治疗模式均以系统论和控制论作为理论观点的主要源头，认为症状具有维系家庭关系的意义，个体的问题必须放到家庭背景中加以分析和处理，但各个模式所采用的干预技术种类则堪称“百花齐放”。总体来看，这些色彩纷呈的家庭治疗干预技术有一个基本的发展脉络，大致是从早期的高度策略性、指导性干预逐步向当今的资源导向和启发式干预发展。基本而言，家庭治疗的干预技术在使用中均服务于建立关系、调整家庭结构、改变认知和观念、改变互动模式等目的，因而以下将依据这些目的，以功能模块的方式对家庭治疗各种模式的干预技术加以梳理，以深化对这些基本技术的认识。本节中对这些技术均只作简单介绍，读者可参看各个模式中针对这些技术的具体阐释以及相关的资源和文献进行深入了解。

一、与来访家庭建立关系的技术

咨访关系作为治疗效果的最重要的影响因素，其强大影响力已经得到大量研究的证实。治疗师在与家庭一起工作时，最有效的工作方式就是对来访者及其家人表现出兴趣，真诚地与他们沟通，倾听他们讲述的故事，并对他们经历的痛苦和挣扎表示理解和同情，通过运用自己来与家庭建立关系。建立关系时治疗师常用到的基本技术包括：肯定、加入、顺应、自我暴露、提供支持等。

1. 肯定

治疗师在使用肯定技术时，重点在于透露给来访者这样的信息，即情绪没有对错之分，也没有应该、不应该之分，来访者和家庭成员有权拥有自己的情绪和观点，即使这些情绪和观点不符合公众赞许的要求或令人费解。肯定还可用于肯定来访者及其家人行为背后的动机或情感需要，肯定技术可以帮助来访者及其家人把个体和其所做的事情/行为分开。不因为其行为而全盘否定其品质和作为人的尊严。常见的表达方式如“你当然有权力感到难过/愤怒”“虽然发生了这样的事情，但我知道，你其实是一个很好的孩子”或“你非常愤怒，是因为你希望能再靠近他，得到他的爱，却又害怕被再次抛下”。具体操作可见情绪聚焦模式中的阐释。

2. 加入

加入技术有多种方式，包括打招呼、模仿家庭成员的言语和非言语的表达方式、赞成某位成员的观点、站在某位成员立场上说话等等，从广义上来看，一切能与家庭成员建立关系、拉近距离的策略都算得上是在“加入”家庭。结构模式非常强调加入家庭，在该章中案例部分可以看到米纽庆多次运用模仿策略加入家庭。

3. 顺应

顺应指结构模式的治疗师顺应家庭的社交风格和表达方式，通过表现出与家庭一致的行为来接近家庭。对于严肃拘谨的家庭，治疗师显得谨慎认真；对于爽朗开放的家庭，治疗师风格活泼，不时开开玩笑。在治疗之初，主要是治疗师顺应家庭，而一旦关系建立，治疗师成功加入家庭，改变其对问题的看法之一，就变成了家庭顺应治疗师，开始用治疗师的视角和语言来看待和诠释问题，这表示治疗已经起效了。

4.提供支持

提供支持并非一项具体的干预技术，而是治疗师所做的一系列努力，提供支持的主要方式是体贴、主动地倾听来访者的故事，不时给予反馈和理解，帮助来访者对其想法和感受加以探索，给来访者和家庭营造“我在这儿陪伴着你们”的感受，也就是心理动力学模式强调的“支持性环境”。尽管支持的作用更多体现为稳定情绪，但支持有助于减轻痛苦，另外长程治疗中，支持也可能带来来访者的顿悟和改变，只是需时较长。

5.自我暴露

治疗师的自我暴露运用得宜(尤其指程度掌握得当)的话对治疗关系很有帮助。治疗师必须清楚自我暴露对来访者可能产生的影响，对自身受训背景、资历的暴露有助于取得来访者及其家庭的信任，但对自身所遇到的问题(尤其是未解决的问题)的过度暴露则会增加来访家庭的不安。一般而言，治疗师在自我暴露时要考虑几个因素，一个是时机的选择，已经建立起了一定程度的关系之后再暴露自己的私人信息会比较恰当，这时来访家庭更易接受自我暴露中隐含的信息(往往是建议)，另外也不会显得很突兀；另一个因素是自我暴露的对象，对于儿童和青少年来访者，治疗师透露些个人信息会让他们觉得受到信任和尊重，有利于关系建立；第三个因素是来访者的个人风格，有的来访者不喜欢和治疗师太过于热络，这种情况下应尽量避免使用自我暴露。

二、揭示和改变家庭结构的技术

揭示和改变家庭结构的技术来自于结构模式，干预的技术和策略很多，以下重点介绍表演技术、家庭结构图、打破平衡、改变层级、设置边界。

1.表演

表演有自发表演、治疗师诱发表演和治疗师导演表演几种情形。其中，家庭进入治疗室后主动开始的互动模式表演即自发表演；在治疗师提示下对某个主题进行的互动即治疗师诱发的表演，这两种表演技术一般用于揭示家庭中的互动模式，治疗师通过对这两种表演中展现出来的家庭成员之间行为的循环因果链，以及家庭成员角色与其行为是否相宜等内容进行观察，对问题与家庭互动的联系提出假设。治疗师导演的表演则一般用于改变家庭的互动模式。

2.家庭结构图

家庭结构图运用各种图式符号对家庭的结构进行描述。这种视觉化的方式可以直观地帮助治疗师评价和诊断家庭互动模式和家庭结构，同时根据结构图分析问题的原因，提出治疗假设，还可以根据结构图确定治疗干预的目标并设计治疗措施。在复杂的会谈过程中，一个简单的结构图可以很好地提醒治疗师所发现的问题，也有助于其保持前进的方向。

3. 打破平衡

与提供支持一样，打破平衡也需要通过一系列干预策略来完成。治疗师可以通过给不同的成员提供支持来搅动家庭，打破平衡，治疗师在家庭权力的天平上移动，根据需要支持不同的成员，有时故意与某些成员结盟，加大家庭中力量的悬殊对比，来激起弱势成员的"反抗"。治疗师还可以通过增加强度(情感强度、坚持时间等)的方式来打破平衡。

4. 改变层级

家庭中的层级指家庭组织和行使领导权的方式。功能良好的家庭拥有以父母为权力金字塔尖的层级结构，在出现问题的家庭中，权力层级也会有问题。例如，孩子拥有过大的权力，成为父母化的孩子(parental child)，常见于父母一方或双方因生理或心理疾患而失能的家庭，或者孩子侵入父母亚系统中与某方结盟而获得过多的权力。治疗师通过强化父母的功能来改变层级，运用到的干预技术包括强化父母亚系统的边界(例如增加其共享的时间和活动)，增强夫妻亚系统的功能(例如，训练彼此的倾听和支持技能)，鼓励夫妻结成坚固的父母同盟，教给他们共同面对孩子的技巧。

5. 设置边界

如何设置边界取决于边界的性质对于该系统功能的执行有何影响，僵化的边界意味着信息和资源的流动性不足，需要增强系统内外的联系以放松边界。而模糊的边界则表示关系过于纠缠，需要加强边界，让系统内外部的成员各自为自己的情绪、观点和行为负责。边界的设置可以通过重新安排座位、设计共享的活动、保守系统内部的秘密、直接沟通等方式来完成。

三、改变家庭观念和认知的技术

有时观念和认知的改变本身就是个体治疗或家庭治疗的干预目标，而有时则是达到行为矫正或情绪调节目的的一种干预措施，事实上，仅仅通过改变来访者及家庭的观念和认知就可能引发他们行为、情绪和互动方式的改变，正因为认知因素的这种重要性，因而几乎每一种家庭治疗的模式中都可以找到改变家庭观念和认知的技术。

1. 提供心理教育信息

为家庭提供与问题相关的心理教育信息是最常用，也是十分有效的一种认知干预措施。提供的信息内容很多，对普通家庭而言，可能包括儿童青少年心理发展方面的信息、性别差异的信息、家庭生命发展周期及发展任务的信息、人际交往技能的信息、某些心理疗法的信息(如常见的情绪 ABC 理论等)以及相关社会资源(如教会、支持团体等)的信息等等；对于有特殊需要的家庭，如家庭成员有严重的精神疾病或慢性病的家庭，则还可以提供与疾病相关的知识信息。对于正在处理某些特殊问题的家庭，如收养孩子或法律诉讼问题，治疗师也可帮助提供一些相关机构的信息，以供其咨询。这些信息的提供有多种形式，包括一些宣传资料、自助书籍、音像资料、网络链接等，治疗师可以根据自己提供服务的对象群体的特点，注意收集一些相关的信息资源备用。

2. 正常化

正常化包括将家庭认为是症状的行为正常化，以及将来访者和家庭的情绪反应正常化等，这首先要求治疗师本身具备相关的知识，能明确划分正常和异常。例如，孩子在十岁之后变得沉默，有时还喜欢故弄玄虚，喜怒不形于色，父母非常担心，治疗师以自身对青少年情绪发展特点的了解为基础，将这些行为解读为“孩子进入青少年期后渴望显得成熟”，这个正常化的处理使得父母放下担心，学习用对待成人的方式与孩子互动。在上一节“生活中的心理学”版块中，对因配偶去世而居丧的老年人的情绪反应加以正常化也是一个正常化的例子，有时老年人在配偶去世后，会因为卸下长期承担的护理责任而有解脱轻松之感，他们可能会对自己的这种感受觉得内疚和自责，此时对情绪反应的正常化可以帮助居丧老年人更自我接纳，更为人性化地对待自己的感受。这种情况尤其适用于来访者或家庭因为价值判断而拒绝接纳自己的感受的时刻，例如，批判自己的反应不够坚强、不够冷静等等。

3. 再定义

家庭治疗的很多模式中都会用到再定义技术，例如，结构模式、策略模式、叙事模式等等。虽然可能名称不同，再定义的目的就是通过改变认知来促发行为的改变，正常化也是再定义的一种。再定义通常有积极再定义和消极再定义之分，如何再定义取决于治疗要达到的改变是什么，同样是孩子发脾气的行为，定义为“为了获得母亲更多关注”引起的反应和定义为“对母亲的挑战和反叛”引起的反应有天壤之别。治疗师在运用再定义技术时，一定要注意新的定义与旧的定义应该同样契合于当前的情境，而不显得虚假做作。

4. 提问

提问是一系列复杂的技术，不仅可用于改变来访者及家庭的认知和观念，也可用于改变互动模式、揭示和改变家庭结构等等目的。提问技术的重要性体现在，运用得当的、恰当的问题能激发家庭的思考，聚焦治疗的焦点，并将治疗理念传输给家庭。根据社会建构主义治疗师托姆(Tomm，1988)的总结，家庭治疗中常用四种提问类型，包括：线性问题(lineal questions)、循环式问题(circular questions)、策略性问题(strategic questions)和反思问题(reflexive questions)。线性问题用于追踪、调查和推导，如“当时你是什么反应”“你认为他为什么这样做”，这种问题是单向的，指向性很强。循环式问题即循环提问，这种问题除了为治疗师提供家庭互动模式的信息之外，还可用于改变家庭和个人的直线因果观念，因为这种问题强调了系统中的互动过程，认为一切行为都是相互关联的，例如，"你们家谁先发现女儿洗手的次数不正常的""谁受这个问题的影响最大""你爸爸和妈妈关系如何""在你出现洗手的行为之后，你爸爸妈妈的关系有什么不一样的地方"或者"如果外公还在的话，他会怎么说"。策略式提问也称影响提问，用于挑战来访者，常常隐藏着改变互动的建议，如奇迹问题，"如果发生了奇迹，明早你们起床后发现问题没有了，那会怎样"或"如果你和你丈夫对待孩子的方式上达成了统一，那会是什么样的情形"，这类问题一般用于改变互动模式。反思问题用于启发和引导来访者及家庭思考，如"如果你儿子重新开始上学，你们的生活会有何不同"，反思提问并不提出建议，但通过诱发思考来促进行为的改变。

5. 问题外化

问题外化是叙事模式的技术，其特点在于将问题与个体分离开，并为之命名，将问题变成一个需要整个家庭合作对抗的入侵者，帮助家庭重新思考问题带来的影响，而不再责备某个有问题的成员。经由问题的外化完成个体和家庭的观念改变，使家庭的生活故事得以重新建构，并可以针对家庭成员与问题之间的关系自由地采取行动。

6. 探索例外

这同样是一个各种模式中都可以看到的技术，在叙事疗法中称为探询独特结果，这是一种资源取向的干预措施，具有综合的效用，既可改变与问题有关的观念和认知，也可改变家庭互动模式。当用于改变观念时，主要通过关注个体和家庭成功应对问题的闪光事件和例外情况，从而找到激发不同行为反应或互动模式的新的生活故事，改变人们对于问题的观念和看法，在具体细节中构建起改变和处理问题的新的行动计划，并加以实施。

7. 家谱图

在鲍文的代际模式和萨提亚的经验模式中都用到家谱图，家谱图可用于评估家庭的发展历史，也可以用来向家庭呈现他们的互动模式来自于代际之间的重复和传递，也可反映出一些重大生活事件在代际间的影响。家谱图使家庭成员对问题的看法得以扩展，从更大的系统的角度来了解当前的问题，对自己的关系模式和家庭的互动风格的了解也更为深入。

8. 隐喻

隐喻在各种模式中都有所运用，结构模式一章中对之进行了较详细的介绍。隐喻是治疗师以比较温和的方式，运用比喻、故事、意象、非言语的表达等多种手段向家庭传输治疗理念，改变家庭观点和认知的干预技术，例如运用"连体婴儿"来比喻纠缠的关系，运用"父子骑驴"的故事来改变家庭成员过于注重他人评价的观念。

9. 家庭雕塑

家庭雕塑技术源于萨提亚的经验模式，这个技术通过将家庭中的动力冲突和成员间的互动关系视觉化、影像化，激发来访者及家庭成员更深的情感体验，来访者通过与角色扮演者核对情绪感受，在此基础上对以往家庭成员之间关系和行为模式产生新的观点，从而打开行为选择的新思路和可能性。

10. 面质

面质一般用于治疗关系建立之后，因为面质本身具有挑战和对抗的意味，可能增加来访家庭的焦虑感，提问技术中的策略性问题和反思问题常常被运用到面质中。通过直接指出家庭旧的互动模式的无效性，以及家庭成员互动中存在的双重束缚等病理性沟通模式，向家庭认为问题只与个体有关的观念提出挑战。面质也用于家庭成员认同自身对改变应承担责任，但却没有付诸行动的情况，此时治疗师通过面质来推动改变。

四、改变互动模式的技术

改变互动模式是家庭治疗的治疗目标之一，家庭治疗师通过观察和倾听家庭成员在治疗室中的互动来识别和分析家庭的互动关系模式。治疗师在改变家庭互动模式上常用的技术包括：

1. 沟通训练

通过沟通训练，可以促进家庭互动模式的改变，主要的途径是塑造家庭成员之间清楚、直接、开放的沟通，并且为自己的沟通负责。在治疗中经常可以发现，很多障碍性的互动模式来自于家庭成员的迂回表达、沟通中的双重束缚及投射。纠缠的关系也会导致纠缠的沟通模式，例如，一些成员会替其他成员代言，或者利用别人的口来讲自己想讲的话。治疗师可通过向家庭提供沟通训练来改变这些不良互动，例如，代际模式的干预体系中有“我的立场”的技术，即教给家庭只代表自己说话，代际模式还强调两个家庭成员之间“直接对话”而非迂回的三角式沟通。而心理动力学模式则强调治疗师要引导家庭成员通过彼此表达来减少互动中的投射，此外结构模式、经验模式、情绪聚焦模式也都非常重视对情感的开放表达。

2. 提问

如前所述，策略性问题和反思问题常被用于改变家庭的互动模式。策略性问题中常常隐藏着改变互动模式的建议，例如，治疗师对一边过度为青少年儿子负责一边抱怨儿子没责任感的母亲提出策略性问题，“如果你任由他把脏衣服放在那里不去帮他洗，会发生什么事情”。问话中包含着新的行为选择，来访家庭可以通过采纳这个建议来打破不良的互动。反思问题则让家庭自己去思考打破旧互动模式的可能选择，如治疗师问上例中的母亲，“在保持清洁方面，你怎么样让你儿子明白那是他自己的责任”。母亲可以有多种行为选择，目的都是指向改变以往“自己越负责一儿子越不负责”的互动模式。

3. 表演

结构模式的表演技术有不同种类，其中用于改变家庭互动模式的是在治疗师导演下的表演。在这类干预技术中，治疗师把自己作为工具，既是导演，有时也要客串演员或某一方的替身。治疗师在表演时帮助家庭成员选择互动主题，例如，当一对夫妻呈现出他们在一些问题上的分歧时，治疗师可以引导他们选择其中一个主题进行对话，在此过程中，当某一方或双方在冲突的压力下试图以退让、转移话题或停止直接对话而用治疗师传话的方式逃避时，治疗师就指导他们保持互动，让他们继续停留在对话中，并引导他们练习新的互动模式和角色，例如，把退让的丈夫为了回避冲突而隐藏的消极情绪"借"给他，用"如果我是你的话，我会觉得很失望，对妻子不接受我感到很受挫和愤怒"这样的话，支持他直接地表达自己感受和需要，来帮助家庭尝试新的交往模式。

4. 改变家庭规则

家庭规则形成于家庭互动中，又反过来规定了家庭互动的模式，挑战和改变家庭规则也在很多家庭治疗模式中常用。如在萨提亚的经验模式中，就有专门改变家庭规则的技术，通过将家庭规则中的"永不"、"应该"改为"当…时，我可以…"，使得家庭角色更具灵活性，互动模式也因此而更具开放性、包容性，从而在互动中有更多的选择。结构模式中设置界线的干预工作其实也是在重建家庭的规则。在策略模式中，米兰小组用家庭仪式来对隐私而僵化的家庭规则进行干预，例如他们常用"奇偶日"仪式对父母的教养行为或夫妻的权力争夺重新设置规则。

5. 悖论指令

悖论指令同样适用于改变家庭互动，但与其他干预技术不同，悖论指令通过限制改变来激发改变，无论是"表演症状""假装技术"或是"抵制策略"都是通过其中隐含的治疗性的双重束缚来迫使家庭成员改变。症状的产生或维持与家庭旧的互动模式有关，"不做任何改变""继续表现症状"或"假装症状"的指令削弱了家庭成员对于改变的恐惧和抗拒，而当来访者服从了悖论指令后，就意识到并承认了症状的自愿性和可控性，因而可以选择放弃症状，打破与症状有关的不良互动模式。

五、促发和维持改变的技术

1. 培养动机

培养动机是为了促发改变，在 Prochaska 等人开发的改变周期模型中(Prochaska, 1994)，采取改变行为的行动之间有一个较长的酝酿期，治疗师可以通过动机访谈来帮助来访者澄清对于改变的矛盾心理，以无条件积极关注的方式来培养动机。在来访者做出行为改变的决定之后，治疗师可以了解促使其下决心的事件，并通过强调漠视问题可能产生的严重后果和改变可能带来的积极结果来增强其动机，例如，一位母亲因为自己无法控制情绪而常常对女儿吼叫，她选择在此时进入治疗，是因为孩子出现了社交退缩的问题，亲子关系也比较差，她对自己行为的后果已有所认识，治疗师可以通过让她了解自己的改变能给女儿带来的好处（如，示范作用、安全依恋等）以及对家庭的积极影响，来进一步激发她的改变动机。

2. 家庭作业

布置家庭作业是家庭治疗中最为常用的干预技术，具有多重目的，例如，可以通过作业的完成情况检验治疗干预是否被家庭接纳，家庭作业最大的作用是帮助家庭将治疗干预从治疗室扩展到日常生活中，家庭作业在治疗的不同时期往往有不同的目的，也因而会采取不同的形式。在治疗早期阶段，布置家庭作业的目的主要在于让家庭成员意识到症状与家庭互动的关系，以及自己在其中的角色和责任，以促发后继的行为改变，也可能有一些新的互动方式的尝试。这个阶段常用到观察性的家庭作业，例如，对家庭中的沟通进行观察、关注家庭成员之间行为的相互激发过程、对家庭成员的某些行为"记红账"或"记黑账"等。而在治疗中后期，布置家庭作业的主要目的是练习新的互动模式并将之迁移到日常生活中，维持家庭的改变，此时以操作性的家庭作业为主，例如父母改变与孩子的相处模式，降低过问其日常活动的频率等。

3. 治疗信函

治疗信函是叙事模式的常用技术，治疗师在治疗过程中和治疗结束后给家庭写信，信函中记录他们的谈话内容要点，反映出他们的治疗经历、取得的进步及未来的努力方向，这种信函不仅在治疗过程不断促进家庭改变，在治疗结束后，家庭通过时不时回顾这些信函，可以获得力量，保持与新的生命故事的联结。

4. 复发预防计划

大量以生物医学社会系统论为指导的研究都反映出，行为问题的改变（如酗酒、吸烟一类问题）是一个螺旋上升的过程，维持改变比最初采取行动进行改变更为困难。研究者们认为，最终成功实现永久改变的个体一般都曾有过复发的经历。因而对复发作预防计划可以帮助维持改变。复发预防计划应包括几个要素：(1)最易复发的情境，如家庭遇到某些生活事件或处于家庭生命周期节点时；(2)可以采取的预防措施，包括寻求帮助、认知重建（即认识到复发是正常的，避免出现破堤效应）、改变环境、参加支持团体等；(3)预演，即可以根据设计的预防复发方案事先进行演练，以增加家庭应对复发的能力。

通过对家庭治疗各种模式中干预技术的简单梳理和归纳，可以看出，有不少干预技术可以用于多重目的，例如，与家庭建立关系的技术中，有的技术的主要用途其实并非用于建立关系，但在其运用过程中也会有助于咨访关系的建立，如运用非言语的隐喻技术时，治疗师通过与某位成员握手来肯定其观点或行为，这本身也会产生建立和巩固关系的效果，因此要将各种技术在使用中截然划分开，归类到不同的功能目的中去是不可能的，干预技术的选择和使用应该是一个集合理论指导、学习和经验的过程，最好的方式是在运用中尝试和总结，汲取自己所需，形成自己的"工具箱"。另外，有的干预需要通过多种途径来完成，如培养动机、打破平衡等，这些干预途径具有极大的灵活性，在很大程度上取决于来访者及其家庭成员的特点以及问题和症状的性质，这就意味着治疗师除了拥有自己的“工具箱”，好好掌握工具的使用之外，还应该增加对服务对象的了解，选择恰当的、与来访者或家庭相匹配的干预途径。治疗师需要铭记于心的是，技术只是手段，治疗却是心灵的工作，关系始终是心理治疗的基础和本质。对来访者及其家庭而言，与一位装备齐全、技术高超的“修理大师”相比，他们更需要一位没有威胁感、值得信任的治疗师，这位治疗师同情家庭遇到的问题，真诚，并且愿意向家庭学习他们生活中自己不了解的部分。

扩展阅读

贺琳·安德森(Harlene Anderson)和她的合作取向治疗

贺琳·安德森以其后现代心理治疗方法在当代家庭治疗领域享有极高声誉。她与已故治疗师哈罗德·古利辛(Harold Goolishian)共同开创和发展的合作语言取向治疗(collaborative language systems approach)属于后现代家庭治疗的派别，其运用已扩展到家庭治疗之外，进入组织、商业、高等教育和研究领域，得到了广泛认可。

合作取向治疗认为“治疗是个社会活动”，治疗的目标是将共同认为存在某个问题的人聚到一起，促进他们进行开放的谈话，在组织良好的谈话中问题的意义得以转化，从而“消解”。治疗师以“不知道”(not knowing)的态度成为一个“带着尊重之心的倾听者”，邀请并鼓励来访者的参与。合作取向治疗师重视与来访者的合作伙伴关系，认为治疗师只是发展这一关系的催化剂和谈话组织者。合作取向治疗强调与来访者的谈话是个从来访者的观点了解来访者的过程，是个主动且互动的过程，重点在于肯定来访者想法的合理性，并通过提问去澄清其意义，而非通过理论来预测和诠释他们的话语。通过对话产生新的意义和可能性，贺琳称之为“共同努力朝可能性迈进”。

由于对家庭治疗的杰出贡献，贺琳 2000 年被美国婚姻家庭治疗协会(AAMFT)授予婚姻与家庭治疗杰出贡献奖；2008 年，美国家庭治疗协会(AFTA)授予他家庭治疗理论和实践卓越贡献奖。

复习巩固

1. 与来访家庭建立关系的技术有哪些？
2. 揭示和改变家庭结构的技术包括哪些？
3. 家庭治疗中常用的四种提问类型分别是什么？

要点小结

家庭治疗的基本过程

1. 家庭治疗的基本流程包括：治疗前的准备阶段、初次会谈、治疗早期阶段、中期阶段以及治疗的结束阶段。

2. 治疗前的准备阶段要完成的准备有：会谈室的布置这类环境的准备，以及确定参加会谈的人员这类会谈设置的准备，还有治疗师自身保持"在场"的心理准备。

3. 在初次会谈中，治疗师要完成(或部分完成)的任务包括：了解家庭的期待、与家庭初步建立关系、收集家庭的相关信息、对家庭进行初始评估、形成一些初步的假设并反馈给家庭、确定治疗目标、选择干预方法并形成计划等。

4. 治疗早期阶段一般指与家庭开始的三到五次会谈。这个阶段的核心主题是通过细化假设和验证假设，明确问题与家庭系统之间的联系，并使家庭接纳这些对问题的看法，同时做出改变的尝试。

5. 在治疗的中期阶段，治疗师的工作更多地聚焦于促进家庭成员之间的自我表达和相互理解，巩固家庭中新的互动模式。治疗师此时的角色更像协助者和催化剂，而非领导者。

6. 治疗结束一般由咨访双方共同决定，来访家庭感到自己前来治疗的目的已经达到，问题得到了解决或明确了努力的方向，而治疗师感到治疗达到了效果，此时即可准备结束治疗。

家庭治疗的基本技术

1. 建立关系时治疗师常用到的基本技术包括：肯定、加入、顺应、自我暴露、提供支持等。

2. 揭示和改变家庭结构的技术包括：表演技术、家庭结构图、打破平衡、改变层级、设置边界。

3. 改变家庭的观念和认知的技术包括：提供心理教育信息、正常化、再定义、提问、问题外化、探索例外、家谱图、隐喻、面质等。

4. 改变家庭互动模式的技术有：沟通训练、提问、表演、改变家庭规则、悖论指令等。

5. 促发和维持改变的技术有：培养动机、布置家庭作业、治疗信函、制定复发预防计划等。

关键术语

准备阶段　初次会谈　初始评估　治疗的早期阶段　治疗的中期阶段　治疗的结束阶段

建立关系　家庭结构　正常化家庭互动模式家庭作业

选择题

1. 治疗师在治疗前的准备阶段要完成的准备工作包括?(　　)

a. 会谈室等设施的准备　　b. 会谈参加者的确定

c. 治疗师的心理准备　　d. 预约电话的准备

2. 治疗师可以采用哪些措施来保证自己提供治疗服务的情绪状态和精力水平?(　　)

a. 不安排太多会谈　　b. 两次会谈之间休息

c. 保持自我警觉　　d. 调整自身期待

3. 收集主诉信息时围绕哪些主题进行?(　　)

a. 家庭成员的成长经历　　b. 问题的性质

c. 家庭成员的看法　　d. 寻求帮助的经历

4. 对家庭所处环境的评估涉及?(　　)

a. 家庭社会经济地位　　b. 家庭外的压力源

c. 家庭的社会支持体系　　d. 家庭成员与家庭外系统的交往

5. 以下哪些因素会影响治疗师干预方法的选择?(　　)

a. 治疗师的理论训练　　b. 同事的推荐

c. 治疗师的个性特征　　d. 专业期刊发表的相关研究

6. 在治疗早期阶段安排家庭作业的好处有?(　　)

a. 树立治疗师的权威

b. 检验治疗理念是否被家庭接受

c. 帮助家庭成员提升对自己行为的觉察

d. 帮助家庭尝试新的互动模式

7. 在治疗的中期阶段,治疗师的工作任务有哪些?(　　)

a. 促进家庭成员互动　　b. 培养家庭成员的责任感

c. 肯定家庭成员的努力和进步　　d. 评估治疗进展和治疗师自己的表现

8. 与来访家庭建立关系的技术有?(　　)

a. 肯定　　b. 加入和顺应　　c. 提供支持　　d. 自我暴露

9. 以下哪些信息是可以提供给家庭以帮助他们改变观念和认知的?(　　)

a. 人际交往技能信息　　b. 儿童青少年心理发展信息

c. 男女性别差异信息　　d. 家庭生命周期的信息

10. 在以下四种问题中,治疗师用来给家庭新的互动模式提出具体行为建议的问题是?(　　)

a. 线性问题　　b. 循环式问题　　c. 策略性问题　　d. 反思问题

第十章 家庭治疗的应用

本章你要学习什么？实践是检验真理的唯一标准，在临床实践中的应用是检验和提升心理疗法效度的最好方法。家庭治疗来自于西方心理健康服务体系，发端、成长的文化土壤与中国的哲学渊源和文化环境有着很大的差异，如何在中国文化中找到家庭治疗的契合点和生长点，如何在实践中保持文化的敏感性，这是所有学习者应该加以思考的问题。本章重点介绍中国文化与家庭治疗的结合点及其特殊挑战，另外对家庭治疗在儿童青少年心理问题、夫妻婚姻关系等问题中的应用加以阐释。

第一节　中国文化背景下家庭治疗的应用

家庭治疗在 20 世纪 80 年代后期开始传入中国，二十多年来得到了广泛的传播和应用，家庭治疗在中国心理健康服务体系中得以迅速推广的其中一个主要原因在于家庭治疗的理论观点和中国文化背景之间存在着契合之处，也就是通常所说的可以洋为中用的部分。正是这些契合之处决定了家庭治疗在中国心理咨询与治疗中的实践价值。对这个问题的了解，需要从了解中国传统文化的特征，以及当代中国社会中家庭的变化入手。

一、 中国传统文化价值观在家庭关系中的体现

劳伦斯·迈耶等在研究了中国的文化特性后指出："直到今天，中国的传统文化中多数的价值与信念都持久不衰。中国文化虽然遭受了外来价值的反复冲击，经历了急速的社会和经济变革，但还是保持着相当独特的'中国'性。"与欧美等西方社会相比较，中国社会是一个"典型的父系、随父居与父权的社会"。中国人的家庭结构是建立在伦常关系上的，许琅光把这一伦常关系看作是以父子关系为主轴展开的，维系这一以父子关系为主轴所展开的社会关系的价值系统就是儒家伦理。台湾著名心理学家杨国枢先生认为："以儒家文化为基底的中国文化其实是形塑中国人的心理和行为非常重要的资源。研究中国人或者解决中国人的问题是不能回避儒家的"。(杨国枢，1993)儒家伦理强调人际交往中的人伦，即针对不同地位和身份的角色系统以及这一角色系统中所遵循的"孝"规则。正如金耀基所说："孔孟整个理想的道德世界落实到社会上来，便是一个以孝为基础的伦理世界。孝是中国文化的大传统和小传统的核心"。(金耀基，1992)基于此，传统中国社会以家族为中心，在伦理中特别重视的是"情"，情是维系伦理关系的核心，因此在家庭范围之内用讲理的方式是不适宜的。在中国文化里，情与理不再对立，理就在情中，要求人们针对不同的"情"做出不同的行为选择。

正是因为有这样一个以家族为中心，以"情"为维系手段的伦理体系，因而中国人非常重视家庭和家庭教育，强调家庭中心伦理体系的传承，"齐家"是中国人传统价值观中一个重要组成部分。儒家文化在家庭关系中尤其关注几个方面的内容。其一是"和为贵"，作为一个重视人情的社会，"和为贵"是中国人处理人际关系的基本原则，"家和万事兴"则是中国人所追求的家庭和谐状态。事实上，在心理问题产生的过程中，人际关系紧张尤其是家庭关系出现问题往往是产生心理疾病的重要原因之一。儒家不但重视"和"的价值，也主张"和而不同"。儒家认为，人和人之间肯定是有差距的，

但是差距并不妨碍他们的共存、共进。相反，如果能正确处理这种差距，则更有利于共同利益的实现，"和"才能各取所长，共同发展，这一观点事实上与家庭治疗萨提亚模式所倡导的"因差异而成长"的理念有异曲同工之处。除了"和"之外，儒家文化在处理人际关系上还强调"中庸"，认为"过犹不及"，无论是在人与人的情感距离，还是在处理人际关系的原则上，都应该保持适度的原则，这一观点在家庭治疗结构模式关于家庭系统界限的观点中也有所体现。

另外，在家庭关系方面，儒家文化强调家庭成员应该扮演"适当角色"，认为这是处理好人际、家庭关系的根本。《论语》强调"父父、子子"，即做父亲的，要像父亲；而做子女的，要像子女。反映出一个人在社会或家庭里，要能根据具体情况而扮演与之相适应的角色，否则容易产生人际关系问题。从临床经验与家庭治疗者的观点来说，许多家庭的问题就在于父母不像父母，子女不像子女，因而发生家庭人际角色混乱的问题，间接地引发家庭情感与关系上的矛盾。因此，在家庭生活中扮演"适当角色"是儒家文化体现在家庭关系上的一个原则。

二、 当代中国家庭的变迁

尽管中国的传统文化仍对中国的社会及家庭保持着深刻的影响，然而中国社会处于改革开放、社会结构转型、工业化以及城市化的时代洪流之中，现代中国的家庭在结构、功能、观念等方面都不可避免地受到影响，发生剧烈的变化。台湾曾经做过一项大型的调查，调查结果显示了现代华人家庭的变化，这些变化在包括大陆、台湾和香港在内的华人社会中都具有代表性。

最明显的变化首先是家庭结构的变化。以夫妻及未婚子女组成的核心家庭增多，传统式大家庭相对减少，同时与之相应的是父权夫权家庭趋向平权家庭，长辈权威逐渐衰微。过去在农村社会里，汉族婚后居住地选择实行从父居，男孩婚后继续住在父亲的村庄里，只有女儿会嫁出去，跟丈夫住在丈夫的村庄里。因此就形成了如李家村、张家村等等同姓同宗的村庄。现在随着工业化、都市化的进程，夫妻婚后都住在他们工作的地区，大家庭的现象减少，不跟哪方的父母同住，而是小家庭独自生活。

伴随着家庭结构变化，家庭关系也发生了变化。由于职业妇女增多，妻子在经济上依赖性减轻，家庭经济责任趋于共同承担，再加上对个人基本权利的意识提高，夫妻的关系变得日趋平等，以往强调夫唱妇随的伦理观念被夫妻相助相补的关系所取代。除了夫妻关系的平等化外，亲子关系也日益平等化。由于医疗条件差以及生产力低下，过去的家庭往往多生育子女，而目前我们的社会实行计划生育政策，传统的孝道及"父教子顺"的伦理日趋单薄，家庭不再以父母为中心，而是以子女为中心，教养子女的方式也由严格控制转向尊重子女人格独立发展，强调亲子相互沟通，特别是子女们长大之后，父母的责任更多在于鼓励子女及早独立。

另外人们对婚姻和家庭的观念也发生了变化。传统婚姻观念认为结了婚就是一辈子的终生契约，很少有离婚的想法。特别是经由父母安排而结婚的夫妻，奉父母之命而决定终生相伴。但在现代社会里，人们对心理感受及感情生活质量更为重视，所以对家庭或婚姻的要求也渐有所不同。夫妻不再认同家庭是由终身契约所建立的生活单位，除了家庭所提供的生活功能外更强调家庭应该是情绪生活的满足基地，也是心理生活的基本场所。只要夫妻感情不好，就有离婚再嫁的想法。因此现代家庭趋向于以情感为基础，稳定性减弱，家庭纠纷增多，离婚率上涨。此外，现代中国社会的贞操观念趋淡，两性关系日见开放，因而婚前性行为、同居、婚外情、婚外性的情况在都市里都比较常见，这也反映出现代中国人对婚姻制度的重视程度降低了。

家庭功能的改变也很明显，以往农业社会中，家庭既是供给全家人吃住的生活单位，也是从事耕种的生产单位，全家人分工合作，生产、生活都在一起，彼此之间关系较密切，共度的时间很多。而现代家庭中，家庭主要是共同生活的单位，白天家庭成员各自上班上学，只在晚上或休假时才在一起相处。因此当代中国的家庭功能趋于特殊化，家更多成为生活、娱乐、休闲的地方，家庭功能以满足成员情感需要为主。家庭的许多功能外移，转而由社会承担，以往家庭承担的一些工作，如准备饮食、照顾幼儿等工作现在都可在社会上找到专业机构帮助。此外，由于现代人传宗接代的观念减弱，家庭的生育功能也受到影响，一般家庭都倾向于少要子女，对于下一代强调养育的质量，这既有其有利之处，子女的教养及所获得的资源较多，比较容易教育出高素质的孩子，但也有弊端，由于家庭人数减少，并且家人相聚时间减少，家庭关系容易趋向疏离，冲突增多。目前，中国的单亲家庭及子女不在身边的家庭增多，这也使得年老父母乏人奉养，孤单寂寞。各代人之间教育程度的差异造成的“代沟”更为明显。

当代中国家庭发生的种种改变，既是家庭这一基本社会单元对整个中国社会发展现状的折射和反映，同时也是家庭应对社会开放和变化所做出的调整。这些改变有其积极的一面，但同时也给现代中国人及整个社会带来了挑战。尤其是高离婚率及婚姻不稳定的问题。以往我们常常认为“婚姻危机”，如离婚、同居、婚前性行为、婚外恋等现象只发生在西方社会中，事实上这是偏见。这些现象在今天的中国社会已经越来越普遍，婚恋问题引发的心理问题也日益常见，以北京医科大学精神卫生研究所陈爱琴和陈昌惠的研究为例（1994），他们从该所出院患者 388 人中随机抽取 100 人，调查发现，100 名患者中，在恋爱、婚姻家庭各阶段出现心理卫生问题的有 35 人，占全部患者的 1/3 左右，35 人中有 18 例是因婚姻家庭问题诱发精神疾病，其中 16 例精神分裂症，2 例药瘾。除了婚姻面临的问题之外，独生子女政策导致的对孩子的溺爱，家庭冲突及单亲家庭的增多也使得儿童青少年心理问题突现。在 2005 年的第一届海峡两岸儿童青少年精神医学高峰论坛中，有研究者的调查显示，中国青少年患有精神疾病的人数达 4000 万之多。

三、中国家庭与西方家庭的差异

中国家庭一方面受传统文化根深蒂固的影响，另一方面在经济全球化进程中也受到西方文化的冲击。在这一历史背景下，家庭治疗作为扎根于西方文化中的主流心理咨询与治疗流派之一，要在中国家庭中对其加以应用，必须考虑到两种文化对家庭及家庭中个体的不同影响。了解中西方家庭的差异是在中国实现家庭治疗本土化所不可或缺的背景知识。总体而言，中西方家庭的差异体现在对家庭的重视程度、观念、成员关系及发展阶段等方面。

与西方文化相比，中国文化对家庭的重视程度更高，家庭对中国人而言非常重要。西方文化里注重“个人”，强调个人的权利与独立的精神。而在中国，家庭是个人不可分割的部分。梁启超在《新大陆游记》中说过：“吾国社会之组织，以家庭为单位，不以个人为单位，所谓家齐而后国治也。”研究也反映出，家庭或整个大的家族系统是中国人的重要应对资源，中国人更倾向于在家庭圈内寻求问题的解决而非找专业人士帮助。在传统中国，家是一种形成个体社会属性的组织形式，整个社会的价值系统都经由这个家的“教化”和社会化作用传递给家庭成员。中国人几乎所有活动都是在家庭之内完成的。即便在今天，家庭仍强有力地影响着个体生活的许多方面，在很大程度上影响甚至决定了人们的职业选择和配偶选择，影响了人际关系及个体的整个价值观。家庭在个体认知体系的形成和建构中的重要性的差异不仅提示家庭治疗师需要格外重视家庭在中国个体心理问题形成中的作用，也反映出，从家庭系统角度出发理解心理问题的治疗理念本身与中国文化中对家庭的重视相互契合，从根本上为家庭治疗在中国的实践提供了依据。

中国家庭的组成及结构也与西方家庭不同。例如，典型的美国家庭一般只包括自己核心家庭的成员，孩子成年后就从原生家庭中分离出去。而传统中国的家庭不仅包括了住在一起的家庭成员，还扩及到家族、宗族的层面。即使在今天的中国，虽然家庭成员看似以居住在一起的核心家庭为主，但从对个体造成的心理影响来看，家庭成员所涵盖的范围很宽泛，很多与核心家庭关系密切的亲戚都在这一范围之内，这些人都影响着家庭中个体的一些重要的行为选择，如择业和择偶等。例如，一名大学毕业生无法确定自己是否该继续读研究生，因为她的舅舅认为她应该尽快工作减轻家庭负担，而舅舅在她的家庭中一直是重要的决策者，她大学的专业就是舅舅帮她选择的。这个例子也反映出中西方家庭在家庭权力等级、家庭界限等结构方面的差异。在家庭权力分配方面，西方家庭比较强调民主平等的权力分配，注重全家一起达成协商，共同做决定。而尽管现在中国的父母们也日益民主化，但“长幼有序”、“父为子纲”等家庭伦理，在中国家庭中形成了严格的等级次序。亲子之间要依循上下长幼的等级关系，家庭中的重大事项仍多由父母或其他长辈做决定而极少征求子女的意见，对子女的学业、交友等行为控制更多。在家庭界限方面，中国家庭对“个人”的界限并不强调，而更看重家庭认同感，这种人际界限的模糊化既体现在核心家庭内部，也体现在核心家庭和扩展家庭之间，家庭成员之间的心理边界相互重叠和影响。家人互相替对方出主意、做决定。

西方家庭以夫妻关系为家庭中的根本关系，而中国的家庭则以亲子关系作为家庭中的关系主线，这与儒家伦理中对血缘、宗族观念的强调有关，此外中国家庭强调的是双向的抚养模式，老年人的赡养义务是由子女承担的，为了保证家庭的赡养功能得以实现，中国家庭伦理特别强调“孝”的概念，“百善孝为首”，重视子女对父母的服从、尊重和依恋。由于中国家庭看重亲子之间的情感依恋，不太像西方家庭一样强调子女的独立和自主，因而中国的子女从小就被要求要服从父母，做事情要多考虑父母的意见，照顾父母的感受，依家庭的目的而做决定，长大后也主张“父母在不远游”，不强调亲子间的分离，就算子女成家了，情感上也要与父母保持亲近。很多子女买房、结婚、照顾孩子都要父母帮忙，而父母年老后也希望子女能照顾自己。中国家庭中这种相互依存的亲子关系使得中国的夫妻普遍存在“重子女而轻配偶”的观念，不少夫妻不太愿意抽出时间和精力投入到夫妻关系中，而更多地将关注点放在孩子的身上，忽略了“皮之不存毛将焉附”的道理，没有意识到好的夫妻关系才是家庭功能适应良好的基础。

在家庭内部的沟通方面中西方文化也存在着巨大差异。西方的家庭强调表达，鼓励家庭成员公开表露个人的感受和意见。无论是家庭治疗还是其他根植于西方文化中的心理咨询与治疗流派，都强调公开、直接、明确的沟通，这是西方文化在人际沟通方面的特性。而中国的文化则认为一个成熟的人应适当地“压抑”自己的欲望，表达应该是“内敛”与“含蓄”的，要扮演符合社会要求的角色，所谓“克己复礼”。因此，中国家庭强调“和为贵”，要求家庭成员和睦、顺从、随和，而把争执和意见不合当做丢脸的事，特别强调表面的“和谐”，这就导致中国家庭中往往有一些隐形的规则，例如，“不要说影响家人感情的话”“有不满不应该正面表达，要迂回表达”“家丑不可外扬”等等。情感表达“含蓄”的这种文化特点使得中国的家庭无论是积极情感还是消极情感都较少表达，这使得家庭成员的猜忌和怀疑的现象较易发生。

四、 家庭治疗与中国社会的契合之处

基于对中国文化和中国家庭特点的分析了解，以及中西方家庭的比较，再结合家庭治疗的理论观念和实践特点，可以看出，家庭治疗的基本观念与中国文化之间存在着一定的契合之处，家庭治疗在中国社会中可以找到其生长点。

首先从满足社会需要来看，在工业化、都市化的现代社会中，一切都“机器化”“自动化”了，社会生活中的“人情”变得日渐淡薄，相对地，家庭生活变得更为重要，而人们对个体心理健康、情感需要的重视程度也日益增加。家庭作为“人生的避风港”，在维

持家庭成员身心健康，以及让家庭成员拥有温馨愉快的情感生活方面，人们期待家庭能充分发挥其功能。另一方面，对家庭情感功能的重视和依赖也使得当家庭无法满足人们的情感需要时，就极有可能导致心理问题产生。从大量相关的心理卫生流行病学数据中可以看出，由于婚恋问题和家庭关系问题而导致的心理障碍在各种精神障碍中占有很大的比率，家庭治疗以家庭系统作为干预对象，以系统中的成员关系作为关注的焦点，对此类心理障碍的治疗具有优势和针对性，因此可以说家庭治疗在中国的应用是符合市场的需要以及人们的心理需求的。

此外，从中国家庭的常见问题来看，家庭治疗的很多理论观点和技术手段有助于对这些问题的理解和解决。例如，中国家庭中常见的沟通问题，中国家庭中的沟通常常是单向的，父母往往更关注子女的学业而较少关心孩子情绪上的问题，亲子间的交谈通常是父母对孩子的质问和教训，缺少平等开放的对话。夫妻之间也存在单向沟通的问题，李维榕博士在实践中发现，传统的中国夫妻之间的沟通也缺乏开放性和平等性，由于夫权思想的影响很深，丈夫习惯于将自己的需要放在妻子的需要之上，中国的丈夫往往持续地拒绝妻子的意见，也不愿去倾听和满足妻子的多数需求。除了沟通缺乏平等互动之外，对于中国家庭来说，成员之间也较少表达情感。夫妻间虽然注重和睦、相互尊重，但不强调热情与亲密。情感经由对彼此的照顾，如做些食物或其他日常琐事来表达。夫妻间常无法具体地体会对方的感情，容易导致情感上的疏离。在亲子之间也很少有情感表达。父母常用“你还小，你懂什么”“讲了你也不懂”“我们是为你好”等话语来应对孩子的疑问。对于孩子的理解与共情较少。所以，在中国家庭中成员很少向对方表达自己的感情与需求，也无法“听到”对方的表达和“感受”到对方的反应，这是中国家庭中很常见的一类问题。另一类中国家庭中常见的问题是过度纠缠的亲子关系。在中国的家庭中，亲子之间彼此涉入较多，常常相互纠缠，表现为过度支持或过度依赖。这种过度纠缠的关系反映在几大类社会现象中，例如中国女性对自身的母亲角色的重视程度超过自身的妻子角色。怀孕、生育和养育孩子的体验帮助女性树立起自我效能感。对很多女性而言，孩子是心理支柱，她把自己的生活限定在母亲这一角色中，而把孩子当做自己的主要财富和责任，并通过他们使自己臻于完善。中国父母对子女生活的过度涉入也是中国社会常见的现象，如父母可以任意进入子女的房间翻看其物品，父母常干涉孩子的交友、兴趣、学业、职业甚至婚姻的选择，将自己没有实现的愿望强加在孩子身上，即使子女成家后，父母也常常对子女的夫妻关系以及对孙子女的教养方式加以批判或干涉。中国亲子关系的纠缠也反映在孩子对父母的夫妻关系的过度卷入中，中国的孩子常将父母的不和看做是自己的问题，过于关注父母亲的生活而卷入与父母的三角关系中，为此忽视或放弃自己的生活和发展，甚至成为父母关系问题的牺牲品，或者成为其中一方的盟友反对另一方。现代中国家庭子女数量少，亲子之间情感纠葛的现象越发严重，有的父母不注重培养孩子独立自主，也不鼓励孩子发展家庭之外的关系，结果孩子常常因无法与家庭分离，无法与他人建立良好的人际关系，而出现心理与行为的问题，并可能形成跨代的家庭问题。中国家庭的常见问题还有夫妻亚系统界限模糊的问题，如前面在中西方家庭比较中所指出的那样，中国家庭中亲子关系比夫妻关系受到更多重视，对原生家庭的忠诚也凌驾于对自身夫妻亚系统的忠诚之上，“娶了媳妇忘了娘”历来都是要受到社会唾弃的劣行。很多夫妻关注的重心偏重于对自己的原生家庭和对子女所承担的责任义务，婚后仍无法将儿子/女儿或大哥/大姐的角色置于丈夫/妻子角色之后，因而无法为夫妻亚系统建立合适的界限，使得其他个体或亚系统很容易就侵入和干扰夫妻关系，产生冲突与问题，或者夫妻中有一方出现不愿回家、酗酒、外遇等问题，还有可能导致母亲或父亲感情更多地转移到孩子身上，将孩子拉入三角化的漩涡中。中国家庭的这些常见问题，可以在家庭治疗的相应理论观点中找到诠释之道和对治之法。例如，家庭治疗的经验模式关注家庭沟通中的开放沟通及情感表达问题；而结构模式则对系统的界限提出了干预的策略，运用重塑系统界限的手段来让家庭成员各安其位；代际模式帮助治疗者们从家庭心理问题的代际传递的角度诠释当前遇到的困难等等。因此家庭治疗适用于中国社会的实践。

五、家庭治疗运用于中国社会所面临的挑战及应对

文化背景差异导致中国人群对心理问题的态度、解决心理问题的方法都与西方人群有差异，对心理健康服务的看法和对咨访关系的理解方面也与西方人群不同。虽然家庭治疗与中国社会和文化的契合之处使得家庭治疗具有在中国社会中推广与运用的潜力和基础，但文化根源上的差异使得家庭治疗在中国的运用也必然面临独特的挑战。这些挑战有的是所有扎根于西方文化中的心理治疗方法在运用于中国社会时都会面临的，还有的则是家庭治疗的运用实践中所独有的。

家庭治疗在实践中面临的重大挑战之一是如何成功邀请整个家庭参与治疗。中国社会对心理健康服务行业存在着很多误解，认为只有精神病人才需要心理咨询和治疗，心理问题污名化现象比较严重，心理困扰或心理障碍被等同于人品问题，因而中国人的心理困难往往以躯体化的症状迂回表达，寻求专业人员的帮助常常是最后的无奈选择。在这样的文化背景下，家庭通常认为家庭成员的心理问题是家庭的耻辱，出现问题的成员自己应该去努力加以克服，而很少会认同整个家庭系统需要调整的观点，因此邀请整个家庭加入治疗较为困难。国外对家庭治疗的循证(evidence－based)研究反映出，父亲加入到治疗中对治疗效果有促进作用。然而在中国社会中，由于传统夫权、父权思想的深入影响，在家庭中有较高权威的父亲往往很难放下“面子”加入到治疗中，通常认为孩子的心理问题是母亲应该管的事情。有的父亲即使参加到治疗中来，也往往持观望态度，参与的积极性和配合度不高，在治疗中有时遇到妻子儿女表达对自己的不满，感到权威受到威胁时阻抗更大，往往以种种理由再不来参与治疗。治

疗师邀请家庭加入治疗时遇到阻抗在中国很常见，应对这一挑战，一方面需要家庭治疗师善于运用自身的专业权威角色，另一方面也要求治疗师学会顺应家庭的权力层级结构，充分考虑到传统文化对家庭角色的影响。曾文星在其著作《文化与心理治疗》中指出(2002)，对权威的信任和尊重是中国文化的特点之一，来求助的家庭希望治疗师具有专业权威，能给他们一些具体的指导。因此治疗师不妨在建立关系时，花些时间向家庭介绍自身的专业背景、受训情况以及资历，以此建立权威的形象，有助于获取家庭的信任。除了运用自身的专业权威角色外，治疗师也应该顺应家庭中的权力层级结构。中国传统文化很重视家庭独特的等级结构，在中国进行家庭治疗时，尤其是治疗的初期，顺应家庭的等级结构尤其重要。有时家庭的问题在于现有结构过于僵化，失去了适应性，治疗师需帮助家庭重建结构或增加结构的弹性，即便如此，治疗师也要尽量尊重家庭既有的权威结构，以免引发家庭的阻抗。治疗师尤其要注意尊重父母的权威，在整个治疗进程中，要尽量避免批评父母或向父母挑战，要照顾父母的“面子”问题，不要让父母在孩子面前“丢脸”。如有必要对父母的教养问题提出异议的话，也最好安排与父母的单独会谈。其次，治疗师必须尊重丈夫的男性尊严，比如请丈夫先开口谈他们的婚姻问题或让丈夫提议如何化解他们的夫妻矛盾，要考虑丈夫的想法和意见等，处处都表示比较尊重其作为父亲、丈夫、男人的特别地位。这样，丈夫也就比较愿意继续和妻子一起来接受辅导，而不会感到受到威胁或被忽视。

家庭治疗在中国社会的实践中面临的另一个挑战是亲子关系中的纠缠与界限的问题。家庭治疗的理论本身强调人际界限以及亚系统界限，这与西方文化对个人独立性的重视有关，无论哪一个派别的家庭治疗，都认为个体的独立自主、为自身争取权利和承担责任的能力对于个人的心理健康而言，十分重要，尽管中国文化同样看重个体承担自身责任的能力，但责任的范围与西方文化存在着根本的差异。中国文化中个体承担的责任的范围比西方文化中要宽泛得多，“修身齐家治国平天下”作为中国人的理想，反映出中国文化“穷则独善其身、达则兼善天下”的责任要求，如果不能兼善天下的话，至少要修身齐家，家庭乃至整个家族都在中国人所担负的责任范围之内。基于此，父母将子女当成所有品。“养儿防老”的观点在中国文化中非常普遍，对孝顺的观念和习惯使得父母在心理上希望子女与自己亲近，而很少鼓励孩子在情感上独立，更不能容忍子女的挑战和反抗。亲子之间的亲密和纠缠在母子关系中尤为常见，然而临床实践证明，儿子长期过分地依赖和亲近母亲会影响到儿子的心性发展，缺少男性气概以及独立冒险精神，难以适应社会，在发展与异性的关系时也较易出现问题。对亲子关系过分纠缠的问题，处理时一定要注意不能过分地、过早地建议来访者从与父母的纠缠关系中脱离出来，或向父母表现反抗和挑战，否则极易引起父母的消极反应以及子女的内疚感和罪恶感，反而加深来访者及其家庭的阻抗。一定要缓慢地调节、训练、适应，同时也要分析原因，让来访者家庭明白其原理。以母子之间过分亲密纠缠的关系为例，母亲与儿子的亲密在于其从内心依赖儿子，将其作为情感支柱，而出现这种情况的原因又在于本应该给予妻子情感关怀的丈夫没有发挥作用。因此，只有妥善处理了母亲的寂寞情感之后，儿子的独立才有可能实现，也就是说要先处理好父母的夫妻关系，或为母亲寻求到一些寄托情感的新途径之后，才能鼓励儿子的分离和独立。

中国文化普遍存在“轻配偶而重子女”的现象，这与我国的“孝道”文化和“父权”传统密切相关，而家庭治疗则非常重视夫妻关系，认为夫妻关系是家庭的基础。夫妻尽管在家庭中的分工不同，但地位是平等的，妻子的需要与丈夫的需要同等重要。这两种观念之间的冲突也给家庭治疗在中国社会的实践带来挑战。家庭治疗师必须意识到，中国家庭中的很多问题往往与夫妻双方，尤其是丈夫对夫妻情感生活的不重视有关。在中国社会中，夫妻的关系主要建立在共同生活，尽各自的职责的基础之上，而很少关心两人情感关系的培养与维护，很少考虑关照彼此的情感需要，也不太表达和沟通情感问题。因此，对于治疗师而言，帮助夫妻增进彼此的情感，是经常需要治疗师努力的方向。然而，在中国社会中对夫妻关系开展治疗时，也必须注意遵循文化的特点，例如，要尊重丈夫的男性尊严，多让丈夫发表意见，也多考虑丈夫的意见，以激发和维持丈夫对治疗的参与程度和投入程度。此外，在处理夫妻关系时还需要避免被夫妻两人利用，成为向对方提要求的代言人，因为有些夫妻平时很难直接向自己的配偶提要求，在治疗中就有可能利用治疗师的权威来向对方施压，因而也需要特别加以注意。

生活中的心理学

我知道妈妈在做什么

安安和爸爸妈妈生活在一起，爸爸工作很忙，所以妈妈一直没出去工作，留在家里照顾安安，安安从小和妈妈很亲密。安安三岁时开始上幼儿园，而妈妈也找到了一份公司职员的工作。当安安和妈妈第一天分开时，安安非常不安，此后的两个星期里，每天和妈妈分离成为安安最恐惧的事情，妈妈也被安安的哭叫弄得整天心神不宁。

妈妈曾经带安安去过自己的办公室，但只待了几分钟。一位心理咨询师给了妈妈一个建议：妈妈可以每隔一两个星期把安安带到妈妈的办公室里待一段时间，这样安安不仅可以看到妈妈在那里做什么，她自己也可以在那里做点事情，这样她的分离焦虑就能减轻。

第二个周六，妈妈把安安带到了自己的办公室。办公室很安静，她们独自待在那里，自由地做自己想做的事情：安安画画或玩妈妈办公室里的一些办公用品，而妈妈就一边做一些自己的工作，一边看着安安。两个小时后，她们一起离开办公室到附近妈妈吃午餐的地方吃了顿午饭。

下一周当安安再去上学并且想念妈妈的时候，她的小脑袋里就会出现妈妈在办公室工作的场景，她自己也在那个地方“工作”过，她的焦虑减轻了。现在安安知道只要妈妈周末不太忙，就可以带自己去那里，和妈妈一起工作。

中国文化强调“内外有别”，因此在为中国家庭提供服务时，治疗师还需要面对如何成为家庭的“自己人”的挑战，从结构模式的家庭治疗理论来看，就是治疗师如何“加入”家庭中去。家庭治疗师在这个方面遇到困难主要有两个原因，原因之一在于家庭治疗师对于来访者家庭而言，本身就是一个外人，尽管家庭来寻求帮助，但对于治疗师能否成为自己人，应该在多大程度上对治疗师坦诚，家庭成员仍会持保留和观望的态度。因此治疗师一方面需要保持自己可靠可信的权威身份，另一方面又需要做到平易近人，多向来访者家庭解释治疗的原则、原理，也多鼓励来访者家庭对不满意或不理解的部分提出问题，加以讨论。治疗师在成为“自己人”时遇到困难的另一个原因是：治疗所带来的改变本身就可能对来访者家庭造成压力。在治疗中，改变带来的混乱、焦虑和痛苦可能使得家庭退缩，尤其中国文化特别强调家庭成员之间的相互责任。当治疗师把症状问题转化成家庭成员的关系问题时，家庭成员很容易将问题归因到自己身上而产生负疚感和焦虑。为减轻自己的负疚感，家庭成员有可能对治疗师的解释和治疗干预产生阻抗，在治疗的过程中，常常表现为双方的分歧，即治疗师关注家庭成员之间的关系而家庭则关注症状成员的症状。有的家庭即使口头上同意治疗师的治疗介入，但在治疗实施过程或完成家庭作业时寻找各种理由推托，这也反映出家庭的阻抗。面对这种情况，家庭治疗师必须有耐心，给家庭时间，持续不断地向家庭指出症状与家庭互动模式之间的关系，坚定地推进治疗。

六、家庭治疗在中国的发展

家庭治疗在中国内地的发展始于80年代后期。1988年，德国精神病学家和心理治疗家斯蒂尔林(Helm Stierlin)教授及西蒙(Fritz B. Simon)博士，通过“中德心理治疗讲习班”第一次将家庭治疗正式传入中国。他们在昆明向来自全国各地的40位精神科医生讲授了系统家庭治疗，并访谈了中国患者和家庭，此次讲学使得家庭治疗进入中国，并有了以后的发展，可算是家庭治疗在中国的开端。

家庭治疗在中国的运用不单纯是一个技术引进的问题，更是一个文化融合的问题，这一源自西方文化的心理健康服务方法在使用中必然要与中国传统文化产生碰撞、交流和融合，这是家庭治疗实现本土化适应的必经过程。杨国枢认为这个心理咨询和治疗的本土化过程是一个从“外源性本土化”或“进口式本土化”到“内源性本土化”或“原生性本土化”的过程。总结二十多年来家庭治疗在中国的发展，可以说，中国的家庭治疗仍处于进口式本土化的时期，因为国内至今仍没有成体系的本土家庭治疗理论，我们还处在最初的对西方理论和方法的“进口”阶段，所做的更多是对西方理论概念和干预技术的学习模仿，即使有所融合和创新，也不够系统。目前家庭治疗在中国的发展可从两个方面来看，一个是家庭治疗相关出版物的情况，另一个则是家庭治疗在中国的培训和实践情况。

1997年，北京医科大学（现北京大学医学部）和中国协和医科大学联合出版的《现代心理治疗手册》中较为全面的对家庭治疗进行了介绍，专列一章，这可算是目前已知国内文献中较早的介绍西方家庭治疗的文献。1999年，中国社会科学出版社出版了结构模式家庭治疗师李维榕（Wai-Yung Lee）教授的《家庭故事》（共三册），以轻松有趣的行文风格将结构派家庭治疗的原理和干预案例进行了介绍。2002年北京大学出版社出版了夏威夷大学医学院精神科曾文星教授的《家庭关系与家庭治疗》，对几个主要流派的家庭治疗进行了介绍，这些出版物均属于普及性质的书籍，对一些西方和港台的案例的介绍也较为简略。在这个时期，一些相关的期刊中也发表了一系列介绍家庭治疗的文章，例如《关系的探索与调整：西方家庭治疗的新视角》《西方女性主义思潮对家庭治疗的冲击和影响》（汪新建）《儿童和青少年问题行为的家庭治疗》（权朝鲁）《家庭治疗四原则》（吴卫国）等。同时，家庭治疗相关的教材和专著的翻译出版工作也迅速发展起来，中国轻工业出版社出版了《家庭治疗技术》（方晓义等译）《家庭治疗基础》（林丹华等译），华东理工大学出版了《家庭治疗理论与方法》（胡赤怡等译），陕西师范大学出版社出版《家庭治疗概论》（李正云等译），还有上海社会科学院出版社的《家庭疗法：系统化理论与实践》等等，这些书籍均对家庭治疗的各个派别和治疗模式进行了概述。近年来，随着家庭治疗几个流派在中国内地的发展壮大，相关出版物开始呈现多样化的趋势，如介绍结构模式的有：《名家治疗笔记一为家庭疗伤》（李维榕），米纽庆的《回家》《家庭与家庭治疗》《家庭与夫妻治疗案例与分析》等；介绍萨提亚模式的，如《心灵的淬炼：萨提尔家庭重塑的艺术》（Maria Gomori，玛莉亚・葛莫瑞），萨提亚的《新家庭如何塑造人》《萨提亚治疗实录》以及约翰・贝曼（John Banmen）所著《萨提亚转化式系统治疗》和《当我遇见一个人》等等。

在培训和实践方面，系统家庭治疗、结构模式、萨提亚模式这几个家庭治疗的流派或模式因其培训和推广开展得较早也较广泛，因而成为目前中国家庭治疗的主流。80年代末90年代初期，"中德心理治疗讲习班"连续三次开展系统家庭治疗的培训，正式将系统家庭治疗引进中国内地。以赵旭东教授等人为代表的中国系统家庭治疗师们在大陆开展了系统化的家庭治疗临床移植工作并做了相关研究，发表了一系列论文，证明此种疗法对中国人的适用性。此后，中德心理治疗讲习班几个批次的连续培训为系统家庭治疗在中国的发展打下了良好基础。90年代中期以后，在上海、北京、武汉等地，也陆续有一些东西方家庭治疗师，包括参加过中德班和结构班系统培训的学员举办讲习班，介绍家庭治疗。这批中国家庭治疗最初的学习者和实践者们正在把所学知识用于治疗实践，他们在各地组织了工作小组，并以出版内部通讯的形式形成了交流的网络。近年在昆明、上海还建立了配备声像摄录系统的家庭治疗专用治疗室，在昆明和汉堡建立了资料库，其中收藏了大量有关家庭治疗的文字和影像文献。与系统家庭治疗不同，结构模式和萨提亚模式家庭治疗在中国内地的引入和推广都经过香港和台湾同行的引介。1983年，萨提亚在香港开办家庭治疗讲习班，开始系统地培训家庭治疗师。之后又在台湾授课，将萨提亚模式引入了台湾。1989年萨提亚女士逝世后，在其弟子们的努力下，“香港家庭治疗促进会”正式成立。同年，香港“萨提亚人文发展中心”成立，为公众提供体验式家庭治疗服务。2000年后，萨提亚的亲传弟子及同事约翰·贝曼博士和玛莉亚·葛茉瑞博士先后多次在北京、上海和广州等地传授萨提亚理论，使家庭治疗萨提亚模式在中国有了更广泛的传播与运用，在此过程中，香港的蔡敏莉和台湾的赖杞丰也起了非常重要的作用。家庭治疗结构模式在亚洲的传播首推李维榕博士之功，作为香港人，同时也是家庭治疗结构模式创始人米纽庆的亲传弟子，从1993年起，李维榕开始在香港讲授结构式家庭治疗。1996年，米纽庆受邀到香港推广结构式家庭治疗，并成立了香港家庭研究所。2000年春，李维榕教授在北京医科大学心理咨询和治疗培训中心开办了短期培训班，介绍家庭治疗结构模式。此后她在大陆开办了两期结构式家庭治疗连续培训班，每期3年，每年2次，培养了一大批结构式家庭治疗师。2002年9月，米纽庆也受邀到北京给参加家庭治疗结构模式培训的全国学员亲自授课，由于结构模式家庭治疗与中国文化较具契合性，因而受到很多治疗师的推崇。近年来，其他流派的家庭治疗也被陆续引进大陆，安德逊多次在上海和武汉讲学，传授后现代取向的合作家庭治疗。萨夫夫妇也在这些地区传播他们的客体关系取向的家庭治疗理论与方法。此外，情绪聚焦取向的家庭治疗、认知一行为取向的家庭治疗也正经由各类培训和工作坊越来越多被中国的心理健康服务行业所认识和接受。

复习巩固

1. 当代中国家庭在结构方面有什么变化？
2. 在邀请整个家庭参加治疗时，家庭治疗师应该如何应对家庭的阻抗？
3. 家庭治疗师在加入到家庭中成为“自己人”时需要注意些什么问题？

第二节　家庭治疗在常见问题中的应用

家庭治疗作为心理咨询与治疗的众多流派之一，与其他派别一样，有其适用范围和局限性。通常而言，与人际关系尤其是亲密关系、家庭关系相关的心理问题比较适合使用家庭治疗，也往往能取得较好的效果。相对于关系问题而言，个体心理问题是否适合使用家庭治疗则取决于几个因素。首先，需要明确个体的心理问题是否是家庭问题的反映和表现。这种情况在儿童和青少年心理问题中较为常见，孩子的心理、情绪或行为的障碍常常反映出家庭功能的失衡，在一定程度上起到保护家庭或释放焦虑的作用。另一类适合使用家庭治疗的个体心理问题虽然与目前的家庭环境可能看不出直接的关系，但分析之下会发现这一心理问题与该来访者过去的家庭生活经历或其家族的发展史密切相关，遇到这种情况时，运用家庭治疗的理论对家庭的历史加以分析有助于治疗师对问题的概念化，只是在此类情况中，治疗师需要注意引导来访者，避免过于纠缠于过去，而应着眼于现在的成长。

一、 儿童常见心理问题与家庭治疗

儿童期的年龄划分没有统一的划分标准，主要是依据生理及心理上的发展情况并参考社会及教育制度而定。本文此处的儿童包括婴幼儿、学龄前儿童及学龄儿童在内，即 12 岁之前的个体均在此范围之内。一般而言，由于儿童的心理尚未成熟，认知能力、语言能力发展尚处于较低水平，因此心理障碍的呈现方式与成人比较起来较单纯，不明显，而常常以生理反应、心身症状、情绪障碍以及行为方面的失常来表现。需要家长或老师加以特别的关注才能发现异常。

儿童在心理方面的困扰常常表现为情绪问题、心身症状以及行为问题。儿童常见的情绪问题主要有焦虑、恐惧、抑郁情绪，其中最为普遍的是“分离焦虑”反应，表现为极度害怕父母或照料者的离开，在与父母分开后反映很激烈，尖叫、哭泣。一般而言，儿童在与熟悉的照料者分开时都会有些焦虑反应，此乃正常，但如果在分离后儿童持续长时间的哭泣，拒绝其他人接近安慰，在与父母重聚后表现得非常害怕父母再度离开，或在再次离开时出现极度焦虑的反应，则说明儿童的分离焦虑是异常的。儿童的恐惧情绪反应为怕黑、怕鬼、怕陌生人以及怕父母亲人死亡等内容，随着儿童的年龄增长和大脑的发育成熟，儿童恐惧的内容会增加。如果伴随恐惧情绪出现强迫症状，如必须把物品按顺序排列，穿衣服、做事情必须遵循一定的秩序等，或者出现做噩梦或难以入睡、尿床等退行行为的话，也属于需要特别加以关注的异常状况。儿童因为抑郁情绪而出现的异常行为反应则包括闷闷不乐，对玩耍和友伴没兴趣，独自哭泣，胃口不好以及睡眠不好等。

儿童表现的心身症状一般都与儿童的情绪问题密切相关，成人的心理发展成熟，能将心理和生理的反应区分看待，也能明白心理与生理的联系，但儿童往往不能区分生理和心理的差异，当情绪问题引发生理症状时，例如，因为紧张焦虑而出现头痛、肚子痛、拉肚子的情况，或因为抑郁而恶心、吃不下东西，此时儿童一般只能表述身体的不适感，而无法描述内心焦虑、抑郁、嫉妒一类的情绪问题。此外，儿童的心身症状还具有普遍性的特点，缺乏特异性，与焦虑、抑郁、悲伤等各种消极情绪相关的生理反应都可能表现为不想吃饭、睡不好觉的情况，这与成人有很大区别，成人与抑郁或焦虑相关的躯体症状一般都具有一定的特殊性，较易辨识，儿童的躯体症状则较难与情绪问题对应起来。而且儿童对身体症状的描述也往往是不够明确的，只能模糊地说出疼痛的位置或恶心的感觉，而无法进行详细解释，因此常常需要照料者的细致观察。

儿童期常见的行为问题有厌学、撒谎、偷拿别人东西、打骂人以及退缩行为等。儿童厌学有的仅表现在刚开始上学或转入一所新学校之初，也有的则表现为一开始愿意上学，之后突然不愿意去幼儿园或学校上学的情况。前者一般与对新环境的恐惧、与父母的分离焦虑有关，后者则可能与在学校里受欺负、遇到不喜欢的老师或做了错事害怕被惩罚有关系。儿童的撒谎行为和偷拿别人东西的行为需要根据儿童的年龄和发展阶段加以判断，对于幼儿期的儿童，由于心理发展仍很幼稚，常常分不清楚幻想与现实的差别，也没有“别人的”和“自己的”所有权观念，因而出现说假话或拿别人东西的情况，此时并非有意说谎或偷东西，儿童自己并没有意识到这是“错误”的行为。但是这两种行为如果出现在学龄期的儿童身上，则需加以注意，可能是由于这些行为曾在过去受到过不适宜的强化，例如，曾因说假话逃脱过惩罚或偷拿别人东西没有被发现或惩罚，尝到了甜头后使得这类问题行为保持下来。儿童的攻击和对师长的反抗行为与儿童的自我意识发展有一定关系，随着儿童的认知和思考能力的发展，儿童表达自己想法的意愿增强，即有可能表现为对师长的反抗行为。而儿童的攻击行为不仅与其自我意识发展有一定关系，也与儿童的自我控制力发展有关，一般有攻击行为的儿童在自我情绪控制方面都存在困难，当心情不好，生气愤怒时却不知如何排解和调节，转而以攻击或破坏行为来表达和发泄。儿童退缩行为在儿童心理行为问题中十分常见，人们在遇到心理困扰时的反应常可以分为向内和向外两种，向外的反应即采取攻击、发泄、诉说等策略，而向内的反应即抑郁、退缩、独处深思等。儿童在遇到心理困扰时，较易出现退缩的反应，不跟人接触来往，也不参加大家的活动，独自躲起来。当然还需要把儿童的退缩行为与儿童内向沉静的性格特点加以区分，确定这一行为不是儿童先天的气质倾向而是一时出现的行为问题，才可以进行判断。对于过于内向的儿童，也宜多加鼓励，引导其参与到友伴群体的活动中去。

儿童的心理行为问题的表现形式多样，其背后的原因也往往是多维的，同一类问题可能在不同的儿童身上有不同的表现，如分离焦虑在有的儿童身上表现为身体症状，头痛、呕吐，而在另一些儿童身上则可能是哭泣、做噩梦等行为问题；而在同样的表现形式背后也可能有不同的问题，需要加以区分。总结起来，儿童出现心理行为问题的原因主要有几个。首先是环境适应的问题，环境适应障碍属于应激反应的范畴，儿童所处环境的变化就是其所需应对的应激源。儿童成长过程中，可能由于需要适应特别的心理和物理环境，而出现适应困难和障碍，从而呈现出身心各方面的失调，产生症状。如果环境状况改善，症状也就会随之消失。儿童常遇到的环境适应应激源包括照料者的更换，如父母生病或去世的情况，自己生病入院、有了新生的弟弟妹妹（一般而言，儿童在这种时期所出现的反应是调整性的反应而非排斥性的反应），以及离家上幼儿园、转学等等。对于婴幼儿，环境适应困难可能表现为拉肚子、拒食、哭泣或发育迟缓的情况，而年龄较大的儿童则会表现为情绪问题或退行行为，如咬手指、尿床、缠着父母等等，再大一点的学龄儿童则可能出现反抗、攻击、偷拿东西等问题行为。另一个可能引起儿童心理行为问题的因素与其养育者有关，有时儿童与养育者的关系本身可能引发儿童心理行为问题，例如，在某来访者家庭中，父亲喜欢男孩，因此，在女儿出生之后对女儿表现得很厌恶，觉得女儿终究是帮别人家养的儿媳妇，不能传宗接代，因而与女儿不亲近，一直要求妻子再生一个儿子，小女孩因而很害怕、厌恶父亲，女儿在母亲再次怀孕后出现夜哭、尿床等退行行为，这就是一则典型的因为父女关系疏离敌对，导致女儿在应对母亲怀孕（意味着有新生的弟弟）这一应激事件时出现适应困难的例子。儿童与养育者的关系不良造成的不良心理成长环境对儿童的影响极为不利，甚至会延续到其成年。除了儿童与养育者的关系外，养育者（通常为儿童父母）之间的关系也会影响儿童的身心健康，父母婚姻不和谐，双方或者大吵大打，或者冷若冰霜，都对儿童身心造成不利影响，年龄小的孩子会产生害怕和恐惧的情绪，对于更大的儿童，父母的婚姻不和谐会令其对婚姻产生消极的印象，影响其自身与异性的关系。还有的孩子因为卷入父母的婚姻冲突中，与其中一方结盟反对另一方，结果成为结盟一方父母的"伴侣"，背负起了与其心理发展水平不相称的压力，为父母操心，无法把精力放在发展自身和拓展友伴关系方面，影响其身心健康。这种情况中还包括隔代抚养的问题，有的儿童由祖父母及父母共同教养，两代人在教养观念、方法上的差异也可能导致儿童的心理行为问题，例如有的儿童任性妄为，谁的话也不听，甚至敢打父母和老师，追究下来，会发现孩子背后的两代抚养者在教养上无法统一，互相拆台，结果导致孩子利用父母和祖父母的分歧为所欲为。此外，儿童父母自身的一些特点也有可能是导致儿童出现行为问题的原因，例如有的父母抱持"天然"、"放养"的观念，对孩子放任自流，导致儿童的一些行为问题未能得到及时地发现和矫正，结果积重难返。还有的父母则对子女严厉有余而慈爱不足，结果导致儿童退缩、怯懦，不敢表达自己的观点和想法，待人冷漠。父母本身的言传身教对子女影响甚大，例如有攻击、破坏行为的儿童往往也有不善于自我控制、自我调节情绪的父母，儿童从父母那儿学到了不高兴就打人骂人的行为。儿童心理行为问题除了这些原因之外，还需要结合问题发生的具体情境来加以具体的分析，例如一个小学生偷拿了别的同学的东西回家，可能并不能够从应激源上或父母教养上找到问题的原因，但仔细考察下来，或许会发现这个孩子这样做的原因只是因为嫉妒她的双胞胎姐姐，因为姐姐成绩更好，琴也弹得好，得到很多关注和赞扬，因此妹妹借由这一问题行为来将家人的关注点从姐姐那儿吸引过来。总之，在分析儿童心理行为问题的成因时，需要综合考虑环境的因素、关系的因素和人的因素。

在处理与儿童相关的心理问题时，治疗师需要把握几个原则。首先是发展的原则，这包括两个内容，一个是在对儿童的问题进行评估时需要把儿童的心理发展水平纳入考虑的重点，对儿童在认知、情绪、行为方面的成长水平应该有清楚的了解，根据儿童所处的发展阶段来判断儿童所表现的问题是其所处发展阶段的正常现象还是心理行为障碍。如前面所表述的拿别人东西的问题，对于三岁之前的幼儿来说，拿别人东西只是因为儿童还没有建立起所有权的概念，认为喜欢就可以据为己有，而对于学龄儿童来说，偷拿别人东西则是必须加以关注和矫正的行为问题。发展原则的另一个方面体现在对儿童心理行为问题采取的干预手段上。以建立咨访关系为例，对于家庭治疗师而言，在治疗开始时都要经历与家庭建立关系的阶段，如果家庭中的症状表现者是儿童的话，建立关系的策略应该与其发展的水平相配合。对于幼儿来说，建立关系时以讲故事、打招呼、分享玩具和食物的方式入手会比较适宜，而对于6、7岁的学龄儿童，则可以与其聊聊对方喜欢的故事、动画片等，与再大一点的儿童则可以谈谈学校的事情、好朋友的情况，或者对方的名字是怎么来的，等等。在针对心理问题施加干预时，对幼小的儿童更宜采用游戏、绘画、木偶戏等非言语的方式，因为幼儿的语言发展水平还不足以表达其思想情绪，因而用非言语的方式更适宜，即使对更大的一点的儿童来说，非言语的干预手段也是适用的，因为儿童的自我功能尚未成熟，直接向别人表达有关“自己”的欲望和情感仍有困难，因此可采用间接手段，以配合其心智的发展水平。除了发展原则之外，治疗师还需把握系统的原则，一方面，分析问题原因时要从家庭系统的角度出发，另一方面，对问题的干预也应该深入到家庭系统乃至学校系统中去。儿童与成人在对环境的依赖方面存在根本的不同，儿童更多是对环境变化的反应者而非发起者，相对于成人而言，儿童几乎没有力量采取行动来消除或预防环境压力，而只能被动应对。因此儿童心理行为问题的治疗很适宜采用家庭治疗的方法，因为儿童的生活深受其家庭系统的影响，越小的儿童越是如此，因此在干预中必须将父母纳入到治疗中来，尤其当儿童的问题与父母的教养相关时更是如此，否则干预将无功而返。对儿童及其家庭开展家庭治疗有很多好处，其中最大的好处就是可以借由在治疗室中对儿童及其家庭系统之间交互作用的直接观察，找到儿童心理行为问题的原因，例如，在治疗室中如果看到父母亲如何各行其是，在孩子面前互相指责拆台的话，就比较容易理解为什么孩子谁的话也不听，难以管教；好处之二在于可以有针对性地帮助父母了解和学习教养孩子的知识和技能，并且现场就可以练习和反馈。也可以通过向父母指出他们的家庭系统中成员之间的行为反应链，让父母看到彼此之间行为的激发和联系，从而做出改变。给父母灌输儿童心理发展的相关知识很重要，可以让父母了解到孩子在发展过程中会经历的阶段和遇到的困难，帮助父母重新认识所面对的问题，增加他们做父母的效能感和信心，而父母对孩子的问题有新的诠释也有助于减轻一些父母因为孩子的心理行为问题而产生的内疚自责感。此外，由于社会环境中普遍存在过于注重孩子的智能发展的现象，很多父母过于看重学习成绩而轻视孩子情商、生活技能的发展，因而向父母传播儿童发展的知识也有助于纠正这种不良的社会倾向。处理儿童心理行为问题的第三个原则是情绪、行为和关系配合干预的原则。一般而言，对于幼儿，最好采用关注情绪的干预手段，例如，言语的安慰、身体的安抚、陪孩子玩耍，通过这些手段帮助其化解不良情绪，获得满足和安心的感觉，问题就可得到缓解。而对于上了幼儿园或更大的儿童来说，行为矫正的方法往往能取得更好的效果，即采用正强化或塑造的方式来培养孩子积极正向的行为，而采用惩罚或忽视的方法来矫正其消极的行为，在矫正行为的同时配合上技能训练。例如，对有攻击行为的儿童，一方面，对其攻击行为加以矫正，另一方面，教给其如何用适宜方式表达和舒缓消极情绪的技能，以及与同学相处的一些基本的沟通技能，则可获得更好的效果。总体而言，如果属于人际关系范畴的问题，行为矫正配合技能训练在关系改善上较有效。

二、青少年常见心理问题与家庭治疗

青少年指从12岁上初中到18岁上大学这一期间的个体。根据精神分析学家兼发展心理学家艾瑞克森(Erickson)的心理社会发展理论观点，这一阶段个体心理发展面临的发展任务是自我同一性或身份感(identity)的建立。这个阶段的青少年，对自己的身体和心理状况变得十分敏感。很关注自己在同龄友伴团体中的地位，对异性的兴趣大增，在心理上越来越关心别人如何看待自己，自己的外表是否具有吸引力，自己的长处在哪里，自己一生的发展方向如何等等。对这些问题获得比较明确的答案，并能有自己的主张的青少年即算得上是获得了自我身份认同，否则就陷入到被称为“角色混乱”(role confusion)的漩涡中。

青少年期可算得上是一个充满矛盾的人生阶段，英文adolescence(青春期)这个词本身就意味着“处于从儿童到成年人的转变过程中”，这表示此一阶段的孩子还没有固定的性格和身份，处于过渡和不稳定的阶段，部分是孩子，部分是成人，部分却位于两者之间。尽管许多研究表明，这个阶段的孩子并没有像人们普遍认为的那样处于极度的烦恼中，但情感上的混乱却确实存在。青少年期的心理行为问题与这个阶段的矛盾性密不可分。青少年阶段最主要的矛盾体现在，青少年在情感上对于父母很依赖，但另一方面却又渴望不再受父母的控制，而获得自由。青少年阶段的另一个主要矛盾是在这个阶段的个体的头脑中，理性与非理性的冲突十分激烈，但没有一种力量能一直占据决定性地位。在理性的一面，青少年极为关注社会乃至自己家庭的运作方式，他们热烈地对家庭和社会的政策进行争论，表现出对于理性、逻辑和秩序的尊重，此时他们显得成熟明智。而在非理性的一面，他们倾向于为了树立和感受自己的个性而漠视规则和责任，甚至故意向秩序和社会规则进行挑衅，此时他们显得幼稚狂妄。青少年阶段的第三个主要矛盾在于青少年从不成熟的儿童向成熟的成年人发展的速度不仅在个体之间，甚至在个体内部都是不均衡的。在某些方面，十几岁的孩子发育得特别快，大多数青少年在进入青春期后很快就成功地模仿了成人的生活方式和行为。而在另一方面，他们又推迟了自己青春期结束的时间，延长了自己依赖父母的时间，甚至在大学毕业乃至结婚之后仍在依赖着父母。这种发展的不均衡表现为生理发育与心理发展的不匹配，如生理发育已完全是成年人的外表，而心理上仍幼稚，不能很好地控制和调节自己的情绪，或者认知方面的发展先于情绪的发展，比如在面对与异性交往的关系时不知所措的情况。

正因为青少年期具有这样“处处矛盾”的特点，青少年期往往也是心理行为问题的“多事之秋”。青少年常见的心理行为问题可以分成几个类别，包括与性心理相关的问题、友伴交往问题、亲子关系问题、学校适应问题以及行为问题（物质滥用、偷窃、离家出走、饮食障碍等）。与性心理相关的问题在青少年中属于十分高发的心理行为问题，常见的性心理问题包括青春期性行为、青少年怀孕、同性恋、异装癖、偷窥癖等，青少年的性心理问题具有一个重要的特点，即这些问题往往是过渡性的适应问题，随着青少年的进一步发展成熟、社会经验的增长和认知水平的提升，这些问题往往就消失了，即预后效果较好。这一点需要特别注意。青少年出现一系列的性心理问题，主要的原因在于性发育对于青少年而言是一个新的成长课题，生理上的变化巨大，认知能力和生活经验却配合不上，因而出现性心理和性生理发展不协调。例如，女生在面对月经初潮时不知所措，或者男生对手淫产生无谓的罪恶感等等，都属于认知上没有充分了解，而生理上已发生变化的现象。与此相同的，就是如何控制与处理自己对性的兴趣、好奇和欲望。由于不愿（也不敢）向父母询问这一类信息，又不知通过何种途径获取相关知识，因而一些黄色网站、书籍成为青少年性知识的主要来源，结果可能吸收了大量谬误的信息，还有的青少年出于好奇的心理，会去偷拿异性的内衣，或偷看异性换衣服洗澡等等，这些也属于发展的问题，不宜过责。当然也有些性异常的情况发生于青少年期并保持终生，如同性恋或异装癖一类情况，这类情况需要区别对待，如属先天的异常，无法加以矫正的话，最好的办法是协助个体及其家庭了解并接纳这一现实。除性心理问题之外，友伴交往问题也在青少年期成为突出问题。青少年十分在乎其他人对自己的看法，对友伴团体的重视超过对父母的重视，为了保护朋友不惜与父母反目。对青少年而言，为了获得朋友的认可，成为受欢迎的人，甚至会愿意去做一些愚蠢有害的事情。除了因为友伴压力产生行为问题之外，青少年在交友方面还可能出现问题，包括：交友困难（即没什么朋友，不知如何与人交朋友）和相处困难（可以交上朋友，但难以维持交往）。前者往往与青少年的社交技能差有关系，比如有的青少年生长的家庭对孩子控制较严格，从小不鼓励孩子参加集体活动，或者因为孩子从小健康状况不佳，父母担心孩子生病而限制其外出活动，过度保护导致孩子错过社会化的阶段，缺少社会化的经验，即使有想要亲近的同学或伙伴也不知道怎么去交往。与交友困难不同，相处困难的问题往往与青少年性格缺陷有关，这类青少年具有一定的社交技能，能与人交往，甚至有很好的朋友，但往往做事以“自我”为中心，较少考虑别人感受，总期待别人像家人一样照料自己，从小被家人过分宠爱的青少年常常有这个问题。与友伴相处困难还可能因为缺乏自信，不相信朋友会真心喜欢自己，或者疑心病重，总怕别人占自己的便宜，因而保持戒心。这些性格缺陷也往往与其从小的教养环境有关，例如，从小家境很差，父母分离，或者从小总被老师家长批评责骂，导致不够自信。青少年期的亲子关系问题也很突出，其中最常见的是亲子冲突。父母面对突然长大、处处都有自己主见的孩子不知所措。亲子相处困难在有的家庭中体现为父母亲仍用儿童期的方式对待青少年子女，结果导致青少年的反抗，父母将之视为挑衅而引起冲突升级。在另一些家庭中，则可能是因为父母亲对青少年子女更想与友伴在一起而不愿待在家里感到不适应、不理解，继而对孩子的交友行为加以干预阻挠引起亲子冲突。这类情况产生的原因往往与父母缺少对青少年期的身心发展的相关知识，没有根据孩子的成长情况及时调整教养策略有关。另外也可能与父母自身的一些问题有关，例如，夫妻关系不好的父母，原本将孩子当做伴侣相依为命，结果孩子进入青少年期后，一方面，不愿意总陪着自己而想跟朋友在一起，另一方面，因为性生理发育的原因，对父母有了一分疏离和排斥，导致在情感上依赖子女的父母感到被抛弃而产生反弹。青少年的学校适应问题常见的主要是师生矛盾、厌学或逃学。青少年期是继儿童期个体开始表达“我”这一自主概念之后的第二个反抗期，直接而冲动，喜欢与权威者对抗，而学校由于学生众多，老师往往没有精力关照到每一个学生的差异，有的老师喜欢使用权威和高压的手段，导致学生的不满，由于缺少所需的社会经验，青少年学生更有可能直接对抗和批判老师，结果导致正面冲突的产生，师生矛盾常是厌学和逃学的直接诱因。除了师生矛盾之外，由于中国社会的考试制度过度关注学生智能方面的发展而轻视生活的经验、心理的成熟，学生的升学压力很大，父母、老师、同学乃至整个社会对学生的态度都取决于其学习成绩，这对个性要强的青少年而言则更会加重其心理负担。在这种心理环境之下，可能一次考试失败这样的小挫折就会导致青少年厌学、逃学甚至离家出走。青少年常见的行为问题包括物质滥用、偷窃、离家出走、饮食障碍等，这些问题一般不会是孤立发生的，背后常有其心理或情绪困扰。事实上，青少年的行为问题常常是在几个系统的合力作用之下发生的，对于青少年而言，生活环境中的几个系统对其有巨大影响，其中包括友伴团体系统、家庭系统、学校系统，以及作为背景的整个社会价值取向系统，青少年行为问题的产生往往与其在这几个系统中的处境有关。那些在家庭系统和学校系统中得到较少正向、积极反馈的青少年会将友伴团体作为寻求自我价值感的主要源泉，而一旦其友伴本身有行为问题的话，则青少年极有可能也会出现行为问题。以离家出走为例，很多离家出走的青少年就是由于受到同伴压力的错误引导，认为这是寻求独立的一种勇敢表现；还有的青少年离家出走的目标是反抗那些他们认为不关心他们、对他们过于严厉或让他们无法忍受的人（通常是他们的父母和老师）。正如前面所表述的，青少年期充满了理性与非理性的矛盾，为了建立自己的身份认同，青少年常常漠视和挑战社会规则和责任。物质滥用（通常包括吸烟、喝酒、吸毒）的行为问题发生的原因也常在于此。整个社会价值取向系统也可能对青少年的心理发展产生不利影响，例如烟草商们为自己的烟草打的广告，常常以隐晦的方式暗示吸烟与成熟、独立、洒脱等令人羡慕的社会形象之间的联系，对青少年产生误导。而当今社会的审美取向也以女性极瘦的纸片人身材作为典范，这使得正处于生长发育期的青少年患上饮食障碍的风险增加。总结起来，导致青少年心理行为问题的主要因素包括青少年本身身心发展的不平衡、在家庭系统或学校系统中缺乏认同感、结交了不良友伴、以不恰当的方式寻求身份感以及社会价值取向本身存在的问题。在分析青少年的心理行为问题时，必须综合各种因素加以考虑。

在处理青少年的心理行为问题时，家庭治疗师需要特别关注的内容包括：

(1)建立关系与激发动机。与成人不同，青少年不太可能主动接受治疗，通常由父母或老师为其做出接受治疗的决定，这种非自愿的特点可能导致青少年不愿与治疗师建立关系，也缺乏改变的动机。因此在为青少年提供心理咨询与治疗服务时，与之建立关系、激发动机并在治疗目标上达成一致成为干预的第一步。在建立关系时，家庭治疗师有必要向青少年介绍自己的职业角色和心理治疗的内容，因为青少年极有可能不明白什么是心理治疗，而将治疗师当成父母或老师的代言人。还有的青少年可能对"心理医生"存在扭曲恐惧的刻板印象，因此需要加以澄清。治疗师还需要与青少年对咨询和治疗的目标、主题以及内容进行协商，因为青少年自身与送青少年来接受治疗的父母、老师或机构双方的目标不一定一致。治疗师要向青少年说明他们可以从咨询和治疗中有些什么收获，例如可以提供一个有趣的表格给他们，让他们了解自己可以从咨询中获得什么，从而有助于达成一致的治疗目标。在与青少年建立治疗关系方面，韦纳(Weiner,1992)认为与青少年迅速建立关系非常关键，其重要性远超过对其他年龄群体的心理治疗。韦纳的建议是，在治疗开始时，要让青少年放松下来，向他们解释治疗的前景，并通过解释、澄清来加深其理解。在开始时不宜对个人深层次的情绪进行探究，也不宜要求青少年对其错误行为做出解释，以免引起他们的反抗或愤怒。用不批评、不评价的方式陈述真实的情况，这样有利于减轻青少年的焦虑。治疗师还需要向青少年解释治疗关系与亲子关系、师生关系和同伴关系的不同，只要能让青少年答应继续接受治疗就行。韦纳根据自身的临床工作，建议青少年的治疗师应该更为积极主动，要了解当前青少年的流行风尚、口头禅等，并对与青少年成长相关的社会压力有所了解，努力培养来访青少年对治疗师的好感。尽管青少年会认为治疗师说"我喜欢你"这样的话很虚伪，但青少年事实上很在意治疗师是否真的关心和欣赏自己，所以治疗师也需要用间接的方式表达自己对来访青少年的兴趣和关心。

(2)平等开放的沟通。在沟通方面，治疗师需要顺应青少年来访者的特点，首先需要认识到，青少年善于"掩饰"自身真正的心理状态，他们常常不是在快乐的时候表现出快乐，或悲伤的时候表现出悲伤，而可能总是面无表情。这种掩饰性的行为表现了青少年对于保护自身隐私的强烈愿望，他们不愿让人知道自己的真实感受如何。此外，青少年对于成人的控制操纵和讲大道理也十分敏感，他们抗拒老师家长用长篇大论来控制和改变自己。面对青少年的这一特点，治疗师在与青少年进行工作时，要尽可能地采用开放直接的沟通方式，在与青少年交谈时，应该避免出现长时间的沉默，对青少年表述的内容也要多给予支持性的反应，对青少年提的问题一定要避免冗长的回答。明确的解释你的看法，具体直接的说明你的疑问有助于获得青少年的好感，此外还要注意，很多适用于成人的解释性的引导或间接的提问会被青少年当成是玩弄手段，试图操纵，可能会增加他们的阻抗，因而也不宜采用。治疗师在与青少年工作时要真实地表现自己，最好以类似朋友间交谈的方式进行沟通。

(3)干预的目标和手段。对于青少年而言，干预的目标可以是更好地了解自我、改善自己的性格特点或学习一些新的技能等等。根据青少年的发展和成熟水平，适合治疗青少年的方法很多，从适合年幼儿童的游戏类方法到适合有类似问题的成人的干预方法都可用作干预的手段，但要特别注意的是，大多数青少年不适宜使用以洞察为主的深度治疗方法，如对过去经历的回忆和重构等等。根据韦纳的观点，在这个年龄阶段，心理防御机制对青少年成长而言具有积极作用，消除防御可能会起反作用。在选择干预手段时，还需要特别分析问题形成的原因，如在前文青少年心理行为问题的表现部分所述，青少年身处于家庭、友伴、学校及社会几个系统之中，系统合力作用导致心理行为问题形成，家庭治疗师需要具体分析问题，针对症结采取相应手段。当然由于这些系统本身是互相影响的，因此，某一个方面的改善也会有助于问题的解决，例如，亲子关系的改善使得家庭生活的积极体验增加，也会相应保护青少年免受不良友伴的影响，因此对于家庭治疗师而言，善用家庭的影响，尝试改善家庭环境，对青少年的心理行为问题都可起到直接和间接的作用。

(4)知识教育。为青少年及其父母提供知识教育也是治疗师在面对青少年心理行为问题时需要开展的工作。对于青少年来说，由于许多事情的知识和信息不够，加上生活经验不足，容易出现心理上的困难，因此需要提供相应的知识和信息，尤其是一些不容易从父母老师那里或书本教材上学到的知识，例如如何结交异性以及性行为的知识等，虽然目前很多学校都有一些性教育的课程，但由于青少年不好意思公开提问，常常靠同学之间的悄悄话或黄色书籍、网站获得一些了解，有些甚至是错误或夸张的信息，因此治疗师有必要向青少年来访者提供相关的知识，甚至做一些自我暴露的表达，说明自己也曾经有过同样的困惑以及如何去解决，从而拉近与青少年之间的距离。但在这个过程中，治疗师要注意避免用教训的语气和唠叨重复的话语，以免引起青少年反感。除了给青少年提供一些身心发展知识外，对青少年的父母提供一些有关青少年发展阶段的特点以及注意事项的知识也是有必要的。一些青少年的父母对孩子的一些行为常常进行过度的诠释，在该平常对待的事情上大惊小怪，而对孩子的一些异常却视若不见，原因在于缺乏对孩子这一阶段的身心发展特点的了解，可能父母自身的青春期相对而言较为平静，另外加上现在孩子的发育普遍提前，身心不平衡发展的现象更为明显，所以出现这样的情况。为父母提供相关的心理保健知识有助于问题的解决。

三、夫妻关系常见心理问题与家庭治疗

尽管不少为夫妻提供婚姻咨询的专业人士主张将单独针对夫妻的咨询称为婚姻

咨询，而独立于家庭治疗之外，但也有不少家庭治疗师认为，婚姻关系作为家庭关系的基础，对夫妻开展的咨询理应归入家庭治疗的范畴之内。无论把婚姻咨询单独列为一个专业还是归入到家庭治疗之内，可以肯定的一点是，针对夫妻关系开展的咨询和治疗无疑是家庭治疗师最常遇到，也必须面对的主题。因此，本文将介绍夫妻关系的一些常见问题以及家庭治疗原理应用于夫妻咨询中应把握的一些要领。

要深入理解夫妻关系中常见的心理问题及其形成原因就必须先了解夫妻关系的本质和特点。作为一种特殊的人际关系，夫妻关系具有一些特点，例如，夫妻关系是亲密排他的，夫妻之间的亲密情感很特殊，不同于亲子、朋友的情感，这种依恋情感深厚强烈，并且与性关系紧密相连，具有排他性。夫妻关系建立之后，即形成一个两人的亚系统，这个亚系统的排他性不仅反映在对其他有潜在竞争力的异性的排斥上，也反映在两人需联合面对扩展家庭中的其他成员，如父母、子女方面。夫妻关系以强烈的依恋情感为基础，一旦缔结都抱持着相守一生的美好愿望，似乎十分牢固，但夫妻关系也有其脆弱的一面，双方一旦相处不好往往以离婚收场，而且夫妻关系与亲子、手足等血缘关系不同，双方分手后如果没有子女的话，甚至就此形同陌路。从亲密、强烈到淡漠的情感转变可以发生在同一对夫妻之间。夫妻关系的独特性还体现在夫妻双方共同生活过程中的相互适应上，一对夫妻来自于两个不同家庭，都带有自己原生家庭中特有的家庭文化烙印，例如丈夫来自于家中一切物品都需安置摆放得井井有条的家庭，而妻子则来自于比较随意，东西乱放的家庭，恋爱之初，妻子觉得丈夫做事有条理、严谨，不像自己是个马大哈，认为丈夫很可靠，而丈夫则感到与妻子在一起很轻松，很欣赏妻子的随性，结婚之后共同生活，如果双方不能再以恋爱时的视角和心态来看待对方的特点，而用自己的生活习惯来要求对方的话，彼此适应起来就会很困难。夫妻的相互适应除了生活习惯之外，还有角色的相互适应，例如互补型的角色（男主外女主内或女主外男主内）或平行的角色（如双方都是事业型的）。夫妻关系能否持续下去，夫妻双方的相互适应起关键作用。夫妻关系的独特性还反映在婚姻关系的社会意义方面，夫妻双方的结合不仅是两个个体的结合，更是两个社会单元的联合，联姻扩张了两个扩展家庭系统，使之发生了关系，这种变化毫无疑问也将作用于夫妻关系。

夫妻关系中常见的问题及其形成原因包括以下几点。1. 夫妻相处困难，可能表现为夫妻争吵、打斗、冲突不断，这类激烈的行为反应通常发生于婚姻初期，而到问题的中后期，则可能表现为夫妻双方互不搭理，或冷漠相对，除了生活中必需的交流之外几乎没有互动。一般而言，在问题早期“热冲突”对婚姻问题加以处理，预后会比较好。夫妻相处困难的原因多种多样，例如夫妻中有一方本身有心理问题，如过度占有欲、疑心病等，因而对配偶的举止行踪加以监视控制而导致相处困难；或者有一方心理成熟度不够，自私自利，总要配偶扮演照顾者的角色，久而久之也会令对方身心疲惫。更为常见的相处困难与夫妻双方的性格不匹配以及生活习惯不相容有关，夫妻双方来自于价值观和生活方法相异的两个原生家庭，如前文中举到的例子，结婚后如果严谨的丈夫不再欣赏妻子的随性，觉得她不会持家、邋遢，而随性的妻子觉得有条理的丈夫有洁癖、控制欲太强的话，他们的相处一定会困难重重，这种因为生活习惯和性格特点而造成的小冲突如果不能得到及时地解决，双方只一味要求对方而不愿忍让包容的话，也将从根本上动摇夫妻的感情。2. 夫妻在婚姻关系不同的发展阶段出现适应困难，例如感情很好的小两口在孩子出生后出现适应困难，妻子产后因为照顾孩子的压力、体形变化、工作受影响等原因心情烦躁，寻求丈夫的关注和支持，而丈夫也自顾不暇，对妻子的情绪没有耐心劝解和安慰，夫妻之间因而产生了矛盾。从第一章家庭心理中列出了家庭生命周期的各个阶段及相应的发展任务，可以看出，在家庭生活的不同阶段，婚姻关系面临着各种挑战，这些阶段的适应情况与夫妻双方的感情基础、沟通状况、双方能否随情况的需要而灵活地扮演适当的角色来相互协助，以及可以利用的资源有很大关系。3. 与扩展家庭相处的问题。对于夫妻而言，扩展家庭一方面可以为夫妻提供帮助，如父母可以用自己的经验帮助子女适应夫妻的生活，以及帮忙养育幼小的孙子女，但另一方面，扩展家庭也可能给夫妻关系造成问题。例如，父母对子女的配偶不满意，在结婚前就公开反对，结婚后双方仍心存芥蒂，因为一些小事而导致发生正面冲突。又或者婚后与其中一方父母同住，结果出现婆婆与儿媳相处不好，争风吃醋，或者岳父与女婿互相看不顺眼的情况，有的老年人生怕年轻人不会过日子，对小两口的生活多方面监控，买什么、吃什么都要过问，导致年轻人反感。还有年轻人不认同老年人养孩子的方式，认为不卫生、不科学等等，均可成为矛盾的根源。与扩展家庭相处的问题还包括夫妻俩如何公平对待双方父母的问题，在时间、金钱上如何分配等等。一般而言，出现与扩展家庭相关的婚姻问题的原因是两方面的，一方面，年轻夫妻在婚后没有建立起自己的夫妻亚系统的界限，在心理上仍将对自己父母的忠诚置于自己的婚姻之上，不懂得通过与父母保持心理上的距离来保护自己的婚姻；另一方面，父母也没有尊重子女婚姻系统的界限，过分干涉其婚姻生活，影响到夫妻的感情。4. 与子女的关系问题，在这个方面，最常见的是夫妻教养问题以及与子女的三角关系问题。夫妻教养问题包括夫妻双方没有共同承担教养责任以及夫妻双方在教养上发生冲突，夫妻双方没有共同教养孩子可能因为客观原因，如单亲家庭或一方长期不在家，也可能因为主观原因，如丈夫认为教育孩子是妻子的事情，自己忙于赚钱应酬，而忽略和放弃了教养的职责。夫妻双方在子女教养上的冲突与夫妻双方自己被养育长大的经历有关，对自己的养育经历的认同或否定成为夫妻各自衡量教养行为的准则，如果双方都坚持己见的话就容易出现冲突。需要注意的是，有时夫妻教养上的冲突实质上是夫妻矛盾的体现，孩子的教养问题成为夫妻权力争夺的战场，在这种情况下，处理夫妻关系问题应该成为首要的任务。孩子介入父母的夫妻亚系统中形成三角关系的现象非常普遍，夫妻亚系统的界限受到破坏，尤其在中国家庭中，本身文化传统就鼓励母亲与子女纠缠亲密的关系，再加上夫妻感情不好的话，这样三角关系的发生率就更高。介入父母之间的子女与其中一方父母结盟，反对另一方，在中国家庭中常见母亲与子女结盟，反对父亲。三角关系的形成从根源上也是夫妻矛盾的体现，夫妻本应该培养相互的感情，维持充足的沟通、彼此信任依靠、相互协助，形成坚强的同盟。但有的夫妻在相处过程中对彼此失望，婚姻关系无法带给他们情感的满足，因而转向孩子寻求情感的慰藉和寄托，导致三角关系的形成。5.夫妻性关系问题，包括性需求不相配的问题，即一方需求较多而另一方需求较少，以及性功能障碍的问题，常见男性的阳痿或早泄及女性性冷淡。对夫妻性关系问题开展咨询与治疗时，需先排除因器质性障碍引发功能障碍的情况，以免误诊。排除器质性原因外，夫妻性关系的问题往往与夫妻情感不和谐有关，对于女性尤其如此。夫妻性关系问题与双方沟通不够也有关，夫妻对于性行为羞于启齿，因而无法让对方了解自己的需要，自己也只有猜测对方的想法，导致出现障碍。此外，夫妻年龄差距太大、身体机能差距大以及双方面对的应激和压力不同也可能导致性生活不和谐发生。6.外遇问题，这是近年来婚姻关系解体的主要原因之一，因为破坏性大、造成的伤害几乎涉及家庭中每一个人，留下的情感伤口需要很长时间去治愈，因而是很严重的婚姻问题。外遇问题的产生可从个体原因、婚姻关系原因及社会原因几个方面加以分析。从个体原因来看，有外遇的个体往往具有好猎奇、寻求刺激、道德感不强的特点，也有一些男性位高权重，需要异性的崇拜来满足心理需求。外遇个体或外遇对象还可能有幼年时与父母关系中的三角情结，喜欢介入到已有的关系中获取关注。从婚姻关系的原因来看，有外遇问题的婚姻本身通常也有一些问题，例如夫妻双方疏于培养彼此的感情，或因安于婚姻生活而忽略了自身形象谈吐等方面的提升，还有的丈夫或妻子在对方需要帮助和支持时不闻不问，导致配偶只能从他人处寻求安慰。也有些外遇是报复性质的，一方出轨在前，另一方为了报复跟着出轨。从社会原因来看，外遇问题如此频繁发生与当下的社会风气有关，对物质的过度重视和强调使得一些夫妻只关注赚钱而忽略夫妻感情，丈夫没钱时妻子嘲笑打击，丈夫有了钱就转而出去花天酒地。另外，电视等消息媒体常宣传浪漫和放纵的男女关系，起到推波助澜作用，再加上社会对婚姻的保护和男女关系的舆论监督变得松懈，因而外遇问题很容易发生。

家庭治疗用于处理夫妻关系问题是很适用的，只是在施行时，治疗师需要把握一些基本的原则和程序。首先，在治疗之初，治疗师需要对来访夫妻的问题进行评估，评估内容包括对夫妻的资源进行评估，即从个体、关系及社会系统的角度对这对夫妻所拥有的滋养关系的资源加对整理和评估，夫妻关系治疗的根本目标在于促进夫妻情感，保证他们和谐相处，提升其主观幸福感，因此对夫妻进行关系资源的评估可帮助治疗师找到治疗的切入点和突破口，发现夫妻关系中积极的，可加以运用的部分。个体层面的资源包括：夫妻双方各自的心理成熟度、性格特征、处世风格、宗教信仰等；关系层面的资源包括：夫妻共同生活的时间、夫妻情感基础、夫妻共同应对困难的经历、夫妻为应对困难所做的尝试努力等等；社会系统的资源包括：夫妻所拥有的财产、子女、夫妻的扩展家庭、夫妻双方各自的就职机构、夫妻双方的朋友网络等；这些都可作为改善关系的促进条件。评估还包括对夫妻关系问题的性质加以评估。治疗师需要了解，当前这对夫妻所面对的问题是哪种类型的问题，是暂时的困难(如丈夫或妻子失业)，还是长期的(如一方酗酒)；是夫妻关系本身的问题(如没有爱情基础，彼此厌恶)，还是外来的问题(如对装修的意见不统一)；问题造成的伤害有多大(恶语相加还是外遇问题)等等。经由评估，治疗师可明确工作的方向，对夫妻可能在哪些地方产生阻抗或者治疗过程的难点与重点会有清楚的认识。此外，治疗师在选择干预模式方面也需要考虑各种模式的特点和适用性。通常来说，当夫妻面临的是情绪上的痛苦，情绪很不稳定的话，如遭遇孩子或父母突然重病或者失业一类的突发困扰时，治疗师宜采用共情、支持的方法，帮助夫妻平复情绪，再协助他们寻求解决的办法。而如果夫妻面对的问题是彼此的相互适应，或与夫妻情感培养有关的问题的话，则可采用结构模式和认知行为模式的方法对其行为的互动反应链、夫妻角色的问题加以解释，同时指导其学习促进情感联结、改善夫妻沟通的认知行为技能。假如治疗过程中，发现夫妻双方或一方有在原生家庭中未完成的三角情结或以往经历的心理创伤影响到现在的夫妻关系的话，则可采用心理动力模式的家庭治疗方法或者代际模式的治疗方法。由于治疗的过程往往并不简单，来访夫妻的改变也不会是线性的，因而需要根据情况加以斟酌调节，综合各种干预模式的长处进行灵活运用。除了在干预模式的选择上需要把握灵活机动的原则外，夫妻关系干预的具体工作中还要关注几个具有普遍性的任务：

(1)建立和保持完整的婚姻界限。无论是扩展家庭介入、子女介入还是家庭外第三者的介入，都与夫妻亚系统的界限问题有关，夫妻婚姻系统界限模糊或受到破坏的情况在中国社会中尤为常见。因此在夫妻关系干预中要首先考虑来访夫妻是否建立了明确的婚姻界限，夫妻双方是否将自己核心家庭的利益放到了首位，将自己丈夫/妻子的角色置于儿子/女儿或大哥/大姐的角色之前，夫妻双方有没有把孩子当成伴侣的替代品而与子女过于亲密纠缠。另外还需关注婚姻系统的功能有没有问题，一般而言，界限破坏和功能不良是互相依存的。如果婚姻亚系统不能较好地实现其功能，即为夫妻双方提供情感的依恋和支持，让彼此感觉到安全感和可信赖感的话，亚系统的界限必然受到影响。

(2)干预应关注情感的重要性。如前所述，夫妻关系的主要特点是以情感为基础，很多夫妻关系问题，表面看来是相处困难或与扩展家庭成员争风吃醋，深挖下去会发现，根源上还是情感的问题。有的夫妻缺乏安全感，渴望对方一再保证和表达对自己的爱情，一旦对方有令自己失望的行为就诠释为对方不再爱自己，继而做出报复性的反应。因此在处理夫妻关系问题时，一定要注意以讲情为主，少讲理论。落实到具体的干预上，需要帮助夫妻改善沟通的方式，鼓励他们相互表达积极正向的感情，多说赞美、关心对方的话，而少批评、诉苦。还要关注现在，避免算过去的旧账，唤起以往不愉快的体验。也可以让来访夫妻当面回忆对方为自己做的令自己快乐的事情，然后当面表达感谢。通过这些方式来激发彼此的爱意。治疗师尤其要注意帮助夫妻面对面直接的沟通，这样做一方面可以观察到夫妻互动的实际情况或练习的情况，另一方面也有助于纠正他们互动中存在的问题。激发直接沟通还意味着治疗师应该注意维持沟通的平衡性，让少言寡语不敢表达的一方有机会说出自己的想法。为了使治疗促进夫妻情感的效果得以维持，治疗师还需帮助来访夫妻建立适时沟通的习惯，不要为了现实生活的各种外在要求而放弃两人谈心聊天的安排。最好和夫妻协商，需要找出适宜的时间和地点，专门用于两人一起活动或谈心，以保护夫妻自己的二人世界。

扩展阅读

贝尔斯基的父母教养方式影响因素模型

不同家庭中家长的教养方式存在很大差异，有些家庭崇尚“放养”的教养哲学，而有的家庭则认为父母控制对子女的健康成长必不可少。为了对父母教养方式的影响因素加以了解，贝尔斯基(Belsky，1984)提出了一个父母教养方式影响因素模型，把影响父母的教养功能质量的因素分为三大类。这三大类因素按照其重要性依次为以下三点。

(1)父母个人的心理资源，包括父母的心理健康水平，父母相互关系的内部心理感受和主观满意度，以及父母各自的成长史。

(2)背景支持源，包括父母各自从配偶、亲戚及朋友等社会网络那里获得支持的情况，还包括父母的工作条件和经济状况。

(3)孩子的性格特点，即孩子的气质和性格特点将影响父母对待孩子的行为方式和期望。例如，容易型气质的儿童往往有较规律的生理节律，容易适应新环境，情绪积极、愉快，并能对成人的抚养行为提供大量的积极反馈，因而较易受到成人的关怀和喜爱；而困难型气质的儿童则烦躁易怒，生活缺乏规律，对新事物和新环境接受慢，成人的教养努力很难得到积极反馈，因而容易出现亲子关系疏远的情况。

贝尔斯基的教养方式影响因素模型有助于理解家庭中存在的教养方式的困难，在教养方式的干预方面可以提供指导和参考，如可以通过帮助父母改变，提高其对子女需要的敏感性，提高亲子之间依恋的安全性等途径来对教养方式加以改善。

复习巩固

1. 儿童常见的行为问题有哪些？
2. 对与青少年建立咨询关系的问题，韦纳给出了哪些建议？
3. 治疗师在治疗之初，应该对夫妻的问题进行哪些方面的评估？

本章要点小结

中国文化背景下家庭治疗的应用

1. 儒家文化对家庭治疗的启示包括人际关系处理上的适度原则和家庭生活中的"适当角色"。

2. 当代中国家庭在结构、观念、功能以及家庭成员关系等方面都发生了变化。

3. 无论从人们的需要层面或从家庭治疗的基本理论观点层面,家庭治疗与中国文化都有契合之处。

4. 家庭治疗在中国的发展仍处于学习和模仿的进口阶段。

家庭治疗在常见问题中的应用

1. 儿童的心理行为问题深受其所处环境的影响,对儿童的咨询与治疗可以经由对父母的辅导来进行。

2. 对于青少年心理行为问题的咨询和治疗而言,家庭治疗师需要特别关注与青少年建立关系,这关系到咨询与治疗的最终结果。

3. 夫妻关系以情感为基础,因此在为夫妻提供服务时,应以加强沟通合作、促进情感作为核心的任务。

关键术语表

文化背景　儒家文化　中国家庭　常见问题　婚姻咨询　家庭治疗

选择题

1. 当代中国家庭结构的变化体现在(　　)。

a. 核心家庭增多　　b. 传统大家庭减少

c. 经济责任变化　　d. 家庭生活功能改变

2. 家庭治疗与中国社会的契合之处体现在(　　)。

a. 满足社会需要　　b. 理论观点有助于问题解决

c. 对人本主义的重视和强调　　d. 突破文化的约束性

3. 在邀请家庭参与治疗时,需要注意哪些事项(　　)?

a. 善用咨询师的权威角色

b. 顺应家庭的权力层级

c. 尊重家庭中父母的权威

d. 告诉家庭症状是父母关系出了问题导致的

4. 家庭治疗师在"加入"家庭时,遇到困难的原因有(　　)?

a. 在工作中难以保持自我独立

b. 治疗师本身对家庭而言是外人

c. 治疗师所要求的改变本身会带来焦虑

d. 调整婚姻系统与家人的治疗目标不一致

5. 儿童在心理方面的困扰，一般表现为哪些问题(　　)？

a. 情绪问题　　b. 心身症状　　c. 行为问题　　d. 多动症

6. 儿童可能因多种消极情绪而出现同样的生理症状，这是由于儿童的心身症状具有(　　)。

a. 特异性　　b. 典型性　　c. 普遍性　　d. 指向性

7. 处理儿童相关的心理问题时，应把握的原则有哪些？(　　)

a. 发展的原则　　b. 系统的原则

c. 情绪、行为和关系配合干预原则

d. 联结原则

8. 青少年与父母关系的矛盾性体现在(　　)。

a. 与手足的竞争中　　b. 既依赖又想摆脱

c. 理性与感性　　d. 挑战权威与遵从权威

9. 家庭治疗师需要特别关注与青少年建立关系的原因是(　　)。

a. 为了加强与其家庭系统的联系

b. 为了改善青少年与父母的关系

c. 青少年参与治疗往往是非自愿的

d. 帮助青少年接受父母的决定

10. 治疗师在夫妻治疗中需对夫妻问题进行评估的内容包括(　　)。

a. 夫妻的资源　　b. 夫妻的冲突强度

c. 夫妻关系问题的性质　　d. 夫妻的情感投射

第十一章　家庭治疗师的职业发展

家庭治疗师服务的对象和范围与个体治疗师相比有很大不同，在家庭治疗中，治疗师面对由多个成员组成的家庭，其中复杂的交互作用要求家庭治疗师必须对家庭动力有清楚、系统的认识，在运用理论和技能时提醒自己保持对来访家庭以及对自身的觉察，在纷繁复杂的家庭故事中找到为家庭带来痊愈和成长的力量与契机。成为家庭治疗师需要不断挑战自己，克服很多来自于来访家庭以及治疗师自身的障碍，但这同样是一个充满回报的过程，即家庭治疗师经由助人实现自身的成长。

第一节　家庭治疗师的基本条件

无论对于先前毫无临床经验而直接学习家庭治疗的新手治疗师，或是对于做过个体治疗转而受训成为家庭治疗师的从业者而言，成为家庭治疗师都可能意味着专业视角、专业理论技术乃至个人的人生观将面临挑战、产生变化。这话听上去或许有些危言耸听，然而在实践中不难发现，家庭治疗师看待症状和分析问题的方式、所采择的理论视角、干预的手段，以及治疗过程中治疗师对自身的运用和觉察，这些实践的方方面面都在挑战和塑造着家庭治疗师的能力，要成为一名合格的家庭治疗师，必须在这样的挑战中经历考验和积累经验。

麦克伦姆(McCollum，1990)曾经在训练新手家庭治疗师的研究中指出，无论是没有经验的新手还是曾做过个体治疗的治疗师在成为家庭治疗师时一般要经过三个发展阶段。在最初的技巧学习阶段，他们要集中精力学习各种必要的帮助家庭的技能。在随后的理论学习阶段中则要学会如何将系统的理论运用到实际的临床治疗工作中去。在第三阶段，即“探讨治疗者自我”的阶段，则需要在临床治疗工作中更多地关注自己身上发生的事情，例如探讨自己原生家庭的成长经历对自己治疗工作的影响以及如何在治疗中运用自发性。麦克伦姆的观点很具有概括性，这三个发展阶段的工作囊括了成为家庭治疗师所需要的基本训练，而且在不同的阶段有不同的侧重之处，受训者经由这些训练来达到家庭治疗师的基本要求和条件，包括学会用系统的观点看待家庭动力、学习基本的理论和技巧，以及作为治疗师所需具备的其他一些专业素质。

一、家庭动力的系统化视角

正如在本书第一章有关家庭心理的章节中所论述的那样，家庭的本质是关系，作为一个心理社会系统，整体性和系统性是家庭的根本特征。这些特点提醒家庭治疗师要时刻对家庭中的互动关系保持觉察。治疗师是否具有从系统的角度探索家庭动力的能力可以从几个方面得以体现。首先是治疗师从系统动力角度分析症状的能力。家庭治疗认为患者的症状是家庭不良交往模式的集中体现，同时症状也起到了掩饰家庭不良交往模式、维持家庭关系现有平衡的作用。这种从系统角度对症状的诠释是家庭治疗的基本观点之一，与个体治疗认为症状是个体的问题全然不同，这种对问题的诠释也使得家庭治疗从治疗对象到治疗内容上都与个体治疗迥异。当治疗师的关注点从个人向家庭系统转移时，他们将发现个体的心理问题很少有与家庭完全无关。家庭看似由几个独立的个体组成，然而家庭系统却是一个远大于部分之和的整体，而且这个整体本身具有在变化中寻求稳定的动力。如果将个体行为的内部动力比作树木的话，家庭的动力则形同森林。当将个体的症状与问题放到家庭的背景下来加以解释时，视角变得开阔，也将看到更多可以用于改变的资源，增加应对的空间和灵活性。例如，一名十岁儿童的自伤行为，在个体角度来看可能是不恰当的学习与强化的结果，而在家庭系统的广阔视角下，问题变成了“他的行为对于这个家庭系统的动力而言有何功能和意义”。答案有多种可能性，孩子的自伤可能有助于转移父母婚姻系统中的压力，使家庭得以存继下去；孩子的行为也可能反映出父母亲之间的对抗和冲突；自伤也可能是孩子与父亲争夺母亲关注的策略或者是青少年早期与父母争夺权力的一种不恰当手段。因此，从系统的观点出发，干预的重点也发生了转移，对家庭的治疗成为重心，当家庭改变了，症状也将随之消失。

从系统的角度分析症状的能力还意味着家庭治疗师需要具有循环因果的视角，即将个体的行为放到环状的反馈环路之中加以分析，这也是家庭系统整体大于部分之和的含义所在，家庭中成员的行为具有交互作用的关系，许多事情的发生演变往往涉及多个成员，每个人都对其他人造成影响也反过来受其他人的影响，更需注意的是，这种行为的交互影响在家庭中往往是重复的、自我维持的。对于健康的家庭来说，这样的互动具有适应性，也往往有弹性，能依据家庭所面临的内在和外在需求做出调整；而对于有症状的家庭而言，互动常常是功能不良的，这正是合格的家庭治疗师需要着手加以评价的重点。

治疗师能否系统看待家庭动力还反映在他/她是否经常提醒或问自己一个问题，“这个故事/行为背后的过程是什么”。心理治疗中内容与过程的区分，以及关注过程的重要性已经被强调了很多次，与内容（家庭成员讲述的故事、家庭中正在发生的事情和问题）相比，对过程（家庭成员背后的互动以及行为的意义）的分析才是治疗师真正关心的问题。然而更常见的情况是，新手家庭治疗师常常被家庭成员的故事、所提的问题、所表现的态度等内容层面的东西裹挟而去，与家庭成员一起苦苦纠缠在真与假、对与错之中。正如前面所举的有自伤行为的十岁男孩的例子，家庭在与治疗师会面时，所能提供和讲述的故事都是内容层面的，而他们进入治疗室后的座位安排、他们的身体语言、风格已经透露出家庭互动的过程信息。另外，家庭治疗师还可以通过问自己这样一些问题，“他为什么从那时候开始出现自伤行为”、“他的父母亲对自伤行为的反应有什么差异”、“他用自伤行为应对了什么样的问题”，来进一步深入挖掘家庭互动的过程。对过程的关注是家庭治疗师与家庭成员之间最大的区别，也是家庭治疗师能否顺利完成治疗任务的关键。家庭成员往往受困于内容层面的问题，也会将家庭治疗师拉入到形形色色的内容层面的问题之中，家庭治疗师如果能成功将家庭成员带入到内容背后的过程层面，使其看到家庭互动与症状之间的关系的话，治疗就已成功大半了。

二、基本理论和技巧

治疗师需要立足于某种或某些理论，没有理论作为指导的治疗实践如同盲人骑着瞎马走在黑暗之中，既是危险的，也必定失败。然而太多的理论也不是好事，虽然新手治疗师往往受到鼓励接触尽可能多的理论，但这样做的目的在于找到与新手治疗师自身的个人偏好、世界观相契合的理论并据此建立起自己的治疗风格。如果在实践中不加选择的盲目采信多种理论的话，只会让治疗丧失深度，而变成热闹的游戏。选择恰当的理论可以帮助治疗师对家庭动力形成清晰的认识，了解在与来访家庭工作时的重点以及难点所在，在相应的理论架构下形成自己对来访家庭问题的独特理解，建立自己的治疗假设，并在治疗过程中根据理论不断检验和修订这些假设。

治疗理论具有重要功能。首先，理论作为概括事物的工具，它将看似随机的事物联系起来，并从中清理出脉络。理论如同我们借以观察家庭的镜头，通过理论的诠释，家庭成员的言行举止具有了更深的意义，表面上毫不相干的结果和反应如今联系起来反映出多个家庭生活场景背后隐藏的共同主题。唠叨的母亲之所以唠叨不再仅被当做是一个更年期症状或中老年妇女的通病，而是一种被尊重、被听到的渴望，或者是对丈夫无视妻子需求的抗议，还可能是避免面对孩子离开后日益空洞的婚姻和家庭的一种办法。妻子的日益沉默和忙碌也不再只是换了份工作的结果，而可能是对婚姻关系的失望和远离，也可能是试图在忙碌的工作中寻求情感寄托，以逃避孤单和失落。理论给予发生过的事情解释，也预知将来会发生什么，更为重要的是，理论告诉治疗师可以怎么样去改变这个过程。其次，理论的组织功能如同为治疗师提供了一张地图，使得治疗师在面对来访家庭时不被错综复杂的家庭故事和不断衍生出来的事件、情绪所迷惑，在理论的指导下，治疗师明白该问什么，该做什么，以收集所需要的信息。从最初在预约谈话中获取的信息开始，治疗师就可以根据理论形成一些基本的观点（当然在此过程中必须保持谨慎和开放性，以免被先入为主的看法所蒙蔽）并带入初始的会谈中，随后在治疗中根据理论和家庭中呈现的互动模式对假设进行验证和修订，理论以这样的方式引领治疗师和家庭向治疗目标前进，也为治疗师带来信心和勇气。理论不仅对治疗师有用，教给来访家庭一些治疗理论的知识也可以有所帮助，能帮他们用新的角度看待自己的问题，对问题进行再定义，这种再定义非常具有治疗价值。经由不同于以往的诠释，家庭成员就可以从不断重复的互动模式与情感关系中脱离出来，寻求新的解决之道。例如，当孩子的行为不再被当成对父母权威的挑衅时，父母对其行为的容忍度提升了，也更有可能采取创造性的方法来解决亲子之间的冲突，而不再陷入持续的权力斗争中。

作为家庭治疗师，对基本理论和技巧的掌握方面可能经历一些变化过程。在开始家庭治疗实践的早期，很多治疗师发现采用某种特定的理论取向对他们而言更为有效，可以减少迷惑和不确定性，增强信心与控制感，但随着经验的积累，很多治疗师会开始意识到单一理论的局限性而开始尝试使用其他理论。随着治疗师不断地探索和尝试，他们会逐渐发展出自己的理论框架，这个理论框架中可能有多个经典理论的影子，经由治疗师整合在一起，选取的部分都是治疗师在实践中觉得使用得最得心应手的部分。然而，对于治疗师而言，无论是早期对单一理论的追随，还是后期对多种理论的创造性应用，最为重要的一点在于，治疗师所选择的理论和技巧必须是最适合于自己的，治疗师一定要避免因为某种理论很流行，有专家推荐这一类原因去加以选择，而应保证这些理论和技巧必须与自己的个性、长处和人生观、价值观相匹配，唯有如此，理论才能与治疗师的实践很好地结合，相互促进和支持。

三、治疗师的自身条件

与个体治疗师相比，家庭治疗师所需具备的自身条件或许更为复杂，因为家庭治疗师面对的来访者数量更多，来访者本身的个体差异、来访家庭内部的互动都是家庭治疗师关注的范围，因而挑战更大。在家庭治疗过程中，治疗师需要扮演着三种角色：一个是对家庭互动、治疗过程和治疗效果进行客观评价的观察者；一个是对所面对的问题做出适当回应的反应者，包括对家庭互动模式和家庭成员的共情、关注和回应；第三个角色是干预者，对家庭遇到的问题设计干预的目标、方法、过程和时间等。多重角色对治疗师自身条件的要求体现在多个方面，包括治疗师的行为示范、对自身反移情的觉知、耐心等。

治疗师在治疗过程中所提供的行为示范本身甚至可以被当做是治疗干预的一部分。治疗师能为来访家庭及其成员提供的示范很多，从情感层面来看，当治疗师运用共情以及无条件积极关注时，即以此方式示范家庭成员彼此之间要相互关心和同情，而不要忽略某个或某些成员。治疗师还可经由热情和充满幽默地与家庭成员互动来示范家庭成员之间轻松良好的互动风格。在沟通方面，治疗师可以起到示范作用的地方更多，适当地进行自我暴露，述说自己的感受、看法和意愿等，以此方式示范家庭成员公开表达自己的意愿以及情绪情感，以便其他家庭成员能够了解自己。在与家庭成员互动时，治疗师通过清楚明白的沟通示范家庭成员如何进行有效直接的沟通。治疗师还需注意示范日常生活的其他方面，包括保证自己言行得体、穿着整洁、办公室的布置温馨舒适等等，为家庭提供榜样。

对自身反移情的觉知是家庭治疗师必须具备的专业素养之一。反移情既包括治疗师对来访者移情的反应，也包括治疗师自身对来访家庭的移情反应。任何与治疗相关的解释和临床决定中都反映出来访家庭和治疗师两方面的主观内心世界的互动，因此反移情常常发生也常常不易被察觉。有研究者对治疗师的反移情反应进行了归类，提出了一些辨识的线索，认为治疗师对来访者的过度认同和卷入可能有不同的形式，包括内疚感、强烈的吸引或厌恶、对来访者感受的不准确解释、对某些来访者工作的无助和受挫感、对个案细节的不寻常失忆、开始出现来访者的症状、比来访者更努力等等。反移情是治疗过程中常会出现的现象，即使治疗师富于同情心，保持一定的中立，但出现这样一些无意的、潜意识的反应仍是可以理解的。现实中，有时治疗师会因为社交偏好、偏见、种族歧视、缺乏与不同背景的人相处的经验以及对政治正确的敏感性而产生对某些来访家庭的厌恶或喜好。以短程治疗闻名的霍伊特(Hoyt，1979)曾说过："我发现如果某个来访者令我发狂，或者我对他/她很反感的话，我就不太可能会做得很好。知道是什么触发你自己的'扳机'很重要，在我的个人历史和人格里，我能肯定地了解，治疗高度焦虑和依赖的女病人会使我更脆弱并做得更差。"尽管 Hoyt 作为短程治疗师，因注重效率而非关系导向的治疗而闻名，但他也仍然不得不承认监控自己对来访者的个人反应很重要。在处理对来访家庭的反移情反应时，治疗师需要问自己一些问题，包括：你第一次注意到的强烈感受是什么，通过责怪来访家庭的抗拒你可能试图否认自己的什么问题，你对来访家庭有什么期待，眼前的家庭让你想到了谁，基于你的投射感受，你可能如何扭曲解释来访家庭的表现，你是不是有哪些方面总是被这个家庭所触动。对这些问题保持高度的坦白和诚实，有建设性地考虑这些问题对治疗师而言很具有挑战性，因为责怪别人，尤其是来访家庭总是件更容易的事情，不过，当你能开放地面对自己的反移情，对质自己和挑战自己的时候，你在这个过程中也将获得很多个人的成长，这种成长又会反过来促进你的治疗工作。了解代际模式的学习者一定都听说过鲍文的故事，他正是在自己的工作中发现自己受原生家庭中的成长经历影响颇深，于是搬回父母的家里，仔细观察自己以及父母之间的互动，这段经历对他的理论和治疗技巧的形成影响很大。同样的，如果一个治疗师能成功地与自己的父母发展出成人与成人的关系的话，那么在处理有关自我分化的案例时，就可以运用自己的个人经验。事实上，治疗师自己的一些特殊的生活经历——创伤、养育子女、分居、疾病等等——都可能在某种程度上有益于治疗工作。

来访家庭给治疗师的治疗技能带来挑战，但更大的挑战却是对治疗师耐心的挑战。每个治疗师都希望遇到的来访者富于智慧、善于表达、积极配合、有礼貌。面对一个犹豫、观望，对治疗和改变三心二意的来访家庭，新手治疗师的满腔热情常常很快被消磨殆尽。治疗进程受阻，甚至变得痛苦而缓慢的情况在临床实践中常会发生，因此要成为一名合格的家庭治疗师，耐心是基本的条件之一。治疗师首先必须意识到来访家庭对于改变所怀有的矛盾心理，要求改变的人们可能并不欢迎真正的改变，所有人都有走老路的惯性，这就是系统保持稳态的力量，这通常被称为治疗的阻抗。根据安德森(Anderson，1983)的定义，阻抗指治疗系统(家庭成员、治疗师及治疗的机构)中所有阻碍家庭治疗目标达成的行为。阻抗与改变相伴随，对于治疗师而言，有助于治疗师保持耐心的方法之一就是将阻抗当做治疗工作中必然会发生的一个部分。来访家庭害怕改变的原因很多，其中最常见的是对新鲜却无法预料的事物的恐惧，改变意味着威胁。旧有的互动模式虽然痛苦，但却可预知。治疗师需要识别出来访家庭对改变的矛盾心理并提供情感支持，向家庭承认改变是困难、惊慌和不舒服的，并且技巧性地将阻抗"还给来访家庭"，告诉来访家庭"或许旧的行为模式也没那么糟糕"、"你们改变得太快了"或者"肯定有什么其他更重要的问题阻挡了你尝试新事物的道路"等等,从而卸除治疗师自身的压力,也给家庭空间和时间思索他们真正想要获得成长的领域。治疗师在临床工作中受阻的另一个原因可能源于治疗师与来访家庭治疗目标的差异,最为常见的情况是,来访家庭希望达到的治疗目标仅限于初级层次的改变,即改善某个成员或某些成员(通常是有症状的家庭成员)的行为,例如,解决孩子很晚才回家的问题,或偷东西的问题等,而治疗师则更关注次级层次的改变,即行为、认知、情感以及关系等整个系统的改变,所以治疗师会将关注点更多放在父母关系上,此时双方的目标就出现了不一致,阻抗也继而产生,治疗师必须耐心说服父母相信次级的改变对整个家庭和孩子的成长的重要性。另外,来访家庭由多个成员组成,成员之间存在着个体差异,对问题的理解、对治疗的期望、动机水平都可能不同,这些差异也会导致治疗过程出现停滞、倒退等现象,还有家庭中新近发生的生活事件也可能对治疗产生影响,所以治疗师需要训练自己,提醒自己保持对家庭的耐心,提升自己对治疗受阻的容忍度,并放下可能隐藏于心的对自己"改变世界"的期待。

生活中的心理学

如何轻松地安排孩子做家务

安排孩子做家务和保证这些家务的完成,本身对于父母而言是件头痛的事情,以下是一些安排孩子做家务的指导原则,可以减少很多压力。

(1)首先和孩子一起制定一个时间表,内容是不同的时间孩子必须要完成的不同的家务(不要太多)。这个时间表可以贴出来,并且确保有人监督。这些家务可以包括收拾自己房间的地板,吃饭时安排餐桌,倒垃圾或者给宠物喂食。

(2)安排孩子做那些让他/她感到对家庭生活做了重大贡献的家务。例如"把汽车里面打扫干净"一类为家庭服务的任务,当然要先征求其意见,并对其主动精神表示鼓励。

(3)安排适合孩子的兴趣、脾气和技能的家务。

(4)安排一两件你和孩子可以一起做的家务。这样可以促进彼此的了解、沟通和合作,对孩子要有耐心,时刻记住你的目标是为了培养良好的亲子关系。

(5)在正式分派任务之前,要确保孩子知道怎么去完成任务,话语要尽可能简洁清楚。

(6)尽可能不要自己去完成孩子没做的家务。要让孩子看到他的疏忽导致的后果。

(7)对于没完成协商的家务的孩子,建立并坚决执行相应的惩罚。在协商家务时,也应该有相应的没完成的惩罚措施。惩罚应该具有普遍性和灵活性,便于适用到各种特殊情况。例如,把剥夺"看电视和个人活动时间"作为惩罚。

复习巩固

1. 麦克伦姆认为成为家庭治疗师一般要经过哪三个发展阶段？
2. 家庭治疗师的基本条件包括哪些方面？

第二节　家庭治疗师的职业道德规范

尽管我国目前还没有具体的经官方或专业机构认定的家庭治疗师职业要求标准和职业道德规范，但在实践中，同样需要满足一些相关的职业道德要求。

与个体治疗师一样，家庭治疗师首先需要遵循的职业道德规范就是为来访者保密，即保护来访者信息在没有得到来访者授权之前不能由治疗师泄露出去。保密原则关系到治疗师与来访家庭之间信任的建立，对于治疗而言极为重要。除了一些特别的情况，例如，在治疗谈话中涉及违法的内容，如虐待儿童、老人、乱伦的情况，或来访者有自伤、伤人倾向，以及治疗师本人因治疗关系而被牵涉承担法律责任的情况中，治疗师才可以打破保密原则，向相关机构透露会谈的内容。家庭治疗与个体治疗相比，在保密原则上更复杂，对于家庭治疗师而言，第一序位的客户是整个家庭，每位家庭成员对于治疗师而言具有同等的重要性，有时家庭成员告诉治疗师一些秘密并要求治疗师为自己向别的成员保密，这样的情况就可能给家庭治疗师造成困扰。目前针对家庭成员之间的保密，治疗师通常的做法有几种。有的治疗师会在治疗关系建立之初就消除这种与某个或某些成员分享秘密的可能性，他们会告知来访家庭，他们不会在其他成员不知情的情况下单独会见某一位或几位家庭成员，并且坚持应该在治疗中公开个人的秘密。另一种做法是如果有某位或某些成员试图与治疗师私下沟通（或打电话、发短信、电邮等）的话，治疗师将事先告知该成员，治疗师可能会在认为有帮助的情况下把他们的交流内容告诉给其他家庭成员。第三种做法则是治疗师在与某位或某些家庭成员交流后，会为之保守秘密，但在随后的治疗中则会鼓励该成员在家庭中分享自己的秘密，显然采取这种做法的治疗师会承担更多保密的压力和责任，但也可能因此与某些家庭成员有更深入的交流，继而了解到影响家庭互动的一些潜藏信息。总之无论采取何种做法，家庭治疗师需要在治疗开始时就先向家庭澄清自己在保密方面的立场，包括自己如何处理家庭成员之间的保密要求，以及在哪些情况下不能为家庭保密。此外，对于那些同时担任培训、教学工作的治疗师而言，保密原则也意味着当他们把来访家庭的信息用于演讲或教学、写作时，必须为来访家庭隐藏可识别其身份的信息。

尊重来访家庭的知情同意权同样是治疗师需遵循的一个重要道德准则。家庭治疗师必须在家庭同意进入治疗前就让家庭成员详细了解整个治疗过程的性质，包括会谈的程序安排、目标、可能出现的风险（离婚、换工作、冲突）、费用、保密问题、可能转介等，当然还包括家庭成员可以从治疗中获得的成长。所有这些都需要向每个成员解释清楚并获得同意。需要注意的是，治疗师必须保证来访者是在完全知情、完全自由的情况下选择参与治疗的。国外治疗师对此通常的处理方式是给予家庭一些书面材料，对整个治疗的情况进行详细说明，还有的治疗师会将对家庭治疗理念和方法的一些介绍以说明书的形式发放给家庭以便家庭了解相关信息，之后再签订知情同意书。除了在参与治疗方面的知情同意外，治疗师在保留治疗记录方面，尤其是使用录音、录像设备保留会谈记录之前，必须征得来访家庭的同意，也必须向家庭说明这些记录的用途，是否仅用于治疗备份，还是会用于教学的公开展示，或用于专业督导，同时必须向家庭承诺除此用途之外对音像资料实施保密。对于家庭治疗的音像资料，家庭有权要求备份录像甚至取走原件。由于家庭治疗面对的对象是多个成员组成的来访家庭，因此家庭成员在参加治疗、同意录像等方面出现分歧的情况就很常见，这也使得家庭治疗师必须学习一些策略和技巧，以说服家庭成员参与治疗或录像，例如，向家庭说明运用治疗录像进行回顾可以帮助家庭成员从旁观者的角度看到自身问题所在。

作为家庭治疗师，需要遵循的职业道德规范还有很重要的一条，即治疗师以道德责任来不断提升自己的个人专业能力，更新自己的临床技术，以跟上这个领域的新的发展，保持自己的服务水平。家庭治疗师可以通过多种途径来提升自己的专业技能，最常见的是参加一些短期培训，这些短期培训通常介绍一些较新的、处于治疗领域发展最前沿的技术。对于治疗师而言，这样的培训可以扩展视野，带来新的启发和灵感。除了短期培训之外，系统的长期连续培训对于学习某个治疗模式的整套技能而言更为适宜，例如结构模式的三年连续培训项目等，这类项目的培训目标和课程安排较具系统性，同时也会有一些督导和实际操作练习，并能获得培训的证书，得到继续教育学分，因而也较受治疗师推崇。事实上，无论选择何种培训，对于治疗师来说最重要的是必须清楚自己的临床工作需求和目标，总结经验，找到自己需要提升的领域和需要加以克服的障碍，再据此来选择适合自己的扩展性的培训，这样才能学习用新的眼光在新的背景下看待自己的实践工作，实现专业上的成长。对治疗师专业能力的道德要求也反应在治疗师必须诚实面对自己的能力局限性上，治疗师对自己的实践习惯和固定程式进行反思，对自己的反移情模式进行反思都有助于认识自身的专业局限性，诚实地承认自己所不知道和不擅长的，并且将自己的临床实践限制在能力范围之内既是对来访家庭负责，也是对治疗师自己负责。有时在治疗中可能出现实在无处转介自己难以处理的来访家庭的情况，此时治疗师有义务寻求顾问和督导以保证来访家庭的利益。

复习巩固

1. 哪些情况下治疗师可以打破保密原则？

2. 当家庭成员要求治疗师帮助自己在家庭内部保守秘密时，治疗师有哪些应对方法？

第三节 应对职业需求

在古代印加人的传说中心理和生理的疾病都会导致患病者灵魂的不洁，而印加古老的治疗巫医则冒着被污染的巨大的风险，用自己的精神、灵魂、建议和纯洁的力量锤炼和净化患者的灵魂并恢复其内在的控制力，这个传说至今在南美的巫师中仍很具有影响力，而在蒙古信仰萨满教的区域、西藏信仰当地原始宗教的地区，也都流传着类似的传说。无论人们对灵魂和神灵抱持何种态度和观点，但从职业本身对从业者的情感和心理能量的需求和消耗来看，心理健康服务算得上是一个有较高职业风险的行业，至少有一点可以肯定，心理健康服务从业者经年累月所接触和面对的常常都是人类情感的阴暗和消极层面，这样持续的接触可能会使得从业者良好的情绪受到侵蚀，这也就是为什么弗洛伊德提出治疗师应该每 5 年接受一次治疗的原因，因为要成为合格的、可持续提供高水平服务的心理健康服务从业者，最重要的一个条件就是要处理个人生活与职业需求之间的关系，在职业压力下保持自身的身心健康。

一、职业风险、压力和耗竭

同个体治疗者、社会工作者等其他心理健康服务提供者一样，家庭治疗师也存在职业风险的问题，这些职业风险来自于治疗关系对治疗师的情绪情感、精力能量、自尊和效能感的种种挑战与考验。应对某些类型的来访者及其家庭可能对治疗师的情感及能量造成很大的损耗。通常而言，有边缘性人格障碍、反社会人格障碍的来访者往往预后比较差，治疗见效的时间也需要更长。有不少研究者针对来访者行为对治疗师所造成的压力开展研究，总结出一系列会给治疗师造成极大压力的来访者的行为，其中包括：威胁要自杀或尝试自杀、把愤怒投射到治疗师身上、对治疗师敌意的威胁、有非常严重的抑郁或者情感淡漠等等。除了对引起治疗师压力的来访者行为进行研究之外，还有一些研究是针对来访者的特征的，结果显示，治疗师认为最困难、最有压力的治疗对象具有以下特征：有生理障碍（如中风）的来访者、有重症精神病症状（如幻觉）但仍需治疗的来访者、无视治疗规定的（迟到或爽约）的来访者、拒绝承担责任的来访者、喜欢争执的来访者、害怕亲密关系的来访者、喜欢刺激治疗师的来访者以及没有耐心的来访者等等，尽管这些研究多数是针对个体咨询和治疗开展的，但对家庭治疗也有借鉴意义。当家庭中出现症状的成员或其他重要家庭成员有以上的行为和特征时，无疑会对家庭治疗师造成巨大的情感消耗和能量消耗。在处理这样的来访者及其家庭成员的时候，家庭治疗师需要时刻谨记几个原则。首先要确保在会谈中，治疗师自己没有出于对无能的恐惧和控制的需要而与来访者发生冲突斗争，这意味着治疗师必须在会谈中时刻保持谨慎和自觉。治疗师还需要记住的是，一旦发现来访者的某些行为激发起了自己的愤怒等情绪，就需要提醒自己这很可能是来访者经常在人际关系中使用的操纵别人的策略。治疗师还应该从认知上进行调整，把来访者的行为看作挑战而非威胁，正因为来访者及其家庭成员挑战治疗师的耐心、专业技能和经验，把治疗师带出通常所处的舒适区，进入扩展区（stretch zone），继而激发治疗师的创造力，从而学习更多的应对技能。来访者不可能总是以治疗师喜欢的方式行动，因此接受来访者的行为方式，保持同情和关心，并将之视为对自己耐心和职业道德的锤炼。最后，治疗师还必须接受自己的局限性，并非所有的来访者都能治愈，当所有干预措施都失败时，治疗师必须接受来访者保留自己的不良行为方式，拿出耐心、给予空间，按来访者自己的时间表进行工作。

除了来访家庭带给家庭治疗师的职业风险压力外，治疗师还可能会面临自己所在的工作机构以及自己的个人生活带来的压力，虽然后者不能算家庭治疗师的职业风险之一，但因为仍具有一些不同于其他行业的特点，因而也在此处加以阐释。工作环境给家庭治疗师带来的职业压力因工作机构的性质而有所不同，对于自己开业或在盈利性心理治疗机构提供服务的家庭治疗师而言，保证收入通常是首要的压力源，这往往意味着需要争取到更多的来访者并留住他们，需要在尽可能短的时间里让治疗起效，还有时间的压力，在一天中尽可能多的工作，会见更多家庭。在社区或学校工作的治疗师面对的工作环境压力则可能包括：政府或机构的政策不够支持，这些内容在甘怡群、钱铭怡、陈红等研究者2007～2009年发表的系列调查研究报告中有所展现（甘怡群，钱铭怡，陈红，等，2007）；其他行政性工作和治疗工作的时间冲突；得不到足够有效的督导等等。家庭治疗师需要应对的与个人生活事件相关的压力常常会与其职业需求压力相互影响，例如，治疗师如果为了维持家庭生计需负担很重的经济压力的话，则更可能以较少的时间为更多的家庭提供服务，而因为来访者投诉或其他行为而诱发的治疗师的愤怒、抑郁等情绪也继而会影响到治疗师的人际和家庭关系。此外，治疗师自己的生理疾病、生活变故（如怀孕、离婚、流产）等状况也会影响治疗师的专业实践。

治疗师本身所具有的一些特质也可能对其自身的职业发展造成压力，很多研究治疗师职业胜任特征的研究者关注这个问题。凯特勒（Kottler，2005）曾对导致职业应激的治疗师自身特征加以总结，发现有以下特征的治疗师更易感受到强烈的压力：完美主义倾向、反复思考案例、有寻求赞同的需要、自我怀疑、体力不支、生活方式不健康以及对来访者的利益过度负责。这些因素并不能截然分开，有些因素是相互影响的。以反复思考案例这个因素为例，事实上，无法放下对治疗或来访者的记挂在新手治疗师中尤其常见，治疗师可能会把清醒的每一分钟都用来思考来访者的问题，甚至做梦也会梦到咨询会谈，学习新的技能会占据新手治疗师几乎全部的注意力、精力和时间，而且选择成为治疗师的人往往对他人更具同情心，记挂处于痛苦中的来访者是很自然的反应。正常的情况下，这种现象会随着时间和经验的累积而减少，因为经验的累加使治疗师逐渐获得了对临床工作的胜任感，也学会了平衡对来访者的情感卷入并保持客观性。但是，对于本身有寻求赞同需要的治疗师，或者自我怀疑的治疗师而言，这种反复思考案例的现象可能会一直持续，造成压力。而对来访者过度负责的治疗师则往往存在情感界限的问题，治疗师过度地卷入到来访者的情绪之中，甚至承担了来访者本应该承担的责任，对来访者过度负责的行为背后还可能隐藏着治疗师寻求赞同的需要，或者对失败的恐惧，这些治疗师忽视了来访者对治疗结果所需承担的巨大责任，因而控制得太多，也使得来访者承担的责任太少。此外，尽管治疗师具备更多心理学的专业知识和技能，但作为普通人同样有很多人生发展的主题需要面对和处理，与来访者的治疗工作也可能会触发与治疗师自身成长有关的焦虑和未解决的情绪难题，罗森伯格和海耶斯(Rosenberger& Hayes, 2002)指出，来访者谈论的东西越多地触及到治疗师自己仍未解决的问题，治疗师所感受到的不安全感和无力、无助感就会越多。具有某些人格特点的治疗师可能会有更大的应激风险，比如对挫折和模糊容忍度不高的治疗师，这一特点使得他们在治疗中更容易遭受到大的情绪动荡而消耗更多情感能量。而有高控制需求以及思考方式缺乏灵活性的治疗师则可能在治疗实践中因为缺乏新异刺激和创造性而变得越来越沮丧。

对于从事心理健康服务行业的从业者而言，倦怠是常见的现象。事实上，一定程度的压力对治疗师的工作而言是有必要的，但是如果治疗师无法在各种压力下照料自己，同时缺少家庭、督导和朋友的支持的话，就可能出现职业耗竭的现象。职业耗竭在很多助人行业的从业者中很常见，指提供服务的从业者在一定情况下出现的一种身体、情感和精神的综合征，特点是身体的耗损和慢性疲劳，体验到无助和绝望感，并对工作、自我和他人持消极态度。耗竭出现的原因不仅仅与工作量过大有关，还与工作中的付出与回报不对等相关，枯竭通常是慢性进展性发展的结果，日积月累的压力、内心冲突和压抑的情绪感受都导致了职业耗竭的产生，职业耗竭可以算得上是治疗师专业能力的残疾，因此，对于家庭治疗师而言，要保持鲜活的创造力，保持开放性，保持心理和情绪稳定，敏感并且不被情绪控制，就必须学会为自己做些事情，如泰比(Taibbi, 2012)所说，“像对待来访者一样对待自己”。

二、督导与自我督导

寻求专业督导是最能帮助治疗师实现专业进步和个人成长的方法之一，专业督导不仅针对治疗师的理论和操作技能提供指导，还对治疗师的个人成长和职业发展提供帮助和建议。好的督导能有效帮助治疗师拓展所缺少的技能、知识，并预防职业耗竭。与治疗一样，督导真正能帮助治疗师成长和改变的原因，在于治疗师与督导之间建立的关系，这种关系应该是信任、滋养和支持性的，找到一位适合自己的督导对治疗师的成长有很大帮助。有效的督导应该具有几个特点。首先，一位恰当有效的督导应该具有开放性，能够欣赏和接受所督导的治疗师的学习方式和个人风格，而不会要求治疗师必须按自己的方式来学习或开展治疗。一位有效的督导还应该愿意开放地听取受督导治疗师的不同意见，有时受督导治疗师的临床直觉可能与督导的建议相冲突，此时有效的督导应该尊重治疗师在案例身上花费的大量时间和精力，督导可以将自己的不同观点和疑问呈现给治疗师供其参考，也可以鼓励治疗师在后继的会谈中收集更多信息，或者请治疗师将双方冲突的观点呈现给来访者，请来访者给出反馈，看哪一种更为正确或有帮助。有效的督导还应该为自己所督导的治疗师扮演多重角色，在治疗师缺乏信心时，督导经由信任治疗师有能力处理其案例来给予其信心；在治疗师为案例而迷惑或烦心时，督导帮助他/她清除情绪上的阻碍，无论治疗师是为了该怎么做才正确而焦虑，还是为所做的干预是否适宜而担心，或者为了来访家庭没有发生自己预期的改变而生气，有效的督导可以帮助治疗师澄清这些感受和这些感受背后隐藏的议题，让治疗师更自信、更有耐心地运用所学。此外，督导与治疗师相比应该更有全局观，能够预测治疗师专业发展上的需要，以及这些需要可能发生的改变，足够灵活地提供治疗师所需的知识，改变自己的督导风格和技术来配合治疗师的发展，帮助治疗师形成个人风格。

在寻求督导时，治疗师自身也需要做些准备，例如，需要与督导开放分享困扰自己的问题和案例，尤其是受挫的案例。无论采取现场督导或录像督导的方式，治疗师都应该放下防御，愿意接受更多可能性，只希望得到赞赏和肯定的治疗师将会失去成长和拓展自身的机会。在接受督导时，治疗师最好可以自己先拟定一个问题清单，列举出自己想从督导中获得的内容，包括在案例中遇到的具体问题，希望得到肯定的部分，对来访者问题的概念化、治疗计划或者自己的反移情问题等。另外，选择专业督导时，治疗师最好根据自己的特点和需要加以选择，例如，尽管不同理论取向的督导可能会激发起更多新的观点和个案概念化的灵感，但新手治疗师最好选择与自己理论取向相同的督导，因为在开始学习阶段，同一理论取向的督导可以帮助新手更好地掌握该理论取向的基本知识和技能。而督导方式和治疗师需求的匹配度也是选择督导时要考虑的，如果治疗师关注在治疗过程中自己的反移情问题以及自我成长的问题，而督导则主要关心理论和个案概念化的问题，这样的分歧可能使双方都感到受挫。还有督导方式是指导性的还是非指导性的，督导喜欢采取合作的方式还是权威的方式，以及督导给予积极正向反馈的频率等等都会对督导的效果产生影响。

与督导同样重要的是自我督导，自我督导可以在治疗师无法找到适当的督导时运用，也可以配合专业督导运用。自我督导可以以互助小组讨论的形式进行也可以以自我反思的方式进行。小组自我督导即由资历和经验相近的十名以内的治疗师组成互助小组，每隔 2～6 周会面一次，在小组会谈中与其他治疗师分享自己的案例，大家一起讨论对各自案例的看法以及该案例处理中的重点和难点。由于治疗师的理论取向不同，个人自身的发展主题不同，因而这些观点的碰撞可能给治疗师带来新的观察视角和启发。需要特别注意的是，小组督导应该是“资源取向”的，即参与的治疗师们应该抱持着学习的态度而非批判的态度，对小组成员的资源和工作多加肯定，这有助于消除治疗师当众暴露自己而可能产生的防御和焦虑。自我反思督导可以通过回顾自己的治疗会谈录音或录像资料的方式来进行，尤其是专业技能方面的反思，通过观看自己的治疗录像，以更为客观的视角来审视在治疗中的得失，需要思考三个方面的问题：首先是治疗师自己与来访家庭之间的咨访关系的质量，来访家庭是否已经接纳了治疗师并且能追随治疗师对问题的观点和干预策略；其次是治疗师对来访家庭问题的概念化在会谈中有没有得到验证，有哪些假设得到了验证，又有哪些假设需要修订；第三治疗师需要评估自己的干预策略与目标之间的关联够不够紧密。除了对治疗录音、录像资料进行回顾外，治疗师还可以开发一个自我督导核查表，在治疗过程中，尤其是当案例受阻时通过一系列结构化的问题进行自我监控和反思。这类自我督导核查表并没有固定的内容，治疗师可以根据自己的具体情况来加以设计，尤其要关注那些自己经常感到受阻的部分，在这些部分用些结构化的问题来帮助自己反思。进行自我反思时，治疗师需要把握住尺度，不要让自我反思变成自我批判和责备，这样对临床工作没有好处，只会打击自己的信心，使自己变得畏惧和焦虑。运用自我督导核查问题进行反思有很多好处，回答这些问题可以帮助治疗师慢下来，更清楚地看到来访家庭的独特性，在整个过程中不断检视自己的想法和情绪，从而激发创造力，避免落入僵化的模式中；还可以帮助治疗师及早发现并纠正干预策略中可能影响长期治疗效果的错漏之处；自我反思对治疗师认识自身的反移情也很有帮助，诚实的回答这些问题，勇敢面对自己不舒服的反应和情绪可以帮助治疗师准确地发现卡住的问题。何时运用自我督导取决于治疗师的个人偏好，有的治疗师喜欢在写治疗记录时对案例进展进行回顾，有的治疗师则喜欢每周设定一个固定的时间段来反思一周的临床工作，还有的治疗师会时不时地回顾以往的旧案例，加以反思。泰比在其《如何做家庭治疗》一书中介绍了运用空椅子技术进行自我督导的方法，回顾和反思那些激起治疗师挫败感、防御感的个案，运用空椅与这些来访者对话，并将这些治疗写成故事，以此过程来理解治疗师自己的反移情和投射。治疗师在经年累月的临床工作中可以发展出一些适合自己的自我督导的方式，重点是将之坚持下去，持续地给自己和治疗充电。

三、缓解职业压力

应对职业倦怠并没有灵丹妙药，一般而言，适度的职业压力对治疗师并不构成威胁，甚至可以成为其扩展职业能力的推手，然而如果职业上压力带来的倦怠感和焦虑感过于痛苦，开始影响日常工作并损害到专业效率的话，就意味着需要采取一些干预的手段。作为家庭治疗师，学习并使用一些预防职业倦怠的方法是这一职业的基本要求。正如科辅（Kopp，1985）在其著作中写道："我从事心理治疗不是为了求助不正常的他人，而是为了使自己保持精神健康；不是为了治疗他人，而是为了治愈自己。"心理治疗与治疗师的个人成长从来都是相互交织、相互促进的。

很多研究者和知名治疗师都曾在研究或著作中对预防职业倦怠提出忠告，事实上，应对职业倦怠的第一步首先是要承认自己出现了职业倦怠，并监控自身倦怠的程度。治疗师也是人，出现倦怠是正常的，承认自己倦怠是治疗师对自己展现人性和关怀的一种方式。在日常生活和工作中使用一些自我管理干预和治疗策略对于治疗师自身心理保健、预防倦怠可以起到较好的效果。

最能帮助工作增加活力的方法就是为工作增加多样性。这可以通过多种途径实现，一个途径是使自己正在处理的个案多样化，如果可能的话，混合各种家庭类型和问题类型，尽量让一天会谈的案例中有一些不同于自己平常处理的案例，也可以把家庭会谈和个体会谈穿插起来，重要的是，不要只处理自己认为最拿手的案例，尝试一些挑战。工作的多样性也可以通过扩展自身理论取向和治疗技术的方式来加以尝试，毫无疑问，固定使用一些熟悉的、有经验支持的方法让治疗师觉得安全，治疗师往往会抗拒在根本理论取向和治疗理念方面的改变，这很正常，但如果因为担心学习一些新概念、规则和技巧会导致自己原有方法体系被动摇，因而拒绝新的尝试的话，那对职业能力的发展绝无益处。关于心理健康从业者扩展职业能力的研究发现，那些能跟治疗师的基本理论取向和技巧体系整合的新概念、新技术，更易被治疗师学习和掌握，此外，对治疗师临床工作中所遇到的障碍比较有针对性的干预策略也较易学习。因此，有选择地开展一些尝试，每次做一点小的改变和试验，给治疗工作带入更多变化，这既可以让工作没那么容易让人感到倦怠，也可以在职业技能上加以提升，可谓一举两得。此外，工作的多样性还可以通过把工作责任多样化来实现，比如增加一些对来访者满意度的随访调查，参与一些公益性的心理保健知识宣传、给社区做一些心理卫生方面的讲座等，开展这些活动同样有多个好处，一方面可以增加治疗师的知名度，吸引更多来访家庭，另一方面通过给人们讲解自己的工作以及相关的心理健康知识，也迫使治疗师不断思考自己治疗干预的理论基础，此外，这类工作还可以训练治疗师以最浅显的语言进行讲解说明的表达能力，而与其他人的交谈、回答问题的互动过程也给治疗师带来思考和学习。

给自己休息和调整的时间也是预防职业倦怠的重要手段。如果可能的话，不要将治疗会谈安排得太过紧密，在会谈之间给自己一点时间放松和休息。休息和调整的安排有很大个体差异。治疗师需要了解自己一天甚至一周、一个月的精力水平波动的基本规律，也需要了解在处理哪些案例后自己会特别的精疲力竭，然后加以配合安排。有的治疗师喜欢每天拿出一个固定的时段来小睡、散步、阅读，还有的喜欢在治疗会谈之间尽可能做些与治疗无关的事，如花几分钟深呼吸、冥想、读杂志或者玩电脑游戏。研究发现，容易出现职业倦怠的治疗师除了用于休息的时间安排过少之外，还存在缺乏自我调整策略的问题，因为治疗很容易把治疗师拉进到别人的生活和角色中，因此，运用一些自我调整的策略把自己拉回来很重要，有助于治疗师保持生活角色与职业角色的距离。自我调整的策略很多，同休息时间安排一样具有个体差异，治疗师可以选择运动、烹饪、弹琴、书法、参加合唱团、跳舞、写小说、园艺等等活动，找到真正让自己投入的东西，在活动中将自己从职业角色里解脱出来，增加生活的乐趣，感到自己更有能力、健康和自信。除了在工作间隔安排休息和在业余时间进行自我调整之外，治疗师还应该在适当的时间里给自己放假，帮助自己彻底放松，例如半年有一周或十天假期，用来旅行、参观、阅读。在这个过程中与工作完全隔离开，给自己充电。

职业倦怠还可以通过好的工作氛围来加以预防和改善。好的工作氛围既包括物理的工作氛围，也包括心理的工作氛围。好的物理工作氛围意味着治疗师应该尽量让自己的工作空间舒适温馨，运用想象力，让办公室看起来更像一个家。例如，可以在墙上挂一幅画，反映你的性格爱好或者你希望营造的氛围。可以放一个养了鱼的小鱼缸，或者几盆小盆栽（假的也行），使用一两块桌布或一两个靠垫，把玩具陈列在书架上等等，这些都会让办公室看起来更有生机和舒适。好的心理工作氛围的建立与同事之间关系的维护有关，可以安排与同事一起午餐、散步或喝茶，每周用一个固定的中午与治疗师同事进行非正式的小组督导午餐会等等。

最后，也是最为重要的一点是，对自己的专业技能、对来访家庭的治疗反馈、对自己干预的效果以及自己的长期职业发展都需要保持耐心，如同积极心理学家们喜欢说的那样，保持对远景的乐观和对现状的现实主义期待。成为一个很棒的治疗师意味着很长时间（十年甚至几十年）的努力，在不断的尝试、成功与失败中打磨自己的技术和风格，培养治疗的直觉、灵感、自发性，并获得自信。提升专业技能、和来访家庭一起工作以及生活中的其他很多事情都常常是起起伏伏，需要经历螺旋式前进的过程，对现实中的困难估计不足，期待过高的治疗师往往容易在事情获得转机之前就灰心放弃了，因此时刻提醒自己保持耐心和现实主义的期待也会使得倦怠较不易出现。

总之，在长期的治疗工作中，预防职业压力和倦怠的核心主题是保持平衡和增加多样性。一方面治疗师需要在工作中寻求更多表达自己、展示和扩展职业技能的方式，在挑战中得到乐趣和成长；另一方面治疗师需要在工作与休息、职业角色与生活角色之间找到平衡。泰比(Taibbi,2012)认为一个日益成熟的治疗师的至关重要而又微妙的变化是,更少地把解决家庭带到治疗室的问题当成自己的责任,而更多把帮助家庭解决他们自己的问题当做己任。

扩展阅读

自我督导核查问题

以下是自我督导核查问题的例子,可以看到,这其中有针对个案概念化等专业技能运用的问题,也有关于治疗师个人反移情倾向的问题。

当在治疗中受挫时,可以问问自己:

(1)作为治疗师,我是否比来访家庭更积极?

(2)改变可能带来何种让我的来访者想逃避的结果?

(3)问题或症状对我的来访家庭有没有什么积极的作用?

(4)我对来访家庭目标的评估是否清晰,来访者是否认同我为达成这些目标所做的努力?

(5)我与来访家庭的关系建立起来了吗?

(6)来访家庭是否信任我?

(7)我的反应或回应是否与家庭系统以及我和家庭组成的治疗系统的进展是同步的?

(8)我是否平衡了家庭成员在改变上承担的责任,而不是过多支持了某一方?

(9)我的治疗安排有主次之分吗,还是关注了太多问题?

(10)我的痛苦是什么?我的受挫感是否来自于我自身的问题?

(11)我的怀疑和不肯定是什么?

(12)与来访家庭有关的哪些事情是我常常想起的?

(13)我的个人感受如何影响我的工作?

(14)有没有什么治疗计划是我经常重复使用的?我是不是正陷入到机械重复中而缺少创造性或新的视角?

(15)哪种类型的案例和问题对我来说最困难?

复习巩固

1. 什么是职业耗竭?

2. 治疗师如何预防职业倦怠?

本章要点小结

家庭治疗师的基本条件

1. 家庭治疗师的基本条件包括学会用系统的观点看待家庭动力、学习基本的理论和技巧，还有治疗师本身的一些条件。

2. 系统看待家庭动力反映在几个方面，首先是治疗师从系统动力角度分析症状的能力，家庭治疗师需要有循环因果的视角，以及关注内容背后的过程。

3. 对自身反移情的觉知是家庭治疗师必须具备的专业素养之一。反移情既包括治疗师对来访者移情的反应，也包括治疗师自身对来访家庭的移情反应。

家庭治疗师的职业道德规范

1. 与个体治疗师一样，家庭治疗师首先需要遵循的职业道德规范就是为来访者保密。

2. 治疗师有道德责任不断提升自己的个人专业能力，更新自己的临床技术，保持自己的服务水平。

应对职业需求

1. 家庭治疗师的职业压力可能来自于来访家庭、工作机构以及治疗师自身。

2. 治疗师自身造成职业压力的特点包括：完美主义倾向、反复思考案例、有寻求赞同的需要、自我怀疑、体力不支、生活方式不健康以及对来访者的利益过度负责等。

3. 在长期的治疗工作中，预防职业压力和倦怠的核心主题是保持平衡和增加多样性。

关键术语表

职业需求　理论取向　反移情　保密原则　自我督导　职业耗竭　预防职业倦怠

选择题

1. McCollum 认为成为家庭治疗师需要经历的 3 个阶段分别是？（　　）

a. 挑战自我阶段　　b. 技巧学习阶段

c. 实际运用阶段　　d. 探讨治疗师自我阶段

2. 循环因果的视角指的是？（　　）

a. 把家庭问题放到社区环境中分析

b. 让丈夫和妻子各自承担自己的责任

c. 把个体的行为放到环状反馈通路中分析

d. 认为一个人的行为是原因，而症状是结果

3. 治疗理论的作用有？（　　）
a. 概括事物，从中理出脉络
b. 理论的组织功能为治疗师提供指导
c. 帮助家庭再定义问题
d. 让家庭成员感到治疗师很有权威
4. 以下哪些情况可能反映出治疗师的反移情反应？（　　）
a. 治疗师有强烈内疚感
b. 治疗师感到深受来访者吸引
c. 与某些来访者一起工作时觉得无助和受挫
d. 治疗师自己出现来访者的症状
5. 家庭治疗师如何看待来访家庭的阻抗？（　　）
a. 认识到来访家庭可能出现阻抗是正常的
b. 将阻抗当成治疗工作中必会发生的部分
c. 用更多干预策略应对阻抗
d. 把来访家庭转介出去
6. 治疗师可以打破保密原则的情况有？（　　）
a. 可能有虐待行为
b. 来访者可能自伤或伤人
c. 治疗师可能因治疗关系而承担法律责任
d. 来访者的案例可能对其他治疗师有启发
7. 以下哪些是家庭治疗师在职业实践中应遵守的道德规范？（　　）
a. 为来访家庭保密
b. 保证来访家庭的完全知情权
c. 发展自己的专业能力以保证服务水平
d. 帮助某个家庭成员在家庭内部保守秘密
8. 以下哪几类来访者最有可能给治疗师带来职业压力？（　　）
a. 有自杀企图　　b. 对治疗师有敌意
c. 情感淡漠的来访者　　d. 无视治疗规定的来访者
9. 导致职业应激的治疗师自身特点包括？（　　）
a. 完美主义倾向　　b. 反复思考案例
c. 有寻求赞同的需要　　d. 生活方式不健康
10. 有效专业督导的特点是？（　　）
a. 具有开放性，能欣赏和接受督导者的个人学习方式
b. 为受督导者扮演多重角色
c. 有全局观，帮助受督导者实现专业发展
d. 灵活性，配合受督导者需要

附录一　参考答案

第一章　复习巩固题

第一节：

1. 答：扩展家庭分为主干家庭和联合家庭。主干家庭如父母和已婚子女及孙子女组成的三代同堂家庭；联合家庭如我国传统社会中常见的兄弟结婚后不分家的大家庭。

2. 答：家庭的心理功能即满足家人的心理需要。首先是满足情感认同需要。其次是建立彼此的依恋关系。第三则是家人之间的分享。

3. 答：家庭的生命周期也被称为家庭的发展阶段，指核心家庭所经历的从产生、发展到消亡的过程。

第二节：

1. 答：家庭规则在家庭角色的互动中形成，规则的形成又进一步塑造了家庭成员的角色。

2. 答：对于沟通的效果而言，能够触及到人们的感受、情绪、观念等内容的沟通更具深度，也更能增进成员之间的情感联系，促进问题的解决。

3. 答：即家庭成员在情感上、心理上承认和接纳自己是家庭一员的身份，并能将家庭的利益和自身的利益相结合，愿意投入和为家庭付出。

选择题答案：

1. b　2. abc　3. b　4. abc　5. bc　6. abd　7. abcd　8. acd　9. abcd　10. c

第二章　复习巩固题

第一节：

1. 答：家庭治疗是一类以系统论为基础的治疗理论和干预模式，家庭治疗将家庭作为一个整体，以系统、动态的视角看待家庭成员的心理问题，并通过相应的干预技术，矫正家庭中可能存在的结构、沟通、角色、情感等方面的问题，从而治疗症状、改善家庭功能。

2. 答：最明显的差异反映在对人类行为的理解方式上，在治疗理论中体现为系统观与个体观的差异，以及循环因果和直线因果的差异。

3. 答:澄清家庭成员之间在治疗目标上的差异,使其统一,也澄清自己在治疗中的角色,使家庭将完成治疗目标的责任从治疗师身上转移到自己身上。

第二节:

1. 答:负反馈意味着系统感受到了压力的威胁,因而要努力对抗这种压力,以保持自身原来的平衡状态。

2. 答:依恋类型划分为安全型和非安全型两大类,非安全型依恋又分为焦虑—矛盾型和回避型两种。

3. 答:建构主义引发了家庭治疗中治疗重点的根本改变。不同于系统论对行为和人际交往的关注,建构主义更强调认知和个人理解。这使得治疗重点开始转移到探索来访者对自己的问题的看法上来。

第三节:

1. 答:由贝特森和杰克逊等在加州帕拉奥托(Palo Alto)创立的心理研究所(Mental Research Institute, MRI),和阿克曼在纽约成立的家庭研究所,成为家庭治疗发展史上两个重要的代表性研究机构。

2. 答:纳吉认为,夫妻组建家庭时,把过去家族的传统带到了新家庭中,并对此忠诚,即"无形的忠诚",代代相传的无形忠诚对个体是一种束缚,使家庭成员可选择的行为和互动模式受到限制。

3. 答:建构主义者认为家庭治疗师在治疗过程中并无客观性可言,建构主义认为治疗师不能也不必去改变家庭结构或家庭成员,而需要着眼于让家庭对存在的问题展开对话,通过改变期待、信念系统来改变自身。

选择题答案:

1. abc 2. abcd 3. abc 4. abcd 5. abcd 6. bcd 7. abcd 8. abcde 9. abcd 10. ab

第三章 复习巩固题

第一节:

1. 答:以阿克曼(Nathan Akerman)为代表的家庭动力学治疗、以弗洛默(James Framo)为代表的原生家庭治疗、以萨夫(David Scharff)为代表的客体关系家庭治疗几个阶段。

2. 答:客体是与主体相对应,指个体的愿望、情感或行为所指向的人,而非物。

3. 答:协同治疗最好采用经验水平相近的两个治疗师,否则经验较少的那个治疗师会相形见绌。还要求两名治疗师在每一次治疗之后进行积极的讨论和整合。

第二节:

1. 答:自我分化是指个体能清楚辨识出属于自己的思维和情绪的程度,也就是说,个体在多大程度上，在进行行为选择时，所依据的是自己的思考、计划和价值观，而非不知不觉地受他人情绪所左右。

2. 答：一个是降低家庭成员的焦虑水平，减轻症状的严重程度；另一个是帮助家庭成员提高自我分化水平，脱离纠缠的情绪三角关系。

3. 答：家庭评估会谈的参与者可以是任意一名或几名家庭成员，代际模式家庭治疗更看重会谈成员改变的动机，也相信一个人的改变在家庭中可以激起连锁反应。

选择题答案：

1. c　2. a　3. c　4. abc　5. cd　6. abcd　7. ab　8. d　9. abd　10. ac

第四章　复习巩固题

第一节：

1. 答：家庭结构由一整套无形的或者隐蔽的家庭规则构成，家庭用这些规则来确保家庭生活的正常运行，及实现家庭功能。这些规则界定了家庭成员彼此互动的方式。

2. 答：最重要的和最常见的亚系统包括：夫妻亚系统（在面对子女的教养时则是父母亚系统）、亲子亚系统、手足亚系统（兄弟姐妹亚系统）。

3. 答：家庭界限保护了家庭系统/亚系统的独立性和完整性，决定了家庭成员关系的亲疏远近，调节着亚系统之间的交流形式和联系程度，确保家庭系统/亚系统的功能执行。

第二节：

1. 答：家庭治疗结构模式的干预目标是重构家庭，以改变不良的家庭功能。

2. 答：结构模式治疗师有更强的指导性，扮演权威的领导者的角色，作为专家"加入"到家庭中，将自身作为治疗的工具，用专业的知识和角度来指导和帮助家庭，他们设计和安排干预计划、影响家庭、引导家庭改变的方向，为家庭的改变承担责任。

3. 答：家庭治疗结构模式的治疗程序通常包括四个步骤：加入和顺应家庭、评估家庭结构、打破旧的系统平衡和家庭的重新建构。

选择题答案：

1. abcd　2. d　3. abcd　4. abcd　5. abd　6. abcd　7. abcd　8. abcd　9. bc　10. abc

第五章　复习巩固题

第一节：

1. 答：自尊/自我价值的概念是萨提亚模式的核心概念，指个体内心对自己的价值认同，即在个体多大程度上认为自己是可爱的、值得被爱的，以及是有价值、有资格的，高自尊/自我价值的个体更能欣赏和接纳自己和他人的独特性。

2. 答：萨提亚的家庭三角关系旨在强调原生家庭中我们在与父母的三角关系中学习到应对压力和沟通的方式；而鲍文的三角关系指亲子关系中的结盟现象。

3. 答：此类型个体拥有的资源是自我肯定，往往果断、有正义感、负责任、好打抱不平。

第二节：

1. 答：增进来访者的自我价值，成为统整、全面的人；帮助来访者有能力作选择；帮助来访者负责任；帮助来访者表里一致。

2. 答：在开始阶段，治疗师要完成的工作有做出接触、共情、促进来访者的觉察。

3. 答：首先要帮助来访者觉察到自己所抓住的未满足的期待以及这些期待是如何对其人生造成影响的。然后帮助来访者承认未满足的期待是自己所拥有的。之后帮助来访者做出选择，处理未满足的期待。

选择题答案：

1. abd 2. a 3. b 4. abcd 5. abcd 6. abcd 7. abc 8. abc 9. cd 10. a

第六章 复习巩固题

第一节

1. 答：人不可能不沟通；每一沟通都包含内容信息（报告）和关系信息（请求或命令）这两个方面；沟通者对沟通序列的建构会影响关系的性质；沟通可表现为言语沟通和非言语沟通；沟通者之间的关系可划分为对称关系与互补关系。

2. 答：初级改变是在家庭系统之内发生具体行为的改变，而家庭内部的结构和规则维持不变；次级改变是支配家庭内部结构及秩序的规则发生了改变。

3. 答：症状反映了个体或家庭为了适应当前情境而不得不采取的策略，并试图通过症状来获取对他人或整个关系的控制权。

第二节：

1. 答：社交阶段、问题阶段、家庭互动阶段、目标制定阶段。

2. 答：用具体明确的语言清楚地界定问题；探究到目前为止已经用过的解决方法；清晰界定想要达成的具体改变；形成与执行一个能产生这一改变的计划。

3. 答：症状开处方、苦难考验、假装技术、抑制策略、再定义。

4. 答：关系差异问题，程度差异问题，时间差异问题，假想或未来问题。

选择题答案：

1. abcd 2. ad 3. bd 4. ab 5. c 6. abcd 7. ac 8. b 9. bcd 10. acd

第七章 复习巩固题

第一节：

1. 答：艾利斯的合理情绪行为疗法、贝克的认知疗法、梅肯鲍姆的认知行为疗矫正技术。

2. 答：鲍克姆、爱泼斯坦、达提里欧、佩德斯凯。

3. 答：选择性注意、归因、期望、假定、标准。

第二节：

1. 答：对特定情境的自动思维；更深层次的潜在假设，即自动思维的根源；核心的、基本的信念或图式。

2. 答：是以古希腊哲学家苏格拉底创造的方法为基础，用一系列的质问来找出人们潜隐的、想当然的假定，能够帮助个体认识到自身的思维逻辑缺陷。

3. 答：行为取向婚姻治疗、认知行为取向婚姻治疗、夫妻整合治疗。

第三节：

答：帮助家庭成员识别各自的行为模式，并探索行为模式产生的原因和功能；着手改变家庭系统，矫正家庭成员的态度、期待、认知模式和情感反应；技能学习。

答：家庭图式是以不同的方式保护彼此。父亲和母亲原生家庭图式以及目前家庭中家庭成员的个人图式共同维持了家庭图式。

答：在每次产生了一个消极想法或认知歪曲时就填写一个表，栏目包含“情境或事件”“自动思维”“认知歪曲”“情绪挑战”“自我陈述”“替代性的反应”。目的在于驳斥约翰的不合理信念。

选择题答案：

1. b　2. d　3. ac　4. c　5. ab　6. abd　7. bc　8. a　9. abcd　10. abc

第八章 复习巩固题

第一节：

1. 答：澳大利亚的怀特和新西兰的艾普斯顿。

2. 答：合作评估→问题外化→探询独特结果→共建替代性故事。

3. 答：解构性问题、拓展空间性问题、偏好性问题、故事演绎性问题、意义性问题、未来性问题。

第二节：

1. 答：由加拿大的苏珊·强森(Susan Johnson)和莱斯利·格林伯格(Leslie S.

Greenberg)创立的一种治疗模式。家庭治疗情绪聚焦模式是在经验模式与系统模式的家庭治疗理论的影响下，以依恋理论为基础，以人本—存在主义为取向的一个心理治疗理论与方法体系。

2. 答：家庭评估、界定问题、改变互动立场及整合与巩固四个阶段。

3. 答：在界定问题阶段，治疗师要完成两个步骤的治疗工作。一个是接触和探索隐藏在家庭成员互动立场之下的未察觉的深层情绪，另一个是从深层情绪、依恋需求以及消极互动循环的角度重新界定问题。

第三节：

1. 答：这一模式主要建立在临床经验基础之上，以家庭所处的情境作为技术选择的依据，是对已有的循证临床实践技术的整合及应用，即将有显著临床效果的一些技术整合到一起，针对不同的对象和临床需要，形成结构化、模块化的干预方案或指南的一种治疗形式。

2. 答：分为三大类，一类是为心理疾病患者，尤其是精神分裂患者及其家庭开展的心理教育；一类是配合医疗保健服务，针对慢性生理或心理疾病（如糖尿病、艾滋病、精神分裂症）患者及其家庭开展的医学家庭治疗；还有一类则是针对没有明确患者的普通家庭开展的，以促进其发展任务完成、改善关系及沟通为目的的心理教育项目。

3. 答：改善沟通技能、人际冲突处理、应激应对训练、为家庭发展周期做准备（如婚前准备、再婚准备、离异适应等）。

选择题答案：

1. a　2. bcd　3. d　4. abcd　5. abc　6. abcd　7. abc　8. abd　9. abd　10. abcd

第九章　复习巩固题

第一节：

1. 答：会谈室的布置等环境的准备，以及确定参加会谈的人员等会谈设置的准备，还有治疗师自身保持“在场”的心理准备。

2. 答：明显和当前的问题有关的家庭成员必须参加治疗会谈，当这个问题看起来主要是某个家庭成员的问题时，治疗师需要确定其他哪些家庭成员的参与会对治疗有促进作用，或令该成员感觉受到支持。

3. 答：了解家庭的期待、与家庭初步建立关系、收集家庭的相关信息、对家庭进行初始评估、形成一些初步的假设并反馈给家庭、确定治疗目标、选择干预方法并形成计划等。

第二节：

1. 答：建立关系的技术包括：肯定、加入、顺应、自我暴露、提供支持等。

2. 答：表演技术、家庭结构图、打破平衡、改变层级、设置边界。

3. 答：线性问题、循环式问题、策略性问题和反思问题。

选择题答案：

1. abc 2. abcd 3. bcd 4. abcd 5. abcd 6. bd 7. abcd 8. abcd 9. abcd 10. c

第十章 复习巩固题

第一节：

1. 答：以夫妻及未婚子女组成的核心家庭增多，传统式大家庭相对减少，同时与之相应的是父权夫权家庭趋向平权家庭，长辈权威逐渐衰微。

2. 答：需要家庭治疗师善于运用自身的专业权威角色，也要求治疗师学会顺应家庭的权力层级结构，充分考虑到传统文化对家庭角色的影响。

3. 答：一方面需要保持自己可靠可信的权威身份，另一方面又需要做到平易近人，多向来访者家庭解释治疗的原则、原理，也多鼓励来访者家庭对不满意或不理解的部分提出问题，加以讨论。

第二节：

1. 答：儿童常见的行为问题有厌学、撒谎、偷拿别人东西、打骂人以及退缩行为等。

2. 答：在治疗开始时，要让青少年放松下来，并通过解释、澄清来加深其理解。在开始时，不宜对个人深层次的情绪进行探究，也不宜要求青少年对其错误行为做出解释，以免引起他们的反抗或愤怒。用不批评、不评价的方式陈述真实的情况，这样有利于减轻青少年的焦虑。

3. 答：对夫妻的资源进行评估和对夫妻关系问题的性质加以评估。

选择题答案：

1. ab 2. ab 3. abc 4. bc 5. abc 6. c 7. abc 8. b 9. c 10. ac

第十一章 复习巩固题

第一节：

1. 答：麦克伦姆(Heather McCollum)认为成为家庭治疗师要经过三个发展阶段。最初的技巧学习阶段，在随后的理论学习阶段和“探讨治疗者自我”的阶段。

2. 答：家庭治疗师的基本条件包括学会用系统的观点看待家庭动力、学习基本的理论和技巧，还有治疗师本身的一些条件。

第二节：

1. 答：例如，在治疗谈话中涉及违法的内容，如虐待儿童、老人、乱伦的情况，或来访者有自伤、伤人倾向，以及治疗师本人因治疗关系而被牵涉承担法律责任的情况。

2. 答：可以在治疗关系建立之初就消除这种与某个或某些成员分享秘密的可能性，不在其他成员不知情的情况下单独会见某一位或几位家庭成员。也可以事先告知要求保密的成员会在认为有帮助的情况下把交流内容告诉其他家庭成员。第三种做法则先为之保守秘密，但鼓励该成员分享自己的秘密。

第三节：

1. 答：职业耗竭在很多助人行业的从业者中很常见，指提供服务的从业者在一定情况下出现的一种身体、情感和精神的综合征，特点是身体的耗损和慢性疲劳，体验到无助和绝望感，并对工作、自我和他人持消极态度。

2. 答：增加工作多样性、安排休息和调整的时间、营造好的工作氛围和保持耐心。

选择题答案：

1. bcd　2. c　3. abc　4. abcd　5. ab　6. abc　7. abc　8. abcd　9. abcd　10. abcd

附录二　参考文献

中文文献：

[1]陈爱琴，陈昌惠．婚姻家庭问题对精神疾病的影响[J]．健康心理学杂志，1994，4.

[2]邓伟志，徐新著．家庭社会学导论[M]．上海：上海大学出版社．2006.

[3]甘怡群，钱铭怡，陈红，等．中国心理健康服务从业者的职业压力现状及影响因素[J]．心理科学，2007，30(5)：1046－1051．金耀基．中国社会与文化[M]．牛津大學出版社，1992.

[4]利翠珊．家庭心理学的系统观点与研究[J]．应用心理研究．1999，

[5]李彩娜、赵然编著．家庭治疗[M]．北京：中国轻工业出版社，2009.10.

[6]李灵．论家庭治疗在中国的文化适应性—从传统家庭文化的转变看家庭治疗在中国的应用[J]教育科学，2004，(2).

[7]李维榕著．为家庭疗伤[M]．北京：希望出版社，2010.

[8]李维榕著．家庭故事——心理随笔[M]．北京：中国社会科学出版社．1999.

[9]李银河、郑宏霞著．一爷之孙：中国家庭关系个案研究[M]．内蒙：内蒙古大学出版社．2009.

[10]林昆辉．家庭心理学[M]．北京：人民军医出版社，2006.

[11]潘泽泉．现代家庭功能的变迁趋势研究[J]学术交流，2005，129－132.

[12]王成彪著．家庭心理学/郑日昌主编．新世纪心理与心理健康教育文库[M]．开明出版社．2012.

[13]汪新建．视角的转换：从个体到关系——西方家庭治疗评介[J]．社会心理研究，2003 .3

[14]徐安琪．离婚率的国际比较[J]．社会观察，2011(3)：38

[15]徐汉明，盛晓春主编．家庭治疗——理论与实践[M]．北京：人民卫生出版社，2010.4.

[16]徐静．家庭治疗现代趋势：对中国家庭治疗的启示[J]．上海精神医学，2010，22：429－433.

[17]严和骎．精神分裂症患者家庭教育的现状和发展[J]．上海精神医学，2000，12.

[18]曾文星．家庭的关系与家庭治疗「M]．北京：北京大学医学出版社，2002

[19]赵芳. 与家庭共舞——结构式家庭治疗及其本土化 [M]. 南京：南京师范大学出版社，2008.

[20]郑玉英. 家庭历史回顾在心理治疗上的应用：另一取向的系统思维活动[J]. 应用心理研究，3，19－23. 2000

[21]周月清. 家庭社会工作—理论与方法[M]. 台湾：五南图书出版公司，1990.

[22]中国心理学会临床与咨询心理学专业机构与专业人员伦理守则制定工作组. 中国心理学会临床与咨询心理学工作伦理守则第一版[J]. 心理学报，2007，39(5)，947－950.

[23]阿德勒著，李心明译. 生命对你意味着什么. 江苏人民出版社，2012.

[24]Anderson，H. 著. 周和君译. 合作取向治疗：对话、语言、可能性[M]. 北京：希望出版社，2010

[25]Banmen，J. 著. 宗敏等译. 当我遇见一个人[M]. 北京：希望出版社，2011.5

[26]卡特著. 成长中的家庭：家庭治疗师眼中的个人、家庭与社会(第 3 版). 高隽等译. [M]. 北京：世界图书北京出版公司，2007.4.

[27]Clark，C. 著，屈贝琴译，怎样更懂我：当今青少年的内心世界[M]. 中央编译出版社. 2011.

[28]Corey，G. 著. 李茂兴译. 咨商与心理治疗的理论与实务[M]. 台北：扬智文化出版社，1999.

[29]Dallos，R. & Draper，R. 著，戴俊毅等译. 家庭疗法－系统化理论与实践. 上海：上海社会科学院出版社. 2012.

[30]Dattilio，F. M. 著. 陈曦译. 夫妻家庭治疗案例研究. [M]. 北京：世界图书出版公司北京公司，2007.

[31]Edelman，S. 著. 黄志强，殷明译. 思维改变生活[M]. 上海：华东师范大学出版社，2007.

[32]埃什尔曼、布拉克罗夫特著，徐晶星等译. 心理学：关于家庭(第 12 版)[M]. 上海：上海人民出版社. 2012.

[33]Forgas，J. P. 著. 张保生等译. 社会交际心理学：人际行为研究[M]. 北京：中国人民大学出版社，2012.

[34]Freedman，J. 著，易之新译. 叙事治疗——解构并重写生命的故事[M]. 台北：张老师文化公司，2000.

[35]弗洛伊德著，罗生译. 精神分析学引论(第 2 版)[M]. 南昌：百花洲文艺出版社，2009

[36]Goldenberg，I.，& Goldenberg，H. 著. 李正云等译. 家庭治疗概论[M]. 西安：陕西师范大学出版社，2005.

[37]Gomori，M. & Adaskin，E. 著，易之新译. 心灵的淬炼－萨提亚家庭重塑的

艺术[M]. 台北:张老师文化. 2008.

[38]Haley, J. 著. 苏小波等译. 不寻常的治疗[M]. 北京:希望出版社,2011.1

[39]Jacobson, N. S., & Gurman, A. S. 著. 贾树华等译. 夫妻心理治疗与辅导指南[M]. 北京:中国轻工业出版社, 2001.

[40]Johnson, S. L. 著. 卢宁等译. 心理诊断和治疗手册:给心理治疗师的指南[M]. 北京:中国轻工业出版社, 2008.

[41]Johnson, S. 著,刘婷等译,婚姻治疗的九个步骤[M]. 上海:华东师范大学出版社,2011.

[42]Johnson, S. 著,刘婷译. 情绪取向 Vs 婚姻治疗(第 2 版)[M]. 台北:张老师文化,2011.

[43]Kennedy, G. J. 著,李君等译. 老年心理与精神保健指南[M]. 北京:中国轻工业出版社. 2003.

[44]Knox, D. & Schacht, C. 金梓译,情爱关系中的选择:婚姻家庭社会学入门(第 9 版)[M]. 北京: 北京大学出版社. 2009.

[45]Kottler, J. A. 著,林石南等译. 心理治疗师之路(第三版)[M]. 北京:中国轻工业出版社,2005.

[46]Kopp,S. Even a stone can be a teacher[M]. Los Angeles: Tarcher, 1985.

[47]美国费城儿童指导中心编著. 马春华等译. 儿童与青少年情感健康[M]. 北京:中国轻工业出版社,2000.

[48]Ledley, D. R., & Marx, B. P. 著. 李译飞等译. 认知行为疗法[M]. 北京:中国轻工业出版社, 2012.

[49]Miller, R. & Perlman, D. 王伟平译. 亲密关系(第 5 版)[M]. 北京:人民邮电出版社,2011.

[50]Minuchin, S. 著. 刘琼英译. 结构式家庭治疗人门[M]. 台北: 心理出版社,1998.

[51]Minuchin, S. & Nichols M. 著. 刘宝英等译. 回家: 结构派大师说家庭治疗的故事[M]. 台北: 张老师文化股份有限公司, 2000.

[52]Minuchin, S., Nichols M., & Wai－Yung Lee 著. 胡赤怡等译. 家庭与夫妻治疗案例与分析[M]. 上海:华东理工大学出版社. 2007.

[53]Minuchin, S. 著. 谢晓健译. 家庭与家庭治疗[M]. 北京: 商务印书馆, 2009.

[54]Minuchin, S., Wai－Yung Lee, & Simon G. 著,刘琼瑛等译. 学习家族治疗[M]. 台北:心灵工坊,2003.

[55]米纽庆、李维榕,西蒙著. 高隽译. 掌握家庭治疗:家庭的成长与转变之路(第二版)[M]. 北京:世界图书出版公司,2010.1.

[56]米库西著，李春玲译．青少年的家庭治疗[M]．上海：同济大学出版社，2007.

[57]Nichols，M. P. & Schwarts，R. C.著．林丹华等译．家庭治疗基础．(第二版)[M]．北京：中国轻工业出版社，2004.

[58]Nichols M. P. & Schwartz R.著．王慧玲等译．家族治疗的理论与方法[M]．台北：洪业事业有限公司，2002.

[59]O'Hanlon B. & Weiner－Davis，M著，李淑珺译．心理治疗的新趋势：解决导向疗法．上海：华东师范大学出版社．2009.

[60]Prout，H. T. & Brown，D. T.著．林丹华，吴波等译．儿童青少年心理咨询与治疗[M]．北京：中国轻工业出版社，2002.

[61]Richo，D.著，廖婉如译．亲密关系的重建[M]．上海：上海文化出版社．2012.

[62]Sarafino，E. P.著，胡佩诚译．健康心理学(第四版)[M]．北京：中国轻工业出版社．2006

[63]Satir，V.，Banmen，J.，Gerber，J.，& Gomori，M.著．林沈明莹、陈登义、杨蓓译．萨提亚的家庭治疗模式[M]．台北：张老师．1998.(原著出版于1991年)

[64]Satir，V. & Baldwin M.著，李瑞玲、黄绣、龚娴红译．萨提亚治疗实务一逐步示范与分析[M]．台北：张老师文化，2001.

[65]Satir，V.著．易春丽等译．新家庭如何塑造人[M]．北京：世界图书出版公司，2006.8.

[66]Satir，V.著，吴就君编译．《与人接触》(Making Contact)[M]．台北：张老师文化．1996.(原著出版于1976年)。

[67]Satir，V.著，吴就君编译．家庭治疗入门(联合家庭治疗)[M]．台北：大洋出版社．1994.

[68]Scharff，D. & Scharff，J.著．童俊，丁瑞佳译．客体关系家庭治疗[M]．北京：世界图书出版公司，2012.

[69]萨夫、李孟潮著，李迎潮译．性与家庭的客体关系观点[M]．北京：世界图书出版公司．2009.

[70]Searls，S. P.著，韩晓燕译．如何对待问题青少年——以家庭为本的15步治疗指南[M]．上海：同济大学出版社，2007.

[71]Sharf，R. S.著．胡佩诚译．心理治疗与咨询的理论及案例[M]．北京：中国轻工业出版社，2000.

[72]St. Clair，M.著．贾晓明，苏晓波译．现代精神分析"圣经"——客体关系与自体心理学[M]．北京：中国轻工业出版社，2002.

[73]Sternberg，R. & Sternberg，K.著．李朝旭等译．爱情心理学[M]．北京：世界图书出版公司，2010.5

[74]Taibbi，R.著，黄铮等译.如何做家庭治疗——临床实践中的技巧[M].北京：中国轻工业出版社，2012.

[75]瓦茨拉维克、威克兰德、菲什著，夏林清，郑村棋译.改变：问题形成和解决的原则[M].北京：教育科学出版社，2007.11

[76]沃勒斯坦著.张美惠译.父母离婚后：孩子走过的内心路[M].四川：四川大学出版社.2007.

[77]White，M. & Epston，D.著，廖世德译.故事、知识、权力一叙事治疗的力量[M].台北：心灵工坊，2001.5.

[78]Wipfler.P著，陈平俊等译，倾听孩子：家庭中的心理调适(第2版)[M].北京：北京大学出版社.2007.

[79]Zimbardo，G.著.王垒，王延译.心理学与生活[M].北京：人民邮电出版社，2005.

英文文献：

[80]ACA. Code of Ethics[M]. American Counseling Association，2005.

[81]Anderson，H. & Gehart，D.（Ed). Collaborative therapy：Relationships and conversations that make a difference [M]. New York：Routledge/Taylor & Francis Group. 2007.

[82]Arnett J J. Emerging adulthood：A theory of development from the late teens through the twenties[J]. American psychologist，2000，55(5)：469.

[83]Banmen J. The Satir model：Yesterday and today[J]. Contemporary family therapy，2002，24(1)：7－22.

[84]Barlow，D. H. Psychological treatments [J]. American Psychologist，2004，59：869－878.

[85]Bateson G. Mind and nature：A necessary unity [M]. New York：Dutton，1979.

[86]Baucom D H，& Epstein N. Cognitive－behavioral marital therapy[M]. Routledge，2013.

[87]Bion W R. Experiences in groups：And other papers [M]. Routledge，2004.

[88]Boscolo，L.，Cecchin，G.，Hoffman，L. & Penn，P. Milan systemic family therapy：Conversations in theory and practice[M]. New York：Basic Books. Introduction：From psychoanalysis to systems. 1987，3－28.

[89]Boszormenyi－Nagy，I. Contextual Therapy and the Unity of Therapies，

in S. Sugerman (ed.), The Interface of Individual and Family Therapy[M], Aspen, 1986, p.65—72.

[90]Bowen M. Family therapy in clinical practice[M]. Jason Aronson, 1993.

[91]Carter, B. E., & McGoldrick, M. E. The changing family life cycle: A framework for family therapy [M]. Gardner Press, 1988.

[92]Constantine, L. L. Family paradigms: The practice of theory in family thrapy[M]. New York: Guilford Press, 1986.

[93]Dattilio F M & Padesky C A. Cognitive therapy with couples[M]. Professional Resource Exchange, Inc, 1990.

[94] de Shazer, S. Keys to solution in brief therapy [M]. New York: Norton. 1985.

[95]Duncan, B., Miller, S. D., Hubble, M., & Wampold, B. E. (Eds.). The heart and soul of change: Delivering what works (2nd ed.). Washington DC: American Psychological Association. 2010.

[96]Fishman, H. C., Andes, F., & Knowlton, R. Enhancing family therapy: The addition of a community resource specialist [J]. Journal of Marital and Family Therapy, 2001, 21:111 - 116.

[97]Friedberg, R. D. A Cognitive—Behavioral Approach to Family Therapy [J]. Journal of Contemporary Psychotherapy, 2006, 36, 159—165.

[98]Furrow, J., Johnson, S. & Bradley, B. The Emotionally Focused Casebook[M]. New York: Brunner/Routledge, 2011.

[99]Ginsberg, B. G. Relationship Enhancement Family Therapy[M]. New York: John Wiley & Sons, 1997.

[100]Gladding, S. T. Family therapy history, theory, and practice [M]. NJ: Pearson Education. 2007.

[101]Gerson, R. The family life circle: Phases, stages, and crises. In R. H. Mikesell, D—D. Lusterman, & S. H. McDaniel (Eds.), Integrating family therapy: Handbook of family psychology and systems theory[M]. Washington, DC: American Psychological Association, 1995.

[102]Gottman, J. M. & Silver, N. The Seven Principles for Making Marriage Work: A Practical Guide from the Country's Foremost Relationship Expert [M]. New York: Three Rivers Press, 1999.

[103]Greenberg L S. Emotion — focused therapy: Coaching clients to work through their feelings[M]. American Psychological Association, 2002.

[104]Guerney, B. G., Coufal, J., & Vogelsong, E. Relationship enhance-

ment versus a traditional approach to therapeutic/preventative/enrichment parent—adolescent programs[J]. Journal of Consulting and Clinical Psychology. 1981, 6, 927—939.

[105]Haley J. Problem—solving therapy [M]. Jossey—Bass, 1987.

[106]Henggeler, S. W., Schoenwald, S. K., Borduin, C. M., Rowland, M. D. & Cunningham, P. B. Multisystemic Therapy for Antisocial Behavior in Children and Adolescents (2nd edition) [M]. New York: Guilford Press, 2009.

[107] Hines, P. M., Garcia — Preto, N., McGoldrick, M., Almeida, R., &Wehman, S. Culture and the family cycle. In Carter, B. & McGoldrick, M. (Eds.), The expanded family life cycle: Individual, family, and social perspectives (3rd ed.)[M]. Boston: Allyn & Bacon, 1999.

[108]Holtzworth—Munroe A, Jacobson N S. Causal attributions of married couples: When do they search for causes? What do they conclude when they do? [J]. Journal of Personality and Social Psychology, 1985, 48(6): 1398.

[109]Kottler, J. A., & Carlson, J. Bad therapy: Master therapists share their worst failures[M]. New York: Brunner/Routledge. 2003.

[110]Levinger, G. Toward the analysis of close relationships[J]. Journal of Experimental Social Psychology, 1980, 16: 510—544.

[111]Levinson D J. The seasons of a man's life[M]. Random House Digital, Inc., 1978.

[112]Mackinnon, L. Contrasting Strategic and Milan Therapies [J]. Family Process, 1983, 22: 425 - 438.

[113]Madanes C. Strategic family therapy[M]. Brunner/Mazel, 1991.

[114]Madigan S. Anticipating hope within written and naming domains of despair[J]. Hope and despair in narrative and family therapy: Adversity, forgiveness and reconciliation, 2007: 100—112.

[115]Markman, H. J. . Renicl, M. J. ,Floyd, E J. ,Stanley, S. M. ,& Clements, M. Preventing marital distress through communication and conflict management training:4—5 year follow—up[J]. Journal of Consulting and Clinical Psychology,1993, 61, 70—77.

[116]McCollum, E. E. Integrating structural—strategic and Bowen approaches in training beginning family therapists[J]. Contemporary Family Therapy, 1990, 12, 23—34.

[117]McDaniel, S. H., Hepworth, J., & Doherty, W. J. Medical family therapy: A bio—psychosocial approach to family with health problem[M]. New

York: Basic Books. 1992.

[118]McFarlane, W. R. Family psychoeducational treatment. In A. S. Gurman & D. R Kniskern(Eds.). Handbook of family therapy (Vol. II) [M]. New York: Brunner/Mazel. 1991.

[119]Meichenbaum D. Cognitive—behavior modification: An integrative approach[M]. Springer, 1977.

[120]Minuchin P. Relationships within the family: A systems perspective on development[J]. Relationships within families: Mutual influences, 1988: 7—26.

[121]Minuchin S. The seductions of constructivism[J]. Family therapy networker, 1991, 15(5): 47—50.

[122]Minuchin S, Rosman B L, Baker L, et al. Psychosomatic families: Anorexia nervosa in context[M]. Harvard University Press, 2009.

[123]Nelson, T., & Figley, C. R. Basic family therapy skills: III. Brief and strategic schools of family therapy [J]. Journal of Family Psychology, 1990, 4(1), 49—62.

[124]Nichols, W. C. Marital therapy: An integrative approach [M]. New York: Guilford Press. 1988.

[125]O'Hanlon B. Strategic pattern intervention [J]. Journal of Strategic and Systemic Therapies, 1982, 4: 26—33.

[126]Olson, D., & DeFrain, J. Marriages and the families: Diversity and strengths. (3rd Ed)[M]. New York: CA: McGraw Hill. 2000.

[127]Padesky C A. Schema change processes in cognitive therapy[J]. Clinical Psychology & Psychotherapy, 1994, 1(5): 267—278.

[128]Patterson C J. Children of lesbian and gay parents[J]. Child development, 1992, 63(5): 1025—1042.

[129]Patterson G R, Chamberlain P &Reid J B. A comparative evaluation of a parent—training program[J]. Behavior Therapy, 1982, 13(5): 638—650.

[130]Patterson, G. R., & Reid, J. B. Social interactional processes within the family: The study of the moment—by—moment family transactions in which human social development is imbedded [J]. Journal of Applied Developmental Psychology, 1984, 5: 231—262.

[131]Patterson J E, Williams L, Edwards T M. Essential skills in family therapy: From the first interview to termination [M]. Guilford Publication, 2009.

[132]Pinsof, W. M. A conceptual framework and methodological criteria for family therapy process research [J]. Journal of Consulting and Clinical Psychology,

1989, 57: 53—59

[133]Prochaska J O, Velicer W F, Rossi J S, et al. Stages of change and decisional balance for 12 problem behaviors[J]. Health psychology, 1994, 13: 39—39.

[134] Reiter, M. D. Case Conceptualization in Family Therapy [M]. New York: Pearson Custom Publishing, 2013.

[135]Robert, L. G. Transgenerational family therapy. In F. M. Dattilio & M. R. Goldfried (Eds.), Case studies in couple and family therapy: Systemic and cognitive perspectives[M]. New York, NY: The Guilford Press. 2001.

[136]Rolland J S. Chronic illness and the life cycle: A conceptual framework [J]. Family process, 1987, 26(2): 203—221.

[137]Rosman B L, Minuchin S, & Liebman R. Family lunch session [J]. American Journal of Orthopsychiatry, 1975, 45(5): 846—853.

[138]Rosenberger, E. W., & Hayes, J. A. Therapist as subject: A review of the empicrical countertransference literature[J]. Journal of Counseling and Devlopment, 2002, 80: 264—270.

[139]Ruesch J, Bateson G. Communication: The social matrix of psychiatry [M]. Transaction Books, 2008.

[140]Satir V. The therapist story[J]. Journal of psychotherapy & the family, 1987, 3(1): 17—25.

[141]Satir V, Banmen A, & Banmen J. Meditations of Virginia Satir: Peace within, peace between, peace among[M]. Science & Behavior Books, 1991.

[142] Scharff D E, Scharff J S. Object relations family therapy[M]. Jason Aronson, 1987.

[143]Schwoeri L. D. Textbook of family and couples therapy: Clinical applications[M]. Washington DC: American Psychiatric Pub, 2003.

[144]Scuka, R. F. Relationship enhancement therapy: Healing through deep empathy and intimate dialogue[M]. Routledge, 2005

[145]Selvini Palazzoli M, & Burt, E. V. eds. Paradox and counterparadox: A new model in the therapy of the family in schizophrenic transaction[M]. Rowman & Littlefield, 1990.

[146]Smith, P. K., Cowie, H. & Blades, M. Understanding Children's Development(4 edition)[M]. Blackwell Publishing Ltd, 2006.

[147]Stewart, S. & Anderson, C. Resistance revisted. Family Process, 1984, 23(1), 17—20.

[148]Tomm, K. Interventive interviewing: Part III: Intending to Ask Lineal,

Circular, Strategic, or Reflexive Questions? [J]. Family Process, 1988, 1: 1—15.

[149]Walsh, F. Strengthening family resilience[M]. New York: Guilford Press, 1998.

[150]Wampold B E, Carlson J, Greenberg L S, et al. Qualities and Actions of Effective Therapists [M]. American Psychological Association, 2011.

[151]White M. Re—authoring lives: Interviews & essays[M]. Dulwich Centre, 1995.

[152]White M & Epston, D. Narrative means to therapeutic ends[M]. London: WW. Norton. 1990.

[153]Winnicott D W. The child, the family, and the outside world[M]. Da Capo Press, 1992.

[154]Wood, J. J., Piacentini, J. C., Southam—Gerow, M., Chu, B. C., & Sigman, M. Family Cognitive Behavioral Therapy for Child Anxiety Disorder [J]. Journal of the American Academy of Child and Adolescent, 2006, 45(3), 314—321.

[155]Zeig, J. Experiencing Erickson [M]. New York: Brunner/Mazel. 1987.

[156]Zimmerman J L, Dickerson V C. If problems talked: Narrative therapy in action[M]. Guilford Press, 1996.